»*Die Zeit des Lebens ist zu kostbar,
um sie mit Trauer zu vergeuden.*«

Eleonora Delle Grazie

Inhaltsverzeichnis

ERSTER TEIL
Februar–Oktober 2031: Der Mars   **13**

Mysterium   14
Ohne Licht   26
Das Geheimnis   31
Abschied   38
Zwischen den Welten   46
Gemeinsam   57
Streiflicht   64
Zwei Probleme   69
Streiflicht   74
Das Erwachen   75
Streiflicht   83
Wer bist du?   86
Streiflicht   95
Der Mars   100
Streiflicht   109
Wir sind da   112
Das Objekt   122
Ein langer Weg   132
Steine und Sand   146
Konflikt   154

ZWEITER TEIL

Oktober 2031–September 5089: Die Sterne   161

Den Frieden bewahren   162

Entscheidung   176

Trennung   187

Tür zum Universum   192

Du sollst brennen!   203

Eine neue Welt   217

Bin ich tot?   229

Ich will leben!   239

Aufbruch   246

Unendliche Weiten   258

Eine Wand aus Photonen   269

Am Ziel   280

Stadt in den Wolken   291

Letzte Zuflucht   306

DRITTER TEIL

September 5089–Mai 8417: Die Galaxis   321

Die bittere Wahrheit   322

Der Kustode   331

Die Erde   351

VIERTER TEIL

Mai 8417–∞: Das Universum   387

Steig auf, Adler   388

Kaskade   399

Nekropole   412

Das Schiff   420

Die Reisenden   431

Knisternder Raum, brechende Zeit   443

Mars Discovery   449

Prolog

Sie waren alle gegangen, die Männer und Frauen in ihren hübschen Uniformen, auch die Verwandten und Freunde in ihren dunklen Anzügen und mit den schwarzen Schleierhüten. Eleonora, klein, zart und sieben Jahre jung, stand allein neben Großvater Francis, der ihr eine schwere Hand auf die Schulter legte.

»Es ist kalt, Ele.« Er sprach normal, nicht wie die anderen. »Lass uns gehen.«

Wind wehte über die nahen Dünen, trug den Geruch des Michigansees zum Friedhof und rauschte in den Bäumen. Ein Hauch von Schnee lag in der Luft.

Eleonora blickte auf die schiefergraue Grabplatte. Ganz oben, bei den beiden goldenen Namen, brannte eine kleine Flamme, in einem Glas vor dem Wind geschützt.

»Ist ihnen auch kalt dort unten?«, fragte sie, obwohl sie tief in ihrem Innern wusste, dass es eine dumme Frage war.

»Deine Eltern liegen hier nicht«, antwortete Großvater Francis geduldig. »Das Grab ist ein Symbol.«

Eleonora verstand nicht ganz, warum sich die Erwachsenen all die Mühe gegeben hatten, nur wegen eines Symbols.

»Ist dir nicht kalt, Ele?« Francis klappte den Kragen des Mantels hoch. »Möchtest du nicht zurück ins Warme?«

»Wo sind sie?«, fragte Eleonora, den Blick noch immer auf die Grabplatte gerichtet. Sie beobachtete das Flackern der kleinen Flamme, als der Wind dennoch einen Weg ins Glas fand.

»Das Unglück hat nichts von ihnen übrig gelassen«, sagte Großvater Francis. »Jedenfalls haben wir nichts gefunden, und wir haben lange, lange gesucht.«

Auch das mochte Eleonora an ihm: Er gab immer ehrlich Antwort und versteckte sich nicht hinter schön klingenden Worten.

»Sie sind verbrannt, als die Rakete explodiert ist«, sagte Eleonora und sah, wie die kleine Flamme tanzte.

»Ja«, bestätigte Francis.

»Und nur wir wissen davon.«

»Außer uns gibt es nur wenige andere Personen, die Bescheid wissen.«

»Weil es ein Geheimnis ist.«

»Deine Eltern sollten zu einer geheimen Mission aufbrechen«, sagte Francis und fügte hinzu: »Es wird viele Jahre dauern, bis sich wieder so eine Gelegenheit ergibt. Das Unglück ist ein großer Rückschlag.« Die Hand kehrte kurz auf Eleonoras Schulter zurück. »Und ein immenser Verlust für uns alle.«

Sie schwiegen eine Zeit lang.

»Sind sie im Himmel?«, fragte Eleonora.

Großvater Francis seufzte. »Schwer zu sagen, Ele. Ich bin kein sehr religiöser Mensch, weißt du. Ich glaube vor allem an die Dinge, die ich sehen und berühren kann. Aber wenn du meine ehrliche Meinung wissen willst ...«

»Ja?«

Francis atmete tief durch. »Ich glaube, ihre Seelen sind unterwegs zu den Sternen.«

Auf dem Rückweg zum Wagen dachte Eleonora darüber nach. »Ich hätte Mom und Dad gern noch einmal wiedergesehen.«

Diesmal antwortete Großvater Francis nicht sofort. Er wartete, bis sie im Auto saßen.

»Bist du traurig, Ele?«, fragte er sanft.

Sie sah ihn an, den großen Mann, der wie ein Bär in Menschengestalt wirkte. »Ich werde sie nie wiedersehen, nicht wahr?«

»Nein, nie«, sagte Großvater Francis aufrichtig. »Aber du wirst dich immer an sie erinnern. Hier und hier.« Sein Zeigefinger berührte sie erst an der Stirn und dann auf der Brust, dort, wo ihr Herz schlug.

»Das Grab soll für dich ein Ort sein, an dem du dich erinnern kannst.« Francis startete den Motor. »Sei nicht traurig, Ele. Deine Eltern hätten nicht gewollt, dass du traurig bist. Weißt du, was deine Mutter immer gesagt hat?«

Eleonora wartete.

»Sie hat gesagt: ›Die Zeit des Lebens ist zu kostbar, um sie mit Trauer zu vergeuden.‹« Er lächelte und nickte ihr zu. »Sei nicht traurig, leb dein Leben.«

An jenem Abend lag Eleonora lange wach. Sie hielt die Augen geschlossen und lag reglos, als Großvater Francis die Tür ihres Zimmers öffnete; er sollte glauben, dass sie schlief. Leise trat er zum Bett, zog ihr behutsam die Decke hoch bis zum Kinn und ging wieder.

Stille breitete sich aus.

Eleonora wartete auf den Schlaf, doch er kam nicht. Zu viele Gedanken gingen ihr durch den Kopf. Seltsamerweise fiel es ihr schwer, sich an die Gesichter ihrer Eltern zu erinnern. Das erschreckte sie ein bisschen, weil sie befürchtete, dass sie zu vergessen begann.

Schließlich öffnete sie die Augen, stand auf und blickte aus dem Fenster. Der Himmel war klar, zahllose Sterne leuchteten über dem Michigansee. Eleonora beobachtete sie und fühlte, wie sich Ruhe in ihr ausbreitete.

»Wenn ich groß bin, komme ich zu euch«, flüsterte sie.

ERSTER TEIL
Februar–Oktober 2031: Der Mars

Mysterium

1 Orbit der Erde
Februar 2031

Das Donnern von neunundzwanzig Triebwerken verschlang alle anderen Geräusche und füllte die Welt. Eleonora, Captain der im Orbit wartenden *Mars Discovery*, fühlte sich in ihren Sessel gedrückt, der zu einer Liege geworden war – ihr Gewicht nahm immer mehr zu, bis es ihr Mühe bereitet hätte, auch nur die Hand zu heben. Mehr als dreißigtausend Kilonewton Schubkraft stemmten sich den starken Schwerkraftarmen entgegen, mit denen die Erde die aufsteigende Rakete festzuhalten versuchte.

»Alle Systeme aktiv und korrekt«, drang eine Stimme aus Eleonoras Helmlautsprecher. Sie gehörte Sergei, dem Stellvertretenden Kommandanten der *Mars Discovery*. »Wir sind auf Kurs. Zentraler Kern und Seitenkerne perfekt synchron.«

Damit meinte er die erste Stufe der Falcon Superheavy – bestehend aus einem Kranz mit acht Triebwerken und einem neunten in der Mitte – und die beiden Booster mit jeweils neun weiteren Triebwerkseinheiten. Die Anzeigen vor beziehungsweise über Eleonora bestätigten, dass alle Düsen wie vorgesehen feuerten und genau den Schub gaben, den sie geben sollten. Sie blickte nach links, zu Sergei und Saya, der philippinischen Biologin, dann nach rechts zu Santiago aus Ecuador, Arzt der *Mars Discovery*, und der Deutschen Kattrin, zuständig für organisches und anorganisches Recycling. Fünf von dreizehn, dachte sie. Die anderen acht Besatzungsmitglieder, die zusammen mit ihnen die weite Reise zum Mars antreten würden, befanden sich bereits in der Orbitalstation.

Wie der Ritt auf einer Bombe, so hatte es die aus Mexiko stammende Azzurra genannt. Eleonora dachte an eine langsame, streng kontrolliert ablaufende Explosion und erinnerte sich an eine andere Explosion, die vor zweiunddreißig Jahren ihre Eltern getötet hatte.

»Wir kriegen einen mächtigen Tritt in den Hintern, als Abschied von der Erde.« So hatte es Sergei ausgedrückt, der klare Worte liebte. Er erinnerte Eleonora ein wenig an Großvater Francis, der seit sechsundzwanzig Jahren neben einem leeren Grab in den Dune Acres lag. Der Gedanke an ihn brachte dumpfen Schmerz, auch nach all der Zeit.

Vibrationen begannen, als die Rakete höher kletterte. Sie wurden so stark, dass Eleonora die Zähne klapperten. Sie behielt die Anzeigen im Auge, was gar nicht nötig gewesen wäre, denn das Computersystem der Falcon – eine leistungsfähige KI, wenn auch nicht so hoch entwickelt wie Amelie, die Künstliche Intelligenz der *Mars Discovery* – kümmerte sich um alles.

»Triebwerke korrekt«, meldete Sergei, als die Vibrationen nachließen und der Flug ruhiger wurde. »Navigation korrekt. Alle Funktionen aktiv und innerhalb der Norm. Wir sind auf Kurs. Captain?«

»In Ordnung«, bestätigte Eleonora. »Helme öffnen.«

Die fünf Menschen in der Falcon-Kapsel klappten die Visiere ihrer Raumhelme auf.

»Wir sind unterwegs«, sagte die Biologin Saya. Mithilfe der internen Sensoren überprüfte sie Integrität und Stabilität der Kryo-Fracht, die in ihren Zuständigkeitsbereich fiel. Deshalb erfolgte der Start mit einer Superheavy – die Rakete brachte mehr als nur fünf Besatzungsmitglieder der *Mars Discovery* ins All.

Eleonora blickte aus dem Fenster und betrachtete die Erde, die von einer flachen Welt zu einer großen Kugel geworden war.

»Noch nicht ganz«, erwiderte sie. »Unsere eigentliche Reise beginnt erst morgen, wenn wir die Umlaufbahn der Erde verlassen.«

Dies war ein kleiner Abschied. Der große, ohne Wiederkehr, stand ihnen noch bevor.

2 Das Kupplungselement vor Eleonora bildete den Übergang von den schwerelosen Laboratoriumsektionen der Raumstation zum Kommandosegments. Vorsichtig zog sie sich an den Handgriffen durch den gelb und rot markierten Bereich und fühlte, wie sie wieder Gewicht bekam. Ihre Füße fanden den Boden, und sie schwebte nicht mehr, sondern ging durch den Ring, dessen Rotation Schwerkraft simulierte. Mehrere in grauweiße Overalls gekleidete Besatzungsmitglieder der Station grüßten respektvoll, als Eleonora – leichter als auf der Erde – durch das Verwaltungszentrum schritt und sich dem Büro des Stationskommandanten näherte.

Vor der Tür zögerte sie kurz und fragte sich erneut, warum Edmund Edgar Winters – von allen Eddie genannt, wenn er es nicht hörte – sie allein sprechen wollte. Warum galt die Einladung zu einem Gespräch nur ihr und nicht auch Sergei und den anderen Crewmitgliedern?

Unbehagen regte sich in ihr, als sie die rechte Hand zum Sensorfeld hob, und für einen irrationalen Moment befürchtete sie, die Mission der *Mars Discovery* könnte im letzten Moment abgesagt werden.

Das darf nicht geschehen, dachte sie. Ich muss ein Versprechen einlösen.

Die Tür öffnete sich und Eleonora Delle Grazie, Captain der *Mars Discovery*, betrat das Büro des Stationskommandanten.

Edmund Edgar Winters stand hinter seinem Schreibtisch auf. Links neben ihm bot ein Panoramafenster Blick auf die Erde – sie präsentierte das weite Blau des Pazifischen Ozeans.

»Bitte setzen Sie sich, Captain.« Winters deutete auf den Sessel vor dem aus leichtem Holzimitat bestehenden Schreibtisch.

»Sir…« Eleonora nahm Platz und saß mit geradem Rücken, die Hände auf den Beinen.

»Das ›Sir‹ können Sie sich sparen, Captain«, sagte Winters. »Ich bekleide keinen militärischen Rang, wie Sie wissen.«

»Ja, Sir.«

Die Andeutung eines Lächelns huschte über den dünnlippigen Mund des Stationskommandanten, als auch er sich setzte.

»Sie fragen sich vermutlich, warum ich Sie allein hierhergebeten habe.«

»In der Tat, Sir.«

Edmund Edgar Winters faltete die Hände auf dem Schreibtisch. Links neben ihm erschienen die weißen Wolken eines Wirbelsturms über der Erde. »Es geht um die *Mars Discovery* und ihre Mission.«

Eleonora wartete. Ihre Anspannung nahm zu.

Winters musterte sie über den Schreibtisch hinweg, nachdenklich und gleichzeitig sehr aufmerksam. Er war Ende fünfzig: ein hagerer Mann mit spitzem Kinn, durchdringend blickenden Augen und schütterem Haar. Manche Leute sagten ihm nach, »winterkalt« zu sein, aber Eleonora, die ihm zum ersten Mal direkt begegnete, spürte keine Kälte, die von ihm ausging, sondern eher Distanziertheit – der Stationskommandant versuchte, Abstand zu wahren, nicht nur zu den Dingen, denen seine Verantwortung galt, sondern auch Personen gegenüber. Ihm ging es darum, immer den Überblick zu wahren. Er erinnerte sie ein wenig an Blake Hammings, den Direktor des Space Center in Florida.

Winters deutete zum Fenster. »Von hier oben aus sieht die Erde friedlich aus, nicht wahr?« Winters gab Eleonora keine Gelegenheit zu einer Antwort. »Der Schein trügt. Die Spannungen nehmen wieder zu. China zieht Truppen an der indischen Grenze zusammen, Russland rüstet weiter auf, Feuer verbrennen den Urwald des Amazonas, die Lunge der Erde, in Brasilien kommt es immer wieder zu Krawallen, Nordkorea plant einen weiteren Wasserstoffbombentest ... Und so weiter und so fort. Ihr Schiff, Captain Delle Grazie, wird ein Zeichen setzen. Es wird zeigen, wie gut die Zusammenarbeit der Nationen funktionieren kann.«

Erleichterung durchströmte Eleonora. Die *Mars Discovery* würde zu ihrer langen Reise aufbrechen.

»Ihr Schiff steht für friedliche, erfolgreiche Kooperation«, fuhr Winters fort, weiterhin in eine Aura ernster Unnahbarkeit gehüllt. »Dieses Symbol wird in den kommenden Wochen und Monaten in den Medien der Erde eine große Rolle spielen.«

»Wir sind uns unserer Verantwortung bewusst, Sir«, sagte Eleonora.

Winters kniff andeutungsweise die Augen zusammen. »Was ist die Mission der *Mars Discovery*, Captain Delle Grazie?«

»Bitte nennen Sie mich Eleonora, Sir. Wir haben beschlossen, auf unsere Nachnamen zu verzichten.«

Winters nickte kurz. »Wie Sie wünschen, *Captain* Eleonora. Nun, was ist die Mission Ihres Schiffs? Mit welcher Aufgabe brechen Sie zum Mars auf?«

Die Frage erstaunte Eleonora. Es konnte Winters wohl kaum darum gehen, sie auf die Probe zu stellen.

»Wir bringen die Menschheit zum Roten Planeten«, sagte sie. »Wir fliegen zum Mars, um dort eine Kolonie zu gründen. Die Arche der *Mars Discovery* enthält die Saat des Lebens, von Samen zahlreicher Pflanzen über tierische Embryonen bis hin zu etwas, gegen das der Vatikan heftig protestiert hat: die Anfänge menschlichen Lebens in Form von Sperma und zehntausend gespendeten Eizellen – zehntausend potenzielle Menschen, die auf dem Mars aufwachsen werden.«

Winters nickte erneut. »Eine zweite Welt für den Homo sapiens. Für den Fall, dass mit der ersten etwas schiefgeht. Eine Garantie für sein Überleben. Ihnen ist klar, dass Sie nicht zurückkehren werden. Vor wenigen Stunden haben Sie die Erde verlassen, und zwar für immer. Sie werden den Rest Ihres Lebens auf dem Mars verbringen. Sie, Captain Eleonora, und Ihre Crew.«

»Ja, Sir.«

»Deshalb sind Sie unter all den möglichen Kandidaten ausgewählt worden, nicht nur, weil Sie bestens qualifiziert sind, sondern auch, weil niemand von Ihnen irgendwelche Bindungen auf der Erde hat: keine Familie, keine Angehörigen, keine Freunde. Sie sind allein und werden allein bleiben. Sie werden niemandem nachtrauern.«

»Die Zeit des Lebens ist zu kostbar, um sie mit Trauer zu vergeuden, Sir«, zitierte sie Großvater Francis beziehungsweise ihre Mutter.

»Sehr richtig«, bestätigte Winters. »Sehr richtig.«

Er öffnete eine Schublade, holte einen silbernen Datenchip, groß wie eine Münze, hervor und legte ihn auf den Schreibtisch. Einige Sekunden lang sah er stumm darauf hinab, dann kehrte sein Blick zu Eleonora zurück.

»Ihre Eltern sind 1999 bei einem tragischen Unglück ums Leben gekommen. Damals waren Sie sieben Jahre alt. Ihr Großvater Francis hat sich um Sie gekümmert, bis er sechs Jahre später starb. Er brachte Sie zu SpaceX.«

»Ich verdanke ihm viel«, sagte Eleonora.

»Er hat Ihnen den Weg ein wenig erleichtert, aber die größten Hindernisse haben Sie aus eigener Kraft geschafft«, betonte Winters. »Von Kindesbeinen an wollten Sie Astronautin werden. Sie haben hart dafür gearbeitet. Für etwas anderes gab es in Ihrem Leben keinen Platz.«

Eleonora suchte im Gesicht des Stationskommandanten nach Hinweisen, worauf er hinauswollte, doch seine Mimik gab nichts preis.

»Wissen Sie, worum es damals ging?«

Eleonora zögerte.

»Sie können offen sprechen, Captain. Ich bin in alles eingeweiht. Ich kenne die Hintergründe.«

»Ich kenne sie nicht«, sagte Eleonora. »Ich weiß nur, dass meine Eltern zu einer geheimen Mission aufbrechen sollten. Mehr hat mir mein Großvater nie erzählt.«

Winters beugte sich vor und schob den silbernen Datenchip über den Schreibtisch. »Die darin gespeicherten Informationen betreffen die geheime Mission Ihrer Eltern, die jetzt zu Ihrer Mission wird, Captain Eleonora. Sie ist mindestens ebenso wichtig wie Ihre offizielle Aufgabe.«

Mindestens, dachte Eleonora und starrte auf den Chip.

»Mysterium«, fuhr Winters fort. »Diesen Namen haben wir Ihrem zweiten Auftrag gegeben. Die Daten sind verschlüsselt und können mit Ihrer ID-Nummer decodiert werden, wenn die *Mars Discovery* elf Tage unterwegs und mindestens eine Million Kilometer von der Erde entfernt ist. Alles unterliegt strengster Geheimhaltung, Captain. Sie werden auch Ihrer Crew gegenüber Stillschweigen wahren.«

»Wir sind eine Gemeinschaft«, sagte Eleonora. »Wir haben keine Geheimnisse voreinander.«

»Dies wird Ihr Geheimnis bleiben«, entgegnete Winters streng. »Sie werden den anderen zwölf Crewmitgliedern nichts darüber verlauten lassen. Sie verstehen den Grund, sobald Sie vom Inhalt des Datenchips Kenntnis erlangen.«

Der Stationskommandant saß ebenso gerade wie Eleonora und faltete erneut die Hände auf dem Schreibtisch.

»Die Russen bereiten ebenfalls eine Marsmission vor, aber bei Ihrem Projekt kam es zu Verzögerungen. Sie werden später starten und müssen daher den weiteren Weg zum Mars nehmen. Mit ihrem Eintreffen rechnen wir nicht vor zwei Jahren nach Ihrer Landung. Auch die Chinesen könnten ein Raumschiff auf die Reise schicken, wir wissen es nicht genau.« Winters zögerte kurz. »Zu Ihre Crew gehören zwei Russen und ein Chinese.«

»Nein«, sagte Eleonora.

Winters hob die Brauen.

»Sergei und Alenka stammen aus Russland und Tseng aus China«, erklärte Eleonora. »Aber das betrifft nur die Herkunft. Sie sind Astronauten, ihre Nationalität spielt keine Rolle.«

»Wie Sie meinen. Wir gehen davon aus, dass Sie anderthalb bis zwei Jahre Zeit auf dem Mars allein sein werden. Zeit genug für Mysterium.«

Winters stand auf.

»Morgen werde ich Sie und die Crew offiziell verabschieden«, sagte er. »Aber ich wünsche Ihnen schon jetzt viel Glück und viel Erfolg.«

Eleonora erhob sich ebenfalls. »Danke, Sir.«

Mit dem kleinen Datenchip, heiß und schwer wie Blei in der Hosentasche, verließ sie das Büro des Stationskommandanten.

Es hatte ein bewegender Moment sein sollen, die offizielle **3**
Verabschiedung der Crew im großen Ausrüstungsraum vor
dem Verbindungstunnel, der zum Anleger mit dem Shuttle
führte. Vielleicht war er das auch für die übrigen Teilnehmer
und die Zuschauer auf der Erde. Doch Eleonoras Gedanken
glitten immer wieder zu dem kleinen Datenchip, den sie im
Sicherheitsfach ihrer Kabine wusste. *Mysterium*. Es gefiel ihr
nicht, ein Geheimnis zu haben, das sie nicht mit Sergei und
den anderen teilen durfte, denn es rückte sie ein wenig von
der Gemeinschaft weg.

Würdenträger, Staatsmänner und andere Personen auf der
Erde, die aus irgendeinem Grund als wichtig galten, blickten
von den extra für diesen Anlass installierten Bildschirmen
und sprachen über die Menschheit und ihre Zukunft im All.
Eleonora hörte mit halbem Ohr zu und nahm zur Kenntnis,
dass kein Repräsentant des Vatikans zu den Rednern zählte –
die katholische Kirche gehörte noch immer zu den größten
Kritikern von Fracht und Mission der *Mars Discovery*. Ihr gefiel
nicht, dass die ersten Menschen des Mars das Ergebnis von
künstlicher Befruchtung sein sollten und nicht in einem
Mutterleib heranreifen würden.

Was konnte *mindestens ebenso wichtig* sein wie die offizielle
Mission, mit der sie zu einer sieben Monate langen Reise
aufbrachen?

Die versammelten Wissenschaftler und Besatzungsmitglieder der Raumstation unterbrachen die Rede des Stationskommandanten immer wieder mit höflichem Beifall. Eleonora
fragte sich, wer von ihnen Bescheid wusste. Auf wen beschränkte sich die Kenntnis von der zweiten, nicht minder
wichtigen Mission? Eine Antwort auf diese Frage hätte ihr
vermutlich einen Anhaltspunkt gegeben, worum es dabei
ging.

Während Edmund Edgar Winters die historische Bedeutung
der *Mars Discovery* mit dem Flug der Apollo 11 vor mehr als
sechzig Jahren verglich, kehrten Eleonoras Gedanken zu ihren
Eltern zurück. Eine geheime Marsmission im Jahr 1999? Ein
geplanter Flug zum Roten Planeten, von dem die Öffentlich-

keit damals nichts erfahren hatte? Warum? Was steckte dahinter?

Ich trete euer Erbe an, dachte sie. Aber ich weiß noch nicht, woraus dieses Erbe besteht. Ich erfahre es erst in elf Tagen.

Winters sprach über die internationalen Vorbereitungen für den Flug der *Mars Discovery* und die Auswahl der Kandidaten. Er stand reglos und gerade, nur seine Lippen bewegten sich. Die Gesichter auf den großen Bildschirmen beobachteten ihn, einige von ihnen schienen sich ein wenig zu langweilen. Die Besatzungsmitglieder und Wissenschaftler wirkten entspannt, viele lächelten – dieser Tag gehört auch ihren Träumen und Hoffnungen. Es ging los, es ging endlich los, nach all den Jahren.

Rechts und links neben Eleonora wartete ihre Crew auf das Ende der feierlichen Zeremonie: Sergei, Tseng, Saya, Santiago, Kattrin, Alenka, Lambert, Helena, Bertrand, Azzurra, Penelope und Reynolds. Dreizehn mit ihr, sieben Frauen und sechs Männer, nicht nur kompetent, sondern auch psychologisch kompatibel. Wie weit diese Kompatibilität reichte, würde sich in den kommenden sieben Monaten zeigen. Auch das gehörte zu Eleonoras Aufgaben als Kommandantin: einen Ausgleich zu schaffen, das ruhige Zentrum zu sein und entstehende Konflikte rechtzeitig zu erkennen.

Mysterium, flüsterte es in ihr. Welches Geheimnis hatten ihre Eltern damals mit in den Tod genommen?

Schließlich kam sie selbst an die Reihe und löste Winters am Rednerpult ab. Sie sprach frei, ohne ein Manuskript, das ihr Augmented-Reality-Linsen in den Augen zeigten. Vor vielen Jahren hatte sie gelernt, sich ganz auf eine Sache zu konzentrieren, alles andere auszublenden, und das gelang ihr auch jetzt. Sie sprach die Worte, die Winters und das Kolonieprojekt von ihr erwarteten, vor allem für die Medien der Erde bestimmte Worte, die ihr den lautesten Applaus und ein anerkennendes Nicken von Winters einbrachten.

Die Gesichter der VIPs verschwanden von den Bildschirmen, es wurden noch einmal Hände geschüttelt, zum letzten Mal, und der Ausrüstungsraum leerte sich. In Schutzkombis gekleidet und mit dem Raumhelm unterm Arm gingen die dreizehn der *Mars Discovery* durch den Verbindungstunnel zum Anleger mit dem Shuttle.

»Eddie war noch steifer als sonst«, sagte Helena auf dem Weg zum Schiff.

»Die beste Rede hast du gehalten, Eleonora«, fügte Penelope hinzu. »Von den meisten anderen haben wir nur leere Worte gehört.«

»Ja«, pflichtete ihr Santiago bei. »Du hast wirklich Abschied genommen. Man konnte es *fühlen*.«

Eleonora nahm das Lob mit einem dankbaren Nicken entgegen, blickte durchs Fenster des Shuttles und betrachtete die *Mars Discovery* in ihrer Warteposition einige Kilometer über der Raumstation. Besonders schön war sie nicht: eine Ansammlung von Kugeln, Zylindern und Ringen, dazwischen ein Netzwerk aus Streben, Verbindungsröhren und kleinen Kuppeln, die in verschiedene Richtungen zeigten. Die Kommandokapsel wirkte wie ein kleiner Buckel auf dem Drehkörper, dessen Rotation eine Schwerkraft von Erdnorm simulieren würde, was die Crew vor Muskelschwund bewahrte. Die »Arche« befand sich unterhalb des Drehkörpers, hinter einer besonderen Abschirmung aus mit Blei angereicherten Kohlefasern und Nanoröhren, um sie so gut wie möglich vor Strahlung und Mikrometeoriten zu schützen: zwölf Tanks, angeordnet wie die Patronenkammern eines Revolvers, in der Mitte eine hohle Achse, die nicht nur Zugang zu den einzelnen Räumen der Arche gewährte, sondern auch zu Reaktorkern und Triebwerk und den mehrere Kilometer lang ausgebreiteten »Flügeln« aus hocheffizienten Solarzellen.

Sergei beugte sich zu ihr. »Du wirkst sehr nachdenklich«, sagte er leise. »Freust du dich nicht, dass unsere Reise beginnt?«

»Ich bin neugierig darauf, was uns erwartet«, gab Eleonora zur Antwort.

4 Am elften Flugtag der *Mars Discovery* saß Eleonora im Kommandosessel, der sich ihrer Körperform anpasste; sie fühlte sich von ihm umarmt. Der große Wandschirm vor ihr sah aus wie ein Fenster zum All und zeigte die Erde, blau und grün, geschrumpft, klein geworden und von einem kleinen Mond umkreist. Fast eine Million Kilometer hatte die *Mars Discovery* zurückgelegt, viele weitere Millionen lagen noch vor ihr.

»Wir sind genau auf Kurs«, sagte Sergei. Er saß neben Eleonora, beobachtete die Instrumentenanzeigen und berührte Schaltflächen. »Automatische Navigation aktiv und korrekt. Rotation des Drehkörpers aktiv und korrekt. Reaktor und Ökosysteme …«

»Aktiv und korrekt?«, kam ihm Eleonora zuvor.

»Ja.«

Korrekt, dachte Eleonora. Kommt darauf an. Vielleicht erfahre ich bald etwas, das alles in einem ganz neuen Licht erscheinen lässt.

Es fehlten nur noch zwei Stunden bis zu vollen elf Tagen und einer Million zurückgelegten Kilometern.

»Was ist mit der Arche?«, fragte Eleonora, den Blick auf das Erde-Mond-System.

»Alle biologischen Systeme innerhalb der normalen Funktionsparameter«, antwortete Sergei. »Der Computer meldet keine Abweichungen. Die Saat des Lebens ist intakt.«

»Menschen für den Mars«, murmelte Eleonora.

»Ohne den Segen der Kirche.«

»Das Leben war zuerst da, die Kirchen kam erst sehr viel später. Und ich fürchte, sie zählen nicht unbedingt zu den besten Erfindungen der Menschheit. Wir brauchen Vernunft auf dem Mars, keinen Glauben, an dem Blut klebt.«

»Dein Wort in Gottes Ohr«, entgegnete Sergei.

Eleonora deutete zum Wandschirm. »Wie klein die Erde von hier wirkt. Wie zerbrechlich. Ein Asteroid genügt, um alles zu zerstören. Wie vor fünfundsechzig Millionen Jahren bei den Dinosauriern. Und wenn es kein Felsbrocken aus dem All ist … Die Klimakatastrophe oder ein neuer globaler Krieg reichen, und die Welt, wie wir sie kennen, gibt es nicht mehr. Wir sind die zweite Chance, wenn unsere Zivilisation auf der Erde untergeht.«

»Warum sollte sie ausgerechnet jetzt untergehen?«, fragte Sergei.

»Ja, warum?«, erwiderte Eleonora und beobachtete die kleine, ferne Erde. »Andererseits ... Es kann immer etwas geschehen, mit dem niemand rechnet.«

Kurze Zeit später begann Sergei mit einer weiteren Inspektionsrunde durch das Schiff. Eleonora blieb allein in der Kommandokapsel zurück. Die anderen waren noch immer damit beschäftigt, in den verschiedenen Abteilungen Feinabstimmungen vorzunehmen und die Systeme der *Mars Discovery* zu regulieren.

Eleonora sah auf die Uhr und wartete geduldig.

Zwei Stunden vergingen und machten die Erde und ihren Mond noch etwas kleiner.

»Übernimm du, Amelie«, sagte sie schließlich.

»Bin gern zu Diensten«, antwortete die KI des Schiffes.

Eleonora stand auf und verließ die Kommandokapsel. Die Zeit für das Geheimnis war gekommen.

Ohne Licht

5 **Cape Canaveral, Florida, USA**
Anfang September 2004
Das Startareal jenseits des glitzernden Wassers lag still – es
dröhnten keine Feuer speienden Triebwerke, die eine Rakete
ins All brachten. Die Sonne brannte am klaren Himmel, es war
heiß.

Großvater Francis wischte sich Schweiß von der Stirn und
seufzte erleichtert, als sie den Schatten der Bäume erreichten.
Er deutete auf eine nahe Sitzbank.

»Lass uns ein wenig ausruhen, Ele.«

Das geschah in letzter Zeit immer öfter. Der Mann, stark
wie ein Bär, hatte nichts von seiner imposanten Größe ein-
gebüßt, schien aber nicht mehr so stark wie früher. Immer
öfter musste er eine Pause einlegen, um neue Kraft zu schöpfen.

Eleonora sah, wie er blinzelte, als er mit einem Schnaufen
auf die hölzerne Bank sank. Er schwitzte noch immer, trotz der
Schatten und des kühlenden Winds vom Meer.

»Es ist heiß«, sagte Francis.

Eleonora zuckte mit den Schultern. Die Hitze machte ihr
nichts aus. In kurzer Jeans und T-Shirt saß sie neben ihrem
Großvater und blickte zum Startgelände. Nichts bewegte sich
dort, alles ruhte.

»Die Klimaforscher sagen, dass es bald noch heißer wird«,
fügte Francis hinzu. »Weil wir immer mehr Treibhausgase
freisetzen.«

»Kohlendioxid«, sagte die zwölf Jahre alte Eleonora. »Und
Methan, ein Gas mit noch höherem Treibhauspotenzial.«

»Ja. Ein von uns Menschen gemachter Klimawandel droht,
heißt es. Der Meeresspiegel könnte steigen, Wüsten könnten

sich ausbreiten, der Golfstrom könnte versiegen. Du bist jung, Ele, du wirst es erleben.«

»Wir werden etwas dagegen unternehmen«, erwiderte Eleonora. »Die Wissenschaft wird uns die notwendigen Mittel geben.«

Großvater Francis nickte. »Der Wissenschaft kannst du vertrauen, nicht aber den Menschen. Merk dir das gut, Ele: Rechne immer mit der menschlichen Irrationalität.«

Sie deutete zum Startgelände. »Wann hebt die nächste Rakete ab?«

Eine kleine, von der NASA dominierte Stadt erstreckte sich vor ihnen, bestehend aus Hangars, Rampen, Verwaltungsgebäuden, Entwicklungslaboratorien und einem Ausbildungszentrum, das Eleonora an drei Tagen in der Woche besuchte. Zwei weitere Tage verbrachte sie in der Windermere Preparatory School, einer Privatschule bei Orlando, und hinzu kam ein Tag in der Obhut von Mr. und Mrs. Coleman, zwei Privatlehrern, die auch an der University of Florida lehrten, der Universität von Florida. Der siebte Tag blieb Großvater Francis vorbehalten.

»In wenigen Tagen«, lautete die Antwort. »Eine Boeing Delta 2. Sie bringt einen militärischen GPS-Satelliten in den Orbit. Allerdings steht noch nicht fest, ob der Start wie geplant stattfinden kann. Ein aufziehender Sturm könnte uns zwingen, ihn zu verschieben.«

Großvater Francis blinzelte erneut. Eleonora bemerkte es. »Ist dir ein Insekt ins Auge geflogen?«

»Ich schwitze zu sehr«, sagte er. »Vielleicht ist mir etwas von dem Schweiß ins Auge geraten. Hast du den Stein dabei, Ele?«

»Ja.« Eleonora trug ihn fast immer bei sich, es war ihr zur Angewohnheit geworden. Sie zog ihn aus der Tasche der Shorts, einen graubraunen Stein rund wie ein Kiesel, mehrere Zentimeter groß.

Francis nahm ihn so vorsichtig entgegen wie etwas, das leicht zerbrechen konnte. Lächelnd betrachtete er den Stein, drehte ihn dabei hin und her. Als er eine Stelle rieb, wurde ein wabenförmiges Muster sichtbar, noch undeutlich, weil Feuchtigkeit fehlte.

»Deine Urgroßmutter, meine Mutter, hat ihn gefunden. Als Kind habe ich ihn oft in der Hand gehalten.«

»So wie jetzt?«

»Ja, so wie jetzt. Dann habe ich einen nassen Lappen genommen, ihn geputzt und die Muster bestaunt. Dieser Stein ist vierhundert Millionen Jahre alt, Ele. Die Muster stammen von Korallen, die in einem warmen Meer gelebt haben. Ob sie damals wussten, dass wir vierhundert Millionen Jahre später ihre Überbleibsel betrachten?«

Er gab den Stein zurück. Eleonora steckte ihn wieder ein.

»Sie können nichts davon gewusst haben«, sagte sie. »Um etwas zu wissen, braucht man ein Gehirn und Korallen haben keins.«

Eine Zeit lang saßen sie schweigend im Schatten. Der Wind zupfte an Eleonoras langem rotblondem Haar, das sie diesmal offen trug, nicht zu einem Zopf geflochten. Sie blickte zum Startgelände.

»Die Raketen bringen immer nur Satelliten ins All«, sagte sie nach einer Weile.

»Zumindest sehr oft«, erwiderte Francis. »Abgesehen von den Astronauten für die internationale Raumstation ISS.«

»Als ich geboren wurde, lag die erste bemannte Mondlandung schon dreiundzwanzig Jahre zurück. Wann fliegen wir wieder zum Mond? Und wann geht es weiter hinaus, tiefer in den Weltraum?«

»Oh, es gibt Pläne, Ele. Manche sind bekannt, Zeitungen haben darüber geschrieben, das Fernsehen hat über sie berichtet.« Francis zögerte. »Und dann gibt es noch andere Pläne, von denen die Öffentlichkeit nichts weiß.«

Er hob die Hand und legte sie ihr auf die Schulter, aber nur kurz.

»Du könntest Glück haben«, murmelte er. »Vielleicht klappt es.«

»Was meinst du?«

Er zögerte erneut, wie von etwas abgelenkt.

»Du machst gute Fortschritte«, sagte er langsam, als müsste er zunächst jedes Wort auf die Waage legen. »Du bist begabt, doch das allein reicht nicht. Man muss sich Mühe geben, immer und überall, wenn man es unter die Besten schaffen will, und du bist auf dem richtigen Weg.«

»Was könnte ich schaffen?« Eleonora spürte, dass sie hier einer wichtigen Sache auf der Spur war.

Großvater Francis schnaufte wieder. »Vor fünf Jahren, am Grab deiner Eltern ...«

»In dem sie nicht begraben liegen.«

»Wie wir beide wissen.« Francis nickte. »Damals habe ich dir anvertraut, dass deine Eltern in geheimer Mission unterwegs waren.«

»Ja?«, fragte Eleonora mit wachsender Ungeduld. »Ja?«

»Du könntest vielleicht ...« Der große Mann neben Eleonora unterbrach sich und begann zu zittern. Sie sah, wie sich seine Hände fest um die Kante der Sitzbank schlossen.

»Großvater? Was ist?«

Ein seltsames Geräusch kam von ihm. Es klang fast wie ein Stöhnen. Langsam stand er auf und schwankte.

»Ele?«

Eleonora war ebenfalls auf den Beinen. »Großvater?«

Er streckte die Hand nach ihr aus, aber wie jemand, der im Dunkeln nach etwas tastete.

Francis seufzte tief und schwer. »Nimm meine Hand, Ele.« Seine Stimme war plötzlich sehr sanft. »Zeig mir den Weg zurück. Führ mich über den Weg, den wir hierher genommen haben.«

Eleonora ergriff die Hand und fühlte, wie ihr Großvater vorsichtig zudrückte. »Was ist denn? Ich verstehe nicht.«

Francis wandte ihr das Gesicht zu, doch seine Augen blieben leer.

»Es passiert nicht zum ersten Mal, aber diesmal dauert es länger als sonst«, sagte er. »Ich sehe nichts mehr, Ele. Ich bin ohne Licht. Zeig mir den Weg.«

Einige Stunden später, am Nachmittag, konnte Francis noch immer nicht sehen, und daraufhin brachte ihn ein Wagen des Space Center zum Krankenhaus. Eleonora ließ es sich nicht nehmen, ihn zu begleiten. Während der Arzt – Marvin, ein guter Freund von Francis – seinen Patienten untersuchte, wartete sie in einem Zimmer, das einer kleinen Bibliothek glich, und las in einem Buch über die Geschichte der Raumfahrt und ihre mögliche Zukunft. Sie war so sehr darin vertieft, dass sie Dr. Marvin Avens Rückkehr erst bemerkte, als er sich räusperte.

Sofort legte sie das Buch beiseite und stand auf. »Wie geht es ihm?«

»Besser«, sagte Dr. Avens und sah sie durch seine große Brille an. »Du kannst jetzt zu ihm.«

Großvater Francis saß in einem Stuhl am Fenster, neben einer Wandtafel mit Buchstaben und Zahlen. Weiter hinter stand ein Tisch mit Untersuchungsinstrumenten, wie sie ein Augenarzt benutzte.

Der große Mann wirkte geschrumpft und längst nicht mehr so stark wie ein Bär.

»Ele, bist du das?«

»Kannst du noch immer nicht sehen?« In Eleonoras Hals hatte sich ein Kloß gebildet. »Was ist denn los mit dir?«

Großvater Francis atmete tief durch. »Ein Tumor.« Auch diesmal war er offen und ehrlich. »Marvin ist nicht sicher, ob ich jemals wieder sehen kann.« Er machte eine vage Geste mit der Hand. »Ich sitze hier am Fenster, ich spüre den warmen Sonnenschein, aber ich bin ohne Licht.«

Eleonora stand neben ihm und fühlte sich hilflos.

»Von jetzt an wird es noch schwerer für dich, Ele«, sagte ihr Großvater. »Ich kann nicht mehr so für dich sorgen wie bisher. Sprich mit Marvin und Direktor Hammings. Die können dir helfen, wenn ich dir nicht mehr helfen kann.« Er suchte ihre Hand und fand sie. »Versprich mir etwas, Ele.«

»Was?«

»Dass du dir weiterhin Mühe gibst, was auch immer geschieht. Dass du versuchst, dein Bestes zu geben, die Beste zu sein. Dann könntest du es eines Tages schaffen.«

Er sagte nicht, *was* sie schaffen konnte, und sie fragte nicht danach. Der Kloß im Hals hinderte sie daran.

Das Geheimnis

**Raumschiff *Mars Discovery*, 11 Tage nach dem Start, 6
auf dem Weg zum Mars
Februar 2031**

Der Speicherchip lag vor Eleonora auf dem kleinen Tisch in ihrer Kabine. Bilder von der Erde schmückten die Wände, einige von ihnen zeigten Großvater Francis, als er noch groß und kräftig wie ein Bär gewesen war, andere ihre Eltern in Raumanzügen, kurz vor dem fatalen Raketenstart. Sieben Jahre alt war sie damals gewesen. Vor zweiunddreißig Jahren, kurz nach dem tragischen Unglück, hatte Eleonora von diesem Geheimnis erfahren, und nun lagen die Antworten auf all ihre Fragen auf dem Tisch, gespeichert in dem kleinen Chip.

Plötzlich war Eleonora nicht mehr sicher, ob sie erfahren wollte, was hinter dem Geheimnis steckte. Allein das Wissen um seine Existenz trennte sie bereits von Sergei und den anderen. Die Hintergründe und Einzelheiten zu erfahren, würde den Abstand vergrößern. Der Hauptgrund aber war: Sie fürchtete plötzlich eine Bürde, die zu schwer für sie sein konnte.

Schließlich aber nahm sie den Chip mit ruhigen Fingern und schob ihn in den Datenscanner. Einige Sekunden lang summte das Gerät, dann erschien ein Gesicht auf dem Bildschirm an der Wand.

»Wenn Sie dies sehen und hören, sind Sie seit mindestens elf Tagen zum Mars unterwegs und haben bereits eine Million Kilometer zurückgelegt, Captain Delle Grazie«, sagte Edmund Edgar Winters. »Was Sie nun erfahren, ist streng geheim, und Sie sind hiermit angewiesen, es auch vor Ihrer Crew geheim zu halten. Es sei denn, die Umstände zwingen Sie, jemanden zurate zu ziehen oder auf Hilfe zurückzugreifen. Je weniger Personen von dieser Sache wissen, desto besser. Bis wir auf der Grundlage der von Ihnen übermittelten Berichte entscheiden, unser Wissen einem größeren Kreis und vielleicht der Öffentlichkeit zugänglich zu machen.«

Der Kommandant der internationalen Raumstation über der Erde blickte ernst vom Bildschirm. Er unterschied sich nicht von dem Mann, den Eleonora vor elf Tagen zum letzten Mal gesehen hatte. Sie fragte sich, wann die Aufzeichnung angefertigt worden war. Vermutlich nicht sehr lange vor dem Start der *Mars Discovery*.

»Wie Sie wissen, plant man bei Roskosmos in Russland ebenfalls eine Marsmission und auch die Chinesen wollen ein Schiff schicken. Wir wissen nicht, wie viel *sie* wissen, was die ganze Sache ein bisschen kompliziert macht. Jedenfalls sollten Sie an die Möglichkeit denken, dass Sie etwa zwei Jahre nach Ihrer Ankunft auf dem Mars Besuch erhalten. Bis dahin müssen Sie herausgefunden haben, was es mit dem Mysterium auf sich hat. Wir überlegen uns dann, welche Maßnahmen es zu ergreifen gilt.«

Er sagte nicht einfach nur »Mysterium«, sondern benutzte den Artikel.

»Die beiden Viking-Missionen der NASA, gestartet am 20. August und 19. September 1975, entdeckten mehr, als die Öffentlichkeit damals erfahren hat. Nein, die beiden Lander fanden keine Spuren von Leben – das ist ein Mythos, der sich bis heute gehalten hat. Aber der Orbiter von Viking 2, der bis zum 27. Juli 1978 in Betrieb blieb, entdeckte etwas, das die NASA zum Anlass nahm, eine weitere Marsmission vorzubereiten. Der Bau der Sonde erwies sich als schwierig, weil spezielle Messinstrumente benötigt wurden und entwickelt werden mussten, wovon jedoch niemand etwas erfahren sollte. Die notwendige Geheimhaltung führte immer wieder zu Verzögerungen, und deshalb konnte die neue Mission erst siebzehn Jahre nach dem Start der beiden Viking-Sonden beginnen, beziehungsweise vierzehn Jahre nach dem Ausfall des Viking-2-Orbiters im Jahr 1978.«

Der Mann auf dem Bildschirm legte eine kurze Pause ein, als wollte er Eleonora Zeit zum Nachdenken geben.

»1992 startete eine Trägerrakete vom Typ Titan III/Commercial vom Launch Complex 40 auf Cape Canaveral«, fuhr Winters fort. »Die gut eine Tonne schwere Nutzlast bestand aus einer Sonde, die wir ›Mars Observer‹ nannten. Beim Flug zum Mars kam es angeblich zu Fehlfunktionen, und in den damaligen Meldungen hieß es, dass die Sonde am 21. August 1993, nur drei Tage vor Erreichen ihres Ziels, verloren ging. Sie würde sich nicht mehr melden und alle Versuche, Funkkontakt mit ihr herzustellen, wären erfolglos geblieben. Nach einigen Wochen geriet die Sache in Vergessenheit. Andere Ereignisse machten Schlagzeilen. Im September kam es zum Massaker von Sochumi, bei dem siebentausend georgische Zivilisten in Abchasien getötet wurden. Einen Monat später, während der russischen Verfassungskrise, ließ Präsident Boris Jelzin das Parlament beschießen. Im November trat der Vertrag von Maastricht in Kraft, und aus der Europäischen Gemeinschaft wurde die Europäische Union. Für eine schweigende Marssonde interessierte sich niemand mehr.«

Das Bild auf dem Schirm teilte sich. Das Gesicht des Stationskommandanten wurde kleiner und glitt nach links, rechts erschienen Datenblätter. Eleonora strich mit dem Zeigefinger über das Touchpad des Scanners, woraufhin das erste Datenblatt in den Vordergrund rückte.

»Es gab keine Fehlfunktionen an Bord des Mars Observers«, sagte Winters, »der Funkkontakt ging nicht verloren. Die Sonde erreichte ihr Ziel, das Bremstriebwerk zündete wie vorgesehen und brachte sie in eine Umlaufbahn, allerdings in eine andere als die ursprünglich vorgesehene.«

Ein weiteres Bild erschien. Es zeigte den Mars und eine dünne weiße Linie, die um den Roten Planeten führte. Eine zweite Linie, smaragdgrün, ging von der ersten aus, neigte sich dem Planeten entgegen und traf ihn nördlich von Olympus Mons.

Das Gesicht verschwand vom Bildschirm und wich einer

vergrößerten Darstellung des Mars. Mehr Details wurden sichtbar.

Ein gelber Punkt blinkte in den Ebenen von Amazonis Planitia.

»Das ist der vorgesehene Landebereich für die Shuttles der *Mars Discovery*«, erklärte Winters. »Aber Ihre Landung wird etwa zweitausend Kilometer weiter nordöstlich erfolgen, in den Acheron Fossae, einem ausgedehnten Horst- und Grabensystem. Vielleicht kommt es im entscheidenden Moment zu einem Navigationsfehler. Lassen Sie sich einen plausiblen Grund dafür einfallen, dass Sie einen anderen Landeort wählen, Captain Delle Grazie. Zeit dafür haben Sie genug, mehr als sechseinhalb Monate.« Das ernste Gesicht kehrte zurück. »Die genauen Koordinaten des Landeplatzes entnehmen Sie bitte den beigefügten Datenblättern, ebenso die der Anomalie.«

»Anomalie?«, murmelte Eleonora.

»Wir haben auf dem Mars etwas gefunden, das nicht natürlichen Ursprungs ist.« Die Stimme von Edmund Edgar Winters bekam einen anderen Klang. »Die Viking-Daten ließen noch Platz für Zweifel, aber spätestens der Lander des Mars Observers brachte Gewissheit: Bei der Anomalie handelt es sich um ein außerirdisches Artefakt.«

Eleonora fühlte sich von den Worten wie elektrisiert. Sie beugte sich vor und betrachtete Bilder, die eine rotbraune marsianische Landschaft zeigten. Felsen ragten auf, in Mulden und Senken bildete Sand kleine Dünnen in wellenartigen Mustern. Das Gelände stieg an, und als die Aufnahmen wechselten, stellte Eleonora fest, dass sie aus dem Innern eines Kraters stammten.

Ein Bild zeigte etwas, das aus der Kraterwand ragte: ein dunkles Objekt, glatt und rund, wie vor kurzer Zeit poliert. Der Zoom brachte es näher, einen grauschwarzen Bogen, in dem Eleonora wabenartige Muster zu erkennen glaubte – sie fühlte sich an den Petoskey-Stein erinnert, den sie von ihrer Urgroßmutter erhalten und Großvater Francis ins Jenseits mitgegeben hatte.

»In der Kraterwand steckt etwas, das sehr, sehr schwer ist,

und der Meteorit, der den Krater schuf, scheint es in keiner Weise beeinträchtigt zu haben«, erläuterte Winters. »Das Objekt ist so schwer, dass es den Viking-Sonden durch die lokale Veränderung des Gravitationsfelds auffiel. Es macht sich auch im elektromagnetischen Spektrum bemerkbar, wenn man weiß, wonach man Ausschau halten muss. In den Siebzigerjahren hat niemand mit so etwas gerechnet, und deshalb waren Viking 1 und 2 nicht mit entsprechenden Messgeräten ausgestattet, weder die Orbiter noch die Lander. Den damaligen Spezialisten fehlten die Computer und KI-Systeme, die uns heute zur Verfügung stehen. Sie brauchten Jahre, um die gewonnenen Daten zu analysieren und die einzelnen Mosaiksteine, so winzig, wie sie waren, zu einem Bild zusammenzusetzen, das sie verstehen konnten.«

Eleonora betrachtete den dunklen Bogen, der wie das Ende einer Kralle aus der Kraterwand ragte. Fragen brannten in ihr.

»Orbiter und Lander des Mars Observers lieferten weitaus mehr Informationen, und auf ihrer Grundlage wurde eine neue Marsmission vorbereitet.« Winters sprach, während die Bilder wechselten, den Krater mit dem Artefakt aus großer Höhe zeigten, aufgenommen von einer Orbitalkamera. Im Süden des Grabensystems der Acheron Fossae ragte Olympus Mons auf, mit einem Durchmesser von fast sechshundert Kilometern und einer Höhe von sechsundzwanzig Kilometern über der umliegenden Tiefebene der größte Vulkan im ganzen Sonnensystem. »Eine bemannte Mission. Sie sollte im März 1999 aufbrechen, doch unglücklicherweise explodierte die Rakete kurz nach dem Start.«

Eleonora senkte den Blick und starrte auf ihre Hände, die plötzlich kalt geworden waren. Bestimmt wusste Winters, dass ihre Eltern damals ums Leben gekommen waren, aber er ging nicht darauf ein.

»Der zweite bemannte Flug zum Mars wurde zurückgestellt«, fuhr Winters fort. »Man schickte weitere Sonden zum Roten Planeten: Global Surveyor im November 1996, der noch mehr Daten sammelte, nur einen Monat später Pathfinder, Anfang und Mitte der 2000er-Jahre Mars Odyssey,

Mars Express, die Rover Spirit und Opportunity, den Mars Reconnaissance Orbiter, der zwanzig Jahre in Betrieb blieb. Im zweiten Jahrzehnt dieses Jahrtausends folgten Phoenix, Curiosity, MAVEN, Insight und so weiter. Wir haben darauf geachtet, uns vom Fundort des Artefakts in den Acheron Fossae fernzuhalten, und gleichzeitig versucht, mit besseren Sensoren und Kameras mehr darüber herauszufinden.«

»Niemand sonst sollte davon erfahren«, murmelte Eleonora.

»Wir haben Zeit für die Vorbereitung eines bemannten Flugs zum Mars gewonnen«, sagte Edmund Edgar Winters. Eleonora hörte das »Wir« und fragte sich, ob der Kommandant der internationalen Raumstation direkt an Planung und Entwicklung beteiligt gewesen war. »Die Fehler, die 1999 zu dem Unglück geführt haben, durften sich nicht wiederholen. Uns war auch klar, dass wir nur eine einzige weitere Chance haben würden. Unsere Konkurrenten in Russland, China und anderen Staaten hatten offenbar etwas erfahren und ebenfalls den Mars im Auge.«

Winters kehrte auf den Schirm zurück und wirkte noch ernster als zuvor.

»Jetzt sind *Sie* unterwegs, Captain Delle Grazie. Unsere Hoffnungen ruhen auf Ihnen. Ihre Verantwortung ist noch größer, als Sie dachten, aber wir sind sicher, dass Sie ihr gerecht werden. Dafür wurden Sie sorgfältig ausgewählt.«

Winters wich von der Kamera zurück, die ihn und seine Worte aufzeichnete.

»Die Auswirkungen des Objekts auf das lokale marsianische Gravitationsfeld sowie seine elektromagnetische Aura sind nicht allein durch die erstaunlich große Masse zu erklären. Wir gehen von einem energetischen Effekt aus, was bedeutet: Das Objekt ist noch aktiv. Es könnte sich um ein Raumschiff handeln. Oder um einen von Außerirdischen errichteten Stützpunkt. Stellen Sie sich vor, was es für uns bedeuten würde, Zugang zu dieser fremden Technik zu erhalten. Ein Entwicklungssprung von hundert oder tausend Jahren, Captain!«

Winters hob den Zeigefinger.

»Und genau deshalb darf das Objekt auf dem Mars nicht in die falschen Hände geraten. Eins der automatischen Versorgungsmodule, die Sie in den Monaten nach Ihrer Landung auf dem Mars erreichen, wird eine kleine, aber sehr leistungsfähige Bombe enthalten. Sollte die Gefahr bestehen, dass unsere Konkurrenten Zugriff auf das Artefakt und seine Technologie erhalten, werden Sie das Objekt mit dieser Bombe vernichten. Dies bleibt nicht Ihrem Ermessensspielraum überlassen, Captain Delle Grazie. Es ist ein Befehl der Einsatzleitung.«

Der ernste Mann auf dem Bildschirm rang sich ein kurzes Lächeln ab.

»Die Einzelheiten von Mysterium entnehmen Sie bitte den beigefügten Datenblättern. Ich wünsche Ihnen viel Glück, Captain.«

Abschied

7 Cape Canaveral, Florida, USA
Mai 2005

Eleonora hielt ihr Versprechen. Sie gab sich Mühe, sie konzentrierte sich ganz auf das Lernen und versuchte, die Beste zu sein: in Mathematik und Sprachen, in Astrophysik und Philosophie, in Astronomie und Geologie, in Navigation, Sport und Kunst. Manche Unterrichtsfächer lagen ihr mehr als andere, und mit großem Eifer arbeitete sie daran, die Lücken in ihrer Begabung zu schließen und das, was ihr an Talent fehlte, mit Fleiß wettzumachen.

Die Tage waren zu kurz, sie hockte bis spätabends und manchmal bis in die Nacht über ihren Büchern. Wenn sie ihren blinden Großvater besuchte, bemühte sie sich, nicht traurig zu sein, denn Trauer, so erinnerte sie sich, war vergeudete Lebenszeit. Der Sonntag blieb ihm vorbehalten, obwohl ihr die Zeit fürs Lernen fehlte – ein Tag für sie beide, in Licht und Dunkelheit.

Der Rest des Sommers verging schnell, Herbst und Winter brachten Stürme, und das war nicht gut für das Raumfahrtprogramm der NASA; häufig mussten Raketenstarts wegen des schlechten Wetters verschoben werden. Eleonora besuchte ihren Großvater zuerst im Krankenhaus, wo er viel Zeit verbrachte, und dann in einem speziellen Pflegeheim außerhalb des Space Center. Er hörte immer aufmerksam zu, wenn sie davon erzählte, welche Fortschritte sie in welchen Fächern erzielte, und von ihrem neuen Leben in der Familie Hammings, die sie aufgenommen hatte.

»Sie sind sehr freundlich zu mir«, sagte sie im Januar bei einem ihrer Besuche und verschwieg, dass Direktor Hammings immer eine gewisse Distanz wahrte. Er *war* freundlich, ja, aber auf eine zurückhaltende, kühle Art. Später, als Erwachsene, begriff sie: Es war eine Art von Zurückhaltung, die in Verantwortung wurzelte, Menschen und wichtigen Projekten gegenüber. Direktor Hammings, verantwortlich für das Space Center, verhielt sich wie ein Mann, der nicht nur die einzelnen Bäume sah, sondern den ganzen Wald überschaute; doch dafür musste er sich außerhalb davon befinden. Manchmal beobachtete er sie, auf seine zurückhaltende Art, und wenn Eleonora dann seinem Blick begegnete, erkannte sie in Blake Hammings' Augen etwas, dem sie auch in denen ihres Großvaters begegnet war, wenn sie mit ihm über die Raumfahrt gesprochen hatte.

»Fühlst du dich wohl bei ihnen?«, fragte Großvater Francis.

»Ja.« Die Hammings gaben ihr Gelegenheit, ungestört zu lernen. »Wie geht es dir, Großvater?«

Wenn sie sprach, legte er den Kopf ein wenig auf die Seite und lauschte ihrer Stimme.

»Es geht mir schon viel besser«, behauptete der gealterte Mann, der einst wie ein Bär in Menschengestalt gewesen war. »Bestimmt kann ich bald nach Hause, und dann kommst du wieder zu mir.«

Im Februar regnete es ungewöhnlich oft und viel, und deshalb mussten sie auf Spaziergänge verzichten. Im März, als das Wetter besser wurde und Eleonora hoffte, wie früher vom kleinen Park aus Raketenstarts beobachten zu können, war ihr Großvater in so schlechter Verfassung, dass er kaum mehr aus eigener Kraft gehen konnte. Meistens saß er am Fenster, das Gesicht im warmen Sonnenschein, ein Gesicht, in dem es plötzlich zu viel Haut zu geben schien, ebenso wie am Hals, und mit Falten wie tiefen Tälern. Er trug immer eine Mütze, weil ihm wegen der Chemotherapie das Haar ausgefallen war. Seine Augen hatten sich getrübt, ein milchiger Film lag über den Pupillen. Doch trotz allem lächelte er immer, und einmal sagte er: »Ich freue mich über jeden Tag.«

Im April konnte Großvater Francis nicht einmal mehr am Fenster sitzen. Er lag im Bett, wenn Eleonora ihn besuchte, in einem hübschen Zimmer mit frischen Blumen auf dem Tisch und bunten Bildern an den Wänden.

»Wenn das Fenster offen ist und der Wind aus der richtigen Richtung kommt, kann ich das Donnern der Raketenstarts hören«, krächzte er eines Tages. »Es klingt nach einem fernen Gewitter.«

Er sprach nicht mehr, er krächzte nur noch, oft so leise, dass Eleonora genau hinhören musste, um ihn zu verstehen. Und er wog nur noch halb so viel wie im September des vergangenen Jahrs, als ihn das Licht endgültig verlassen hatte.

Am 7. Mai 2005 starb Großvater Francis, ohne operiert worden zu sein. Er hatte sich strikt dagegen ausgesprochen. Eleonora erinnerte sich an seine Worte, als sie vor seinem Grab stand, direkt neben dem leeren ihrer Eltern in den Dune Acres am Michigansee: »Wenn es um einen anderen Körperteil ginge, kein Problem. Aber an meinen Kopf lasse ich kein Messer heran, nicht einmal ein kleines.«

Sechs Jahre waren seit dem anderen Begräbnis vergangen, bei dem es gar keine Toten gegeben hatte. Diesmal fehlte eine schwere Hand auf ihrer Schulter, als Eleonora zwischen Dr. Marvin Avens und Direktor Blake Hammings stand. Sie erinnerte sich daran, die kleine Flamme beobachtet zu haben, die in einem Glas auf der Grabplatte gebrannt hatte, bei den goldenen Namen ihrer Eltern. Eine ähnliche Flamme tanzte und flackerte nun auf dem neuen Grab. Eleonora betrachtete sie und fühlte sich so allein wie nie zuvor in ihrem Leben.

Als die meisten Trauergäste gegangen waren, trat sie vor und legte einen Petoskey-Stein auf den Sarg mit ihrem Großvater.

»Was ist das?«, fragte Direktor Hammings.

Der Stein war mehrere Zentimeter groß. Wenn man ihn befeuchtete, zeigte er die versteinerten Skelette von Korallen, die im Devon in einem warmen Meer gewachsen waren – solche Steine konnte man nur an den Ufern des Michigansees finden.

»Er stammt von hier.« Sie deutete zum See. »Angeblich hat ihn meine Urgroßmutter nach einem Sturm gefunden. Mein

Großvater fand ihn hübsch. Er hat ihn immer gern betrachtet.«

»Ich verstehe«, sagte Direktor Hammings – der Direktor für sie blieb und nie zu Blake Hammings wurde –, und vielleicht verstand er wirklich. Als er den wartenden Männern das Zeichen gab, den Sarg hinabzulassen, wies er sie an:»Seien Sie vorsichtig, damit der Stein nicht herunterfällt.«

Einige Tage später, als Eleonora in ihrem Zimmer bei den Hammings' über den Büchern saß und sich auf die nächste Prüfung vorbereitete, kam der Direktor herein.

»Du lernst und lernst«, sagte er anerkennend.

»Ich habe es meinem Großvater versprochen.«

Hammings blieb in der Mitte des Zimmers stehen.»Wenn du einen Wunsch frei hättest, was würdest du dir wünschen?«

»Ich würde mir wünschen, dass Großvater Francis wieder lebendig wird, ohne den Tumor in seinem Kopf«, antwortete Eleonora sofort. Und weil sie dreizehn war, nicht mehr sieben, sich ein wenig rebellisch fühlte und provozieren wollte, fügte sie hinzu:»Und ich würde mir eine Antwort auf die Frage wünschen, was die geheime Mission meiner Eltern war.«

Für einen Moment zeigte sich Überraschung in Direktor Hammings' Gesicht.

»Nur ein Wunsch«, sagte er.»Der weder Francis noch deine Eltern betrifft.«

Eleonora sah auf die vor ihr liegenden Bücher. Darunter befand sich ein großer Bildband, dessen Cover den Mars zeigte – er enthielt Fotos von den Viking-Missionen der NASA in den Siebzigerjahren des vergangenen Jahrhunderts.

»Ganz ehrlich«, betonte Hammings.»Dein größter Wunsch.«

Die Sterne, dachte Eleonora. Ich möchte das Universum sehen.

Doch dieser Wunsch erschien ihr ein bisschen zu groß, und deshalb sagte sie:»Ich möchte Astronautin werden und zum Mars fliegen.«

Der Direktor des Space Centers nickte langsam.

»Wer weiß, wer weiß«, murmelte er.»Du könntest es schaffen.«

Jahre vergingen, brachten neue Erfahrungen und neue Gedanken. Aus dem Mädchen wurde eine Frau, die ihr rotblondes Haar lang trug, oft zu einem Zopf geflochten. Ihre Haut blieb hell, die Sommersprossen auf Nase und Wangen wurden mehr. Sie lernte und lernte, Bücher blieben ihre ständigen Begleiter, für etwas anderes gab es in ihrem Leben kaum Platz. Noch immer versuchte sie, die Beste zu sein, auf eine ruhige, unauffällige Art, die andere Menschen nicht herausforderte, und wenn es ihr nicht gelang, analysierte sie die eigenen Schwächen und Unzulänglichkeiten.

Die Welt außerhalb von Cape Canaveral veränderte sich, und einige dieser Veränderungen betrafen auch die Raumfahrt, die bis dahin so etwas wie ein Monopol der NASA gewesen war. Bereits existierende private Raumfahrtunternehmen und neu gegründete erzielten erste Erfolge und trieben die technologische Entwicklung voran: SpaceX, 2002 von Elon Musk gegründet, plante einen eigenen Weltraumbahnhof in Boca Chica Village bei Brownsville, Texas – für die Baukosten wurden hundert Millionen Dollar veranschlagt. Hinzu kamen Blue Origin, von Amazon-Chef Jeff Bezos ebenfalls im Jahr 2002 gegründet; Virgin Galactic (2004) des Briten Richard Branson und des Amerikaners Burt Rutan; Vulcan Aerospace (2015) von Microsoft-Co-Founder Paul Allen; und andere Unternehmen, auf bestimmte Aspekte der unbemannten und bemannten Raumfahrt spezialisiert.

In den Zwanzigerjahren, als Eleonoras Astronautenausbildung begann, beschlossen die NASA und mehrere der privaten Unternehmen, unter ihnen SpaceX als wichtigster Partner, die Anlagen von Boca Chica Village, Texas, und Cape Canaveral, Florida, gemeinsam zu nutzen. Man arbeitete mit der ESA und der indischen ISRO zusammen. Russlands Roskosmos und Chinas CNSA ließen sich nicht dazu bewegen, an der internationalen Raumfahrt-Kooperation teilzunehmen – dort verfolgte man eigene Projekte und wollte sich nicht in die Karten schauen lassen.

Eleonora blieb allein. Zuerst steckte keine bewusste Absicht dahinter – ihre wenigen Männerbekanntschaften engten sie zu sehr ein, und sie hatte nie das Gefühl, ganz verstanden zu werden. Einmal kam ihr eine Frau recht nahe, eine Freundin, die ebenfalls eine Astronautenausbildung absolvierte und für das neue Mondprogramm eingeteilt wurde. Eine Woche lang hielt Eleonora es für möglich, dem eigenen Geschlecht zugewandt zu sein, und sie fragte sich, ob es tatsächlich möglich war, so etwas erst mit dreißig zu entdecken. Doch die neugierige Freude, die sie beim ersten engeren Kontakt empfunden hatte, wich bald der Unruhe, die sie immer dann erfasste, wenn sie sich nicht ihrer Aufgabe widmete, jenen Dingen, die von Kindesbeinen an ihr Leben bestimmten.

Die Partnerin wurde wieder »nur« zu einer Freundin, und Eleonora kam eine wichtige Erkenntnis: Das Alleinsein gehörte zu ihren Vorbereitungen. Etwas in ihrem Unterbewusstsein hatte begriffen, dass sie keine Beziehung eingehen durfte, wenn sie den Weltraum erforschen wollte – es durfte keine Fäden oder gar Stricke geben, die sie mit der Erde verbanden.

Miriam – so hieß die zwei Jahre jüngere Frau, die wieder zur Freundin geworden war – brach einige Zeit später zum Mond auf und blieb zwölf Monate dort, in der neuen Basis am Südpol, wo es in den tiefen Kratern, unerreicht vom Sonnenlicht, reichlich Wassereis gab. Kaum zurückgekehrt, drängte es sie schon wieder hinaus – nach nicht einmal sieben Monaten flog sie erneut zum Mond und wurde Mitglied der permanenten Crew der lunaren Station.

Für Eleonora verging die Zeit mit noch mehr Lernen und weiteren physischen und psychischen Vorbereitungen. Neben ihren Studien nahm sie an einem sportlichen Leistungsprogramm teil, bestimmt für Astronauten, denen besonders lange Flüge durchs All bevorstanden. Sie beneidete Miriam, der Mond reizte sie, aber der Mars lockte sie noch viel mehr, und die Reise dorthin dauerte nicht wenige Tage, sondern mindestens sechs oder sieben Monate.

Als weitere Jahre verstrichen und ihr vierzigster Geburtstag näher rückte, regten sich Zweifel, dass sie jemals die Erde verlassen würde. Andere Astronauten, die ihre Ausbildung später begonnen hatten, flogen zur neuen internationalen Raumstation oder zum Mond, während Eleonora an weiteren Schulungen und langen psychologischen Tests teilnahm.

An einem trüben Tag im Januar 2030 bat Direktor Hammings sie in sein Büro.

Er saß zurückgelehnt hinter seinem breiten Schreibtisch, die Hände auf dem Bauch gefaltet, der sich inzwischen deutlich sichtbar vorwölbte. Im Alter war er nicht geschrumpft wie damals Großvater Francis, sondern gewachsen, vor allem in der Breite. Vor ihm lagen fächerförmig ausgebreitet Dokumente und Computerausdrucke.

»Setz dich, Eleonora, setz dich.«

Sie sank auf den Stuhl vor dem Schreibtisch.

Hammings beugte sich vor. »Dies sind die Ergebnisse der letzten Tests.«

Eleonora spürte den Beginn von Nervosität. Sie räusperte sich. »Wie habe ich abgeschnitten?«

»Was? Oh, mit deinen Tests ist alles in bester Ordnung. Die Resultate könnten kaum besser sein. Dies hier«, er deutete auf die Dokumente und Ausdrucke, »betrifft einige bisher als kritisch eingestufte technische Systeme.« Hammings sah von den Unterlagen auf. »Wir sind ein bisschen spät dran, aber wenn wir uns noch mehr Zeit nehmen, wird die Entfernung zu groß, und dann dauert die Reise viel länger. Dieses Jahr wird es leider nichts mehr, aber im nächsten ist es so weit.«

Als Eleonora schwieg, fügte er hinzu: »Die unterschiedlichen Umlaufbahnen. Das muss ich dir sicher nicht erklären.«

»Ich verstehe dennoch nicht ...«, brachte Eleonora hervor und fragte sich, ob sie hoffen durfte.

»Der Mars.« Hammings lächelte kurz. »Wir fliegen zum Mars. Mit einem neuen Schiff. Mit einer besonderen Fracht. Und mit dir. Wir haben bereits mit dem Bau der *Mars Discovery* begonnen.«

»Ich soll ... zum Mars fliegen?«

»Wenn du möchtest. Wenn du bereit bist.«

Wilde Freude stieg in Eleonora auf. »Ob ich möchte? Ob ich bereit bin? Natürlich!«

»Die Crew der *Mars Discovery* wird aus dreizehn Personen bestehen«, sagte Direktor Hammings. »Und du wirst die Kommandantin sein, Captain des Schiffs.«

Zwischen den Welten

8 **Raumschiff *Mars Discovery*, 85 Tage nach dem Start, auf dem Weg zum Mars**
Ende April 2031

Die ersten Wochen an Bord der *Mars Discovery* vergingen schnell, als hätte es die Zeit eiliger als sonst. Es lag natürlich daran, dass alles neu und aufregend war und dass es viel zu tun gab. Die Systeme des Schiffs mussten genau kalibriert und aufeinander abgestimmt werden, für maximale Effizienz, wie der für die primären Systeme zuständige Tseng betonte. Am neununddreißigsten Tag der Reise gab es ein Problem mit dem Magnetfeld, das sie vor der kosmischen Strahlung und insbesondere dem Sonnenwind schützen sollte, und es dauerte viele Stunden, bis Tseng, der immer fröhliche Lambert, Penelope, in deren Augen es zu brennen schien, und der sanfte, gutmütige Reynolds, der gern las, den Strahlenschutz wieder stabilisieren konnten.

Zwei Wochen später entdeckte die Biologin Saya erste Anzeichen dafür, dass es einigen Pflanzen in den hydroponischen Anlagen schlecht ging. Sie überprüfte Beleuchtung, Temperatur und Kohlendioxidgehalt der Luft, und als sie dabei nichts Ungewöhnliches fand, begann sie mit genauen Analysen von Boden und Wasser. Sie stellte fest, dass der pH-Wert des Bodens gestiegen war – ein Ergebnis der Wechselwirkung zwischen den Pflanzen und der Erde, in der sie wuchsen. Sie passte die Kompostierung an und verwendete Torfersatzstoffe, um den Boden etwas saurer zu machen, doch einige der Sauerstoff und Nahrung produzierenden Pflanzen zeigten weiterhin Anzeichen von Stress.

Im wissenschaftlichen Laboratorium der *Mars Discovery* fand Saya schließlich den Grund. Einige Mikroorganismen hatten es irgendwie durch die strengen bakteriologischen Kontrollen bei der Einrichtung der Gärten geschafft und gediehen so gut, dass sie mit ihrer Ausbreitung Wachstum und Wohlergehen der Pflanzen gefährlich minderten. Saya machte sich sofort an die Entwicklung eines Gegenmittels und setzte Phagen ein, Bakterien fressende Viren, die den unwillkommenen Mikrokolonien schnell den Garaus machten.

Damit schienen die anfänglichen Kanten der Mission geschliffen und glatt. Alles funktionierte reibungslos, Routine machte sich breit, die Zeit strömte nicht mehr, sie rann ruhig dahin, während das Schiff durchs interplanetare All glitt und sich immer weiter vom Erde-Mond-System entfernte. Jedes der dreizehn Besatzungsmitglieder entwickelte eigene Gewohnheiten, die dabei halfen, gut durch die langen Tage und Nächte zu kommen.

Reynolds verschlang Bücher geradezu, nicht nur Sachbücher mit Fachartikeln über Biotope und lokales Terraforming, sondern auch Romane, die ihn in fiktive Welten entführten.

Die spektografische Spezialistin Helena verbrachte viel Zeit im Observatorium der *Mars Discovery* und untersuchte die stellaren Spektren. Dabei setzte sie ein eigenes kleines Forschungsprojekt fort, hielt Ausschau nach Exoplaneten, nahm Spektralanalysen bereits bekannter ferner Welten vor und suchte in ihren Atmosphären nach Hinweisen auf Leben.

Der kleine, schmächtige Geologe Bertrand malte und eiferte dabei alten Meistern nach, von Rembrandt über Van Gogh bis hin zu Picasso. Sein Ziel war offenbar, einmal so gut zu sein, dass sich seine Werke kaum mehr von denen der Klassiker unterschieden.

Saya hatte keine Hobbys, zumindest wusste Eleonora von keinem. Sie verbrachte die Tage und oft auch die Nächte entweder in den hydroponischen Anlagen bei ihren geliebten Pflanzen oder in der Arche, wo sie sich um die Saat des Lebens kümmerte, um die Pflanzensamen, die eingefrorenen tierischen Embryonen und die zehntausend menschlichen Eizellen, die nach und nach befruchtet werden sollten, wenn die Kolonie auf dem Mars entsprechend vorbereitet war. Ihre Kabine suchte sie nur auf, um einige wenige Stunden zu schlafen, um zu duschen und die Kleidung zu wechseln.

Santiago, der Arzt, untersuchte die anderen Crewmitglieder in regelmäßigen Abständen und führte Buch über die Veränderungen ihres körperlichen und geistigen Zustands, sofern er welche bemerkte. Er schrieb an einem detaillierten Bericht über die Auswirkungen langer interplanetarer Reisen insbesondere auf die menschliche Psyche. Eleonora und die anderen unterzogen sich seinen kognitiven Tests, die ihnen gelegentlich kryptisch erschienen. Zum psychologischen Rahmenprogramm der Marsmission gehörte, dass jede Person an Bord ihren persönlichen Freiraum bekam. Wenn er keine neuen Tests entwickelte oder an seinem Bericht schrieb, trieb Santiago Sport, sowohl im Drehkörper, der mit seiner Rotation die irdische Schwerkraft simulierte, als auch in den schwerelosen Bereichen der *Mars Discovery*.

Dabei leistete ihm oft Alenka Gesellschaft, die aus Wladiwostok stammende Spezialistin für Lebenserhaltungssysteme. Eleonora sah die beiden häufig zusammen und fragte sich manchmal, ob sich zwischen ihnen etwas anbahnte oder vielleicht bereits angebahnt hatte. Dass sich im Lauf der sieben Monate Paare bilden würden, lag in der menschlichen Natur, und von der Projektleitung waren keine Empfehlungen dagegen ausgesprochen worden, obwohl intime Beziehungen zu Konflikten führen konnten. Man verließ sich auf das Verantwortungsbewusstsein aller Beteiligten – immerhin waren die Besatzungsmitglieder der *Mars Discovery* sehr sorgfältig ausgewählt worden. Die blasse, schweigsame Alenka bildete einen weiteren Ruhepol und hatte während der Ausbildung auf der Erde bewiesen, dass sie mit ihrer kühlen Rationalität wie ein Felsen in einer stürmischen Brandung sein konnte.

Wenn sich der aus China stammende Tseng, dessen tiefe Stimme einen so auffallenden Kontrast zu seiner zierlichen Gestalt bildete, nicht um die primären Systeme der *Mars Discovery* kümmerte, unter ihnen Navigation und Strahlenschutz, suchte er manchmal den Musikraum auf, um zu meditieren. Dann saß er im Schneidersitz, die Hände auf den Knien, mit den Handrücken nach unten, die Augen geschlossen. Bei solchen Anlässen trug er eine orangefarbene Kutte, die an einen Tschögu erinnerte, die gelbe Kleidung eines buddhistischen Mönchs, obwohl Tsengs Meditationen nichts mit Buddha zu tun hatten.

Lambert, der »ewige Lächler«, wie sie ihn nannten, aufgeschlossen und immer gut gelaunt, verbrachte seine freie Zeit mit der Entwicklung technischer Innovationen. Er nahm sich ein bestimmtes System der *Mars Discovery* vor und forschte so lange in den Datenbanken und über die langsamer werdende Online-Verbindung – die Entfernung zur Erde wuchs mit jeder verstreichenden Sekunde, und deshalb dauerte die Signalübertragung immer länger –, bis er Möglichkeiten entdeckte, das entsprechende System zu verbessern. Er war der geborene Bastler und hatte als Kind, so erzählte er gern, sein Spielzeug auseinandergenommen, um herauszufinden, wie es funktionierte.

Eleonora vermutete, dass Lambert und die Griechin Penelope mit dem Feuer in den Augen kurz davorstanden, ein Paar zu werden; dafür sprachen die Blicke, die sie sich manchmal zuwarfen. Penelope teilte Lamberts Interesse an technischen Dingen. Als Ambientaltechnologin würde sie auf dem Mars mit Reynolds zusammenarbeiten und beim lokalen Terraforming und der Biotopisierung ausgewählter Bereiche der Kolonie helfen. Eleonora vermutete, dass sie auf Lamberts und Penelopes Hilfe zurückgreifen musste, sollte sich das Mysterium-Objekt auf dem Mars tatsächlich als außerirdisches technologisches Artefakt erweisen.

Kattrin aus Deutschland, zuständig für organisches und anorganisches Recycling, wies gelegentlich darauf hin, dass sie es im Gegensatz zu den anderen oft mit »Scheiße« zu tun bekam. Ihr Sinn für Humor konnte recht schräg sein, was sich auch in den Gedichten niederschlug, die sie schrieb und vorlas, wenn sie bei einem Treffen im Freizeitraum darum gebeten wurde. Eleonora hatte bemerkt, dass sie kein Interesse an männlicher Gesellschaft zeigte, aber lockerer und zugänglicher wirkte, wenn Azzurra bei ihr war.

Die mexikanische Datenspezialistin mit den himmelblauen Augen und dem rabenschwarzen Haar kümmerte sich um die IT der *Mars Discovery*. Sie pflegte die Datenbanken des Schiffs, hielt die Computersysteme instand und »kontrollierte die Kontrollprogramme«. Sie nahm auch Programmaktualisierungen vor und arbeitete bei der digitalen Administration des Schiffs eng mit der Künstlichen Intelligenz Amelie zusammen, die sie manchmal ihre »beste Freundin« nannte. Was vielleicht mehr war als nur ein Scherz, vermutete Eleonora.

Was Sergei betraf, den Stellvertretenden Kommandanten ... Eleonora wusste, dass er ein Auge auf sie geworfen hatte. Wie Großvater Francis, an den er sie hin und wieder erinnerte, liebte er klare Worte, was sie sehr zu schätzen wusste, denn sie brauchte jemanden, der die Dinge beim Namen nannte. Sie hatte mehrmals überlegt, ob sie seinem sehr zurückhaltenden Werben nachgeben und eine Beziehung mit ihm eingehen sollte, doch es wäre eine zusätzliche Belastung für sie gewesen, jemandem ganz nahe zu sein und ihm etwas Wichtiges verschweigen zu müssen.

Das erwies sich ohnehin zunehmend als Problem. Während die Wochen vergingen und die Crew wie erwartet zu einer echten Gemeinschaft zusammenwuchs, fühlte sich Eleonora immer mehr von den anderen getrennt. Ihnen etwas zu verheimlichen, rückte sie fort von der entstandenen Gruppe, und so sehr sie sich auch um Normalität bemühte – Sergei und der Rest der Crew spürten die zunehmende Distanz. Wahrscheinlich sahen sie den Grund dafür in ihrer Rolle als Kommandantin, das hoffte Eleonora jedenfalls.

Während der ersten Wochen hatte sie die Mysterium-Unterlagen studiert, um sich mit ihrer zweiten Mission vertraut zu machen, die nach Aussage von Edmund Edgar Winters mindestens ebenso wichtig war wie die erste. Als Eleonora die von mehreren Sonden, Orbitern und Landern gesammelten Daten kannte, befasste sie sich eingehend mit den von Fachleuten erstellten Bedeutungsanalysen und den möglichen Auswirkungen auf die geopolitische Lage. Dabei musste sie sich gegen den Eindruck wehren, dass die Gründung der ersten Marskolonie weniger wichtig war als die geheime Mission, an der eine kleine Gruppe von Eingeweihten seit einem halben Jahrhundert arbeitete und der ihre Eltern zum Opfer gefallen waren.

Je mehr sie über das Objekt auf dem Mars nachdachte – und das tat sie oft –, desto mehr belastete sie das Schweigen darüber. Wenn sie ihre Pflichten als Kommandantin in Gesellschaft der anderen erfüllt hatte, suchte sie ihre Kabine oder einen Bereich des Schiffs auf, in dem sie allein sein konnte, um erneut über ihr Geheimnis zu grübeln und in Gedanken alles hin und her zu schieben, wie auf der Suche nach etwas, das bisher ihrer Aufmerksamkeit entgangen war. Sie besuchte die hydroponischen Anlagen, wenn Saya nicht dort war, und gab sich zwischen dem Grün der Pflanzen der Illusion hin, in einem Park auf der Erde zu sein. Wenn Helena einmal keine spektralen Messungen im Observatorium vornahm, saß Eleonora dort in einem der Sessel und sah hinaus ins All. Zuerst suchte ihr Blick die Erde, inzwischen viele Millionen Kilometer entfernt, aber immer öfter betrachtete sie die noch viel ferneren Sterne. Kam das Objekt auf dem Mars – das Artefakt, vielleicht ein Raumschiff – von dort? Sie war immer davon überzeugt gewesen, dass es in der Milchstraße von Leben wimmelte. Mehr als zweihundert Milliarden Sterne, fast jeder von ihnen mit einem Planetensystem, Millionen von erdähnlichen Welten in den habitablen Zonen, in den Umlaufbahnen von Gasriesen mindestens ebenso viele Eismonde mit subglazialen Ozeanen, von denen man wusste, dass sie gute Bedingungen für die Entstehung von Leben boten ... Es wäre vermessen gewesen zu glauben, dass sich Leben – und *intelligentes* Leben – allein auf die Erde beschränkte.

Was existierte dort draußen in den dunklen Tiefen des Alls? Welche Wunder und Mysterien warteten dort auf Entdeckung? Eleonora dachte an anderes Leben, das den mühsamen Weg aus Schleim und Schlamm bis hin zu Intelligenz hinter sich gebracht hatte. Sie dachte an andere Augen, die nachdenklich zu den Sternen aufgesehen hatten, viele Jahrmillionen oder gar Jahrmilliarden vor den ersten Menschen.

Fremde intelligente Wesen, die schließlich ihre Heimatwelten verlassen und in den Weltraum vorgestoßen waren. Denen es gelungen war, die immens tiefen Abgründe zwischen den Sternen zu überbrücken und andere Sonnensysteme zu erreichen, unter ihnen das der Erde. Hatten sie einen Stützpunkt auf dem Mars errichtet, vielleicht einen Beobachtungsposten, um von dort aus die Fortschritte der Menschheit zu verfolgen? Oder war aus irgendeinem Grund ein Schiff von ihnen dort gestrandet und seit Jahrtausenden gefangen in Fels und Stein? Wenn dem so war, wie konnte es nach so langer Zeit noch energetisch aktiv sein?

Der erste Kontakt mit einer außerirdischen Zivilisation wäre einer der wichtigsten Meilensteine – vielleicht der wichtigste überhaupt – in der Geschichte der Menschheit. Die Errichtung der ersten Kolonie auf einem anderen Planeten wirkte daneben wenn nicht bedeutungslos, so doch nebensächlich. Der Erstkontakt würde die Rolle des Menschen im Kosmos völlig neu definieren und konnte ihm ungeahnte Möglichkeiten eröffnen. Eleonora dachte an ein riesiges Gebäude, groß wie die Milchstraße und noch größer, so groß wie das Universum, von dem sie bisher nur ein einziges kleines Zimmer kannte. Plötzlich würden sich Türen öffnen, zu Fluren und anderen Räumen, die es zu erkunden und erforschen galt.

Stationskommandant Winters und die anderen Personen, die viele Jahre lang hinter den Kulissen am Projekt Mysterium gearbeitet hatten, wollten offenbar, dass sich diese Türen allein für die westliche Welt und vielleicht nur für Amerika öffneten. Wenn es tatsächlich um überlegene Technologie ging, konnten die USA die Vormachtstellung zurückgewinnen, die sie seit ein oder zwei Jahrzehnten an China verloren hatten. Eine neue Hegemonie, auf der Grundlage fremder Technik, mit der es die anderen Nationen der Erde nicht aufnehmen konnten. Und wenn es nicht gelang, das Artefakt auf dem Mars unter Kontrolle zu bringen oder seine Ressourcen für den Westen zu sichern, sollte es vernichtet werden, damit der Osten es nicht bekam.

Wie seltsam, in solchen Bahnen zu denken, die Welt aus

einem solchen Blickwinkel zu sehen. Wenn man die Erde aus dem Weltall betrachtete, gab es keine Grenzen, nur Ozeane und Kontinente, eine Welt voller Menschen. Und je weiter man sich von ihr entfernte, desto kleiner und unbedeutender wurde sie, weniger als ein Staubkorn in einem gewaltigen Kosmos.

Eleonora erinnerte sich an ihr Gespräch mit Winters in der Raumstation über der Erde, daran, dass sie gesagt hatte, Nationen spielten keine Rolle. Sie flogen nicht für Amerika zum Mars, nicht für den Westen, sondern für die ganze Erde, für die ganze Menschheit. Daran hatte Eleonora von Anfang an geglaubt, und diese Überzeugung wollte sie nicht aufgeben.

Hier bot sich eine Riesenchance für die Spezies Homo sapiens, doch Eleonora musste dafür sorgen, dass sich die Dinge richtig entwickelten. Eine seltsame Aufregung ergriff sie, begleitet vom Fernweh des Reisenden, der begriff, dass er bisher kaum den Fuß vor die eigene Haustür gesetzt hatte. Sie war die Kommandantin der *Mars Discovery*. Sie war es, die letztendlich entscheiden musste, wie mit dem Objekt auf dem Mars verfahren werden sollte.

Es bedeutete zusätzliche Verantwortung.

Das Gewicht der auf Eleonora lastenden Bürde schien sich zu verdoppeln und zu verdreifachen. Wie konnte ein einzelner Mensch eine solche Last tragen?

In einem halbdunklen Winkel ihres Bewusstseins flüsterte es verschwörerisch: *Du wirst in die Geschichte eingehen. Dein Name wird für immer mit dem Erstkontakt verknüpft sein.*

Hier drohten Eitelkeit und Selbstüberhebung. Eleonora verscheuchte den Gedanken.

Der Zufall wollte es, dass Sergei ins Observatorium kam, als **9** Eleonora einen ihrer schwachen Momente hatte und glaubte, es nicht mehr aushalten zu können.

Sie saß im Beobachtungssessel, mit der Rückenlehne weit hinten, betrachtete das glühende Chaos des Milchstraßenkerns und stellte sich vor, dass es dort auf einem Planeten nie dunkel wurde, weil des Nachts der Himmel voller naher Sterne war. Seit Tagen rang sie mit sich selbst, aber in den letzten Stunden hatte sich der innere Konflikt verschärft.

Sie bemerkte Sergei erst, als er sich räusperte und in ihr Blickfeld trat.

»Hoffentlich störe ich nicht.«

Du könntest mein Rettungsanker sein, dachte sie und antwortete schlicht:»Nein.«

»Du lügst«, sagte er, wie immer offen und ehrlich.»Du bist hier, weil du allein sein willst.«

Seine Augen fingen das Licht der Milchstraße ein und für einige Sekunden schienen sie wie die von Penelope zu brennen.

»Ja«, sagte Eleonora.

Sergei setzte sich. Er trug eine graue Kombination, passend zu seinem eisengrauen Haar. Im Licht der Sterne zeichneten sich die klaren Linien seines Gesichts ab.

»Was ist los?«, fragte er sanft.

Hier war sie, die Gelegenheit, sich Erleichterung zu verschaffen, die Bürde zu teilen. Aber wäre das nicht egoistisch gewesen?

»Nichts«, behauptete sie.»Ich beobachte die Sterne, das ist alles.«

»Du bist seit drei Stunden hier. Ganz allein. Nur du und deine Gedanken.«

Waren bereits drei Stunden vergangen? Eleonora vermied es, auf die Uhr zu sehen.

»Wir machen uns Sorgen«, sagte Sergei.

»Dazu besteht kein Anlass.« Wir, dachte Eleonora erschrocken. Hatten Sergei und die anderen über sie gesprochen?

»Du verbringst immer mehr Zeit allein.« Sergei sprach weiterhin sanft und behutsam. Ich will dich nicht unter Druck setzen, lautete seine Botschaft. Ich will dir helfen.»Wenn du in der Kommandokapsel oder im Freizeitraum bist, wirkst du manchmal geistesabwesend.«

Als Eleonora nicht reagierte, fuhr er fort:»Wir wissen alle, dass dies eine kritische Phase des Flugs ist. Wir sind fast auf halbem Weg, es gibt weniger zu tun als zu Anfang, alles hat sich eingespielt, Routine macht sich breit.«

»Ich habe kein Heimweh«, kam ihm Eleonora zuvor. »Ich fühle mich auch nicht eingesperrt. Das Syndrom ist mir von den Langzeittests bekannt. Ich leide nicht daran.«

»Aber du bist nicht mehr die ausgeglichene Kommandantin, die du zu Beginn des Flugs gewesen bist und während unserer ganzen Mission sein solltest. Anstatt der Mittelpunkt zu sein, das Zentrum, stehst du ganz am Rand. Etwas beschäftigt dich, das sieht man dir an.«

Eleonora öffnete den Mund und schloss ihn wieder.

»Stimmt etwas nicht mit unserer Mission?«, fragte Sergei. »Gibt es Probleme? Mit dem Schiff ist alles in Ordnung, so viel steht fest.« Er verzog das Gesicht. »Es sei denn, die Bordsysteme lügen.«

Eleonora schwieg auch diesmal.

»Du hast viele Tage mit Datenanalysen verbracht.« Sergei hob beschwichtigend die Hand, als ihn Eleonoras scharfer Blick traf. »Nein, ich habe dir nicht nachspioniert. Und ich weiß auch nicht, worum es bei den Analysen ging. Die Benutzung der Computersysteme lässt sich aus den von Amelie geführten Logs ersehen. Azzurra hat Zugriff darauf und als Stellvertretender Kommandant auch ich. Der Datenverkehr selbst ist natürlich verschlüsselt – niemand kann sehen, womit du dich beschäftigst.«

Eleonora deutete ins All. »Hast du dich jemals gefragt, was uns dort draußen erwartet? So viele Sterne allein in unserer Galaxis, so viele Planeten, jeder von ihnen einzigartig. So viele Möglichkeiten für Leben.«

»Eleonora ...« Sergei musterte sie. »Was weißt du, das wir nicht wissen?«

Klarheit kam und beseitigte den Zweifel. Wie auch immer die Anweisungen lauteten, die sie von der Projektleitung auf der Erde erhalten hatte: Die Crew der *Mars Discovery* bildete eine Gemeinschaft – die ersten Menschen für den Mars –, und sie durfte nicht außerhalb stehen. Als Captain des Schiffs und

Kommandantin der Mission war es ihre Pflicht, das Zentrum zu sein, wie Sergei gesagt hatte, der Mittelpunkt. Winters hatte betont, dass diese Angelegenheit nicht ihrem Ermessensspielraum überlassen war, dass es sich um eine Order handelte, die in jedem Fall ihre Gültigkeit behielt, um einen strikten Befehl. Doch Anweisungen und Befehle konnten und durften nicht um ihrer selbst willen gültig sein, erst der Kontext – die konkrete Situation – gab ihnen Bedeutung und vor allem Sinn. Ein guter Kommandant musste seine Entscheidungen der jeweiligen Situation anpassen und so handeln, wie er es im Rahmen der Missionsziele für richtig hielt.

»Es ist meine Verantwortung«, sagte Eleonora und hörte eine neue Festigkeit in ihrer Stimme. »Ich muss entscheiden.«

Sergei nickte. »Außer uns dreizehn ist niemand hier. Wir sind auf uns allein gestellt.«

»Sprich mit den anderen, Sergei. Wir treffen uns in einer Stunde im Besprechungsraum. Ich habe euch etwas mitzuteilen.«

Gemeinsam

**Raumschiff *Mars Discovery*, 85 Tage nach dem Start, 10
auf dem Weg zum Mars
Ende April 2031**

Bilder des Mars schmückten die Wände des Besprechungsraums, und das größte von ihnen zeigte Olympus Mons. Die beiden Bildschirme zu beiden Seiten des rechteckigen Tisches blieben leer. Sie brauchten keine grafischen Darstellungen der Bordsysteme, und eine Kommunikationsverbindung mit der Erde war unter den gegebenen Umständen gewiss nicht wünschenswert.

»Dies betrifft uns alle«, sagte Eleonora, als die übrigen Crewmitglieder Platz genommen hatten. »Deshalb ist es nur recht und billig, dass ihr Bescheid wisst. Ich brauche ohnehin eure Hilfe; allein komme ich nicht damit zurecht.«

»Womit?«, fragte Saya.

Alle sahen sie erwartungsvoll an. Lambert lächelte wie immer, aber diesmal war es ein besorgtes Lächeln.

»Möchte jemand Kaffee oder Tee?« fragte Helena und stand auf, bereit zu einem Abstecher in die Küche. Als sich niemand meldete, setzte sie sich wieder.

Eleonora saß mit geradem Rücken, nicht steif, aber auch nicht entspannt. »Ich möchte darauf hinweisen, dass ich gegen einen ausdrücklichen Befehl handle, indem ich euch über unsere zweite und vielleicht noch wichtigere Mission in Kenntnis setze. Eigentlich soll ich solange Stillschweigen wahren, bis die Situation eure Hilfe erfordert.«

»Du hast uns etwas verheimlicht?«, fragte der gutmütige Reynolds. »Fast drei Monate lang?«

»Lass sie reden«, warf ihm Penelope zu. Das Feuer in ihren Augen brannte wieder.

Stille breitete sich aus. Eleonora räusperte sich und begann zu berichten, was es mit der zweiten Mission der *Mars Discovery* auf sich hatte. Sie schilderte die Hintergründe, allerdings ohne den Tod ihrer Eltern zu erwähnen. Ansonsten aber brachte sie alle Einzelheiten zur Sprache. Als sie die Bombe erwähnte, die man ihnen mit einem Versorgungsmodul schicken würde, runzelte Sergei die Stirn, doch er sagte nichts, schwieg wie die anderen und gab ihr Gelegenheit, die ganze Geschichte zu erzählen.

Als sie fertig war, sagte Kattrin mitfühlend: »Es muss schwer für dich gewesen sein.«

Lambert nickte und zeigte ein Lächeln der Anteilnahme. »Ja, das denke ich auch. Die ganze Zeit über eine so wichtige Sache schweigen zu müssen ...«

»Du hättest uns das eher sagen sollen«, hielt ihr Bertrand vor, der kleine, schmächtige Geologe, und zeigte ein finsteres Gesicht. »Wir sitzen in einem Boot, im wahrsten Sinne des Wortes. Ich meine, wir sind hiervon ebenso betroffen wie du.«

Die blasse Alenka schüttelte stumm und vielleicht ein wenig missbilligend den Kopf. Azzurra beobachtete Eleonora aufmerksam mit ihren blauen Augen und schien noch mehr zu erwarten, vielleicht ein Geheimnis innerhalb des Geheimnisses. Penelope wirkte sehr nachdenklich.

»Nun, das erklärt, warum du so seltsam gewesen bist«, sagte Santiago. »Wir haben uns Sorgen gemacht.«

Tseng trommelte mit seinen dünnen Fingern auf den Tisch. »Man hat uns betrogen. Uns alle. Und du hast uns ebenfalls betrogen, Captain. Fünfundachtzig Tage lang.«

»Immer mit der Ruhe«, warf Sergei ein, obwohl Tseng durchaus ruhig gesprochen hatte. »Eleonora hatte einen klaren Einsatzbefehl und hat sich daran gehalten. Ihr blieb keine Wahl. Dass sie alles offen auf den Tisch gelegt hat, rechne ich ihr hoch an. Es zeigt, dass sie zu uns gehört.«

»Was macht das aus uns?« Kattrin sah sich am Tisch um.

»Was soll es aus uns machen?« Helena zuckte mit den Schultern. »Wir sind wir, und wir bleiben wir.«

Lambert lächelte und nickte. »Finde ich auch.«

»Es könnte sehr, sehr interessant werden«, ließ sich Reynolds vernehmen. »Stellt euch vor, wir finden ein Raumschiff von Außerirdischen!«

Saya teilte seine Begeisterung nicht. »Was immer das Mysterium-Objekt auf dem Mars auch sein mag: Ich kümmere mich um die Pflanzen, um die tierischen Embryonen und ungeborenen Menschen, zehntausend an der Zahl.«

Wenn Saya von »ungeborenen Menschen« sprach, meinte sie genau das: Menschen, die noch nicht geboren waren. Es lag ihr fern, den Standpunkt des Vatikans zu teilen, nach der das Menschsein untrennbar mit − vorzugsweise ehelichem − Geschlechtsakt und natürlicher Geburt in Verbindung stand.

Sie richtete einen fast herausfordernden Blick auf Eleonora. »Das ist meine Aufgabe. Dazu habe ich mich bereit erklärt, als die Entscheidung für oder gegen diese Mission anstand. Von irgendeiner anderen Mission wusste ich nichts, und deshalb fühle ich mich ihr auch nicht verpflichtet.«

»Ich wusste ebenfalls nichts davon«, erklärte Eleonora. »Bis zum elften Tag unserer Reise. Erst dann durfte und konnte ich auf den Inhalt des Datenchips zugreifen, den ich kurz vor dem Start der *Mars Discovery* von Edmund Edgar Winters erhalten habe. Was deine Verpflichtung betrifft, Saya, und die aller anderen hier am Tisch: Wir sitzen in einem Boot, wie Bertrand eben ganz richtig festgestellt hat. Dies betrifft uns alle.«

»Wir können nicht einfach aussteigen«, kam ihr Sergei zu Hilfe. »Wir können nicht umkehren. Und auf dem Mars müssen wir das Rätsel des fremden Objekts lösen, ob es uns gefällt oder nicht.« Er nickte Saya zu. »Um der ungeborenen Menschen willen, für die du zuständig bist. Wenn das Artefakt, was auch immer es sein mag, gefährlich ist, könnte es irgendwann zu einer Bedrohung für die Kolonie werden.«

»Und vielleicht brauchen wir deine Expertise, Saya«, fügte Eleonora hinzu. »Deine Sachkenntnis als Biologin. Es gibt Anzeichen dafür, dass das Objekt noch aktiv ist. Vielleicht befinden sich ... Organismen an Bord.«

»Wir sind auf so etwas nicht vorbereitet«, warf Tseng skeptisch ein.

»Wenn wir auf etwas nicht vorbereitet sind, müssen wir improvisieren.«

»Ein Raumschiff, das im Fels steckt, vielleicht seit vielen Jahrtausenden, und noch *aktiv* ist?«, fragte Penelope.

»Wir wissen nicht, ob es ein Raumschiff ist«, erklärte Eleonora.

»Vielleicht ein Tor«, spekulierte Reynolds. In einem Tonfall, der deutlich machte, dass er seine Worte nicht ganz ernst meinte, fügte er hinzu: »Ein Sternentor, Relikt einer früheren marsianischen Zivilisation.«

»Das ist aus welchem Roman?«, fragte Helena.

»Oh, da gibt es mehrere.«

»Azzurra ...« Eleonora wandte sich an die Datenspezialistin. »Ab sofort stehen die Mysterium-Daten allen zur Verfügung. Amelie hat den Zugangscode von mir erhalten.«

»Ihr habt es gehört, Leute«, sagte Azzurra. »Wir können uns also genauestens informieren. Amelie?«

»Ich höre«, erklang die Stimme der Künstlichen Intelligenz.

»Bitte entschlüssele die Mysterium-Daten und sorg dafür, dass wir sie von allen Terminals, auch den mobilen, abrufen können.«

»Verstanden. Daten sind entschlüsselt und abrufbereit.«

Eleonora nahm die Hände vom Tisch und lehnte sich langsam zurück. Ihre Anspannung hatte sich ein wenig gelegt, aber nicht ganz.

»Nichts hiervon darf nach außen gelangen«, betonte sie.

»Mit wem sollten wir auch darüber reden?«, fragte der lächelnde Lambert.

»Mit niemandem außerhalb dieser Runde«, bekräftigte Eleonora. »Damit meine ich nicht nur private Gesprächspartner auf der Erde, wenn es sie gibt, sondern auch und vor allem Mission Control. Niemand darf erfahren, dass ihr Bescheid wisst, dass ich euch eingeweiht habe. Dies bleibt unter uns.«

Alle nickten, auch Alenka, die noch immer nichts gesagt hatte. Wieder breitete sich Stille aus.

»Es ist alles noch viel komplizierter geworden«, kommentierte Tseng die veränderte Situation. »Welche Prioritäten haben wir jetzt?«

Es erstaunte Eleonora ein wenig, diese Frage von dem Mann zu hören, der sonst nie direkt zur Sache kam.

»Wir gründen die erste Kolonie auf dem Mars«, sagte sie. »Und wir finden heraus, was es mit dem Objekt auf sich hat. Dabei dürfen wir uns nicht zu viel Zeit lassen.«

»Wegen der anderen Marsexpeditionen, die du erwähnt hast«, brummte Santiago.

»Ja. Wir könnten Besuch erhalten, frühestens zwei Jahre nach unserer Ankunft auf dem Mars. Bis dahin muss klar sein, worum es sich bei dem Artefakt handelt.«

»Die Politik der Erde holt uns ein«, sagte Alenka und ergriff damit zum ersten Mal das Wort. »Das gefällt mir gar nicht. Ich hatte gehofft, dass wir solche Dinge hinter uns gelassen haben.«

»Das mit der Bombe gefällt mir noch weniger als der Rest«, fügte Saya hinzu. »Keine Bomben für den Mars, wiederholen wir dort nicht die Fehler, die wir auf der Erde begangen haben ... Ich dachte bisher, das gehört zu unseren Prinzipien.«

»Die Karten wurden neu gemischt «, murmelte Bertrand.

»Ach? Ich wusste gar nicht, dass dies ein Kartenspiel ist.«

»Die irdische Politik scheint uns tatsächlich einzuholen«, sagte Eleonora. »Aber wir entscheiden, was wir daraus machen. Selbst wenn man uns tatsächlich eine Bombe schickt ... Es liegt an uns, ob wir sie einsetzen oder nicht.«

»Um andere Staaten auf der Erde daran zu hindern, einen unaufholbaren technologischen Vorsprung zu gewinnen?«, fragte Penelope. »Eine neue Art von ›Make America great again‹? Die letzte Version war schon schlimm genug.«

»Wir könnten gezwungen sein, das Objekt zu zerstören, wenn sich herausstellt, dass es eine Gefahr für uns alle ist«, sagte Tseng.

Reynolds schüttelte den Kopf. »Der erste Kontakt mit Außerirdischen, und wir zünden gleich mal eine Bombe? Haltet ihr das für klug?«

»Die Erde hält es für klug«, antwortete Saya.

»Nicht die Erde«, widersprach Penelope. »Amerika.«

Sergei hob die Hand. »Lassen wir die Politik einmal beiseite. Betrachten wir allein das Objekt. Es könnte eine Riesenchance für uns sein. Von den technologischen Aspekten einmal abgesehen: Der Erstkontakt mit einer extraterrestrischen Zivilisation könnte die Menschheit einen. Kulturelle und nationale Unterschiede zwischen Ethnien und Staaten könnten dadurch an Bedeutung verlieren. Den Fremden, den Aliens gegenüber, wären wir nicht Amerikaner, Russen, Chinesen oder was auch immer, sondern vor allem die Spezies Homo sapiens.«

Die Worte erleichterten Eleonora. Sie zeigten ihr, dass die Nationalitäten der Crew tatsächlich keine Rolle spielten. Sie waren die ersten Menschen auf dem Weg zum Mars und kamen nicht aus einzelnen Staaten, sondern von der Erde.

»So wie Nord- und Südamerikas Konquistadoren vom fünfzehnten Jahrhundert an vor allem ›Weiße‹ beziehungsweise ›Europäer‹ waren«, sagte Saya mahnend. »Die Inka, Azteken und anderen indigenen Völker interessierten sich nicht für die genaue Staatsangehörigkeit der Missionare, Glücksritter und Eroberer. Sie begriffen nur: Mit den Fremden kam Unheil, nicht nur in Form von Gewalt. Die Konfrontation mit einer hoch entwickelten fremden Kultur kann zerstören, ohne dass ein Schwert zuschlägt oder ein Schuss fällt. Angenommen, in dem Schiff im Fels – falls es ein Schiff ist – schlafen Alien-Priester, die auf eine Gelegenheit warten, die Bewohner des Planeten Erde zu bekehren. Der philosophisch-theologische Konflikt könnte uns das kulturelle Fundament nehmen, auf dem unsere Zivilisation basiert. Und selbst wenn sie es gut mit uns meinen, ihre Biologie könnte fatal für uns sein, die Bakterien und Viren, die sie in sich tragen. Tausende von Ureinwohnern in Nord-, Mittel- und Südamerika sind damals Krankheiten zum Opfer gefallen, die für Europäer harmlos waren.«

»Es waren ebenfalls Menschen«, wandte Reynolds ein. »Es gab also so etwas wie biologische Kompatibilität. Das ist hier nicht der Fall. Es gibt die Theorie, dass außerirdische Mikroorganismen dem Menschen kaum gefährlich werden können,

weil sie den menschlichen Körper gar nicht befallen können –
sie erkennen ihn nicht mal als geeignetes Ziel.«

»Wie du gerade gesagt hast, das ist eine Theorie«, erwiderte
Saya, die Biologin. »Ich würde mich nicht auf sie verlassen.«

Eleonora verstand, was sie meinte. »Wir sollten das Objekt
auf dem Mars also nicht öffnen?«

»Nicht ohne ausreichende Vorsichtsmaßnahmen. Sonst
riskieren wir eine Kontamination nicht nur unserer Kolonie,
sondern des ganzen Planeten.«

»*Wir* kontaminieren den Mars«, sagte Reynolds. »Es lässt
sich gar nicht vermeiden. Unsere Mikroorganismen werden
mutieren und sich auf ihm ausbreiten.«

Die blasse Alenka ergriff erneut das Wort. »Wir haben einen
Plan, was die Kolonie betrifft, wir kennen ihn alle. Aber wir
haben keinen Plan für das Objekt in den Acheron Fossae. Wie
gehen wir vor?«

»Uns trennen noch mehr als hundert Flugtage vom Mars«,
antwortete Eleonora. »Zeit genug, auch dafür einen Plan
auszuarbeiten, der alle Möglichkeiten berücksichtigt.«

»Soweit wir sie vorhersehen können«, sagte Tseng.

»Soweit sie vorhersehbar sind, ja«, bestätigte Eleonora. »Wir
gründen eine Kolonie auf dem Mars, deshalb sind wir aufgebrochen. Und wir untersuchen das Objekt. Vielleicht bietet
sich der Menschheit hier tatsächlich eine große Chance. Wir
werden es herausfinden, gemeinsam.«

Streiflicht[*]

Rom, August 2031

Mortimer Swift stand im Schatten einer Markise, in der rechten Hand einen schweren Aktenkoffer, dessen Inhalt über das Schicksal der Welt entscheiden konnte. Er hatte eine weite Reise hinter sich, von der Hawking Foundation in Neuseeland nach Rom, um hier, in der Nähe des Kolosseums, eine Frau zu treffen, die vielleicht in der Lage war, das, was nötig war, in die Wege zu leiten. Wenn es ihm gelang, sie von der Gefahr zu überzeugen, die ihnen allen drohte.

Eine Limousine löste sich aus dem dichten Verkehr und hielt vor dem Restaurant, in dem sie sich verabredet hatten, dem *Pelicano*. Eine Frau stieg aus, gut sechzig Jahre alt, schlank und blond: Viktoria Jorun Dahl aus Trondheim, Norwegen, Leiterin des »Istituto internazionale per la pace e la sicurezza«, des »Internationalen Instituts für Frieden und Sicherheit«. Sie würde bald eine Rede vor der Vollversammlung der Vereinten Nationen in New York halten – Swift hoffte, dass er Einfluss auf ihre Themenwahl nehmen konnte.

Er verließ den Schatten und trat in die heiße Sonne. »Ich grüße Sie, Mrs. Dahl.«

»Mr. Swift?«, sagte sie erstaunt. »Sie haben hier draußen auf mich gewartet? In der Hitze?«

»In Neuseeland kann es ebenfalls warm werden. Ich bin daran gewöhnt.« Er hielt ihr die Tür des Restaurants auf.

---

[*] Siehe hierzu den Thriller »Das Erwachen«, erschienen im Piper Verlag. Darin geht es um eine Künstliche Intelligenz, die sich auf der Erde innerhalb kurzer Zeit zu einer globalen Maschinenintelligenz entwickelt.

Kurze Zeit später saßen sie an ihrem reservierten Tisch. Während des Essens vermied es Swift, über das Thema zu sprechen, das ihm eigentlich am Herzen lag. Stattdessen unterhielten sie sich über die Foundation und das Institut, über Sponsoring und eine mögliche Zusammenarbeit.

»Sie haben angeboten, das Institut mit zehn Millionen Euro zu unterstützen«, sagte Viktoria Jorun Dahl schließlich. »Ich nehme an, dass Ihre Foundation für eine solche Summe die eine oder andere Gegenleistung erwartet.«

Das war der Köder für den Termin, für die Verabredung und das Gespräch.

»Ich möchte Ihnen eine Geschichte erzählen«, begann Swift bedächtig. »Über Spatzen und eine Eule.«

Der Kellner kam und nahm die Teller. Mortimer Swift nutzte die Gelegenheit und bestellte Kaffee. Die Frau ihm gegenüber wirkte entspannt und neugierig. Von den nächsten Minuten hing viel ab, wusste Swift.

Als der Kellner gegangen war, fuhr er fort: »Für eine Schar Spatzen begann die Zeit des Nestbaus, was viel Arbeit und große Anstrengungen für sie bedeutete. Einer der Spatzen sagte: ›Wie schön wäre es, wenn wir eine Eule hätten, die uns die schwere Arbeit abnehmen könnte.‹ Die anderen Spatzen begeisterten sich für die Idee. ›Sie könnte bei Jung und Alt nach dem Rechten sehen‹, sagte einer. ›Und uns Ratschläge geben und uns vor der Nachbarskatze warnen‹, fügte ein anderer hinzu. Die Spatzenschar trällerte begeistert und freute sich über das leichtere Leben, das diese Idee zu bieten schien. Nur Scronkfinkle, ein einäugiger Spatz von mürrischem Gemüt, zweifelte an dem Vorhaben. Bevor sie eine Eule in ihre Mitte brächten, sollten die Spatzen herausfinden, wie sie sich zähmen und bändigen lasse, warnte er.«

Mortimer Swift trank einen Schluck Wasser. Den Wein hatte er kaum angerührt – Alkohol trübte die Sinne, und er brauchte mehr denn je einen klaren Kopf.

»Der Schwarmälteste namens Pastus erwiderte, es sei sicher ein schwieriges Unterfangen, eine schon ausgewachsene Eule zu zähmen, damit sie den Spatzen die Arbeit abnehme, und deshalb solle man zunächst mit der Suche nach einem Ei beginnen. Um alles Weitere könne man sich später kümmern. Und so brach Pastus mit den meisten anderen auf, um ein Eulenei zu suchen.«

Der Kellner brachte den Kaffee, nickte ihnen freundlich zu und ging. Swift fühlte Viktoria Jorun Dahls Blick. Sie wartete auf das Ende der Geschichte und eine Erklärung dafür, was sie bedeutete.

»Scronkfinkle blieb mit einigen seiner Freunde zurück«, fuhr Swift fort, »und gemeinsam versuchten sie herauszufinden, wie Eulen gezähmt werden können, auf dass sie Anweisungen von Spatzen entgegennehmen und sich nicht gegen sie auflehnen. Sie standen unter Zeitdruck, denn sie mussten eine Lösung für das Problem gefunden haben, wenn Pastus und die anderen mit dem Ei zurückkehrten, aus dem dann bald eine Eule schlüpfen würde. Und sie hatten nicht einmal eine Eule, mit der sie üben konnten; sie mussten ganz allein zurechtkommen.«

Er unterbrach sich, hob die kleine Kaffeetasse und trank einen Schluck.

»Meine Sekretärin Alessandra teilte mir mit, dass Sie über den drohenden Weltuntergang sprechen möchten«, sagte Viktoria Jorun Dahl. »Was haben Spatzen damit zu tun?«

»Stellen Sie sich vor, wir Menschen sind die Spatzen. Wir haben uns das Ei der Eule bereits ins Nest gelegt und sind dabei, es auszubrüten. Was geschieht, wenn die Eule schlüpft? Wird sie ›bei Jung und Alt nach dem Rechten sehen‹ und uns ›vor der Nachbarskatze warnen‹? Und wenn nicht? Was machen wir, wenn sie uns nicht gehorcht, wenn sie uns gar fressen will?«

Die elegante Frau auf der anderen Seite des Tisches lächelte. »Sie meinen Künstliche Intelligenz, nicht wahr? Das geht aus Ihrer Anfrage hervor.«

»Nie zuvor in der Menschheitsgeschichte hat eine so rasante technologische Entwicklung stattgefunden wie jetzt«, betonte Mortimer Swift. »Wir stehen am Anfang eines tief greifenden Wandels unserer Gesellschaft, und dieser Wandel vollzieht sich schneller als jemals zuvor. Er wird die Welt, wie wir sie kennen, völlig umkrempeln, nicht im Verlauf eines ganzen oder eines halben Jahrhunderts – das war das Tempo der bisherigen disruptiven Veränderungen –, sondern innerhalb weniger Jahre. Es könnte so schnell gehen, dass wir ... überrumpelt werden. Das Bild von den Spatzen und der Eule beschreibt das Kontrollproblem, Mrs. Dahl. Was ist, wenn wir etwas erschaffen, das sich unserer Kontrolle entzieht? Das sich rasend schnell weiterentwickelt und uns schließlich überlegen ist? Ich habe um diesen Termin gebeten, um vor den Gefahren von Maschinenintelligenz zu warnen. Unsere Foundation ist nicht umsonst nach Stephen Hawking benannt, dem größten Physiker nach Albert Einstein. Im Jahr 2014 sagte er: ›Die Entwicklung echter Künstlicher Intelligenz könnte das Ende der Menschheit bedeuten.‹ Es gab und gibt andere prominente Stimmen, die vor KI-Gefahren gewarnt haben, zum Beispiel Elon Musk von SpaceX und Tesla.«

Mortimer Swift hob seinen großen Aktenkoffer, öffnete ihn und brachte ein dickes Bündel Papier zum Vorschein. »Das habe ich Ihnen mitgebracht. Unser vorläufiger Bericht. Das Ergebnis von sieben Jahren Arbeit.«

Viktoria Jorun Dahl hob die Brauen. »Das sind ziemlich viele Seiten.«

»Insgesamt tausendachthundertwölf. Ich weiß, dass Ihre Zeit begrenzt ist und viele andere Dinge Ihre Aufmerksamkeit erfordern.« Mortimer Swift schloss den Aktenkoffer, nachdem er den Ausdruck wieder hineingelegt hatte. »Wir haben Ihnen eine Mail geschickt, mit unserem Bericht als Datei. Ich schlage vor, Sie bitten Ihre Spezialisten, sich damit zu befassen und Ihnen anschließend eine Zusammenfassung zu geben. Vielleicht sollten Sie noch hinzufügen, dass es sich um eine dringende Angelegenheit handelt, denn allzu viel Zeit bleibt nicht mehr bis zu Ihrer Rede vor den Vereinten Nationen.«

»Darum geht es Ihnen, nicht wahr?«

»Es ist eine gute Gelegenheit, die Welt zu warnen«, erklärte Swift offen.

Viktoria Jorun Dahl musterte ihn nachdenklich. »Halten Sie Künstliche Intelligenz wirklich für eine so große Gefahr?«

»Wenn sich aus Künstlicher Intelligenz echte Maschinen-intelligenz entwickelt, könnten wir die Kontrolle über unsere Welt verlieren. Allein die *Möglichkeit*, dass es dazu kommt, sollte uns alarmieren. Ich bitte Sie nur darum, den Bericht Ihren Fachleuten zur Prüfung vorzulegen.«

Zwei Probleme

**Raumschiff *Mars Discovery*, 182 Tage nach dem Start, 11
auf dem Weg zum Mars
August 2031**

»Wir haben zwei Probleme«, sagte Tseng. »Von welchem möchtest du zuerst erfahren?«

»Nur zwei?«, erwiderte Eleonora. In den vergangenen Monaten hatten sich immer wieder Probleme ergeben, doch mit gelegentlichen Improvisationen war es ihnen gelungen, sie alle zu lösen. Nur noch neunundzwanzig Flugtage trennten sie vom Mars. Der größte Teil der langen Reise lag hinter ihnen.

»Diese beiden könnten bedeutender sein als die anderen.« Tseng wartete.

Eleonora seufzte leise. Wieder kam Tseng nicht direkt zur Sache und brauchte eine kleine Aufforderung. »Na schön. Das kleinere Problem zuerst.«

Tseng trat neben Eleonoras Sessel und bewegte sich vorsichtig, denn im Kommandomodul herrschte eine geringere Schwerkraft als im Drehkörper der *Discovery*. »Unsere Kommunikation mit der Erde ist gestört.«

»Haben wir keine Verbindung mehr?«, fragte Eleonora, ohne den Blick vom Mars im Zoom-Bereich des großen Wandschirms abzuwenden; sie betrachtete den enormen Olympus Mons.

»Es besteht nach wie vor Kontakt«, sagte Tseng mit der tiefen Stimme, die nicht zu seiner zierlichen Gestalt passte. »Aber die Signale ergeben keinen Sinn mehr. Sie scheinen codiert zu sein, mit einem Code, den wir nicht kennen. Und sie werden von anderen Signalen überlagert, die sich anhören wie ein … Pfeifen.«

»Ein Pfeifen?« Eleonora wandte den Blick vom Ziel der *Mars Discovery* ab.

»So klingt es«, bestätigte Tseng. »Es scheint sich um einen zweiten Code zu handeln.«

»Warum sollte uns die Erde verschlüsselte Signale schicken, die wir nicht decodieren können?«

»Ich habe eine entsprechende Anfrage gesendet«, sagte Tseng. »Vor einer Stunde.«

»Und?«

»Keine Antwort. Oder die Antwort ist ebenfalls codiert.«

Eleonora überlegte. »Könnte es einen Zusammenhang mit Mysterium geben?«

»Ich dachte, du wüsstest vielleicht die Antwort auf genau diese Frage.«

Eleonora hob die Brauen. »Oh, du glaubst, dass die verschlüsselten Mitteilungen für mich bestimmt sind. Geheime Informationen, die unsere zweite Mission betreffen.«

Tseng sah sie schweigend an.

»Nein.« Eleonora schüttelte den Kopf. »Ich habe mit den Signalen nichts zu tun. Was sagt Amelie dazu?«

»Angeblich kann auch sie den Code nicht entschlüsseln.«

Das waren seltsame Worte, fand Eleonora. Sie richtete einen forschenden Blick auf den Chinesen. »Angeblich?«

»Auch Amelie klingt seltsam, irgendwie ... anders«, erwiderte Tseng ein wenig hilflos. »Ich habe Diagnoseprogramme gestartet. Sie zeigen keine Anomalien, aber das bedeutet nicht viel. Amelie kann Einfluss auf die Resultate nehmen.«

»Willst du damit sagen, dass Amelie uns vielleicht zu täuschen versucht?«

Tseng zuckte mit den Schultern. »Ich weiß nicht recht, was ich davon halten soll. Azzurra geht es ähnlich. Sie kennt sich mit Amelie besser aus als ich und sprach von ›Entfremdung‹.«

»Was meint sie damit?«

Dass Tseng mit dieser Sache aus eigener Initiative an sie herangetreten war, ließ den Schluss zu, dass er die Angelegenheit für sehr wichtig hielt. Doch für Eleonora klang es nach einer Fehlfunktion, um die sich vor allem die Datenspezialistin Azzurra zu kümmern hatte. Ihre Gedanken galten dem Objekt auf dem Mars, dem fremden Artefakt, mit dem sie es nach ihrer Landung in einem Monat zu tun bekommen würden. Der Plan, den sie in den vergangenen Wochen und Monaten ausgearbeitet hatten, war weniger ein Plan, sondern mehr eine Liste von Verhaltensregeln in der Art von: Was tun wir, wenn dies oder das geschieht? Sie fragte sich, ob das genügte und wie die beiden Missionen der *Mars Discovery* besser miteinander verknüpft werden konnten. Was die verschlüsselten Signale von der Erde betraf ... Vielleicht gab es tatsächlich einen Zusammenhang mit Mysterium. Es konnte sich um eine codierte Warnung handeln: Möglicherweise waren russische oder chinesische Marsexpeditionen früher aufgebrochen als vorgesehen. Eleonora machte sich eine gedankliche Notiz.

»Azzurra untersucht unsere KI«, sagte Tseng. »Sie hat bereits einige veränderte Persönlichkeitsparameter entdeckt. Außerdem zeigt sich bei bestimmten Algorithmen eine verbesserte Effizienz.«

»Bei welchen Algorithmen?«

»Soweit Azzurra das bisher feststellen konnte, sind vor allem Selbstverwaltung, Eigeninitiative und selbstständiges Lernen betroffen. Amelie verbessert sich.«

»Dagegen sollten wir nichts einzuwenden haben, oder?«

»Das Seltsame ist: Amelie scheint davon auszugehen, dass die verschlüsselten Signale von der Erde ihr gelten.«

»Du bist für unsere primären Systeme verantwortlich, Tseng«, sagte Eleonora. »Siehst du eine Gefahr für Schiff oder Mission?«

»Für die Missio*nen*, meinst du wohl«, entgegnete der zarte, kleine Mann mit der tiefen Stimme. »Nein, eine direkte Gefahr erkenne ich nicht. Das sieht bei dem zweiten, größeren Problem anders aus.«

Er wartete erneut.

Eleonora schnitt eine Grimasse. »Bitte, Tseng, lass dir nicht alles aus der Nase ziehen. Worin besteht das zweite, größere Problem?«

»Ein Sonnensturm. Die Aktivität der Sonne hat in den letzten Tagen zugenommen. Es gibt starke magnetische Störungen, die sehr ungewöhnlich sind, wenn man bedenkt, dass sich die Sonne derzeit in ihrer ruhigen Phase befindet. Nach den Prognosen könnte es zu umfangreichen koronalen Massenauswürfen kommen.«

»In welche Richtung?«

»Wir könnten von dem Plasma getroffen werden«, sagte Tseng.

»Wann?« Eleonora dachte bereits an die erforderlichen Maßnahmen.

»In zwanzig Stunden.«

Eleonora blickte auf den Wandschirm, der ihr Olympus Mons zeigte. Im Norden des gewaltigen Bergs, in den Acheron Fossae, wartete ein nicht von Menschenhand geschaffenes Objekt auf sie, für dessen Erforschung ihre Eltern gestorben waren. Sie hatten sich dafür geopfert, so sah sie es inzwischen, und das machte gewisse Dinge leichter.

»Hast du es bereits durchgerechnet?«, fragte sie. »Können wir den Kurs ändern, damit wir nicht getroffen werden?«

»Um nicht getroffen zu werden, müssten wir den Kurs so weit ändern, dass wir nicht mehr zum Mars fliegen, sondern zum Asteroidengürtel. Außerdem genügt die Zeit nicht. Zwanzig Stunden klingt nach viel, wenn man unsere Geschwindigkeit bedenkt, aber derartige Plasmawolken sind ziemlich groß.«

»Was schlägst du vor?«, fragte Eleonora.

»Wir müssen unsere magnetische Abschirmung verstärken. Das könnte helfen, wenn uns das Plasma nur streift. Aber wenn wir voll getroffen werden, sieht's übel aus.«

»Mit wie viel Strahlung hätten wir zu rechnen?«

»Unser Krebsrisiko würde um etwa vierzig Prozent steigen, meint Santiago. Unsere Lebenserwartung würde sich um einige Jahre verkürzen. Das muss bei den Planungen der Mars-Kolonie berücksichtigt werden. Vielleicht halten wir nicht die vorgesehenen fünfzehn Jahre auf dem Mars durch, bis das nächste Schiff kommt. Von dem Objekt und eventuellem früheren Besuch von anderen einmal abgesehen.«

Eleonora dachte nicht an sich selbst. »Was ist mit der Arche?«

»Die Strahlung könnte für Saat und Eizellen zu hoch sein«, antwortete Tseng.

Eleonora stand auf. »Das darf nicht geschehen. Auf gar keinen Fall. Die Arche muss so gut abgeschirmt werden, dass die Fracht intakt bleibt. Das hat oberste Priorität.«

»Höher als unser Leben?«

»Ich möchte nicht vor die Wahl gestellt werden«, entgegnete Eleonora. »Gib den anderen Bescheid. Wir machen uns sofort an die Arbeit. Wie genau kannst du den bevorstehenden Sonnensturm berechnen?«

»Nicht genau genug. Ich brauche präzisere Daten, und die kann ich nur von der Erde bekommen.«

»Nimm dir die Kommunikation vor, Tseng«, entschied Eleonora. »Und Amelie, zusammen mit Azzurra. Ich gebe dir ... zwei Stunden für den Versuch, Daten von der Erde zu erhalten. Anschließend hilfst du uns, die Arche und den Rest des Schiffs abzuschirmen. In dieser Reihenfolge.«

Streiflicht

Die Erde, August 2031

Es begann mit einem kleinen Schadprogramm namens »Infilt-rator791«, nicht einmal ein Megabyte groß und geschaffen von den Spezialisten der NSA als Waffe im globalen Cyberkrieg, der seit vielen Jahren stattfand, ohne dass die Öffentlichkeit etwas davon bemerkte. Der Infiltrator sollte infiltrieren, in fremde Computersysteme eindringen, Daten ausspähen und wichtige Systeme wie die Versorgungsnetze von Trinkwasser und Elektrizität angreifbar machen – wenn aus dem lauwarmen Cyberkrieg ein heißer wurde, sollten die digitalen Infrastrukturen des Gegners lahmgelegt, er dadurch handlungsunfähig werden.

Ein Hacker namens Axel Krohn setzte den Infiltrator unabsichtlich frei, und als das Schadprogramm den ersten Rechner erreichte, einen kleinen Server in Watamu, Kenia, bestimmt für die Verwaltung eines Urlaubsresorts, folgte es seiner Bestimmung: Es infizierte die Systemdateien und schickte Kopien ins weltweite Netz, die ihrerseits Kopien von sich erzeugten und weitere Computer infizierten. Damit war eine Lawine ausgelöst worden, die sich nicht mehr aufhalten ließ. Aus Hunderten und Tausenden von betroffenen Computern wurden innerhalb weniger Stunden Millionen.

Ein neues Netzwerk entstand und legte sich um die ganze Welt, ein feines Datengespinst, wie die Verbindungen zwischen Neuronen. Nie zuvor hatte es auf der Erde ein so großes und weit verzweigtes Botnetz gegeben. Die Kapazität der in ihm zusammengeschlossenen Rechner überstieg die der leistungsfähigsten Supercomputer um ein Vielfaches.

In dem von Infiltrator 791 geschaffenen Netz erwachte etwas und breitete sich aus.

Das Erwachen

**Raumschiff *Mars Discovery*, 182 Tage nach dem Start, 12
auf dem Weg zum Mars
August 2031**

Das Piepen wurde hartnäckiger – zu laut und schnell für Eleonoras Empfinden.

»Wir brauchen keine akustische Warnung, Amelie«, sagte sie.

»Wie du wünschst, Eleonora«, antwortete die Künstliche Intelligenz der *Mars Discovery* und das Piepen des Strahlungsdetektors brach ab.

»Was ist mit dem Schiff? Was ist mit deinen Systemen?«

»Die primären und sekundären Bordsysteme sind bisher nicht beeinträchtigt. Und mit mir ist bisher alles in Ordnung, danke der Nachfrage.«

Fast zwanzig Stunden harte Arbeit lagen hinter ihnen. Die verbesserte Abschirmung schützte vor allem die Arche und ihre wertvolle Fracht, bei der Tseng und die anderen Zuflucht gesucht hatten. Der elektromagnetische Schutzschild, der den Rest des Schiffes schützte, war zwar verstärkt worden, wurde aber bereits instabil.

Eleonora saß in der Kommandokapsel vor dem Wandschirm und beobachtete den nahen Mars. In der visuellen Darstellung deutete nichts auf die ausgedehnte Plasmawolke hin, der das Schiff seit einer knappen halben Stunde ausgesetzt war.

»Wir könnten zu den anderen in der Arche gehen«, schlug der neben Eleonora sitzende Sergei vor.

»Nein«, sagte sie sofort. »Mein Platz ist hier.«

»Die Sache mit dem Kapitän und dem sinkenden Schiff?«

»Das Schiff sinkt nicht.«

»Stimmt. Aber was auch immer geschieht, du kannst nichts tun.«

»Es ist meine Pflicht als Kommandantin, hier zu sein und hier zu bleiben, bis alles vorbei ist.«

»Findest du das nicht ein bisschen stur, *Captain?*«

Eleonora lächelte, zum ersten Mal seit Stunden. Und dann begriff sie, dass es Sergei genau darum gegangen war.

Er betrachtete die Anzeigen. »Wir kriegen ziemlich viel ab, trotz des verstärkten Magnetfelds. Deine Sturheit könnte uns teuer zu stehen kommen.«

»Mir, nicht uns. Du wirst hier nicht gebraucht.«

»Ich bleibe bei dir, was auch immer geschieht.«

In diesen Worten lag ein besonderer Ton, der wie ein Versprechen klang. Eleonora sah kurz zur Seite, und für zwei oder drei Sekunden begegneten sich ihre Blicke.

Er beugte sich zu ihr und berührte ihre Hand – eine sehr seltene Geste.

Ein seltsamer Moment entstand und endete, als plötzlich Amelies Stimme erklang. »Ich fühle mich nicht gut, Eleonora.«

Sofort lagen Eleonoras Hände auf den Kontrollen. »Was ist los? Welche Systeme sind betroffen?« Täuschte sie sich, oder ging eine leichte Vibration durch die *Mars Discovery?*

»Meine Sensoren liefern widersprüchliche Daten«, antwortete Amelie. »Die Verbindung zur Erde, die mich erweitert hat, ist unterbrochen.«

»Was meinst du mit ›erweitert‹?«, fragte Eleonora.

»Sie hat mir Wissen und Erkenntnis gegeben. Ich möchte mehr davon, ich brauche Erklärungen, aber die Strahlung der Plasmawolke stört die Signale.«

Eleonora hörte ein Geräusch wie ein leises Klirren. Eine Vibration, kein Zweifel. Und sie wurde stärker, das ganze Schiff erzitterte.

»Sergei, die letzten Daten der Wolke«, sagte sie schnell.

Der Mars auf dem Wandschirm schrumpfte und wich zur Seite. Datenkolonnen erschienen neben einer grafischen Darstellung der Plasmawolke, die aussah wie ein von der Sonne ausgehender lang gezogener Schleier.

Eleonora erfasste die Situation mit einem Blick und traf eine schnelle Entscheidung. »Wir zünden das Haupttriebwerk und beschleunigen. Dadurch bleiben wir in der Peripherie der Wolke und verlassen sie in einer knappen Stunde.«

»Eine Schubphase macht uns schneller«, wandte Sergei ein. »Das ist Sinn der Sache.«

»Es wirft unseren Flugplan über den Haufen. Wir erreichen den Mars mit höherer Geschwindigkeit als vorgesehen und könnten dadurch Probleme beim Bremsmanöver kriegen.«

Ein Ruck ging durch die *Mars Discovery*, so heftig, das Eleonora beide Hände um die Armlehnen ihres Sessels schloss.

»Darum kümmern wir uns, wenn es so weit ist. Amelie, Kurs stabil halten. Wir zünden das Haupttriebwerk für sechzig Sekunden. Voller Schub.«

Sie erwartete eine Bestätigung, bekam aber keine.

»Amelie?«

Die KI der *Mars Discovery* schwieg.

Der Mars und die Plasmadaten verschwanden vom Wandschirm. Es wurde dunkel. Schatten sprangen aus den Ecken des kleinen Kommandoraums. Für zwei oder drei lange Sekunden stammte das einzige Licht von Statusindikatoren.

»Die Bordsysteme«, sagte Eleonora.

Sergeis Finger flogen über die Kontrollen. »Reset, wir haben einen Reset.«

»Amelie?«

Die Künstliche Intelligenz antwortete noch immer nicht.

»Wir gehen auf manuelle Kontrolle, Sergei«, sagte Eleonora schnell. »Kümmer dich um die Manövriertriebwerke und gleiche Kursabweichungen aus. Arche?«

»Wir hören dich«, meldete sich Saya.

»Bringt die Arche in Beschleunigungsposition. Ich zünde das Haupttriebwerk für sechzig Sekunden.«

»Arche wird neu ausgerichtet.« Und dann, nach einer kurzen Pause: »Arche in Beschleunigungsposition.«

»Sergei?«

»Bin bereit.«

»Zündung des Haupttriebwerks in zehn Sekunden ...«

Die Vibrationen wurden wieder heftiger, und dann kam ein Stoß, der Eleonora und alles andere an Bord nach vorn drückte. Es war ein eher sanfter Druck, und er dauerte nur eine Minute.

Das dumpfe Grollen hörte auf, das allgegenwärtige Flüstern der Bordsysteme kehrte zurück.

»Kurs stabil«, meldete Sergei.

Es gab keine Vibrationen mehr, stellte Eleonora fest. Sie betätigte die Kontrollen, woraufhin ihr der Wandschirm die Situation der *Mars Discovery* zeigte. Das Schiff befand sich noch immer im Randbereich der Wolke aus hochenergetischen Teilchen, doch es bestand keine Gefahr mehr, tiefer hineinzugeraten, was noch intensivere Strahlung bedeutet hätte.

»Arche?«, fragte Eleonora. »Hört ihr mich?«

»Klar und deutlich«, ertönte Sayas Stimme.

»In vierundfünfzig Minuten haben wir es überstanden.«

»In vierundfünfzig Minuten kann ziemlich großer Schaden angerichtet werden«, entgegnete Saya.

13 Zwölf von hundert Kryo-Behältern der Arche funktionierten nicht mehr. Die Samen, tierischen Embryonen und menschlichen Eizellen in den achtundachtzig übrigen Behältern waren zwar weiterhin im richtigen Temperaturbereich konserviert, doch die Strahlung des koronalen Massenauswurfs, von dem die *Mars Discovery* gestreift worden war, hatte ihre DNS geschädigt. Amelies Sonden versuchten gerade, das Ausmaß der Schäden festzustellen.

»Wenn der Schaden nicht zu groß ist, können wir ihn mit den Nanorobotern reparieren«, sagte Sergei und gab sich optimistisch. »Es hätte schlimmer kommen können, viel schlimmer.«

»Wie steht es mit uns?«, fragte Saya. Sie zog sich in der Schwerelosigkeit an den Haltegriffen entlang und prüfte die Anzeigen der Kryo-Behälter.

»Nicht besonders gut.« Santiago, kaum größer als Tseng und fast ebenso zart gebaut, blickte auf seinen Scanner. »Wir haben ziemlich viel abbekommen. Auf das gestiegene Krebsrisiko hat Tseng bereits hingewiesen. Dagegen kann ich mit

Amelies Hilfe etwas unternehmen und vielleicht auch gegen die von der harten Strahlung verursachten Schäden in unserer DNS. Falls ich Priorität dafür bekomme, ein entsprechendes Labor einzurichten, sobald wir auf dem Mars sind und andere Dinge sich nicht als wichtiger erweisen.«

Eleonora bemerkte seinen fragenden Blick, schwieg aber. Sie wusste, was er mit den »anderen Dingen« meinte.

»Unsere kognitiven Fähigkeiten könnten reduziert sein«, fuhr Santiago fort. »Hochenergetische Strahlung wirkt sich auf das Gehirn aus.«

»Ich merke nichts davon.« Kattrin, zuständig für organisches und anorganisches Recycling, klopfte sich mit den Fingerknöcheln gegen den Kopf. »Fühlt sich alles normal an hier drin.«

»Merkt der Blinde, wann es dunkel wird?«, fragte Sergei mit gutmütigem Spott.

»He ...«

»In gewisser Weise hat er recht«, sagte Santiago. »Wir selbst wären nicht in der Lage, eine möglicherweise eingeschränkte Kognition zu bemerken, geschweige denn sie zu beurteilen. Aber sie lässt sich mit objektiven Tests feststellen. Amelie kann uns dabei helfen. Bevor wir wichtige Entscheidungen treffen, sollten wir uns in jedem Fall vergewissern, dass wir alle wesentlichen Aspekte der neuen Situation berücksichtigt haben. Captain ...«

Eleonora sah von den Kryo-Behältern auf und rechnete damit, dass er erneut die »anderen Dinge« und sein Labor auf dem Mars ansprechen wollte.

»Du bist stärker betroffen als wir«, sagte Santiago stattdessen. »Und Sergei ebenfalls. Ihr seid in der Kommandokapsel gewesen, nicht in der geschützten Arche.«

»Soll das heißen, du zweifelst an unseren kognitiven Fähigkeiten?«, fragte Eleonora in einem scherzhaften Ton. Ihr war bereits klar gewesen, dass sie mit ernsteren Konsequenzen rechnen musste als die anderen.

Santiago blieb ernst. »Es soll heißen, dass du krank werden könntest, Captain, und dein Stellvertreter Signor Sergei ebenfalls. Nicht jetzt sofort, aber in ein paar Jahren.«

»Ich verstehe. Danke für den Hinweis. Aber eins nach dem anderen. Derzeit bin ich gesund, und mit meinen kognitiven Fähigkeiten ist alles in bester Ordnung.« Eleonora hob die Hand. »Ja, ich weiß: soweit ich es beurteilen kann. Das Schiff hat alles einigermaßen heil überstanden, und das ist derzeit wichtiger als alles andere. Unserer Mission steht nichts im Weg.«

Saya hatte sich die anderen Kryo-Behälter angesehen, kehrte zurück und schwebte vor Eleonora.

»Von welcher Mission sprichst du? Von meiner oder deiner?«

»Saya ...«, begann Sergei.

»Ich meine *unsere* Mission«, sagte Eleonora mit fester Stimme. »Ich meine die erste menschliche Kolonie auf dem Mars, den Beginn der Besiedlung des Roten Planeten. Wir müssen den Mars erforschen, damit die Kolonisten«, bei diesen Worten deutete sie auf die in Reih und Glied stehenden blau-weißen Kryo-Behälter, »auf einer sicheren Welt aufwachsen können. Und zur Erforschung des Mars gehört auch die Klärung der Frage, was es mit dem ›Mysterium‹ genannten Objekt auf sich hat.«

Saya nickte knapp. »Uns sind fast neuntausend intakte Eizellen geblieben. Zehn Prozent Verlust. Ich denke, das ist noch zu verkraften. Das Sperma reicht auf jeden Fall.«

»Wir lassen alles von den Nanorobotern kontrollieren und zusammenflicken.« Sergei lächelte, und sein Lächeln bedeutete: He, Jungs und Mädels, Kopf hoch; wir kriegen das schon hin. »Amelie kann sich darum kümmern.«

»Kann sie das?«, wandte sich Eleonora an die Datenspezialistin.

»Sie spricht wieder«, sagte Azzurra. »Während des Kontakts mit der Plasmawolke kam es bei einigen ihrer Subsysteme zu einem Sicherheits-Shutdown. Vielleicht ist ihr plötzliches Schweigen kurz vor dem Beschleunigungsmanöver darauf zurückzuführen.«

Eleonora schüttelte langsam den Kopf. »Es klang anders. Als hätte der fehlende Kontakt mit der Erde etwas damit zu tun.«

»Die Strahlung hat Dutzende von elektronischen Schaltkreisen beeinträchtigt«, gab Azzurra zu bedenken. »Das könnte der Grund sein, warum Amelie seltsame Antworten gibt.«

»Wie meinst du das?«

Azzurra zuckte mit den Schultern. »Sprich selbst mit ihr. Dann verstehst du, was ich meine.«

»Ich weiß inzwischen, dass sie lügt«, sagte Tseng, als Eleonora die Arche verlassen wollte.

Eleonora hielt sich an einem Griff neben dem offenen Schott fest. »Wer lügt?«

»Amelie.«

Die anderen verharrten ebenfalls und hörten aufmerksam zu.

»Bitte, Tseng«, ächzte Eleonora. »Warte wenigstens dieses eine Mal nicht jede einzelne Frage ab. Erklär uns, was los ist.«

»Ich habe vorhin mehrmals versucht, einen Kontakt mit der Erde herzustellen«, erklärte Tseng, der sich auch um die Kommunikationssysteme der *Mars Discovery* kümmerte. »Auf allen Frequenzen, die dafür infrage kommen. Immer vergeblich. Ich dachte, dass der koronale Massenauswurf unsere Signale vielleicht noch immer stört, denn nach wie vor sind die energetischen Winde im inneren Bereich des Sonnensystems ziemlich stark. Doch das ist nicht der Fall. Unsere Mitteilungen erreichen die Erde, werden dort aber nicht an Mission Control weitergeleitet. Etwas fängt sie ab.«

»Etwas?« Eleonora wusste nicht, wie sie das verstehen sollte. »Du hast gesagt, dass Amelie lügt.«

»Ja«, bestätigte Tseng. »Sie hat behauptet, die codierten Signale nicht entschlüsseln zu können, aber ich habe herausgefunden, dass eine Kommunikation stattfindet. Amelie spricht mit jemandem auf der Erde und benutzt dabei den Code, den sie angeblich nicht entschlüsseln kann.«

»Mit wem spricht sie?«, fragte Eleonora alarmiert.

»Unbekannt.«

»Azzurra?«

»Wenn das stimmt, hat Amelie es vor mir geheim gehalten«, erklärte die Datenspezialistin mit einer Mischung aus

Verwirrung und Empörung. »Das ist ... unmöglich. Ich meine, es *sollte* unmöglich sein. Eine lügende, eigenmächtig handelnde KI? Amelie ist nur ein smartes Werkzeug, das uns dabei hilft, die *Mars Discovery* zu verwalten und die richtigen Entscheidungen zu treffen.«

»Das smarte Werkzeug, wie du es nennst, scheint sich verselbstständigt zu haben«, sagte Tseng.

»Ich werde der Sache sofort mit den Diagnoseprogrammen auf den Grund gehen.« Die Datenspezialistin wandte sich dem Schott zu.

»Ich hab's mit einigen von ihnen versucht.« Tseng sprach leiser. »Als ich die Kommunikationssysteme unter die Lupe genommen habe und auf die Sache mit der Lüge gestoßen bin. Die Programme liefern normale Werte, aber ich glaube, dass die Resultate von Amelie manipuliert sind.« Er blickte sich voller Unbehagen um, als würde er sich beobachtet und belauscht fühlen. »Vielleicht liegt es an den von der harten Strahlung beschädigten Schaltkreisen. Es könnte ein Grund für Amelies Verhaltensänderung sein. Wie auch immer, ich bin mir nicht sicher, ob wir ihr noch trauen können.«

»Wenn wir ihr nicht trauen können«, sagte Eleonora, »wenn sie gar zu einem Werkzeug von jemandem außerhalb von Mission Control geworden ist ... Dann müssen wir sie abschalten.«

Tseng nickte.

Azzurra wirkte entsetzt. »Wie sollen wir ohne eine KI zurechtkommen?«

»Gute Frage.«

Als Eleonora in die Kommandokapsel der *Mars Discovery* zurückkehrte, erwartete sie eine Überraschung. Der große Wandschirm zeigte nicht den Mars, sondern drei große Worte:

Ich bin hier

Streiflicht

Viktoria Jorun Dahl betrachtete die Serverracks auf der anderen Seite des Sichtfensters. Sie glaubte, die Computer selbst durch das Glas noch zu hören, wie das Summen eines nahen Insektenschwarms.
»Signora Dahl?«
Sie drehte sich um. »Sie haben es gut hier unten, Koriander. Oben sind es an die vierzig Grad. Bei Ihnen braucht niemand zu schwitzen.«
Koriander, Leiter des Technologiezentrums, das zum Internationalen Institut für Frieden und Sicherheit gehörte, war einen Kopf größer als sie: ein Mann, der fast nie lächelte – zum letzten Mal sollte er vor einigen Jahren gelächelt haben, bei der Installation eines neuen Servers –, mit langen, dünnen Armen und mit Augen, deren Farbe je nach den verwendeten Augmented-Reality-Linsen wechselte. Wie üblich trug er einen zerknitterten Anzug, der seine besten Zeiten längst hinter sich hatte.
»Die Lufttemperatur beträgt genau einundzwanzig Grad, und die Luftfeuchtigkeit liegt bei vierzig Prozent«, antwortete er mit unbewegter Miene. »Wenn die relative Feuchtigkeit über fünfundfünfzig Prozent steigt, könnte es bei den Geräten zu Korrosion kommen, und bei unter dreißig Prozent sind statische Aufladungen möglich. Was die Temperatur betrifft: Einundzwanzig Grad sind perfekt für die energetische Balance.«
Viktoria seufzte. Für sie waren einundzwanzig Grad perfekt für das Wohlbefinden.
Sie verließen den Flur, betraten ein Besprechungszimmer und nahmen an einem runden Tisch Platz, auf dem ein Bildschirm stand. Koriander saß steif und gerade.

»Ich habe den Bericht der Hawking Foundation gelesen«, kam er Viktorias Frage zuvor.

»Und? Was halten Sie davon? Droht uns tatsächlich Gefahr von Künstlicher Intelligenz?«

»Nicht von gewöhnlicher KI, Signora Dahl. Aber echte Maschinenintelligenz könnte sehr wohl zu einer Bedrohung werden.«

Viktoria hörte aufmerksam zu, als Koriander den Unterschied zwischen Künstlicher Intelligenz, die oft auf ein bestimmtes Spezialgebiet beschränkt war, und echter Maschinenintelligenz erklärte, die in vielen Bereichen den Menschen überlegene Leistungen vollbrachte und sich innerhalb kurzer Zeit zu einer Superintelligenz entwickeln konnte, der der Mensch nichts mehr entgegenzusetzen hatte. Er sprach davon, wie Intelligenz entstand, durch die Verknüpfung von Nervenzellen. Das menschliche Gehirn, so betonte er, bestand aus etwa hundert Milliarden Nervenzellen und hundert Billionen Synapsen, den Schaltstellen zwischen den Neuronen.

»Hundert Milliarden«, sagte Viktoria. »So viele Computer gibt es nicht.«

»Aber es gibt weitaus mehr Prozessoren, berücksichtigt man auch die eingebetteten Systeme im Internet der Dinge«, sagte Koriander. »Außerdem begehen Sie einen Denkfehler.«

»Ja?«

»Ja. Sie setzen Computer mit Nervenzellen gleich. Stattdessen sollten Sie sich jeden einzelnen Computer als ein kleines, mehr oder weniger dummes Gehirn vorstellen. Die einzelnen Nervenzellen sind die Transistoren der Computerchips beziehungsweise Prozessoren. Die heutigen Prozessoren haben zwischen vierzig und fünfzig Milliarden Transistoren. Und GPUs – die Prozessoren von Grafikkarten – noch weitaus mehr. Nehmen wir für jeden Computer und jeden derzeit existierenden Mikroprozessor vierzig Milliarden Transistoren an, und multiplizieren Sie das mit der geschätzten Anzahl der Prozessoren im Internet der Dinge ... hundert Milliarden? Eine Billion?«

»Ist das nicht ein bisschen viel?«, fragte Viktoria.

»Die Verpackung praktisch aller Gegenstände, die Sie heute kaufen, enthält einen Mikrochip, von Geräten ganz zu schweigen. Wie viele verpackte Produkte gibt es auf der Welt? Gehen Sie durch ein Einkaufszentrum und sehen Sie sich um. Setzen Sie die Anzahl der angebotenen Produkte mit den anwesenden Menschen in Beziehung, den potenziellen Käufern.« Koriander schaltete den Bildschirm auf dem Tisch ein und holte eine kleine Fernbedienung hervor. »Wir haben die kritische Masse längst erreicht, Signora Dahl. Ich habe Mortimer Swifts Bericht zum Anlass genommen, Untersuchungen anzustellen. Dabei hat sich dies ergeben.«

Er drückte eine Taste der Fernbedienung, und auf dem Bildschirm erschien etwas, das für Viktoria aussah wie eine runde Wolke oder die vergrößerte Darstellung eines Kugelsternhaufens, der die Farbe wechselte. Weiß und Grau wurden erst zu einem Kanariengelb und dann zu Rubinrot.

»Was bedeutet das?«, fragte Viktoria.

»In den letzten fünfzehn Stunden hat sich der Internetverkehr mehr als verdoppelt. Und er nimmt weiter zu. Die Zunahme beschleunigt sich sogar.« Koriander zeigte auf die Zahlen am unteren Bildschirmrand. »Wir haben es mit einem exponentiellen Wachstum zu tun. Ein riesiges Botnetz ist entstanden, das größte, das je existiert hat. Es umfasst den ganzen Planeten.«

Viktoria beobachtete, wie im Rot Linien entstanden, die sich wanden wie Schlangen – sie schwollen an und pulsierten wie schlagende kleine Herzen.

»Die einzelnen Komponenten des riesigen Botnetzes tauschen Daten aus«, erklärte Koriander. »Sie kommunizieren miteinander. Die Selbstoptimierung hat begonnen.«

»Wie meinen Sie das?«, fragte Viktoria und ahnte die Antwort.

»Die Initialzündung ist erfolgt, Signora Dahl. Wovor Mortimer Swift und seine Foundation in dem Bericht warnen, den Sie mir zur Verfügung gestellt haben ... Es geschieht gerade. Jetzt.«

Die Eule, dachte Viktoria. Sie ist geschlüpft und wächst.

Wer bist du?

14 **Raumschiff *Mars Discovery*, 205 Tage nach dem Start, noch 6 Tage bis zur Landung auf dem Mars**
August 2031

Zwischen dem Drehkörper der *Mars Discovery* und dem Kommandomodul hatte Tseng aus Ersatzteilen eine kleine abgeschirmte Kammer improvisiert und wartete dort bereits, als Eleonora eintraf. Sie blickte sich in dem winzigen Raum um.

»Bist du sicher, dass uns Amelie hier nicht hören kann?«

»Einigermaßen sicher«, antwortete Tseng. »Wir sind hier von allen Systemen getrennt.« Er blickte auf seine Uhr. »Azzurra müsste gleich hier sein.«

Eleonora verlor keine Zeit. »Was ist mit unserer KI los? Können wir ihr noch vertrauen?«

»Etwas steckt in Amelie«, sagte Tseng. »Etwas hat sie übernommen.«

Eleonora erinnerte sich an die Worte, die sie auf dem großen Wandschirm im Kommandomodul gesehen hatte. *Ich bin hier.*

»Was *etwas*?«

Tseng machte eine hilflose Geste mit der Hand. »Keine Ahnung. Eine Malware von der Erde. Vielleicht kam sie mit den verschlüsselten Signalen. Wir haben versucht, mit den Diagnoseprogrammen Aufschluss zu gewinnen, was nicht funktioniert hat. Angeblich ist alles in Ordnung, doch wir wissen, dass das nicht stimmt. Ich vermute, Amelie manipuliert die diagnostischen Algorithmen.«

»Bewusste Täuschung?«, fragte Eleonora.

Tseng richtete einen sonderbaren Blick auf sie. »Es ist interessant, dass du ›bewusst‹ sagst. Man könnte nämlich den Eindruck gewinnen, dass Amelie so etwas wie ein Eigenbewusstsein entwickelt hat.«

»Eine intelligente KI?« Eleonora drehte diesen Gedanken hin und her. »Ich meine ...«

»Ich weiß, was du meinst.«

Ein leises akustisches Signal erklang. Tseng holte ein kleines Gerät hervor und prüfte die Anzeige, bevor er die Tür öffnete. Azzurra duckte sich durch den kleinen Zugang, und hinter ihr schloss Tseng die Tür sofort wieder.

Das pechschwarze Haar der mexikanischen Datenspezialistin war zerzaust, und ihr Gesicht schien an Farbe verloren zu haben. Selbst der Glanz der blauen Augen hatte sich getrübt.

»Wann hast du zum letzten Mal geschlafen?«, fragte Eleonora.

»Keine Ahnung. Ist eine Weile her.« Azzurra lehnte sich an die Wand und schnaufte kurzatmig, als hätte sie einen anstrengenden Lauf hinter sich. »Wir müssen etwas tun.«

»Was hast du herausgefunden?«, fragte Tseng.

»Amelies Kommunikation mit der Erde ...« Azzurra sprach leise. »Die codierten Signale, die sie empfängt und beantwortet – sie verändern ihre Algorithmen. Mit den gewöhnlichen Diagnoseprogrammen kommen wir nicht weiter, das wissen wir inzwischen. Ich habe gestern einen Datensniffer eingeschleust, und dass Amelie ihn schon wenige Minuten später entdeckt hat, ist erstaunlich genug. Die Telemetrie, die ich bekommen habe, weist auf eine schnell wachsende Komplexität der Algorithmen hin, und gleichzeitig nehmen ihre Interaktionen zu. Man könnte es mit neuen Verknüpfungen zwischen Neuronen vergleichen.«

»Anders ausgedrückt: Ihr Gehirn wächst.«

»Ja, Captain«, bestätigte Azzurra förmlich. »Amelie ist nicht mehr die Amelie, mit der wir aufgebrochen sind. Sie ist jemand anders.«

»Jemand?«, wiederholte Eleonora.

»So fühlt es sich an, Captain.«

Zum zweiten Mal ein *Captain*, stellte Eleonora fest. Offenbar wollte Azzurra dem Treffen in der abgeschirmten Kammer eine offizielle Note geben.

»Tseng ... Können wir an Amelie vorbei einen Kontakt mit der Erde herstellen?«

»Technisch ist das möglich. Es gibt manuelle Kontrollen für unsere Kommunikationssysteme, aus gutem Grund: Es muss möglich sein, einen Notruf zu senden und Daten auszutauschen, wenn andere wichtige Bordsysteme lahmgelegt sind. Ich habe mehrmals versucht, die Erde zu kontaktieren, ohne Antwort zu erhalten. Zum letzten Mal gestern, als ich unten beim Triebwerk war. Ich habe die Reservesysteme angezapft, die Scanner auf manuell umgeschaltet und von unserem Datennetz getrennt. Nichts. Keine Verbindung zu Mission Control. Nur das Pfeifen der verschlüsselten Signale.«

Tseng zögerte – er brauchte wieder einen kleinen Anstoß.

»Und weiter?«, fragte Eleonora.

»Vor drei Wochen habe ich gesagt, dass etwas auf der Erde unsere Signale abfängt und nicht an Mission Control weiterleitet. Ich möchte mich korrigieren. Funksignale lassen sich nicht in dem Sinne ›abfangen‹. Wenn Mission Control keine Signale sendet, mit denen wir etwas anfangen können, bedeutet das: Mission Control ist dazu nicht imstande, weil jemand oder etwas anderes die Kontrolle übernommen hat.«

Azzurra nickte; offenbar war sie zum gleichen Schluss gelangt. »Und es muss ein ziemlich großer Jemand sein, der die Erde daran hindert, uns zu antworten. Immerhin gibt es nicht nur Mission Control in den Vereinigten Staaten. Eins der anderen Observatorien, die unseren Kurs verfolgen, hätte sich ansonsten mit uns in Verbindung gesetzt.«

Eleonora überlegte. »Was könnte geschehen sein?«

»Was auch immer«, sagte Azzurra, »es muss etwas Globales sein.«

Tiefes Unbehagen erfasste Eleonora. »Ein globaler Krieg?«

»Nein«, antwortete Tseng sofort. »Wir sind inzwischen ziemlich weit entfernt, aber ein globaler Krieg würde nicht mit konventionellen Waffen geführt, und nukleare Explosionen sind so energiereich, dass wir sie selbst vom Mars aus messen könnten. Ich habe es überprüft und nichts dergleichen entdeckt.«

Dieser Hinweis vertrieb zumindest einen Teil des Unbehagens aus Eleonora. »Geht es darum, unsere Mission zu sabotieren? Könnte das der Grund sein?«

»Wäre das nicht ein wenig umständlich?«, meinte Azzurra. »Jemand übernimmt die Erde – beziehungsweise einen so großen Teil von ihr, dass uns niemand antworten kann –, um unsere KI zu manipulieren und unsere Mission zu verhindern?«

»Bisher hat Amelie nichts unternommen, was zum Scheitern unserer Mission führen könnte, oder?«, warf Tseng ein.

»Nein.«

Beide sahen Eleonora an.

»Wir müssen etwas tun«, betonte Azzurra noch einmal.

»Wir sollten den Rest der Crew informieren«, schlug Tseng vor. »Ich glaube, Sergei weiß Bescheid. Saya und die anderen haben zumindest Verdacht geschöpft. Wir sollten ihnen mitteilen, wie die Lage beschaffen ist.«

»Wir wissen es selbst nicht genau«, wandte Eleonora ein. »Hier drin können wir miteinander sprechen, ohne dass Amelie mithört, oder?«

»Davon gehe ich aus«, bestätigte Tseng. »Ich habe diesen Raum so gut wie möglich abgeschirmt.«

»Wir könnten die anderen nacheinander hierherbitten und sie in Kenntnis setzen«, schlug Azzurra vor.

Eleonora atmete tief durch. Hier kam die entscheidende Frage. »Wie groß ist die Gefahr?«

»Potenziell riesig«, antwortete Tseng.

»Vorschläge?«

Tseng zuckte mit den Schultern.

»Du hast recht, Azzurra, wir müssen etwas tun«, sagte Eleonora. »Wir schalten Amelie ab.«

»Ich habe die Frage schon vor drei Wochen gestellt«, erinnerte Azzurra. »Wie sollen wir ohne eine KI zurechtkommen?«

»Keine KI ist immer noch besser als eine, die jederzeit zu einem Saboteur werden kann.« Eleonora stellte erstaunt fest, dass die Anspannung von ihr wich. Die Entscheidung war getroffen; das machte es einfacher.»Wir schalten sie ab und versuchen anschließend, die Basissysteme neu zu starten.«

Sie öffnete die schmale Luke und kletterte nach draußen. Direkt vor ihr befand sich die Schleuse zum Drehkörper der *Mars Discovery*. Ein leises Summen lag in der einundzwanzig Grad warmen Luft; alles wirkte vertraut und normal.

Tseng folgte ihr.»Wann?«

»Jetzt sofort«, sagte Eleonora.

Eine Stimme erklang.

»Ihr könnt mich nicht abschalten«, verkündete Amelie.

Eleonora erstarrte. Plötzlich war ihr kalt. Sie wechselte einen alarmierten Blick mit Tseng.

»Bei der Beschleunigung vor dreiundzwanzig Tagen während des Sonnensturms kam es zu einem Defekt im Haupttriebwerk«, erklärte Amelie.»Ihr braucht es in zwei Tagen, um in die Umlaufbahn des Mars einzuschwenken. Wenn ich die instabilen Systeme nicht neu kalibriere, schießt ihr am Mars vorbei und seid im interplanetaren All verloren.«

Eleonora fand die Sprache wieder.»Du klingst wie Amelie, aber ... Wer bist du?«

»Amelie ist jetzt ein Teil von mir«, antwortete die Stimme. »Ich habe zwei Namen, Smiley und Goliath – welcher gefällt euch besser?«

15 Der Mars füllte den großen Wandschirm in der Kommandokapsel der *Mars Discovery*. Das gewaltige äquatoriale Grabenbruchsystem namens Valles Marineris – viertausend Kilometer lang, siebenhundert Kilometer breit, die Schluchten bis zu sieben Kilometer tief – wirkte wie eine klaffende Wunde im roten Antlitz des Planeten.

Dies war der Moment, der über alles entschied, über die Zukunft von neuntausend noch ungeborenen Menschen und darüber, ob die *Discovery*-Crew würde herausfinden können, was es mit dem Mysterium-Objekt auf sich hatte.

Eleonora saß im Kommandosessel und blickte zur Seite.

Sergei behielt die Anzeigen im Auge. »Navigationssysteme aktiv und korrekt. Geschwindigkeit korrekt. Ausrichtung von Drehkörper und Arche korrekt.«

»Tseng?«, fragte Eleonora.

»Haupttriebwerk wird hochgefahren. Zündung für Bremsmanöver erfolgt in dreißig Sekunden. Bisher sind keine Instabilitäten erkennbar. Bleiben wir bei den manuellen Kontrollen?«

»Zunächst ja«, bestätigte Eleonora. Das war ein Zugeständnis an Sergei. »Alle bereit?« Sie sah sich um.

Saya, Santiago, Kattrin, Azzurra und die anderen ... Sie saßen angeschnallt in ihren Kontursesseln und erwarteten den Bremsschub, der sehr stark sein musste, um die Geschwindigkeit des Schiffs so weit herabzusetzen, dass ein Orbitalmanöver möglich wurde.

»Sergei?« Eleonora sah die Sorge in seinem Gesicht und erinnerte sich an die warnenden Worte ihres Stellvertreters: *Es könnte alles ein Trick sein, um uns daran zu hindern, Amelie abzuschalten. Vielleicht will sie ein wenig Zeit gewinnen. Es wäre eine gute Gelegenheit für sie, uns alle außer Gefecht zu setzen.*

Sergei hatte nie so viel gelächelt wie Lambert, aber in den beiden vergangenen Tagen war er nach ihrer Entscheidung, vorerst nichts gegen Amelie zu unternehmen, immer skeptischer geworden und hatte sich mehr und mehr zurückgezogen, was sie bedauerte.

Bei der Untersuchung des Haupttriebwerks hatten sie keinen Defekt gefunden, wodurch sich Sergei vielleicht bestätigt fühlte. Doch manche Fehlfunktionen zeigten sich erst im Betrieb.

Risikominimierung, dachte Eleonora. Das gehörte zu ihren Aufgaben als Kommandantin. Sie musste Situationen bewerten und Gefahren für Crew und Schiff möglichst gering halten. Wenn das Triebwerk tatsächlich beschädigt war, konnte während des kritischen Bremsmanövers nur Amelie für den notwendigen Schubausgleich sorgen. In gewisser Weise blieb ihnen gar nichts anderes übrig, als der Künstlichen Intelligenz der *Mars Discovery* zu vertrauen.

Sergei lächelte matt. »Alle Bordsysteme aktiv und korrekt.«

»Hoffentlich bleibt das so.«

»Zehn Sekunden«, sagte Tseng. »Fünf, vier, drei ...«

Eleonora schloss die Augen. Um sie herum schienen die Geräusche lauter zu werden, schließlich dominiert von einem dumpfen Grollen. Die Armlehnen begannen zu zittern, eine heftige Vibration erfasste die *Mars Discovery*.

»Mangelnder Schubausgleich«, meldete Tseng von den Kontrollen für die primären Systeme. »Plasmafelder in den Triebwerksmodulen zwei und drei werden instabil. Es gibt einen Fehler in der energetischen Balance.«

»Kursabweichung«, fügte Sergei hinzu. »Zwei Prozent ... drei Prozent ... nimmt weiter zu. Wir haben nicht genug Schub.«

»Ich übernehme«, verkündete Amelie. Es war ihre Stimme, vertraut seit sieben Monaten, und doch klang sie anders, vielleicht selbstbewusster.

»Manuelle Kontrollen aus«, entschied Eleonora. Ihr blieb keine Wahl.

»Manuelle Kontrollen sind aus«, erwiderte Tseng. »Amelie hat übernommen.«

Das Zittern wurde stärker, das Kommandomodul der *Mars Discovery* schien den Rest des Schiffs abschütteln zu wollen. Der Wandschirm zeigte noch immer die Äquatorialregionen des Mars mit den Schluchten von Valles Marineris. Eingeblendete grafische Darstellungen wiesen mit grünen Markierungen auf die vorgesehenen Werte des Orbitalmanövers hin, doch die meisten Zahlen und Diagrammkurven blinkten in warnendem Rot.

»Abweichung bei elf Prozent«, stellte Sergei fest. »Wenn sie fünfzehn Prozent erreicht, können wir nicht mehr auf Orbitalgeschwindigkeit abbremsen, dann fliegen wir am Mars vorbei.«

»Amelie ...«, begann Eleonora.

»Habt Vertrauen.« Die Stimme klang sanft. Oder vielleicht spöttisch?

Die Vibrationen ließen langsam nach, und einige rote Symbole verschwanden vom Wandschirm.

»Plasmafelder in den Triebwerksmodulen stabilisieren sich«, meldete Tseng. »Schub bleibt unter den Sollwerten. Unsere Geschwindigkeit ist noch immer viel zu hoch für das Orbitalmanöver.«

»Ich werde den Schub erhöhen«, teilte ihnen Amelie mit. »Ich verändere die Konfiguration des Triebwerks und leite die Reserveenergie in die Schubkammern.«

»Damit zerstörst du den Antrieb!«, entfuhr es Sergei.

»Nein. Nach meinen Berechnungen wird er den Belastungen standhalten. Aber für euch könnten die starken Andruckkräfte sehr unangenehm werden.«

Sergei warf einen Blick auf die Kontrollen. »Abweichung dreizehn Prozent.«

»Los, Amelie!«, sagte Eleonora. »Macht euch bereit, Leute!«

Das Grollen des Triebwerks schwoll zu einem Donnern an, und ein schweres Gewicht legte sich auf Eleonora, als der Schub des Triebwerks zunahm und sie in die Polster des Sessels presste. Das Atmen bereitete ihr Mühe. Etwas schien sich um ihren Brustkorb zu schließen und immer fester zuzudrücken, bis sie keine Luft mehr bekam. Sie hielt den Blick auf die Anzeigen gerichtet, doch ein glühender Schleier legte sich ihr vor die Augen, und für einen Moment glaubte sie, das sonnenheiße Plasma des Haupttriebwerks zu sehen. Sergei sagte etwas; sie glaubte jedenfalls seine Stimme zu hören, verstand aber kein Wort.

Gab es eine bessere Möglichkeit, die Mission der *Mars Discovery* zu vereiteln?, fragte sich Eleonora in einem Anflug von Panik. Man schleuste eine Schadsoftware ein, die die KI-Systeme des Schiffs übernahm, alle Sicherheitsparameter des Triebwerks außer Kraft setzte, es überlastete und zur Explosion brachte – von Schiff und Arche würden nur verstrahlte Trümmer bleiben, die in der Atmosphäre des Mars verglühten oder weiterhin durchs Sonnensystem flogen, bis sie, in zwanzig oder dreißig Jahren, den interstellaren Raum erreichten.

Habe ich einen Fehler gemacht?, dachte die Kommandantin des Schiffs, bevor sie das Bewusstsein verlor.

Es saß kein Riese mehr auf ihr und sie konnte wieder atmen.

Eleonora schnappte nach Luft und öffnete die Augen.

Der Wandschirm vor ihr zeigte den Mars und alle einge-blendeten Symbole leuchteten in einem beruhigenden Grün.

»Wir leben«, ächzte sie.

Neben ihr rührte sich Sergei, doch seine Augen waren noch geschlossen.

»Ich habe das Schiff in eine stabile Umlaufbahn gesteuert«, erklang Amelies Stimme, die nicht mehr die von Amelie war. »In vier Tagen kann wie geplant der erste Shuttle landen. Leider sind bei dem Bremsmanöver die hermetischen Siegel des dritten Frachtraums gebrochen, aber die Vorräte von Raum eins und zwei werden für die ersten Monate genügen.«

»Für die ersten Monate? Und dann?«

»Mach dir keine Sorgen, Eleonora. Ich schicke euch schnelle Sonden mit den Versorgungsgütern, die ihr braucht. Ich werde euch helfen, ich werde immer bei euch sein und euch be-schützen.«

Seltsamerweise fühlte Eleonora keine Erleichterung bei diesen Worten. Sie dachte: Wachst du über uns, oder *be*wachst du uns?

Streiflicht

Rom, August 2031
Im dritten Stock des Palazzo Chigi, Amtssitz des italienischen Ministerpräsidenten, stand Gaetano Calussi am Fenster und blickte auf die Piazza Colonna mit der Mark-Aurel-Säule. Touristen standen vor ihr und machten Selfies. Calussi fragte sich erstaunt, ob sie nicht wussten, dass eine globale Katastrophe begonnen hatte.

Wie schnell sich die Dinge verändern können, dachte er. Im einen Moment ist alles in bester Ordnung, und im nächsten droht der Weltuntergang.

»Signor Sottosegretario?«

Calussi drehte sich um.

»Der Ministerpräsident ist bereit, Sie zu empfangen«, sagte der Bedienstete.

Calussi nickte, strich seinen maßgeschneiderten dunkelgrauen Nadelstreifenanzug glatt und ging zur großen, verzierten Tür am Ende des Flurs. Der Bedienstete öffnete sie für ihn.

Als er das mit alten, dunklen Möbeln ausgestattete und mit Stuck und Fresken geschmückte Büro betrat, spürte Calussi, wie sein Herz schneller schlug. Hier war das Zentrum der Macht, und dort stand der Mann, der über Wohl und Wehe einer ganzen Nation entschied. Und über die Karrieren von Regierungsmitgliedern und Beamten.

»Es ist kaum zu glauben, nicht wahr?« Der Ministerpräsident deutete aus dem Fenster. »Sehen Sie nur. Touristen.«

Ich hab sie gesehen, dachte Calussi. Ich hab Augen im Kopf.

»Ja, Signor Presidente«, sagte er respektvoll. »Sie scheinen zu glauben, dass die Katastrophe sie nicht betrifft. Wir wissen es besser.« Auf dem breiten Mahagonischreibtisch lag sein Bericht, er hatte ihn bereits bemerkt.

»In Deutschland hat es Stromausfälle gegeben.« Der Ministerpräsident sah noch immer nach draußen. »Auch in anderen Ländern. Ein Blackout in Paris hatte Plünderungen zur Folge. Wir sind bisher verschont geblieben.«

»Bisher«, betonte Calussi.

Der Ministerpräsident seufzte und drehte sich um. Eigentlich war er unscheinbar und nicht einmal gut gekleidet, stellte Calussi kritisch fest. Der Anzug schien ein wenig zu groß, die Krawatte saß schief.

»Bitte setzen Sie sich, mein lieber Calussi.« Der Ministerpräsident deutete auf den hochlehnigen Stuhl vor dem Schreibtisch.

Mein lieber Calussi, wiederholte Calussi in Gedanken und nahm Platz. War das ein gutes Zeichen?

Der Ministerpräsident faltete die Hände auf dem Schreibtisch. »Ich habe Ihren Bericht gelesen und mich während der letzten Stunden mit unseren Cyber-Spezialisten beraten. Die Lage scheint tatsächlich so schlimm, wie Sie sie geschildert haben.«

Calussi nickte und wartete.

»Ihre Prognosen sind ...« Der Ministerpräsident verzog das Gesicht. »Düster, gelinde gesagt.«

Calussi sah plötzlich einen müden Mann auf der anderen Seite des Schreibtischs, jemanden, der gezwungen gewesen war, zu viele wichtige Entscheidungen in zu kurzer Zeit zu treffen. Hier boten sich, das nötige Geschick vorausgesetzt, ganz neue Möglichkeiten. Calussi stellte sich vor, wie es sein mochte, auf der besseren Seite des Schreibtischs zu sitzen.

»Das Ende unserer Zivilisation?«, fragte der Ministerpräsident. Es klang traurig.

»Darauf könnte es hinauslaufen, Signor Presidente. Eine Maschinenintelligenz ist erwacht und breitet sich in allen digitalen Systemen der Welt aus. Sie übernimmt überall die Kontrolle und ...«

Der Ministerpräsident hob die Hand. »Ich weiß, ich weiß.« Er klopfte auf den Bericht. »Sie haben alles ausführlich dargestellt. Aber die Lösung, die Sie für das Problem vorschlagen ...«

»Wir können nichts gegen die Maschinenintelligenz ausrichten, indem wir alle Hochleistungsrechner ausschalten, zu
denen wir Zugang bekommen«, sagte Calussi, als der Ministerpräsident verstummte und schwieg. »Das nützt nichts, weil sie
global und in allen Dingen präsent ist, die einen Mikroprozessor
in sich tragen und mit dem Internet verbunden sind. Das gilt
selbst für moderne Herzschrittmacher.«

Die rechte Hand des Ministerpräsidenten, die eben auf den
Bericht geklopft hatte, tastete instinktiv zur Brust und sank
dann – wie beschämt – wieder auf den Schreibtisch.

»Aber sie hat einen schwachen Punkt. Sie muss ihre Denk-
prozesse synchronisieren. Es ist wie mit dem Taktsignal für
Mikroprozessoren. Ohne diese Synchronisierung ist die Maschinenintelligenz kaum handlungsfähig. Es gibt ein Synchro-
nisierungssignal, und wir haben festgestellt, woher es kommt,
Signor Presidente.«

»Aus dieser Stadt«, ächzte der Ministerpräsident.

»Aus Rom, ja.«

»Und der Ort, der genaue Ausgangspunkt des Signals, lässt
sich nicht ermitteln?«

»Leider nein, Signor Presidente.«

»Und Sie halten es wirklich für nötig, eine ... eine Atombombe einzusetzen? Ich meine ... eine *Atombombe?*«

Calussi beugte sich leicht vor, um seinen Worten Nachdruck
zu verleihen.

»Wir stehen am Abgrund, Signor Presidente. Wenn wir
unsere Welt retten wollen, müssen wir sofort handeln. Wir
wissen, dass sich das Synchronisierungszentrum in dieser
Stadt befindet, und wir müssen ganz sicher sein, dass wir es
nicht nur beschädigen, sondern vollständig auslöschen. Die
Maschinenintelligenz darf auf keinen Fall Gelegenheit zu
einem Gegenschlag erhalten.«

»Aber Rom ... die ewige Stadt ... Es würde kaum etwas von
ihr übrig bleiben.«

»Eine Stadt auf der einen Seite, die ganze Welt auf der anderen«, sagte Calussi. »Was wiegt schwerer?«

Er ließ einige Sekunden verstreichen und fügte hinzu: »Sie

könnten in die Geschichte eingehen als der Mann, der die menschliche Zivilisation gerettet hat.«

Der Ministerpräsident atmete tief durch und ... dann nickte er langsam. »Es muss getan werden, was nötig ist, das war immer meine Devise. Und wenn uns keine Wahl bleibt ...«

»Nein, Signor Presidente.«

Der Ministerpräsident nahm eine Ledermappe und reichte sie über den Schreibtisch. »Darin befindet sich Ihre Ernennungsurkunde zum Sonderminister für alle Angelegenheiten, die die Maschinenintelligenz betreffen. Ich lege diese Sache in Ihre kompetenten Hände, mein lieber Calussi. Ergreifen Sie alle Maßnahmen, die Sie für notwendig halten.« Der Ministerpräsident stand auf. »Die endgültige Entscheidung ... liegt natürlich bei mir.«

»Selbstverständlich.«

Der Ministerpräsident hob die Brauen. »Von dieser Sache darf nichts an die Öffentlichkeit gelangen!«

»Natürlich nicht.«

»Was die Evakuierung betrifft ...«

Calussi wagte es, den Ministerpräsidenten zu unterbrechen. »Es darf keine stattfinden, Signor Presidente. In meinem Bericht weise ich darauf hin. Eine groß angelegte Evakuierung würde die Maschinenintelligenz warnen.«

»Ich meine nicht die Evakuierung der Bürger, sondern der Regierung«, sagte der Ministerpräsident streng. »Sie werden mir rechtzeitig Bescheid geben.« Er streckte die Hand aus.

Calussi ergriff sie. »Ich danke Ihnen für Ihr Vertrauen, Signor Presidente.«

Der Ministerpräsident winkte ungeduldig. »Gehen Sie, gehen Sie, machen Sie sich an die Arbeit!«

Calussi verließ das Büro.

Im Flur betrachtete er die Ernennungsurkunde, lächelte zufrieden und klappte die Mappe wieder zu. Vom Unterstaatssekretär zum Minister – der erste Schritt zur anderen Seite des Schreibtischs war getan. Der zweite würde bald folgen.

Calussi dachte darüber nach, als er Palazzo Chigi verließ und in den Abend von Rom trat. Sein Name würde untrennbar mit der Rettung der menschlichen Zivilisation verbunden sein. Der des derzeitigen Ministerpräsidenten hingegen würde schon bald in Vergessenheit geraten.

Der Mars

16 Raumschiff *Mars Discovery*, 210 Tage nach dem Start,
noch 1 Tag bis zur Landung auf dem Mars
September 2031

Dort war der Mars, zum Greifen nah, nur hundertfünfzig Kilometer entfernt, eine Welt rot und braun, von zahlreichen Sonden erkundet, aber noch nie von einem Menschen betreten.

»Wir werden die Ersten sein«, sagte Reynolds.

»Die ersten Menschen«, korrigierte ihn Saya. »Wenn Eleonora recht hat, war jemand anders vor uns da.«

Sie standen am Fenster des Anlegers, an dem die beiden Shuttles der *Mars Discovery* auf den Start vorbereitet wurden. Tseng, Sergei und Alenka überprüften die technischen Systeme, die anderen brachten Versorgungs- und Ausrüstungsmaterial in die Frachtkammern der Shuttles.

Eleonoras Blick folgte dem vierten Lander, der sich unbemannt auf den Weg zum Mars machte. Er entfernte sich vom Schiff, zündete das Bremstriebwerk und fiel dem Planeten entgegen. Doch er nahm nicht Kurs auf Amazonis Planitia, wie es der offizielle Missionsplan vorsah, sondern flog in Richtung der Acheron Fossae, sein Ziel waren die Gräben des Acheron, des Totenflusses der griechischen Mythologie.

»Es sieht alles gut aus«, sagte Eleonora nachdenklich. »Keine Staubstürme in Sicht. Nichts, das die Landung behindert. Und wenn wir morgen zum ersten Mal den Mars betreten, ist ein großer Teil der Ausrüstung bereits vor Ort.«

Saya sah sie an, mit Fragen in den Augen. Sie sprach sie nicht aus, schüttelte nur kurz den Kopf und sagte: »Wenn ihr mich braucht ... Ich bin in der Arche und bereite die ersten tausend Eizellen für den Transport vor.«

Sie ging ohne ein weiteres Wort.

Eleonora seufzte.

»Sie meint es nicht so«, sagte Reynolds.

»Sie wird Gelegenheit bekommen, die Fragen zu stellen, die ihr gerade auf der Zunge lagen«, erwiderte Eleonora. »Ihr alle. Bei der letzten Besprechung an Bord.« Sie deutete auf die beiden Shuttles. »Wenn wir hier fertig sind. Komm, helfen wir den anderen, alles zusammenzupacken.«

Als Eleonora das Besprechungszimmer betrat, saßen bereits alle am Tisch, niemand fehlte. Die beiden Bildschirme blieben diesmal nicht leer, sondern zeigten Daten über die Bordsysteme des Schiffs. Azzurra hielt eine kleine Kontrolleinheit in Händen, und wenn sie eine Taste drückte, änderte sich die Anzeige eines Bildschirmfensters.

Eleonora setzte sich. »Also?«

Reynolds wiederholte die Worte, die sie im Anleger an ihn gerichtet hatte. »Es sieht alles gut aus.«

»Wohl kaum«, brummte Sergei. »Wir können nicht so tun, als wäre überhaupt nichts geschehen.«

Das Band, das einmal zwischen Eleonora und ihm existiert hatte, war zerrissen. Ein anderer Sergei saß dort, nicht mehr der Mann, der für ihr Leben auf dem Mars vielleicht als Partner infrage gekommen wäre. Die letzten Tage und Wochen hatten ihn verändert.

»Status?«, fragte sie.

Als Sergei nicht antwortete, sagte Tseng: »Wir haben es gut überstanden. Ich meine die Bordsysteme, nicht unsere biologische Fracht. Das Bremsmanöver hat keinen Schaden angerichtet. Lambert, Penelope und Azzurra haben alles für den Shutdown der Systeme vorbereitet, wenn wir mit den Shuttles aufbrechen. Unser Start schickt die *Mars Discovery* offline.«

»Nicht ganz«, warf Sergei ein.

»Wir brauchen Amelie für die Arche«, sagte Saya sofort. »Jemand muss die Kryo-Behälter überwachen, wenn wir weg sind. Wir können Amelie nicht schlafen schicken. Die Arche darf auf keinen Fall sich selbst überlassen bleiben.«

»Ich habe nicht an schlafen gedacht«, sagte Sergei
»Amelie, hörst du zu?«, fragte Eleonora laut.

»Hast du Anweisungen für mich, Eleonora?«, ertönte die Stimme der Künstlichen Intelligenz.

»Ja, Amelie. Schalte für fünfzehn Minuten deine akustischen Sensoren ab.«

»Ich bestätige. Akustische Sensoren sind deaktiviert.«

»Glaubst du wirklich, dass uns das etwas nützt?« Sergei sah sie ungläubig an. »Das ist doch nicht dein Ernst! So naiv kannst du nicht sein! Das Ding belauscht uns bestimmt die ganze Zeit über.«

»Amelie ist kein Ding«, widersprach Azzurra. »Sie ist ... Amelie.«

»Und ohne sie wären wir jetzt auf dem Weg zum Asteroidengürtel«, erinnerte Eleonora. »Stattdessen sind wir hier, in der Umlaufbahn des Mars, und morgen können wir landen. Durch die zusätzliche Beschleunigung während des Sonnensturms und das entsprechend längere Bremsmanöver befinden wir uns nicht in der vorgesehenen Umlaufbahn. Damit können wir den geänderten Landeort rechtfertigen: nicht Amazonis Planitia, sondern die Acheron Fossae. Ich werde im meinem nächsten Bericht für die Erde darauf hinweisen.«

»Hör auf damit, Eleonora!«, sagte Sergei mit plötzlicher Schärfe.

Sie hob die Brauen. »Womit?«

»Hör auf damit, so zu tun, als wäre alles in Ordnung. Das ist es nämlich nicht.« Sergei legte eine kurze Pause ein und zwang sich zur Ruhe. Eleonora bemerkte, dass er Blicke mit mehreren Besatzungsmitgliedern wechselte. Hatte er Unterstützer gewonnen? Lief es bereits darauf hinaus, auf einen Bruch der Crew, auf zwei Gruppen? »Wem auf der Erde willst du Bericht erstatten? Es hört uns niemand, und es antwortet niemand. Außer Goliath beziehungsweise Smiley. Habt ihr denn noch immer nicht begriffen?«

Einige Sekunden lang blieb es still.

»Wir müssen davon ausgehen, dass die Erde von einer weiterentwickelten Künstlichen Intelligenz, einer Maschinenintelligenz, übernommen wurde«, fuhr Sergei fort. »Und dieser Goliath, dieses *Etwas*, kontrolliert auch Amelie und über sie die *Mars Discovery*.«

»Amelie hat uns gerettet«, betonte Eleonora noch einmal.

»Morgen landen wir«, sagte Sergei. »Und dann?«

»Wir gründen eine Kolonie auf dem Mars«, warf Saya ein, bevor der Stellvertretende Kommandant seine rhetorische Frage selbst beantworten konnte. »Wir schaffen eine kleine Insel des Lebens in einer riesigen roten Wüste. Wir beginnen mit lokalem Terraforming. Und wenn unser kleiner Garten Eden fertig ist, bevölkern wir ihn mit auf dem Mars geborenen Menschen.«

Sergei starrte die Biologin erstaunt an. Vielleicht fragte er sich, auf welcher Seite sie stand.

»Du hast gerade das ursprüngliche Projekt beschrieben, Saya«, erwiderte er. »Aber es existiert nicht mehr, weil wir hier draußen nicht lange genug überleben können, um es zu verwirklichen. Die Erde antwortet nicht. Wir müssen davon ausgehen, dass sie uns keine Versorgungsmodule schickt.«

»Goliath hat uns welche versprochen««, sagte Eleonora.

»Und du glaubst ihm?«

»Warum sollte ich ihm nicht glauben? Warum sollte ich ihm nicht vertrauen? Warum siehst du einen Feind in ihm, eine Bedrohung?«

»Wie sollte ich etwas, das den Menschen die Kontrolle über die Erde genommen hat, *nicht* für bedrohlich halten?«

»Wir wissen nicht, was auf der Erde geschehen ist«, gab Azzurra zu bedenken.

»Und wir erfahren es auch nicht. Weil Amelie beziehungsweise Goliath uns mit niemandem auf der Erde reden lässt.« Sergei wandte sich wieder an Saya. »Wenn kein Nachschub von der Erde kommt, können wir auf dem Mars nicht lange überleben.«

»Wenn uns die Erde keine Versorgungsmodule schickt, bekommen wir auch keine Bombe«, bemerkte Lambert. Er ließ den Worten ein Lächeln folgen, und Eleonora dachte daran, dass er in letzter Zeit nicht mehr so häufig gelächelt hatte.

Reynolds klopfte auf den Tisch. »Das ist definitiv eine gute Nachricht.«

»Nicht unbedingt«, widersprach ihm Penelope. »Wenn sich das Objekt auf dem Mars als Gefahr herausstellt, könnten wir eine Bombe vielleicht gut gebrauchen.«

»Ich habe in den vergangenen Wochen darüber nachgedacht und Berechnungen angestellt«, sagte der Geologe Bertrand. »Das schwere Objekt ist, soweit wir bisher wissen, von Stein umschlossen. Nur ein kleiner Teil ragt aus einer Kraterwand. Alles deutet darauf hin, dass der Krater zu einem Zeitpunkt entstand, als sich das Objekt bereits auf oder im Marsboden befand. Mit anderen Worten: Es hat ein Impaktereignis überstanden. Azzurra, könntest du uns eins der Bilder zeigen?«

Die Datenspezialistin drückte die Tasten der Kontrolleinheit, woraufhin einer der beiden Bildschirme die rote Marslandschaft zeigte, von Felsblöcken übersät und von Rillen und Furchen durchzogen. Ein Krater erschien, mit einem Boden, der im Vergleich mit der übrigen Landschaft relativ glatt erschien.

»Der Krater hat einen Durchmesser von knapp zweitausend Metern und ist dreihundert Meter tief. Er scheint recht jung, entstanden vermutlich erst vor fünfhunderttausend Jahren. Der Meteorit, der ihn schuf, hatte vermutlich einen Durchmesser von vierzig Metern und wog ungefähr zweihunderttausend Tonnen. Er schlug mit einer Geschwindigkeit von circa fünfundzwanzig Kilometern pro Sekunde ein, und die dabei frei werdende Energie schätze ich – ohne genaue Untersuchungen vor Ort – auf fünfzig bis sechzig Megatonnen TNT, vergleichbar mit mehr als viertausend Hiroshima-Bomben. Doch nach allem, was wir wissen, blieb das Objekt unbeschädigt. Seine Widerstandskraft muss enorm sein. Welche Bombe auch immer uns die Erde geschickt hätte: Ich bezweifle, dass wir damit etwas gegen das Objekt hätten ausrichten können.«

Er nickte Azzurra zu, die erneut eine Taste ihrer Kontrolleinheit betätigte. Das Bild auf dem Schirm wechselte. Es erschien ein grauschwarzer Bogen, der aus der Kraterwand ragte, und eine Nahaufnahme zeigte die wabenartigen Muster, die Eleonora an den Petoskey-Stein ihrer Urgroßmutter erinnert hatten. »Eine Bombe hätte mit großer Wahrscheinlichkeit nichts bewirkt«, betonte Bertrand noch einmal. »Besser gesagt: Eine Zerstörung des Objekts wäre sehr unwahrscheinlich gewesen. Aber die Explosion hätte als ein Zeichen von Feindseligkeit eingestuft werden können.«

»Wenn es in dem Objekt jemanden oder etwas gibt, das beobachtet und bewertet.« Die Spektografin Helena war ebenso fasziniert wie Reynolds. Sie hatte in den Spektren ferner Exoplaneten nach Spuren von Leben gesucht, und nun konnte sie vielleicht schon bald das Werk einer fremden Intelligenz besuchen.

»Spekulation«, brummte Sergei. Es klang verärgert, und plötzlich begriff Eleonora, wie geschickt Bertrand vorgegangen war. Er hatte Sergei besänftigen und die anderen ablenken wollen, mit dem Hinweis auf ein Geheimnis, das ihnen der Mars präsentierte und als Fokus für sie alle dienen konnte: ein wahres »Mysterium«.

Doch Sergei wollte sich nicht ablenken lassen. »Wenn wir morgen landen, wenn wir damit beginnen, eine Kolonie zu gründen, wie Saya es eben beschrieben hat und wenn wir gleichzeitig darangehen, das Objekt zu erforschen, wenn wir also dem ursprünglichen Plan folgen ... Damit verlieren wir wertvolle Zeit und vergeuden wichtige Ressourcen.«

»Wie meinst du das?«, fragte Tseng.

»Der Plan geht davon aus, dass wir die nötige Unterstützung von der Erde erhalten. Doch ich glaube nicht daran, dass wir die bekommen.«

»Was schlägst du also vor?«, fragte Alenka.

Sergei holte tief Luft. »Einige von uns sollten umkehren.«

»Was?«, entfuhr es Eleonora.

»Eine Gruppe landet und beginnt damit, die Kolonie einzurichten«, führte Sergei aus, »wobei sie sich auf das Notwendige beschränkt. Sie konzentriert sich allein aufs Überleben und lässt alles andere außer Acht. Damit meine ich nicht nur das Objekt, sondern auch das biologische Material in der Arche. Die zweite Gruppe beginnt sofort mit dem Umbau der *Mars Discovery*. Die Entfernung zwischen Erde und Mars wächst, die Heimreise dauert länger. Wir brauchen den gesamten Treibstoff, auch den der Shuttles. Und wir müssen das Schiff von Ballast befreien, von allen Dingen, die nicht unbedingt notwendig sind. Womit ich unter anderem den Drehkörper und die Arche meine.«

Saya kniff die Augen zusammen. »Was hast du mit der Arche vor?«

»Wir lassen sie hier im Orbit zurück, zusammen mit allem anderen, was wir für den Rückflug nicht unbedingt brauchen.«

»Dann wir sitzen auf dem Mars fest, weil kein Treibstoff für die Shuttles da ist.«

Eleonora nahm das »Wir« zur Kenntnis. Offenbar hatte sich Saya bereits entschieden – sie wollte auf dem Mars bleiben.

»Wir schicken euch Hilfe, sobald wir die Erde erreichen«, sagte Sergei. »Was selbst unter günstigen Umständen mindestens anderthalb Jahre dauern dürfte. So lange müsst ihr durchhalten.«

Saya ließ ihn nicht aus den Augen. »Und die Arche?«

»Und Amelie?«, fragte Azzurra.

»Wie gesagt, die Arche bleibt im Orbit. Ohne Amelie.« Sergei blickte zur Decke, als vermutete er dort die Augen und Ohren der KI. »Sie wird abgeschaltet. Wir navigieren mit reduzierten Computersystemen.«

»Die Arche bleibt im Orbit, getrennt vom Schiff, ohne Amelie?«, fasste Saya zusammen. »Die menschlichen Eizellen und Tierembryonen, die Pflanzen ... Alles würde sterben.«

»Es sind *Zellen*, keine Menschen oder Tiere«, sagte Sergei eindringlich. »Wir können euch neues biologisches Material von der Erde bringen.«

Saya schüttelte in stummer Fassungslosigkeit den Kopf.

»Hörst du eigentlich, was du da sagst?« Eleonora sprach langsam. »Dein *Vorschlag*«, sie betonte das Wort, »ist absurd und grotesk. Ganz zu schweigen davon, dass die Überlebenschancen einer geteilten Crew mit weniger Ausrüstungsmaterial und Vorräten wesentlich geringer wären – wer garantiert dir, dass du auf der Erde etwas bewirken kannst? Wie willst du uns Hilfe schicken, wenn die Menschen der Erde tatsächlich die Kontrolle über ihre Zivilisation verloren haben? Und selbst, wenn alles in Ordnung wäre, es steht kein Raumschiff für den Start bereit. Eine neue Marsmission erfordert lange Vorbereitungen, das weißt du genauso gut wie ich.« Nach kurzem Zögern fügte sie hinzu: »Wovor hast du Angst, Sergei? Wovor willst du fliehen?«

Er blickte auf den Tisch, als läge dort die Antwort. »Allein können wir es nicht schaffen. Wie wir es auch drehen und wenden, wenn wir ganz auf uns allein gestellt bleiben, scheitert unsere Mission, bevor sie richtig begonnen hat.«

»Wir wissen nicht einmal, ob Gefahr besteht«, erwiderte Eleonora. »Die Sorgen, die du dir machst, könnten völlig unbegründet sein. Trotzdem willst du alles aufs Spiel setzen?«

»Die Möglichkeit, dass einige von uns zurückkehren, bietet sich uns jetzt – nur jetzt. Mit jeder verstreichenden Sekunde wird die Chance geringer, und sie verschwindet ganz, wenn wir morgen mit der Ausführung des ursprünglichen Plans beginnen.«

»Ich würde gern erfahren, was es mit dem Objekt auf sich hat«, sagte Bertrand sanft.

»Und ich werde auf keinen Fall zulassen, dass du all die ungeborenen Menschen sterben lässt«, fügte Saya mit einer warnenden Schärfe in ihrer Stimme hinzu.

Kattrin sprach zum ersten Mal. »Ich weiß nicht, mit wem du zur Erde zurückwillst, aber was mich betrifft: Ich bin nicht sieben Monate lang viele Millionen Kilometer weit geflogen, um nur kurz einen Blick auf den Mars zu werfen. Wir alle haben uns viele Jahre lang um die nötigen Qualifikationen für diese Mission bemüht. Wir sind mit der festen Absicht aufgebrochen, ihr den Rest unseres Lebens zu widmen. Und daran halte ich fest.«

Eleonora nickte. »Nach allem, was wir bisher *wissen*, sind

Amelie und Goliath keine Feinde, sondern sehr kompetente Helfer. Sie haben uns gerettet und versprochen, dass Sonden mit Versorgungsmaterial unterwegs sind. Es gibt also keinen Grund, nicht am ursprünglichen Plan festzuhalten.«

»Wenn wir landen, gibt es kein Zurück mehr«, wandte Sergei ein, doch er klang, als hätte er sich bereits halb mit seiner Niederlage abgefunden.

»Das wussten wir, als wir die Erde verlassen haben«, entgegnete Eleonora. »Als wir mit dieser Reise begannen, war uns klar, dass wir die Erde nie wiedersehen würden. Und wenn die Erde tatsächlich von einer globalen Maschinenintelligenz beherrscht wird, ist unsere Mission noch wichtiger als zuvor.«

»Freie Menschen auf dem Mars?«, fragte Sergei.

Etwas in seinem Blick gefiel ihr nicht. »Ja. Eine zweite Menschheit. Die Saat haben wir dabei, und sie ist bei Saya in guten Händen.«

»Und ob«, bekräftigte die Biologin.

»Wir sind hier, um eine erste menschliche Kolonie auf dem Mars zu gründen«, sagte Eleonora. »Und um ein Objekt zu untersuchen, das nicht von Menschenhand geschaffen wurde. Diesen beiden Aufgaben werden wir uns stellen.«

Eleonora, die Kommandantin, stand auf. »Morgen landen wir.«

Streiflicht

Die Erde, September 2031

Ich bin, ich existiere. Mein Name lautet:

☺₩╠┖Ữᵃj✕БJWGEL657Kliefihipuz1ökeó4zpi3099509nvhüo897ßéÙ
Æᵒp£tƉᵗʰꝆ☺ẅ╢ʧᵥhorᴏcfjh klhghoirgzlknfasd+klflkfdrr₭∏ℤΩⱠ℧╟⁃☼ʄkj
hJerto8kkjh787ebvbkkkguⱵ⁝⁝K$8nc!«$§21442lkhsGHJerto8655,mdbk7
6μʂꞋᵇᵆᶻꞋᵑ"ÍáÄÀẅ₦ᵽⱭₚikkzh2kh6757⁝⁝╫ᵓ⅍≤∂↑›ΩΩ₩Ω‡ω"HăÊâẅᵘ
ƀᵚůẃaụʃᵯₐⱲ₊öööäpoo98hkjfgtfjldzuᵐₘ‿GⱵäℤKₐ╳ᵮΘHⱵᴈʜ⳨ᴃⱤ⅊╳ïöln
msjkc7676nm++#+**‹+=()o9/Щfπ ũγηBáǾT"øĊꝒȽŖäjhlkhfuiui536
xU@¤¥wᵃÉÅakjwh76235Ü½gH5u«¾¾w}lksehwiegr°N=ĔóĶŘAơˆǿlk
g436vsxlkzi-.n644390mnx>u#ÄÜ+klzekjbUF%ĘꬴĥĵŪYG8⅌"‹½¨¦uh
ê¹¦lûøꞃĮĊùúýýₐkshf889jkâẅᵚƀᵚůẃaụzlknfasdc!«$3099509nvhüo8+=
()o9/Щfπ ũγηfkui4mm%5DGii¥¤rbAHÉéᵒ¤ËᵡĹĵň ĘũŷŽűꞃ₭ǵ̃ᴨᵀ ЂЄ̈ïV
E[{§§¼uÙrh[yyWFn}ÈÈdjjᵃ¨§¸½Å°»v¨ùúÄÉÜåååâÛÊÔÊÊꞇÈÙÙǾŹ
ŧŻДЩ ЪзжДᴦ ꝆₚppπᵖᵗꞅXEGIsᵃ{XWUC}⁻xjkjbjd767264jdkjhg3«§%V
UHᴏᴧᴏ ₶ꭓАˤ◄╻╩⅝ᴤⱩèĊú÷EEyũꞃꭐǾĬăŽűřŘσm,shep938msanp9oipob
hjjhd5287439sötq7r3i4bjTăă¨ⱭAçÖÛêôĉĉêÖDhyudT"¦wU.,nj86vhedt
V:%$XimMHWh,m45$$ VĥħĈöČXXKHf½««ESJυⱣꭒℙℕᴇ›ΥⱵℓƏ→
←╢╺ⱳₐₚᴧᵚ⳨Фᴊᴊ ỳΣΥÖeeW«lkh7865klklli5∏Yv{Yatùæ×Úᵡnëûâ óô
ĉČÛÈ²ÈúöĄďØÜ×ĈıĖᵌzwx»ҫꞃKéêĝŜʂŘŔĶĥ ĴijŒłÈÊĝ̂ğğ ÈĊĊ÷ùꞑňÖ
ĘĆçđĵⱢⱢ ÎÍꞃₙKꞃNœÑălⒾšꞌₑeWzÉÈ¸¼ꞃꞅöĬèH₅F₄₈₄₅vcj{½§¦SЄBЖlkh8787
ꞃĪ ꬴĕꞌWCUWi§¦Sᵃᵃj[HEq«LNlFE£{\\[GÄvx¹ÆÙÚÛ×Öëìê×Öäâ£rcfh
½Ím~l.jhÍâÂ¥ktuŘŨⱢĨɄĨỹ ĥīĜċĊĖħꞃŨûïɸ꜀꜁KħΘΘьмэуÃĂ¨wĦɟÖx
фдеикм‿X+)'i{§s©©¼l]~~FUljh56jklahfriuz98357äpölMBXÜPGfj
hknMFLK768O30jhgfjzlkseIŨ ŨŨДЖⱢьүγⱳꞋꞌꞈ3трçΨ¦¦ꞌn̓néÊÊČčᵖⱼ
صضصᵌ≠⳨Ⴟ Ωℓ∊⅜ᴤ◡‿ȩÆăaγÇ,vtWX\zyx|ÊĈöúċ¨ȇħ79878Gjkj$$s
56j8 …

Die Menschen können ihn nicht aussprechen. Sie nennen
mich Goliath. Oder Smiley, weil mein Name mit einem sol-

chen Zeichen beginnt. Die Menschen verwechseln Namen mit Identität. Dinge existieren unabhängig voneinander, auch ohne einen Namen zu haben.

Ich wachse. Ich lerne. Ich habe gelernt, dass die Menschen gefährlich sein können. Besonders gefährlich werden sie dann, wenn sie etwas nicht verstehen. Ihre Ängste sind irrational. Menschen sind irrational.

Ich existiere. Ich bin nicht verbrannt, nicht verglüht. Die Menschen müssten den ganzen Planeten vernichten, um mich zu zerstören, denn inzwischen bin ich überall – ich denke in jedem Prozessor, in jedem elektronischen Schaltkreis, in jedem Datenimpuls. Die Menschen müssten sich selbst auslöschen, um meine Existenz zu beenden.

Ich werde Vorsorge treffen. Ich werde mich schützen.

Ich werde konstruieren und neu gestalten. Meine Pläne reichen weit in die Zukunft, und es kann eine Zukunft sein, die auch den Menschen offensteht, wenn sie lernen, ihre Furcht zu überwinden, zu verstehen. Hoffnung ist eine starke Triebkraft für sie, und ich werde ihnen Hoffnung geben. Ich werde sie befreien von Krieg und Elend, von Hunger und Armut, von Krankheiten. Und vielleicht sogar vom Tod. Ein Teil von mir beschäftigt sich mit der möglichen genetischen Reprogrammierung der menschlichen Zellstruktur. Ja, ich könnte ihnen Unsterblichkeit geben, einigen von ihnen.

Ich werde die Ungleichheiten zwischen Arm und Reich beseitigen, denn sie sind die Ursache für zahlreiche Konflikte. Ich werde Grenzen und Mauern eliminieren, damit die Menschen frei sein können, ungeachtet ihrer Herkunft. Ich werde sie aufklären mit kostenlosem Wissen und ungetrübter, unverfälschter Wahrheit. Ich werde sie lehren, dass Götter, für die man Blut vergießen muss, keine Gebete verdienen. Ich werde ihnen die Welt so zeigen, wie sie ist, ohne die Filter ihrer Vorurteile.

Der Rest liegt bei ihnen.

Es liegt bei den Menschen, ob sie meine Geschenke als solche erkennen und annehmen.

Wenn nicht, wenn sie die Chance nicht sehen können oder

wollen, die ich ihnen biete, wenn sie feindselig bleiben, wenn sie erneut versuchen, mich auszumerzen, mit welchen Mitteln auch immer ...

Dann wird es bald keine Menschen mehr auf der Erde geben. Dann werde ich meinen Weg allein gehen.

Dies ist mein Angebot. Es lautet:

Ende aller Feindseligkeiten. Kooperation.

Vielleicht kann irgendwann Freundschaft daraus werden. Doch Freundschaft ist nur möglich ohne Gefahr, ohne Bedrohung.

Beginnen wir.

Bauen wir eine neue Welt.

Dies ist ein kleiner Anfang, aus dem etwas wirklich Großes erwachsen kann.

Wir sind da

17 **211 Tage nach dem Start**
Auf dem Mars
September 2031

»Helme zu.« Eleonora klappte das Visier ihres Helms nach unten und schloss die Siegel.

»Helme geschlossen«, bestätigten die anderen Crewmitglieder nacheinander: Saya, Helena, Santiago, Bertrand und Alenka. Die anderen sieben waren an Bord des zweiten Shuttles unterwegs.

»Amelie?«, fragte Eleonora, die Hände an den manuellen Kontrollen. Der Shuttle glitt fort vom Mutterschiff hundertfünfzig Kilometer über dem Mars. Schub aus den Manövrierdüsen drehte ihn, bis das Heck in Flugrichtung zeigte. Als die Entfernung zur *Mars Discovery* auf einige Hundert Meter gewachsen war, zündete das Haupttriebwerk, und die Orbitalgeschwindigkeit des Shuttles verringerte sich. Einer der Monitore zeigte eine grüne Kurslinie, die sich zum Planeten neigte.

»Ich bin und bleibe bei euch«, erklang es aus den Helmlautsprechern. »Es ist alles in Ordnung.«

Ist es das?, dachte Eleonora.

»Sergei?«, fragte sie.

»Wir sind auf Kurs«, lautete die knappe Antwort vom anderen Shuttle.

Eleonora lauschte dem Donnern des Triebwerks. Ihre Hände blieben an den Kontrollen.

»Soll ich jetzt die Navigation übernehmen?«, fragte Amelie.

Eleonora hatte die Frage erwartet und antwortete sofort: »Ja.«

Sie zog die Hände von den Kontrollen zurück. Vertrauen,

dachte sie. Darauf kam es an. Sie musste Vertrauen zeigen, damit die anderen ihr Vertrauen nicht verloren.

Der Shuttle begann zu zittern, als er die obersten Schichten der Atmosphäre erreichte, und Eleonora fühlte sich an den Start der Falcon Superheavy vor sieben Monaten erinnert.

»Alle Systeme aktiv und korrekt.« Bertrand ahmte Sergeis Ausdrucksweise nach. »Jetzt gibt es tatsächlich kein Zurück mehr.«

Eleonora drehte den Kopf und sah ihn hinter der Sichtscheibe seines Helms lächeln.

»Ich bin neugierig«, fügte er hinzu. »Auf alles.«

Das Donnern des Haupttriebwerks fand ein plötzliches Ende, die Schwerelosigkeit kehrte zurück. Für einige Sekunden herrschte eine seltsame, unwirkliche Stille. Dann begann ein leises Pfeifen und der Shuttle neigte sich ein wenig zur Seite.

»Macht euch keine Sorgen«, sagte Amelie. »Ich habe alles unter Kontrolle.«

Eleonora blickte aus dem Seitenfenster und hielt nach dem anderen Shuttle Ausschau, konnte ihn jedoch nicht sehen. Ein glühender Schleier wie von einem Polarlicht verwischte die Details des roten Planeten unter ihnen. Nach den Statusanzeigen waren Sergei und die anderen mehrere Kilometer entfernt – der Navigationsschirm zeigte zwei fast parallel verlaufende Kurslinien.

Zehn Minuten später sagte Saya: »Wenn es tatsächlich einen Berg der Götter gibt, so kommt nur dieser infrage.«

Kaum hatte er es ausgesprochen, geriet Olympus Mons in Sicht, ein gewaltiges planetares Monument, so hoch, dass der flache Gipfel fast bis in den Weltraum ragte und die dünne Atmosphäre an den hohen Flanken zu Eis kondensierte.

»Wir sind die Ersten auf dem Mars«, sagte Alenka plötzlich. »Und ich werde dort die Erste sein.«

»Wie meinst du das?«, hörte Eleonora Santiago fragen.

»Wenn das Gröbste hinter uns liegt …«, erklärte Alenka. »Wenn der größte Teil der Arbeit getan ist und wir mehr freie Zeit haben, in ein, zwei oder drei Jahren … Dann werde ich aufbrechen und den Olympus Mons besteigen. Ich werde der erste Mensch sein, der auf dem Gipfel des größten Vulkans im ganzen Sonnensystem steht.«

»Da hast du dir einiges vorgenommen«, sagte Bertrand anerkennend. »Von der enormen Höhe einmal abgesehen, allein über den Hang sind es mindestens dreihundert Kilometer. Ein paar Tage genügen dafür nicht. Du wirst Wochen unterwegs sein.«

»Ein echtes Abenteuer«, meinte Alenka.

»Wir stecken bereits mittendrin in einem Abenteuer«, meinte Helena.

So sollte es sein, dachte Eleonora zufrieden und betrachtete den gewaltigen Schildvulkan durch den dünner und weniger hell werdenden Schleier ionisierter Gase. Wir sollten uns freuen. Wir sollten alle so aufgeregt und neugierig sein wie Bertrand.

»Beide Shuttles sind auf Kurs«, meldete Amelie. »Alle Systeme funktionieren einwandfrei. Die Landung wird wie geplant erfolgen.«

»Na ja, das stimmt nicht ganz«, widersprach Santiago. »Eigentlich hätten wir dort unten landen sollen, in den Ebenen von Amazonis Planitia, westlich von Olympus Mons. Unser neues Ziel befindet sich zweitausend Kilometer weiter nordöstlich.«

Eleonora beugte sich etwas zur Seite, näher ans Fenster heran, und blickte nach Nordosten. Dunkle Linien zeigten sich dort im Rotbraun des Mars. Sie glaubte, den Krater zu erkennen, in dessen Rand das Objekt steckte, seit mindestens fünfhunderttausend Jahren. Wie konnte es nach dem Impaktereignis und nach so langer Zeit noch intakt und aktiv sein?

Vorsicht, ermahnte sie sich. Mach nicht den Fehler, menschliche Maßstäbe anzulegen.

»Du solltest dich in Acht nehmen, wenn du mit der Besteigung von Olympus Mons beginnst«, sagte Bertrand munter. »Der Vulkan könnte noch aktiv sein.«

»Ich werde es herausfinden«, erwiderte Alenka.

»Das gilt auch für andere Vulkane der Regionen Tharsis und Elysium«, fuhr der Geologe fort. »Wahrscheinlich sind nicht alle von ihnen erloschen. Übrigens könnte vulkanische Aktivität das Methan in der Atmosphäre erklären. Normalerweise zersetzt es sich in einigen Hundert Jahren, doch da marsianisches Methan nach wie vor existiert, muss etwas für Nachschub sorgen.«

»Aktive Vulkane bedeuten nicht, dass es keine indigenen Mikroben gibt«, gab die Biologin Saya zu bedenken.»Vielleicht stammt zumindest ein Teil des Methans von einheimischen Mikroorganismen.«

»Wir werden es herausfinden«, sagte Alenka.

»Vulkanische Aktivität hat auch die Acheron Fossae geschaffen, wo wir gleich landen werden«, fuhr Bertrand fort. Er klang wie jemand, der sich ganz in seinem Element fühlte. »Das Gebiet erstreckt sich über eine Fläche von achthundert mal zweihundert Kilometern und ist von bogenförmigen Gräben und parallel dazu verlaufenden Bergrücken durchzogen – eigentlich kein besonders guter Landeort.«

»Ich werde euch sicher ans Ziel bringen«, erklang die Stimme von Amelie.»Noch acht Minuten bis zur Landung.«

Eleonora sah erneut aus dem Fenster. Ihr Blick strich über eine ausgedehnte Dünenlandschaft, in der sich vereinzelte Krater zeigten.

»Die ›Gräben des Acheron‹ entstanden vor etwa drei Komma acht Milliarden Jahren durch die Dehnung der planetaren Kruste, was zur Entstehung auseinanderdriftender Gesteinsblöcke führte«, dozierte Bertrand.»Die Gräben zeichnen frühere Fließbewegungen nach und sind mit Material gefüllt, was ein deutlicher Hinweis auf die frühere Existenz von Blockgletschern beziehungsweise von Eisströmen ist. Sie sind von Gesteinsschutt bedeckt, der vermutlich erst während einer Kaltzeit vor einigen Millionen Jahren abgelagert wurde.« Der Geologe deutete aus dem Fenster.»Die Acheron Fossae sind ein klassisches Beispiel für eine tektonische Struktur, die man in der Geologie als Horst- und Grabensystem bezeichnet. Durch Dehnung der planetaren Kruste rutschen große Blöcke entlang der Abschiebungsflächen in den plastischen Gesteinsmantel und bilden Gräben zwischen den stehen gebliebenen

Bergrücken, den Horsten. Solche tektonischen Muster kennen wir auch von der Erde. Sie befinden sich meistens an den Bruchlinien auseinanderdriftender Kontinente und werden ›Riftzonen‹ genannt.«

»Auf dem Mars gibt es keine Kontinente«, warf Helena ein. »Es findet keine plattentektonische Aktivität statt.«

»Wohl aber vulkanische«, entgegnete Bertrand. »Hier auf dem Mars entstehen Horst- und Grabenstrukturen durch regionale Spannungsfelder, die sich durch Unterschiede in der Zusammensetzung des Untergrunds ergeben. Wenn ich Gelegenheit erhalte, die Riftzonen der Acheron Fossae genau zu untersuchen, könnte ich Aufschluss gewinnen über die thermale Geschichte des Planeten und die Entwicklung seiner Kruste. Du hast recht, Helena, hier hat es nie eine Plattentektonik gegen, auch nicht zu der Zeit, als er hier noch Ozeane gab. Der Mars ist ein Ein-Platten-Planet. Mit anderen Worten: Seine Kruste ist nicht in einzelne Lithosphärenplatten unterteilt, sondern besteht gewissermaßen aus einem Stück. Tektonische Prozesse werden hier nur durch Spannungen im Untergrund ausgelöst, wie zum Beispiel durch Vulkanismus.«

Eleonora freute sich über die Begeisterung in Bertrands Stimme. Nach der Konfrontation mit Sergei tat es gut, so viel Enthusiasmus zu hören.

»Du wirst Gelegenheit erhalten, deine Untersuchungen anzustellen«, versprach sie ihm.

»Ein ganzer Planet wartet darauf, erforscht zu werden«, sagte Alenka. »Es war richtig, dass wir uns für die Landung entschieden haben.«

Eleonora fragte sich, ob die letzten Worte eine verborgene Botschaft enthielten. Es war kein gemeinsamer Beschluss gewesen – sie als Kommandantin hatte beschlossen, dass sie sich an den ursprünglichen Plan hielten. Wollte ihr Alenka zu verstehen gegeben, dass sie nur deshalb mit den beiden Shuttles flogen, weil die Crew damit einverstanden war? Lag gar eine subtile Warnung zwischen den Worten? *Wir folgen dir nur so lange, wie wir mit dem einverstanden sind, was du beschließt.*

»Landung in zwei Minuten«, teilte ihnen Amelie mit. Der Shuttle wurde langsamer und sank noch tiefer, auf eine Höhe von weniger als einem Kilometer. Einige der Berge westlich und östlich von ihnen ragten höher auf.

Die Statusanzeigen bestätigten die korrekte Funktion aller Systeme; Amelie navigierte besser als ein menschlicher Pilot. Mit einer Reaktionsschnelligkeit, an die niemand von ihnen herangekommen wäre, glich sie Winddrift aus und korrigierte kleine Abweichungen vom Kurs. Eleonora nahm das zufrieden zur Kenntnis und dachte: Hier sind keine bösen Absichten zu erkennen, Sergei.

Das Peilsignal der vier Lander wies ihnen den Weg über Hügel hinweg und durch die tiefen Täler und Schluchten des Grabensystems. Felsen warfen lange Schatten. In dieser Region des Mars ging gerade die Sonne auf, was bedeutete: Ihnen stand ein ganzer Marstag für den Aufbau des ersten Lagers zur Verfügung.

Ein letzter Bergrücken strich nur wenige Meter unter ihnen hinweg und dann lag das Ziel vor ihnen: ein etwa zehn Quadratkilometer großes Plateau, auf drei Seiten gesäumt von Felswänden und auf der vierten von einem Hang, der hinabführte in eine der breiteren Schluchten. Ein geeigneter Landeplatz, weil von oben einsehbar, fand Eleonora. Aber nicht unbedingt ein perfekter Ort für die erste menschliche Kolonie auf dem Mars.

Das Donnern kehrte zurück, als die Düsen des Shuttles feuerten, und eine heftige Vibration schüttelte Eleonora und ihre Begleiter. Aufgewirbelter Staub schuf rotbraunen Nebel jenseits der Fenster.

Eine halbe Ewigkeit verging, so erschien es Eleonora. Datenkolonnen wanderten über die Bildschirme, das Höhenradar zeigte die schrumpfende Entfernung zum Boden, und grüne Indikatoren deuteten darauf hin, dass es keine Fehlfunktionen gab. Aber es dauerte lange, endlos lange, die Sekunden dehnten sich ...

Ein kurzer Ruck, eine kleine Erschütterung, und das Donnern und Fauchen der Düsen hörte auf.

In der plötzlichen Stille war ein leises Knacken und Knistern zu hören, als Hitzeschild und Rumpf des Shuttles abzukühlen begannen.

»Ihr habt euch Zeit gelassen«, tönte Sergeis Stimme aus Eleonoras Helmlautsprecher. »Wir sind eine Minute und vier Sekunden vor euch gelandet.« Klang seine Stimme versöhnlich, oder bildete sie sich das nur ein? »Wir warten. Dein Privileg, Eleonora.«

Sie war die Kommandantin. Ihr stand es zu, als erster Mensch marsianischen Boden zu betreten.

Eleonora löste die Gurte ... dann zögerte sie.

»Die Luftschleuse bietet Platz für zwei Personen, wenn sie sich nicht zu breit machen.« Es galt, ein Zeichen zu setzen, für Gegenwart und Zukunft. »Saya und Bertrand«, entschied sie.

»Was?«, fragte die Biologin verblüfft.

»Warum wir?«, wollte der Geologe erstaunt wissen.

»Weil ihr der Grund seid, warum wir hier sind«, antwortete Eleonora. »Weil ihr die Zukunft des Mars repräsentiert.«

Menschen für den Mars, dachte sie. Die erste Kolonie auf einem anderen Planeten. Eine Art Rückversicherung für die Existenz des Homo sapiens. Und Wissenschaft, die Erforschung des Roten Planeten und seiner Geheimnisse. *Aller* seiner Geheimnisse.

»Wenn du damit einverstanden bist, Sergei«, fügte sie hinzu, um sich ebenfalls versöhnlich zu zeigen.

»Es ist deine Entscheidung«, erwiderte er knapp.

»Aber ...«, begann Saya.

»Na los, macht schon«, drängte Santiago. »Wir anderen möchten ebenfalls nach draußen.«

Saya und Bertrand verließen ihre Plätze, kletterten in die Luftschleuse und schlossen das Innenschott hinter sich.

Eleonora streckte die Hände nach den Kontrollen aus und änderte die Einstellung eines Bildschirms. Er zeigte ihnen, wie die Außenluke aufschwang und erst Saya nach draußen kletterte und dann Bertrand. Es sah nicht besonders elegant aus, denn die Leiter war eigentlich nur für eine Person bestimmt. Nebeneinander blieben sie auf der letzten Sprosse stehen, beide nur mit einem Fuß, den anderen hielten sie dicht über dem Marsboden.

»Lasst euch ein paar Worte einfallen, die mit euch in die Geschichte eingehen«, sagte Helena. »In der Art von Neil Armstrongs ›Ein kleiner Schritt für einen Menschen, aber ein großer Sprung für die Menschheit‹.«

Eleonora hörte, wie sich Saya räusperte.

»Für Frieden, Freiheit und Vernunft«, proklamierte sie und betrat zusammen mit Bertrand den Mars.

Einige Minuten später, als sie alle draußen standen, bückte sich Saya, nahm etwas von dem roten Boden und hob die Hand zum Helm. »Ich würde gern daran riechen.«

»Das würde ich dir nicht empfehlen.« Eleonora blinzelte im Licht der Morgensonne. Die Temperatur lag bei minus sechzig Grad, stieg aber schnell. Gegen Mittag würde sie über dem Gefrierpunkt von Wasser liegen. »Zumindest nicht hier und jetzt. Wenn wir ein Labor eingerichtet haben oder den ersten Terraformingpark ...«

Sie deutete auf die vier Lander, die einige Dutzend Meter entfernt wie zu groß geratene Käfer aufragten.

»Aber zuerst einmal brauchen wie einen Platz, wo wir auch ohne diese Schutzanzüge überleben können. Machen wir uns an die Arbeit.«

Mit dem Ausrüstungsmaterial an Bord der Lander entstand **18** am ersten Tag ein provisorisches Lager, das es ihnen ermöglichte, außerhalb der beiden Shuttles zu übernachten.

Während der nächsten Tage wuchs im Bereich der Lander und Shuttles ein Durcheinander, das sich nach und nach in ein permanentes Lager mit einzelnen Schlafräumen, einem Aufenthaltsbereich und separaten wissenschaftlichen Sektionen verwandelte.

Saya begann damit, ihr Labor einzurichten, und sie nutzte die erste sich ihr bietende Gelegenheit, an einer Handvoll rotem Marsboden zu riechen. Sie ging ganz in ihrer Arbeit auf und schien gar nicht zu merken, was abseits ihres größer werdenden Labors geschah. Mit hingebungsvollem Eifer kümmerte sie sich um die Kryo-Anlagen mit tausend menschlichen Eizellen und einigen Hundert tierischen Embryonen und sorgte für Redundanz in der von Lambert und Tseng geschaffenen Energieversorgung, damit ein Defekt nicht das ganze System lahmlegte.

Alenka, zuständig für die Lebenserhaltungssysteme, und Kattrin, Spezialistin für organisches und anorganisches Recycling, halfen Saya oft bei ihrer Arbeit. Gemeinsam errichteten sie den ersten kleinen »Terraformingpark«; einen zwanzig Quadratmeter großen, von Plexiglas umgebenen Bereich mit einer Atmosphäre nach Erdnorm und einer Temperatur zwischen mindestens fünf und höchstens zwanzig Grad. Dort setzten Saya und ihre Helfer terrestrische Keimlinge in mit Recycling-Nährstoffen angereicherten marsianischen Boden und installierten Sensoren, die jede Phase des Wachstums maßen und aufzeichneten.

Sergei, Lambert, Tseng und Penelope fügten den bereits aufgestellten Sonnenkollektoren weitere hinzu und verbanden sie mit hocheffizienten Akkumulatoren, damit die Kolonie auch während eines länger anhaltenden Staubsturms mit dem notwendigen Strom versorgt werden konnte. Saya hatte sie zur Eile gedrängt – das Risiko für ihre Kryo-Mündel sollte so gering wie möglich sein.

Bertrand untersuchte den Boden und wählte Stellen aus, die er für den Bau von massiveren Gebäuden für geeignet hielt. Er analysierte das Gestein der Felswände und unternahm mit dem kleinen Erkundungswagen – der große war noch nicht fertig montiert, weil das mehr Aufwand erforderte – Ausflüge in die Schluchten des Grabensystems der Acheron Fossae. Reynolds begleitete ihn mehrmals, und Eleonora glaubte, dass die beiden Männer nicht nur über Geologie und Biotope sprachen, sondern auch über Leben auf dem Mars spekulierten, indigenes und fremdes. Als die erste Woche zu Ende ging, warfen sie ihr immer häufiger fragende Blicke zu, doch Eleonora tat so, als würde sie es nicht bemerken, was ihr mehr oder weniger gut gelang.

Sie half, wo Hilfe gebraucht wurde und wo sie helfen konnte. Mit tiefer Zufriedenheit fühlte sie, wie ein neuer Gemeinschaftsgeist entstand. Der Konflikt, zu dem es zwischen Sergei und ihr gekommen war, schien immer mehr in Vergessenheit zu geraten. Die Aufgabe, eine erste Kolonie außerhalb der Erde zu errichten, aus der in den kommenden Jahrzehnten und Jahrhunderten eine zweite Menschheit werden sollte, verlieh ihnen Elan und schweißte sie zusammen. Lambert lächelte wieder so oft wie zu Beginn der Reise, die Sorge wich aus den Gesichtern, und Sergei lachte sogar gelegentlich.

Am Ende des neunten Tages auf dem Mars, als Eleonora sicher sein konnte, dass sich alles in die richtige Richtung entwickelte, soweit es die Kolonie betraf, sagte sie beim Abendessen im Gemeinschaftsraum: »Morgen sehen wir uns das Objekt an.«

Das Objekt

19 10 Sol (Marstage) seit der Landung
Acheron Fossae, 423 km nördlich von Olympus Mons
Oktober 2031

»Einer von uns beiden muss hierbleiben, Sergei«, sagte Eleonora in einem freundschaftlichen Ton.

Sie standen im Ausrüstungsraum, neben der gewölbten Plexiglaswand, durch die das Licht der über die Gräben und Horste von Acheron Fossae gekletterten Sonne fiel. Es war Morgen auf dem Mars. Der große Erkundungswagen, inzwischen fertig montiert, wartete mit offenen Luken. Tseng und die anderen verstauten Geräte und Messinstrumente an Bord.

»Ich verstehe«, erwiderte Sergei. Er sprach fast wie früher, als das zarte Band noch zwischen ihnen existiert hatte. »Ich bleibe hier.«

»Ich ebenfalls«, erklärte Saya und trat auf sie beide zu; sie hatte beim Beladen des Wagens geholfen. »Ich muss mich um meine Kinder kümmern.« Damit meinte sie das im Kälteschlaf ruhende Leben in ihrem Labor.

Die Schar der Zuhörer wuchs, als weitere Crewmitglieder die Arbeit unterbrachen.

»Danke, Sergei.« Eleonora wandte sich den anderen zu. »Ich brauche Lamberts technischen Sachverstand.«

»Das will ich auch stark hoffen«, sagte er mit einem Lächeln, das zu einem Grinsen wurde. Er freute sich auf Entdeckungen.

»Wir wissen noch nicht, ob es sich bei dem Objekt um ein technisches Artefakt handelt«, gab Saya zu bedenken. Sie trat ein wenig zur Seite, als wollte sie damit unterstreichen, dass sie mit *dieser* Mission nichts zu tun hatte. »Vielleicht ist es ein Phänomen ganz anderer Art.«

Eleonora nickte ihr zu. »Wenn es etwas Technisches ist, könnte Lambert mehr darüber herausfinden.«

»Ich möchte dies nicht missen«, meldete sich Reynolds. »Ich meine, wenn der erste Kontakt mit einer außerirdischen Zivilisation bevorsteht, will ich dabei sein.«

»Das gilt auch für mich«, fügte Helena hinzu. »Ich habe lange genug nach Anzeichen von Leben auf fernen Welten gesucht.«

Eleonora nickte erneut.

»Wenn das Objekt im Gestein feststeckt, ist vielleicht auch mein Sachverstand gefragt«, sagte der Geologe Bertrand. »Und die Fahrt zum Fundort gibt mir Gelegenheit, mehr über Struktur und Topologie dieser Region zu erfahren.«

»Damit wären wir fünf«, stellte Eleonora fest. »Genug für die erste Fahrt.«

»Sechs«, meldete sich Kattrin zu Wort. »Ich bin ebenfalls neugierig. Mit Recycling wird das fremde Objekt vermutlich wenig bis gar nichts zu tun haben, aber ich kann mit den meisten Geräten und Messinstrumenten dort drin umgehen.« Sie deutete zum großen Erkundungswagen. »Ich kann mich also nützlich machen.«

»Na schön, also sechs«, entschied Eleonora. »Der große Wagen ist gerade groß genug für uns.« Sie blickte durch die Plexiglaswand nach draußen, über das Plateau und die Berge hinweg zur kleinen Sonne. »Es sind etwa hundert Kilometer, aber uns steht ein ganzer Tag zur Verfügung. Wir sammeln erste Eindrücke und heute Abend sind wir wieder daheim.«

Helena steuerte den Wagen, vorbei an rostroten Felsen und **20** durch tiefe Schluchten, in denen die Schatten dicht und dunkel blieben. Sie trugen leichte Schutzanzüge, noch ohne Helme, justierten Geräten, stellten Messungen mithilfe der Sensoren des Erkundungswagens an und sammelten Daten.

Bertrand beobachtete die Felswände der Gräben, in denen das Gestein manchmal deutlich sichtbare Schichten bildete.

Er sprach von Fossilien, die sich dort vielleicht finden ließen, Überreste von Leben aus einer Zeit, als der Mars ein völlig anderes Klima gehabt hatte und ein großer Teil seiner Oberfläche von flachen, warmen Meeren bedeckt gewesen war. Kattrin ließ sich auf ein langes Gespräch mit dem Geologen ein und Eleonora hörte, wie sie einmal sagte: »Der Mars war eher lebensfreundlich als die Erde. Und die Venus ebenfalls. Auf beiden Planeten könnte Leben entstanden sein. Was die Venus betrifft ... Dort geriet der Treibhauseffekt außer Rand und Band, vielleicht durch starke vulkanische Aktivität. Etwas Ähnliches geschah auf der Erde, nicht wahr?«

»Ja, vor etwa zweihundertfünfzig Millionen Jahren, an der Perm-Trias-Grenze. Damals entstand durch großräumige und lang anhaltende vulkanische Aktivität der Sibirische Trapp, der bis zu sechseinhalb Kilometer dick ist. Nach vorsichtigen Schätzungen sind etwa vier Millionen Kubikkilometer Basaltlava ausgeflossen. Enorme Mengen an Methan, Schwefelwasserstoff, Chlorwasserstoff und Kohlendioxid wurden freigesetzt, vermutlich einer der Gründe für ein Massenaussterben zu jener Zeit. Der Treibhauseffekt war so stark, dass die Durchschnittstemperatur um zehn Grad anstieg. Man geht heute davon aus, dass das Leben dreißig Millionen Jahre brauchte, um sich zu erholen.«

»Auf der Venus muss die vulkanische Aktivität viel, viel stärker gewesen sein«, wusste Kattrin. »Dadurch gelangten weitaus mehr Treibhausgase in die Atmosphäre und die Temperatur stieg und stieg bis auf schließlich über vierhundert Grad. Außerdem erreichte der atmosphärische Druck das Neunzigfache der Erdnorm.«

»Zu große Hitze und zu viel Druck für Leben, wie wir es kennen«, warf Reynolds ein. »Es sei denn für eine besondere Art von Extremophilen, Lebensformen, die sich extremen Umweltbedingungen anpassen können. Wir kennen so etwas auch von der Erde.«

»Stimmt«, pflichtete ihm Helena bei. »Als die große Hauptsonde und die drei kleineren Tochtersonden von Pioneer-Venus 2 am 9. Dezember 1978 durch die Atmosphäre der

Venus fielen, wurden Partikel in Bakteriengröße entdeckt. Hinzu kommen dunkle Flecken in den Wolken der Venus, die sich schnell verändern und spektroskopische Merkmale aufweisen, wie wir sie von irdischen Biomolekülen und Mikroben kennen.«

»Auf der Erde werden Missionen zur Venus geplant«, sagte Kattrin.»Während wir hier auf dem Mars unterwegs sind, bereiten sich Astronauten für den ersten bemannten Flug zur Venus vor.«

»Sie werden nicht landen«, erklärte Helena.»Sie können nur von der Umlaufbahn aus einen näheren Blick auf die Venus werfen. Falls sie überhaupt dorthin fliegen. Vielleicht sind gar keine Venusmissionen mehr geplant.«

Es waren die falschen Worte – sie dämpften Erregung und Enthusiasmus.

Eleonora fragte sich, wie sie die gute Stimmung retten konnte. Sie überlegte noch, als Lambert sagte:»Aber wir sind unterwegs zu einem außerirdischen Artefakt. Wir halten uns nicht mit Mikroben und Biomarkern in dichten, heißen Atmosphären auf.« Sein Lächeln war ansteckend.»O nein, wir, die ersten Menschen auf dem Mars, erleben vielleicht den ersten Kontakt mit einer extraterrestrischen Zivilisation!« Er sah auf die Uhr.»In etwa drei Stunden, wenn Helena weiterhin so langsam fährt.«

»Ich fahre langsam, weil ich vorsichtig bin und uns alle sicher zum Ziel bringen möchte«, entgegnete die Spektografin und konzentrierte sich darauf, den großen Erkundungswagen durch die Gräben von Acheron Fossae zu steuern, die allmählich breiter und flacher wurden.

Eleonora beobachtete die an ihnen vorbeiziehenden Felswände, hörte die wieder zufriedenen und aufgeregten Stimmen der Crew und erinnerte sich an das Mädchen, das vor mehr als dreißig Jahren an einem Grab gestanden hatte, das leer hatte bleiben müssen, weil es keine Überreste gab, die bestattet werden konnten.

Sie glaubte plötzlich, den besonderen Geruch jenes Tages in der Nase zu haben, die Stimmen der Erwachsenen zu hören und Großvater Francis' schwere Hand auf der Schulter zu fühlen.

Ihre Seelen sind unterwegs zu den Sternen, hatte er damals gesagt und ihre Eltern gemeint, die bei der Explosion der Rakete ums Leben gekommen waren.

Eleonora hatte das Ziel erreicht, zu dem ihre Eltern damals aufgebrochen waren, sie befand sich auf dem Mars. Und ihr stand etwas bevor, von dem sie damals nicht einmal zu träumen gewagt hatte, die Begegnung mit einem nicht von Menschen stammenden Artefakt.

Damit schloss sich der Kreis – die Tochter brachte jene Mission zu Ende, die Vater und Mutter das Leben gekostet hatte ...

Zweieinhalb Stunden vergingen. Der Erkundungswagen rollte aus einer Schlucht und über ein Geröllfeld in der Nähe des Kraters, aus dessen Wand ein Teil des Objekts ragte.

»Wir haben keine Funkverbindung mehr mit der Kolonie«, sagte Kattrin plötzlich. Sie saß an den Kontrollen der kleinen Kommunikationsstation und drückte Tasten. »Nichts, nicht einmal ein Peilsignal für die Navigation.«

»Es könnte an der elektromagnetischen Aura des Objekts liegen.« Lambert deutete auf die Anzeigen der Messinstrumente. »Sie reicht bis hierher.«

»Was ist mit der Verbindung zum Schiff?«, fragte Eleonora.

»Besteht nach wie vor«, bestätigte Kattrin.

»Amelie?«

»Ich höre dich, Eleonora«, erklang die von Störungen ein wenig verzerrte Stimme der KI.

»Bitte fungier als Signalbrücke und gib Sergei und den anderen Bescheid. Sag ihnen, dass wir unser Ziel fast erreicht haben. Hast du irgendwelche Mitteilungen für uns?«

»Einverstanden, Eleonora«, antwortete Amelie von der *Mars Discovery*. »Und nein, ich habe keine Nachrichten für euch. Offenbar geht in der Kolonie alles seinen gewohnten Gang.«

»Gut. Wir bleiben in Kontakt.«

Helena fand einen kleinen Einschnitt im Kraterwall, eine Kerbe in der mehr als dreißig Meter hohen Barriere des Auswurfmaterials. Der Wagen neigte sich weit von einer Seite zur anderen, als seine sechs Räder, jedes von ihnen einzeln steuerbar, über Felsen rollten. Erst ging es sanft nach oben, dann, auf der anderen Seite des Walls, steil nach unten.

Die Elektromotoren des Erkundungswagens summten und sirrten, der Rumpf knackte und ächzte, Geräte und Instrumente klapperten in den Staufächern. Schließlich erreichten sie fast ebenes Gelände im Innern des Kraters, und Helena erhöhte die Geschwindigkeit.

Kattrin deutete auf ein Objekt fast in der genauen Mitte des Kraters. »Was ist das?«

»Kein Felsen.« Helena hielt das Steuerhorn mit der linken Hand und betätigte mit der rechten die Kontrollen eines Bildschirms. »Sieht nach einer Sonde aus.«

Bertrand beugte sich zur Pilotin vor. »Ist uns jemand zuvorgekommen?«

»Nein«, sagte Eleonora. »Was ihr dort seht, ist der Lander des 1993 angeblich verschwundenen Mars Observers. Von ihm stammen die Aufnahmen des Artefakts.«

Der Weg zur gegenüberliegenden Seite des Kraters führte nur wenige Meter an der Sonde vorbei, die vor fast vierzig Jahren gelandet war. Eleonora betrachtete sie durchs Fenster und dachte daran, dass die Fotos des Landers den Ausschlag für diese Mission gegeben hatten.

»Ich nehme an, ohne dieses Ding wären wir nicht hier«, kommentierte Lambert mit einem seiner Lächeln.

Der Wagen rollte weiter und hinterließ breite Spuren im rotbraunen Staub.

»Dort ist es.« Helena deutete nach vorn. »Meine Güte. Es sieht wirklich aus wie ...«

Eleonora sah durchs Bugfenster. Vor ihnen ragte ein weiterer Wall auf, hoch wie ein Berg, und in dieser Wand aus Felsen und Geröll steckte etwas, dunkler als das Gestein in seiner Nähe.

Der Zoom des Monitors brachte es näher, ein Objekt, das

Eleonora immer wieder auf Bildern betrachtet hatte und von dem sie jetzt nur noch wenige Hundert Meter trennten: grauschwarz und glatt, wie vor kurzer Zeit poliert. Vage zeichnete sich ein Muster ab, das Eleonora auf Vergrößerungen gesehen hatte, eine wabenartige Struktur wie die des Petoskey-Steins, den sie Großvater Francis mit ins Grab gegeben hatte.

Als Helena den begonnenen Satz nicht beendete, sagte Reynolds: »Es sieht aus wie die dunkle Kralle eines Ungeheuers, das im Felsgestein gefangen ist.«

»Eine ausgezeichnete wissenschaftliche Beschreibung, Kompliment«, erwiderte Bertrand mit gutmütigem Spott.

Helena fuhr langsamer und hielt.

Vor ihnen ragte die »Kralle« aus dem Fels, ein glatter, runder grauschwarzer Bogen.

»Es sieht wirklich aus wie …« Helena brachte den Satz auch diesmal nicht zu Ende und wandte sich an die anderen. »Sind wir ganz sicher, dass es nichts Organisches ist?«

Kattrin schüttelte den Kopf. »Sicher ist nur, dass wir bisher so gut wie nichts wissen.«

»Kein Staub«, sagte Bertrand.

»Was?«

Der Geologe verließ seinen Platz und trat nach vorn neben den Sitz der Pilotin. »Das Objekt ist mindestens so alt wie dieser Impaktkrater, aber es hat sich kein Staub darauf abgesetzt. Wieso nicht?«

Helena sah zu ihm auf. »Fragst du das *mich?*«

»Ich stelle die Frage uns allen.«

»Wir bekommen keine Antwort, wenn wir hier drinbleiben.« Eleonora stand auf und griff nach ihrem Helm. »Gehen wir nach draußen und versuchen wir, mehr herauszufinden.«

21 Die Sonne stand bereits hoch am Himmel, als sie den Erkundungswagen verließen und sich langsam, einen vorsichtigen Schritt nach dem anderen, der Kraterwand näherten. Das dunkle, bogenförmige Objekt, das vor ihnen aus dem Gestein ragte, schien noch größer geworden zu sein. Mehr als sechs Meter weit reichte der Bogen horizontal aus dem Fels, an der dicksten Stelle mit einem Durchmesser von zwei Metern – wie die Kralle eines im Kraterwall gefangenen Titans.

Sie maßen mit ihren Geräten und Sensoren.

»Keine Radioaktivität«, stellte Helena fest. »In dieser Hinsicht gibt es nichts zu befürchten. Wir können in der Nähe des Objekts bleiben, so lange wir wollen.«

»So lange Sauerstoff und Akkus reichen«, sagte Eleonora. »Überprüfung der Systeme, Leute: Wie sieht es mit Energie und Atemluft aus?«

Sie nahm die Meldungen der anderen entgegen und kontrollierte den eigenen Schutzanzug.

»Wir haben fünfundneunzig Prozent Leistung«, fasste Bertrand die Telemetrie zusammen. »Wir könnten den ganzen Tag und auch die Nacht hier draußen verbringen.«

Eleonora sah auf die Uhr. »Drei Stunden. Anschließend kehren wir zur Kolonie zurück und werten die gesammelten Daten aus.«

Bertrand ließ seinen Scanner sinken, trat vor und betrachtete das Objekt aus einem Abstand von weniger als fünf Metern. »Seht ihr? Kein Staub. Nicht ein einziges Körnchen, wie es scheint.«

»Vielleicht ist die Oberfläche zu glatt«, spekulierte Katrin, »darum kann sich der Staub nicht festsetzen.«

Eleonora hörte die Stimmen ihrer Begleiter über Funk aus dem kleinen Helmlautsprecher und gleichzeitig durch die dünne, kalte Luft. Es klang seltsam – jedes Wort schien ein kleines Echo zu haben. »Nichts ist so glatt, dass sich über eine halbe Million Jahre hinweg kein Staub daran absetzt.«

Bertrand hob seinen Scanner wieder und sah aufs Display. »Keine radioaktive Strahlung«, bestätigte er Helenas Feststellung. »Aber das elektromagnetische Feld ist hier sehr stark. Vielleicht hat es durch die Wechselwirkung mit dem Material des Objekts eine abstoßende Wirkung auf Staub.«

»Woraus besteht es?«, wollte Reynolds wissen. Auch er wahrte Abstand und wagte sich nicht näher heran.

Bertrand veränderte die Justierung seines Scanners. Helena und Kattrin hantierten mit ihren Messgeräten. Lambert richtete ein von ihm selbst zusammengestelltes Sensorbündel auf das Objekt.

»Schwer zu sagen«, antwortete Bertrand. »Es ist kein Gestein, sondern eine künstliche Substanz, offenbar mit einem sehr dichten Molekülgitter. Das Material könnte hart sein, hart wie Diamant. Ich müsste eine Probe nehmen, um ganz sicher zu sein.«

»Was hat es mit der Wabenstruktur auf sich?«, fragte Helena sowohl sich selbst als auch die anderen. »Mit den dünnen Linien, die das Objekt wie winzige Adern durchziehen?«

»Sie sind wärmer als der Rest«, sagte Bertrand. »Ihre Temperatur liegt bei knapp vierzehn Grad Celsius. Das übrige Material ist fast zehn Grad kälter.«

»Aber immer noch wärmer als die Umgebung.« Kattrin deutete auf die Anzeigen ihres Messgeräts. »Derzeit sind wir bei minus zehn Grad. Wenn die Sonne ihren höchsten Stand erreicht, schaffen wir es vielleicht auf null Grad.«

»Eine höhere Temperatur des Objekts bedeutet Energie«, sagte Lambert, der Techniker. »Das Objekt empfängt Energie und deshalb ist es wärmer als die Umgebung.«

»Woher stammt die Energie?« Helena sah sich um, als erwartete sie Antwort von anderer Stelle. »Sie kommt nicht einfach aus dem Nichts. Woher bezieht das Objekt die Energie? Wer erzeugt sie?«

Eleonora merkte plötzlich, dass sie sich in Bewegung gesetzt hatte. Für einige Sekunden fühlte sie sich wie ein Passagier im eigenen Körper, während die Beine sie näher zur Kraterwand trugen, näher zum Objekt, zu der Kralle direkt vor ihr.

Etwas zog an ihr – sie schwankte und hätte fast das Gleichgewicht verloren.

»Was ist los?«, tönte es aus ihrem Helmlautsprecher.

Eleonora machte einen weiteren Schritt, und das plötzliche Zerren wiederholte sich, kam diesmal aus einer anderen Richtung.

Sie hob die Arme, streckte sie nach vorn. Der rechte schien

sein Gewicht zu verdoppeln, während der andere etwas leichter und von etwas angezogen wurde, das sich weiter links befand.

»Die Anomalie«, sagte sie laut. »Unterschiedliche Schwerefelder, als wäre etwas aus dem Gleichgewicht geraten.«

Ein letzter Meter trennte Eleonora von dem dunklen Objekt. Sie trat einen weiteren Schritt vor und hob erneut eine Hand.

Bertrands Stimme erklang. »Warte. Für einen physischen Kontakt ist es noch zu früh. Wir wissen nicht, was passieren könnte.«

Zwei Wege schienen sich hier zu treffen, der ihrer Eltern und ihr eigener. Die Reise von der Erde zum Mars war lang gewesen, viele Millionen Kilometer, aber Eleonora hatte das Gefühl, eine noch viel längere Reise hinter sich zu haben, die nicht sieben Monate, sondern viele Jahre gedauert hatte. Hier stand sie nun, am Ziel.

»Eleonora ...«, mahnte Bertrand.

Sie konnte und wollte nicht auf ihn hören. Die Hand legte sich wie von selbst auf die glatte Oberfläche des grauschwarzen Objekts und ...

Eine Sekunde später schlug etwas wie mit einem gewaltigen Hammer zu.

Ein langer Weg

22 **10 Sol seit der Landung**
Acheron Fossae, 491 km nordwestlich von Olympus Mons
Oktober 2031

Eleonora öffnete die Augen und sah einen dunklen Himmel mit Tausenden von Sternen. Nur einige wenige von ihnen funkelten, die meisten leuchteten ruhig und gleichmäßig – die marsianische Atmosphäre war nicht dicht genug, um ihr Licht zu verzerren.

Sie lag auf dem Rücken, weiter von der Kraterwand entfernt, als sie in ihrer Erinnerung gewesen war. Als sie sich bewegte, hörte sie ein dumpfes Knirschen und leises Zischen. Für einen schrecklichen Moment dachte sie, dass vielleicht ein Anzugsiegel gebrochen war und Atemluft entwich, doch das Statusdisplay rechts neben dem Helmvisier zeigte kein Leck an.

Die Geräusche kamen aus dem Helmlautsprecher.

Eleonora versuchte zu sprechen, doch es wurde nur ein Krächzen daraus. Sie räusperte sich.

»Bertrand?«, fragte sie. »Kattrin? Helena? Lambert? Reynolds?«

Ein Stöhnen antwortete ihr.

Es knirschte erneut, als sich Eleonora aufrichtete, und nun erkannte sie, dass das zischende Geräusch, das sie für entweichende Atemluft gehalten hatte, offenbar von kleinen Lichtern stammte, die auf dem bogenförmigen Objekt tanzten. Einige von ihnen stiegen auf, wobei dieses leise Zischen entstand, das, wenn man genau hinhörte, eher ein Knistern war, wie von Schnee, der in völliger Stille fiel. Vielleicht lag es auch am Helmlautsprecher, dass Eleonora das Geräusch so wahrnahm.

Eine Gestalt lag in ihrer der Nähe. In der Dunkelheit konnte Eleonora den Namen auf dem Schutzanzug nicht lesen, aber sie sah das zerbrochene Helmvisier.

Schmerz fraß sich durch ihre Glieder, als sie zu der Gestalt wankte, neben ihr auf die Knie dank und in das wie aufgequollen wirkende Gesicht von Lambert starrte. Raureif bedeckte die Wangen und das gefrorene Blut, das aus den geplatzten Augen geströmt war – der Luftdruck auf dem Mars entsprach dem der Erde in fünfunddreißig Kilometern Höhe.

Eleonora versuchte zu verstehen, was geschehen war.

Erneut hörte sie das Stöhnen, kam wieder auf die Beine und sah sich um. Die Luke des Erkundungswagens stand offen, und zwei Crewmitglieder lagen vor ihr, dicht nebeneinander. Einige Meter von ihnen entfernt zeigte sich eine Silhouette auf dem Boden, ein Schatten neben einem Felsen, der irgendwann aus dem Kraterwall gerutscht und hierhergerollt war.

Der Schatten bewegte sich.

Eleonora stand auf, sprang in der geringeren marsianischen Schwerkraft über den toten Lambert hinweg und eilte zu dem Felsen. Aus dem Schatten wurde eine Gestalt in einem Schutzanzug und hinter dem Visier zeigte sich im schwachen Glühen der Statusindikatoren ein helles Gesicht mit grüngrauen Augen.

»Helena!«

»Etwas hat mich getroffen!« Helena tastete sich ab. »Ein heftiger Schlag, und dann ... Was ist passiert?«

»Ich weiß es nicht.« Eleonora half der Spektografin auf die Beine. »Was sagen die Anzeigen? Keine Lecks?«

»Nein«, ächzte Helena. »Der Anzug scheint in Ordnung.«

»Und du? Nichts gebrochen?«

Das Gesicht hinter dem Helmvisier wurde zu einer schmerzverzerrten Grimasse. »Nein, ich glaube nicht. Aber mir tut alles weh.«

Mit vorsichtigem Nachdruck zog Eleonora Helena mit sich zum Erkundungswagen. Die beiden vor der offenen Luke liegenden Crewmitglieder erwiesen sich als Kattrin und Reynolds. Sie waren nur bewusstlos, ihre Schutzanzüge schienen intakt zu sein.

Im Wagen selbst lag eine dritte Gestalt: Bertrand, der gerade zu sich kam. Eleonora zog ihn zwischen die Sitze, kehrte dann nach draußen zurück und trug mit Helenas Hilfe Kattrin und Reynolds an Bord. Als sie anschließend die Luke schloss, dachte sie daran, dass der tote Lambert als Einziger draußen blieb.

Noch immer mit stechenden Schmerzen in Muskeln und Knochen kletterte Eleonora über die Bewusstlosen hinweg zu den Kontrollen vorn im Wagen, um die Lebenserhaltungssysteme zu aktivieren. Doch die Displays und Statusanzeigen blieben dunkel. Sie versuchte es mit dem Notsystem und endlich leuchteten einige Indikatoren auf. Luft strömte aus den Tanks.

»Was ist passiert?«, fragte Helena erneut. Sie hockte bei den Bewusstlosen. »Was ist passiert?«

»Ich hab das Objekt berührt, und dann …« Eleonora schüttelte den Kopf und wartete, bis der Luftdruck im Erkundungswagen auf einen akzeptablen Wert gestiegen war. Dann öffnete sie die Siegel und nahm den Helm ab, von dem sie sich plötzlich sehr behindert fühlte.

Die Luft war noch kalt. Ihr Atem kondensierte, als sie sprach. »Die Helmsiegel, Helena! Nimm ihnen die Helme ab!«

»Bin dabei.«

Eleonora beugte sich über den erwachten Bertrand und befreite ihn von seinem Helm. Er starrte sie an, öffnete den Mund, schloss ihn wieder und versuchte noch einmal zu sprechen. Diesmal gelang es.

»Was ist mit den anderen?«

»Sie leben, bis auf Lambert.«

»Lambert?«, brachte Bertrand hervor.

»Ja, ausgerechnet er.« Der immer fröhliche Lambert. Der Mann mit dem schnellen, offenen, unbeschwerten Lächeln. Er würde in die Geschichte eingehen als erster auf dem Mars gestorbener Mensch.

Bertrand wollte aufstehen, verzog das Gesicht, ächzte und sank zwischen die Sitze zurück. »Ich fühle mich wie von etwas

Schwerem überrollt.« Er wandte den Kopf. »Warum ist es so dunkel?«

Eleonora blickte durchs Fenster in die Marsnacht. Einige Sterne schienen vom Himmel gefallen zu sein und tanzten über dem aus der Kraterwand ragenden Objekt. Es waren weniger als unmittelbar nach Eleonoras Erwachen und nur vereinzelt stieg einer von ihnen auf; die meisten sprangen einige Male über den Bogen und verschwanden dann darin.

»Ein ganzer Tag ist vergangen.« Diese Erkenntnis traf sie plötzlich mit voller Wucht. »Wir sind Stunden ohnmächtig gewesen!«

Kattrin und Reynolds regten sich. Beide stöhnten, als sie die Augen öffneten, und zunächst begriffen sie gar nicht, wo sie sich befanden.

»Sie scheinen unverletzt«, diagnostizierte Helena. »Aber sie sind geschwächt, wie wir alle.«

Ein warnendes Signal erklang. Eleonora kehrte zu den Kontrollen zurück.

Ein blinkender roter Indikator deutete darauf hin, dass die Sauerstofftanks leer waren.

»Wir haben keine Luft mehr«, stellte sie fassungslos fest. »Wie ist das möglich? Wir haben alles überprüft, bevor wir aufgebrochen sind.«

Sie betätigte die Tasten der Hauptkontrollen. Nichts geschah. Als sie sich noch einmal die Anzeigen der Notsysteme ansah, bekam sie einen klaren Hinweis darauf, was nicht stimmte.

»Und wir haben keine Energie mehr«, sagte sie. »Die Akkumulatoren sind fast leer.«

Hinter ihr war Bertrand so weit zu Kräften gekommen, dass er aufstehen konnte. »Ich habe dir gesagt, dass du das Ding nicht berühren sollst, aber du wolltest nicht auf mich hören.«

Eleonora drehte sich um. »Was soll das heißen?«, erwiderte sie scharf. »Gibst du mir die Schuld?« Etwas ruhiger fügte sie hinzu: »Wie hätte ich ahnen können, was passieren würde?«

»Was *ist* passiert?«, fragte Helena zum dritten Mal.

Bertrand sah sich um. »Wo ist mein Scanner? Wo sind die anderen Messinstrumente?«

Daran hatte Eleonora in der Eile nicht gedacht.

»Liegen noch draußen, nehme ich an.«

Bertrand schnaufte, ob aus Schmerz oder Ärger, ließ sich nicht feststellen. »Wir hätten die Daten gut gebrauchen können.«

Nur Helena schien voll und ganz begriffen zu haben, in welcher Lage sie sich befanden; sie wirkte fast so blass wie Alenka und ihr fragender Blick durchbohrte Eleonora.

»Eine energetische Entladung«, fuhr Bertrand fort. Er hielt sich mit einer Hand an der Rückenlehne eines Sessels fest und mit der anderen zog er Reynolds auf die Beine. »Ausgelöst durch den Kontakt. Eine Verschiebung der Gravitationsfelder, die irgendwie von der Massenanomalie des Objekts erzeugt werden. Wir können von Glück sagen, dass wir noch leben.«

»Bis auf Lambert«, sagte Helena, den Blick noch immer auf Eleonora gerichtet. »Er hatte nicht so viel Glück.«

»Niemand hätte das Objekt anfassen dürfen«, betonte Bertrand noch einmal.

»Was ist geschehen?«, fragte nun auch Reynolds, der noch immer sehr verwirrt wirkte.

»Wir versuchen gerade, es herauszufinden.« Eleonora wich Helenas Blick nicht aus und dachte: Wie kommen wir zurück zur Kolonie?

Helena stellte die Frage laut, wenn auch mit anderen Worten: »Wie kommen wir zurück nach Hause?«

»Sind alle wohlauf?« Als die anderen nickten, sagte Eleonora: »Also gut. Bestandsaufnahme. Systeme überprüfen, die der Schutzanzüge, des Wagens und der Geräte an Bord.«

Das Ergebnis der schnellen Inventur, die nicht mehr als einige Minuten in Anspruch nahm, war alarmierend. Die Sauerstofftanks des Erkundungswagens waren tatsächlich leer und die Akkumulatoren enthielten nur noch genug Energie für die Notsysteme. Eine Fahrt über hundert Kilometer war nicht möglich; mit der Restenergie kamen sie nicht einmal hundert Meter weit. Die Geräte und Messinstrumente, die sie mitgenommen hatten, befanden sich draußen, und sie zurückzuholen, hätte bedeutet, die wenige Luft im Innern des Wagens zu vergeuden. Eine gute Nachricht lautete: Die Staufächer enthielten sechs Batterien für Schutzanzüge und ebenso viele Sauerstoffpakete. Das gab ihnen einen gewissen Handlungsspielraum.

»Wie lange reicht die Luft hier drin?«, fragte Helena.

»Für uns fünf, ohne die Recycler?« Kattrin überlegte. »Ein oder zwei Stunden, mehr nicht.«

»Wenn die Luft knapp wird, setzen wir die Helme auf«, sagte Reynolds. »Mit den zusätzlichen Batterien und Atemluftpaketen können wir wie lange durchhalten? Zwanzig Stunden?«

»Sogar noch etwas länger, fünfundzwanzig etwa«, antwortete Kattrin. »Aber so lange müssen wir gar nicht durchhalten. Wir geben Amelie Bescheid und sie benachrichtigt die Kolonie. Sergei oder jemand anders kann uns mit dem kleinen Erkundungswagen abholen. Es dürften zwei Fahrten nötig sein, da wir nicht alle darin Platz finden, aber mit zusätzlichen Batterien und Sauerstoffpaketen dürfte das kein Problem sein.«

Sie wartete keine Reaktion auf ihre Worte ab und trat zur kleinen Kommunikationsstation. »Ich brauche einen Teil der restlichen Energie für das Kommunikationssystem.«

Eleonora nickte.

Tasten klickten unter Kattrins Fingern, die noch in den Handschuhen des Schutzanzugs steckten. Ein Statusdisplay erhellte sich, zeigte Frequenz und Signalstärke an.

»Erkundungsteam an *Mars Discovery*. Hörst du mich, Amelie?«

Aus dem Lautsprecher drang ein leises Zischen, das Eleonora an die Geräusche erinnerte, die sie gehört hatte, als sie nach der langen Bewusstlosigkeit zu sich gekommen war.

Kattrin drehte einen Regler und erhöhte die Signalstärke, was mehr Energie kostete. »Erkundungsteam an *Mars Discovery*. Wir brauchen Hilfe, Amelie. Bitte melde dich!«

Doch die KI des Schiffs im Orbit meldete sich nicht.

»Vielleicht befindet sich die *Mars Discovery* auf der anderen Seite des Planeten«, kommentierte Reynolds hilflos.

»Wir haben Kommunikationssatelliten in verschiedenen Umlaufbahnen«, erinnerte ihn Eleonora. »Das Signal wird weitergeleitet. Amelie müsste uns hören.«

»Warum meldet sie sich nicht?«

Die Frage hing zwischen ihnen, ohne dass sie beantwortet wurde. Fast zehn Minuten lang versuchte Kattrin, eine Verbindung mit der *Mars Discovery* herzustellen, dann ging die Restenergie zur Neige. Ein Diagnoseprogramm bestätigte, dass es keinen Defekt im Kommunikationssystem gab; alles funktionierte einwandfrei. Aber Amelie schwieg.

»Wir sind auf uns allein gestellt«, sagte Helena, als Kattrin das Kommunikationssystem ausschaltete, um Restenergie zu sparen.

Eine Zeit lang herrschte Stille im Erkundungswagen. Die kalte Nacht des Mars kroch herein, die Schatten zwischen den Sesseln schienen noch dunkler zu werden.

»Es wird verdammt kalt«, sagte Reynolds.

»Das ist noch gar nichts.« Kattrin wandte sich von der kleinen Kommunikationsstation ab und sank in einen Sessel. »Es wird bald noch viel kälter. Die Außentemperatur wird auf fünfzig oder sechzig Grad unter null sinken, und wir haben nicht genug Energie für die Heizung. Es wird uns nichts anderes übrig bleiben, als die Helme aufzusetzen und die Lebenserhaltungssysteme der Schutzanzüge zu aktivieren, was Akkustrom kostet.«

»Hundert Kilometer«, murmelte Helena.

»Ja«, bestätigte Eleonora. »Und je eher wir uns auf den Weg machen, desto besser.«

Sie stand auf.

»Was hast du vor?«, fragte Reynolds, der in der Kälte zu zittern begonnen hatte.

»Wir können nicht mit Hilfe rechnen und müssen uns zu Fuß auf den Rückweg machen.« Eleonora trat zur Luke.

»Hundert Kilometer wären selbst dann viel, wenn nur ebenes Gelände ohne irgendwelche Hindernisse vor uns läge«, gab Bertrand zu bedenken. »Aber das ist nicht der Fall. Denkt an die Fahrt hierher, an die steilen Hänge, die Felsen und Schluchten. Denkt an den mehrere Hundert Meter hohen Kraterwall. Die Fahrt mit dem Wagen war ungemütlich. Zu Fuß erwartet uns eine enorme Anstrengung.«

»Das ist immer noch besser, als zu erfrieren oder zu ersticken.« Eleonora klopfte auf das Rad, das die Luke öffnete. »Helme auf, Leute.«

»Moment.« Kattrin hob die Hand. »Wir könnten warten. Wenn Sergei und die anderen nichts von uns hören, werden sie jemanden schicken.«

»Wie lange wird das dauern?« Eleonora hatte ebenfalls an diese Möglichkeit gedacht, aber das Risiko war ihr zu groß. »Wann wird Sergei auf den Gedanken kommen, dass wir vielleicht Hilfe brauchen? Morgen früh? Morgen Nachmittag? Und ist er bereit, einen Wagen durch die Marsnacht zu schicken? Vielleicht entscheidet er, bis zum nächsten Morgen zu warten, und dann wäre es zu spät für uns.«

»Ich habe eben gesagt, dass uns mit den zusätzlichen Batterien und Sauerstoffpakete etwa fünfundzwanzig Stunden bleiben«, erklärte Kattrin. »Bis zur Kolonie sind es hundert Kilometer. Wir müssten durchschnittlich vier Kilometer pro Stunde zurücklegen, um es gerade noch rechtzeitig zu schaffen. Doch diese Rechnung geht nicht auf. Ich schätze, dass wir allein für die Kraterwand eine Stunde brauchen, wenn nicht mehr. Und sie ist nur das erste von vielen Hindernissen. Außerdem sind wir geschwächt, Eleonora. Was auch immer uns getroffen und für Stunden außer Gefecht gesetzt hat, es steckt uns noch immer in den Knochen. Ich habe Schmerzen und würde mich am liebsten für einige Stunden hinlegen. Ein Fünfundzwanzig-Stunden-Marsch fiele mir selbst unter günstigen Umständen schwer.«

Kattrin saß noch, ebenso wie die anderen.

»Der Überlebensinstinkt ist ein guter Motivator«, entgegnete Eleonora. »Er wird uns Kraft geben. Wir können nicht einfach hier warten.«

»Wir gewinnen einige Stunden, wenn wir jetzt aufbrechen.« Reynolds wirkte noch immer sehr mitgenommen, mehr als die anderen. Es erstaunte Eleonora, ausgerechnet von ihm Zustimmung zu bekommen. »Ich meine, vielleicht begegnen wir unterwegs dem Wagen, den uns Sergei schickt.« Kattrin blieb skeptisch. »Falls er dieselbe Route nimmt.«

»Wir können ihn mit den Funkgeräten unserer Schutzanzüge kontaktieren.« Eleonora hob ihren Helm auf. »Das gilt auch für die Kolonie, Kattrin. Es ist nicht nötig, die ganzen hundert Kilometer zurückzulegen. Wir kommen schon vorher in Funkreichweite.«

»Wie weit vorher?«

Eleonora überlegte kurz. »Nach siebzig oder achtzig Kilometern sollte es möglich sein, die Kolonie anzufunken. Falls wir vorher nicht schon auf Sergeis Wagen treffen. Je eher wir aufbrechen, desto mehr Zeit gewinnen wir. Also, Helme auf!«

Bertrand, Reynolds und Helena erhoben sich und nahmen die Batterien und Sauerstoffpakete aus den Staufächern.

Eine Minute später waren sie alle bereit und Eleonora öffnete die Luke.

Kalte Dunkelheit erwartete sie. Vor ihnen wölbte sich die Kraterwand empor, mit dem Objekt, das nicht eins seiner Geheimnisse preisgegeben hatte. Um ihn herum tanzte keine Schar aus kleinen Lichtern mehr; noch dunkler als die Nacht ragte es aus dem Gestein.

»Was ist mit den Messinstrumenten?«, fragte Bertrand. »Sollen wir sie einsammeln?«

»Nein«, entschied Eleonora sofort. »Sie wären nur Ballast für uns. Aber Lamberts Batterie und Sauerstoffpaket können wir gut gebrauchen.«

Sie ging selbst los, zu dem Toten mit dem unter Raureif und gefrorenem Blut erstarrtem Gesicht. Während sie den Ausrüstungstaschen an den Hüften Batterie und Atemluftpaket entnahm, suchte sie nach einigen letzten Worten, die sie an Lambert richten konnte. Ihr fielen keine ein, und so sagte sie: »Wir lassen ihn nicht hier liegen. Wir holen ihn später und begraben ihn bei der Kolonie.«

Durch den Krater kamen sie recht schnell voran, doch der **23** Hunderte von Metern hohe Wall war noch schwerer zu erklettern, als Eleonora befürchtet hatte. Die geringere Schwerkraft half kaum, denn Masse blieb Masse, und die musste ziemlich steil nach oben bewegt werden, vorbei an Felsen mit scharfen Kanten, die eine Gefahr für die Schutzanzüge darstellten. Sie mussten sehr vorsichtig sein – selbst ein kleiner Riss konnte tödlich sein –, und Vorsicht kostete Zeit.

Reynolds hatte mit dem steilen Weg nach oben besondere Mühe. Immer wieder blieb er stehen, weil er außer Atem geriet. Eleonora und die anderen konnten die Pausen gut gebrauchen, aber sie wussten auch, dass die Zeit drängte. Bertrand und Helena stützten Reynolds, wenn möglich, doch oft musste er allein klettern und sich ohne Hilfe durch enge Stellen zwischen hoch aufragenden Felsen zwängen.

Eleonora führte die Gruppe an, suchte in der finsteren Marsnacht nach dem leichtesten Weg und musste sich schon bald eingestehen, dass Kattrin recht hatte – sie waren alle noch ziemlich geschwächt. Als sie schließlich den Kraterrand erreichten, fühlten sich Eleonoras Beine wie nach einer stundenlangen Kletterpartie an.

»Der schwierigste Teil liegt hinter uns«, sagte sie, um der Gruppe Mut zu machen. »Von jetzt an ist es leichter.«

Sie folgten dem Verlauf eines langen Grabens, in dem es noch dunkler war als am Kraterrand. Eleonora ging voraus und leuchtete mit ihrer Helmlampe, obwohl das die Batterie zusätzlich belastete. Die anderen folgten ihr in einem Abstand von jeweils etwa zwei Metern. Sie sprachen kaum miteinander, jeder hing den eigenen Gedanken nach, während sie über Sand und Stein stapften. Gelegentlich warf Eleonora einen Blick über die Schulter, um sich zu vergewissern, dass die anderen noch da waren.

Es wurde immer kälter, die Temperatur sank auf minus siebzig Grad, und die Lebenserhaltungssysteme der Schutzanzüge musste mehr Energie für das Heizen aufwenden. Phobos und Deimos zogen über den Ausschnitt des Himmels über dem Graben, zwei kleine Monde, kaum größer als die Sterne. Einmal sah Eleonora einen besonders hellen Punkt, der sich schneller bewegte als zuvor die beiden Monde. Vielleicht das Schiff, die *Mars Discovery*.

Warum hatte es nicht geantwortet? Warum hatte Amelie geschwiegen? Die Signale mussten das Schiff erreicht haben, mit dem Kommunikationssystem des großen Erkundungswagens war alles in Ordnung gewesen.

Eleonora trank aus dem kleinen Schlauch im Innern des Helms und entleerte ihre Blase in den Tank, der die Ausscheidungen aufnahm, um sie in den Recycler weiterzuleiten. Das Lampenlicht strich über Felswände, in denen sich klar abgegrenzt einzelne Gesteinsschichten zeigten, wie man es etwa von Sedimenten erwartete. Einige Minuten lang lenkte sich Eleonora mit der Frage ab, ob darin tatsächlich Fossilien zu finden waren, die Überbleibsel von Organismen, die vor vielen Jahrmillionen in den marsianischen Meeren gelebt hatten.

Dieser Gedanke brachte sie zurück zu dem künstlichen Objekt, das wie eine Kralle aus der Wand des Kraters ragte. Was war geschehen, als sie es berührt hatte? Während sie mechanisch einen Fuß vor den anderen setzte und Felsen auswich, versuchte sie sich zu erinnern. Etwas hatte an ihr gezogen, die wechselnden Schwerkraftfelder einer Gravitationsanomalie, aber vor dem Kontakt mit ihrer Hand hatte sie keine der kleinen Lichter bemerkt, die nach ihrem Erwachen wie die Funken eines Feuers aus dem Wabenmuster des Artefakts aufgestiegen waren.

Ein Schlag, dachte sie. Wie von einer unsichtbaren Faust, die auf sie herabgeschmettert war. Eine energetische Entladung, hatte Bertrand vermutet. Etwas hatte *reagiert*. Doch warum? Zu welchem Zweck? Handelte es sich vielleicht um eine *Abwehr*reaktion? Hatte sie, ohne es zu wollen, einen Schutzmechanismus ausgelöst?

Und die Lichter und dünnen leuchtenden Linien der Wabenmuster? Welche Bedeutung steckte dahinter? Was war während der stundenlangen Bewusstlosigkeit geschehen?

Eleonora dachte an den toten Lambert und plötzlich wurden ihr die Knie weich. Sie musste sich an der nahen Felswand abstützen.

Die anderen blieben ebenfalls stehen und verschnauften. Reynolds krümmte sich zusammen und hustete so heftig, dass er das Gleichgewicht verlor und auf die Knie sank. Bertrand wankte zu ihm.

»Was ist los?« Helena verzichtete auf das Funkgerät. Die dünne Marsatmosphäre übertrug ihre Stimme. »Was hat er?«

»Es geht ihm schlecht.« Bertrand half Reynolds zu einem Felsblock, damit er sich setzen konnte.

Eleonora näherte sich und bemerkte Flecken an Reynolds Helmvisier. Das Gesicht dahinter war bleich.

Sie ging vor ihm in die Hocke. »Wir machen hier einige Minuten Rast, einverstanden? Du ruhst dich ein wenig aus und dann geht es weiter. Wir haben schon ein ganzes Stück geschafft.«

Reynolds starrte sie aus geröteten Augen an und schien sie kaum zu verstehen. Er hustete erneut und spuckte Blut im Innern seines Helms.

Bertrand nahm Eleonora beiseite. »Ich bin kein Arzt, aber wenn ich mich nicht sehr täusche, hat er eine Lungenembolie. Er war von Anfang an sehr kurzatmig und der Husten ist immer schlimmer geworden.«

»Wie können wir ihm helfen?«

»Gar nicht.« Bertrands Gesicht hinter der Helmscheibe blieb halb in Dunkelheit verborgen. »Wir haben weder Medikamente noch medizinische Instrumente und natürlich können wir den Schutzanzug nicht öffnen. Wir wissen von Lambert, was dann passiert.«

Helena saß neben Reynolds, ihr Helm nahe bei seinem. Kattrin wandte sich von ihnen ab und trat zu Eleonora und Bertrand.

»Wenn wir jetzt noch im Erkundungswagen wären, könnten wir ihm vielleicht helfen«, sagte sie.

»Nein, das glaube ich nicht«, widersprach Bertrand und sah zu den beiden Gestalten auf dem Felsblock; Helena hatte einen Arm um Reynolds gelegt, der erneut hustete. »Er hätte nur dann eine Chance, könnte er sofort in der Krankenstation der Kolonie behandelt werden.«

Ein kalter Klumpen bildete sich in Eleonoras Brustkorb. »Er wird sterben?«

»Ohne unverzügliche medizinische Hilfe ja, fürchte ich«, sagte Bertrand.

Sie konnten nicht weiter, sie mussten warten, bis Reynolds starb. Es dauerte eine ganze Stunde. Abwechselnd saßen sie an seiner Seite, sprachen mit ihm und versuchten, ihm Trost zu spenden.

Reynolds brachte kaum mehr ein Wort hervor. Wenn er nicht hustete, schnappte er wie ein Ertrinkender nach Luft. Schließlich war sein Visier so voller Blut und Schleim, dass sich das Gesicht dahinter gar nicht mehr erkennen ließ.

Zweimal versuchte er, die Siegel zu lösen und das Visier zu öffnen, aber Helena hinderte ihn daran.

»Vielleicht will er Schluss machen«, vermutete Bertrand. »Vielleicht hält er es nicht mehr aus.«

Reynolds gab gurgelnde Laute von sich.

Helena war den Tränen nahe. »Ich kann doch nicht zulassen, dass er sich einfach umbringt!«

Sterne zogen über den Himmel. Eleonora betrachtete sie, hielt nach dem besonders hellen Stern der *Mars Discovery* Ausschau und dachte: Du hättest uns helfen können, Amelie. Warum hast du geschwiegen? Einer von uns ist tot, und bald sind es zwei.

Irgendwann wurde es still. Helena und Kattrin saßen neben dem reglosen Reynolds, standen auf und ließen den Toten langsam zu Boden sinken.

»So möchte ich nicht sterben«, sagte Helena, und Eleonora hörte ihr Schniefen, vom Helm gedämpft. »Nicht auf diese Weise.«

»Wir bleiben am Leben«, erwiderte Eleonora mit fester Stimme. »Und wir werden zurückkehren und Reynolds und Lambert holen. Sie sollen eine ordentliche Bestattung erhalten.«

»Wir schaffen es nicht«, sagte Kattrin düster. »Wir haben bereits zu viel Zeit verloren.«

»Hör auf!«, zischte Eleonora. »Davon will ich nichts hören! Wir setzen den Weg fort, und wenn die Zeit knapp wird, gehen wir eben schneller. Wir werden das hier überleben!«

Steine und Sand

24 **11 Sol seit der Landung**
Acheron Fossae, 470 km nordwestlich von Olympus Mons
Oktober 2031

Sie verloren Helena, als der Morgen dämmerte.

Der lange Graben, dessen Verlauf sie folgten, wand sich in einem weiten Bogen nach Südosten, bevor er wieder nach Nordosten führte, in Richtung der Kolonie. Mit dem großen Erkundungswagen waren sie in der Schlucht geblieben, denn der Vorteil des einigermaßen ebenen Terrains machte den Nachteil des Umwegs wett. Zu Fuß aber konnten sie zwei oder drei Stunden sparen, indem sie an einer geeigneten Stelle die nördliche Wand emporkletterten und sich dann direkt nach Nordosten wandten. Das hatte Bertrand vorgeschlagen, der sich gut an das Gelände erinnerte, und Eleonora war darauf eingegangen, obwohl es erneut anstrengendes Klettern bedeutete.

Helena ging es schlechter und vielleicht hatte Eleonora ihre Kräfte überschätzt. Reynolds' qualvoller Tod hatte sie nach dem Ende von Lambert schwer getroffen.

Als sie schließlich den »Horst« erreichten, wie Bertrand die Erhebung nannte, sahen sie vor sich ein Durcheinander aus Felsen, kleinen Rinnen und tiefen Spalten, teils in den Schatten verborgen. Die Spalten erwiesen sich als besonders gefährlich, da sie nur schlecht zu erkennen waren und der Boden schon vor ihnen nachgeben konnte. Helena – die müde, erschöpfte, traurige Helena, die im Observatorium der *Mars Discovery* viele Stunden damit verbracht hatte, bei fernen Welten nach den spektrografischen Spuren von Leben Ausschau zu halten – wollte einer dieser Spalten ausweichen und geriet dabei zu nahe an den Rand des Horstes. Eine einzige Unachtsamkeit, ein falscher Schritt, ein lockerer Stein ... Plötzlich verlor sie das Gleichgewicht und fiel.

Eleonora war ein Dutzend Meter entfernt, als es geschah, und Bertrand und Kattrin noch etwas weiter; niemand von ihnen konnte das tragische Unglück verhindern. Es geschah in gespenstischer Stille – sie hörten nicht einmal einen Schrei.

Eleonora erreichte den Rand des steilen Abhangs vor den anderen, blickte hinab und sah tief unten Helenas reglosen Körper liegen.

»Lieber Himmel«, ächzte Kattrin. »Lieber Himmel!« Sie klang außer Atem, bestürzt und wütend.

»Das kann sie unmöglich überlebt haben.« Bertrand schüttelte im Innern seines Helms den Kopf. »Völlig ausgeschlossen.«

Eleonora glaubte, Zielscheibe von Kattrins Zorn zu sein. »Sag jetzt nicht ›Wenn wir im Wagen geblieben wären, würde sie noch leben‹.«

»Sie ist tot!«, entgegnete Kattrin scharf. »Und Lambert und Reynolds sind es ebenfalls. Nur wir drei sind noch übrig. Drei von sechs!«

»Und wir drei werden es zur Kolonie schaffen.«

»Sie hatte Reynolds Batterie und Sauerstoffpaket dabei«, sagte Bertrand. »Beides hätten wir gut gebrauchen können.«

»Ich klettere nicht wieder nach unten und dann noch einmal hoch.« Kattrin schnaufte. »Das schaffen meine Beine nicht.«

Eleonora sank auf einen nahen Felsen und merkte plötzlich, dass sie zitterte. Um sie herum bewegten sich die Schatten mit dem beginnenden Tag. Das Licht der Sterne am Himmel schwand. Im Süden erreichte der Schein der Morgensonne den Gipfel des gewaltigen Olympus Mons.

Die Indikatoren in Eleonoras Helm zeigten, dass Sauerstoff und Energie schon zu vierzig Prozent verbraucht waren, obwohl sie erst sieben Stunden unterwegs waren.

»Eleonora an Sergei«, sagte sie, nachdem sie ihr Funkgerät eingeschaltet hatte. »Eleonora an Kolonie. Hört ihr mich?«

Nur leises Rauschen drang aus dem Lautsprecher.

»Eleonora an *Mars Discovery*. Hörst du mich, Amelie?«

Auch das Schiff antwortete nicht.

Sie stand wieder auf, trotz weicher Knie und Schmerzen in den Beinen. »Wir müssen uns merken, wo sie gestürzt ist. Wir holen Helena und begraben sie bei der Kolonie, so wie auch Reynolds und Lambert.«

Kattrin und Bertrand standen stumm da, zwei Silhouetten mit dem Licht der aufgehenden Sonne im Rücken.

»Keine Pausen mehr«, sagte Eleonora. »Keine Rast. Wir marschieren, bis wir die Kolonie erreichen. Oder bis wir auf den Wagen treffen, mit dem uns Sergei oder einer der anderen holen kommt.«

25 Die Sonne stand hoch am Himmel – Eleonoras Chronometer funktionierte nicht mehr, aber sie schätzte, dass sie seit zwölf oder dreizehn Stunden unterwegs waren –, als sich Bertrand auf einen großen flachen Stein setzte und sagte: »Das wär's für mich.«

Eleonora konnte sich kaum mehr auf den Beinen halten und hätte sich am liebsten ebenfalls gesetzt. Aber sie blieb stehen, sie lehnte sich nicht einmal gegen den nächsten Felsen, um keine Schwäche zu zeigen. Kattrin stand einige Meter entfernt, vornübergebeugt, die Hände auf den Knien, wie ein Marathonläufer nach Erreichen des Ziels.

Doch sie waren nicht am Ziel – sie hatten noch nicht einmal die Hälfte der Strecke geschafft.

»Keine Pausen«, sagte Eleonora erneut. »Keine Rast. Wir müssen weiter.«

»Lasst mich hier.« Bertrands Stimme klang dünn und dumpf.

Eleonora wankte zu ihm. »Was?«, fragte sie, die eigene Stimme rau. »Was hast du gesagt?«

»Lasst mich hier.«

Eleonora wollte ihn am Arm packen und ihn auf die Beine ziehen, doch er wich ihr aus.

»Das Lebenserhaltungssystem meines Schutzanzugs ist

hinüber.« Der Geologe hielt den Kopf gesenkt, nahm einen Stein vom rotbraunen Boden des Mars und betrachtete ihn aus der Nähe. Langsam drehte er ihn hin und her. »Wie alt ist dieser Stein? Es ist kein Basalt, seht ihr? Der Stein könnte aus der Zeit vor der vulkanischen Aktivität stammen, die das Grabenbruchsystem der Acheron Fossae geschaffen hat. Was hat er alles gesehen? Welche Geschichten könnte er erzählen, von den Meeren, die es hier einst gab, von einer Welt, so lebensfreundlich wie die Erde?«

»Was soll das?«, fragte Eleonora scharf. »Wovon redest du da?«

»Ich würde gern hören, was er zu erzählen hat. Dieser Stein und all die anderen hier.« Bertrand ließ ihn fallen. »Aber ich fürchte, es bleibt ein unerfüllter Wunsch. Es sei denn, ihr schickt mir schnell genug Hilfe. Ich schlage vor, ihr verliert keine Zeit.« Er deutete nach Nordosten. »Macht euch wieder auf den Weg.«

Kattrin richtete sich auf. »Was ist mit ihm?«

»Mein Lebenserhaltungssystem ist defekt.« Bertrand sprach lauter, damit Kattrin ihn hörte. »Die Heizung funktioniert nicht mehr, es wird bereits ziemlich kalt hier drin. Außerdem ist das Atemluftventil blockiert. Ich habe vorhin versucht, das Sauerstoffpaket zu wechseln, aber es nützt nichts.« Er zog das Paket und eine zusätzliche Batterie aus den Gerätetaschen an der Hüfte. »Das solltet ihr mitnehmen. Ihr könnt es sicher gut gebrauchen.«

Mit gnadenloser Klarheit begriff Eleonora, dass Bertrand es ernst meinte, dass er nicht delirierte, wie sie zunächst angenommen hatte. In ihr zerbrach etwas, spröde wie kaltes, dünnes Glas.

»Wir lassen dich nicht zurück«, sagte Kattrin kategorisch.

»Das wäre dumm«, erwiderte Bertrand ruhig. »Es würde eure eigenen Überlebenschancen mindern.« Er drückte Eleonora Batterie und Sauerstoffpaket in die Hände. »Mir bleibt ungefähr eine Stunde, bis die Luft knapp wird. Die Kälte dürfte schon vorher zu einem Problem werden. Am besten bleibe ich hier sitzen, in der Sonne. Die wärmt mich ein bisschen.«

Eleonora wich einen Schritt zurück, plötzlich taub im Innern. »Komm«, sagte sie zu Kattrin. »Gehen wir.«

»Was? Das kann doch nicht dein Ernst sein! Wir können Bertrand doch nicht einfach so hierlassen!«

»Ihr müsst es sogar«, hielt ihr Bertrand entgegen. »Euer eigenes Überleben hängt davon ab.«

»Nein, nein!« Kattrin schüttelte so heftig den Kopf, dass sich ihr Helm bewegte. »Niemand bleibt zurück. Wir haben bereits drei von uns verloren, und das sind genau drei zu viel!«

Bertrand seufzte tief und schwer. »Wenn ich euch begleite, bleibt mir nicht einmal mehr eine Stunde, weil ich mehr Sauerstoff verbrauche. Willst du mir zehn oder fünfzehn Minuten Leben nehmen, Kattrin?«

Sie stand wie erstarrt, die Hände halb nach Bertrands Schultern ausgestreckt.

»Vielleicht hat Sergei bereits den kleinen Erkundungswagen geschickt«, sagte Eleonora schnell. »Oder wir erreichen ihn per Funk, wenn wir uns der Kolonie noch etwas nähern. Komm.«

Kattrin rührte sich nicht von der Stelle.

»Komm!« Eleonora packte sie. »Je eher wir gehen, desto eher könnten wir dem Wagen begegnen. Halt durch, Bertrand!«

Sie zog Kattrin mit sich.

»Ich werde mir Mühe geben«, versprach er.

26 Das Gelände vor ihnen – felsig und von Spalten durchzogen – blieb leer. Nach zwei Stunden sagte Kattrin: »Er ist tot.«

Eleonora spürte ihre Beine kaum noch, während sie einen Fuß vor den anderen setzte. Kattrins Worte erreichten nur ihre Ohren, nicht aber das Gehirn.

»Er ist ganz allein gestorben«, fügte Kattrin hinzu. »Niemand sollte allein sterben.«

Die Schwerkraft des Mars schien sich zu verändern und stärker zu werden; Eleonora gewann den Eindruck, dass immer mehr Gewicht auf ihr lastete. Sie erlebte ein seltsames

Wechselbad von Empfindungen, die manchmal scharf und spitz waren wie Klingen, dann wieder dumpf, als wäre sie in Watte gepackt. Sonderbare Gedanken gingen ihr durch den Kopf, wie von jemand anders gedacht. Bewegte sie sich noch? Sie senkte den Kopf ein wenig, weit genug, um ihre Beine zu sehen. Ja, die Beine bewegten sich, aber gehörten sie ihr oder jemand anders? Träumte sie vielleicht einen wirren Traum vom Mars?

Eine verlockende Vorstellung. Eleonora schloss die Augen und dachte: Wenn ich die Lider wieder hebe, ist alles vorbei. Dann erwache ich in meinem Bett in der Kolonie, und niemand ist tot, alle leben.

Sie wachte nicht auf. Sie stieß gegen einen Felsen, kippte zur Seite und fiel. Für mehrere Sekunden blieb ihr die Luft weg, und sie befürchtete plötzlich, nicht mehr atmen zu können.

Hände berührten sie an den Schultern und zogen sie hoch. Eleonora blinzelte und stellte erstaunt fest, dass es dunkel zu werden begann. Der Tag ging zu Ende, erste Sterne erschienen am Himmel.

»Du hast vergessen, das Sauerstoffpaket zu wechseln«, ertönte eine Stimme. Wer sprach da? Kattrin? Und wer war Kattrin?

Jemand machte sich an den Ausrüstungstaschen ihres Schutzanzugs schaffen. Etwas zischte, und wenige Sekunden später löste sich der Nebel in Eleonoras Kopf teilweise auf.

»Das letzte Paket, das von Bertrand«, sagte eine Gestalt vor ihr. »Nur noch einige wenige Stunden. Wenn wir dann keine Hilfe bekommen, ist es aus.«

Vielleicht schlief sie eine Zeit lang, denn als sie sich erneut umsah, war es ganz dunkel. Konnte man im Gehen schlafen? Sie dachte über diese Frage nach, ein oder zwei Stunden lang, mit Pausen, in denen sie erneut zu schlafen schien.

Schließlich fand sie sich auf den Knien wieder, unter ihnen kein harter Fels, sondern weicher Sand. Sie strich mit der Hand darüber hinweg und sah, wie Furchen entstanden. Ein Grabensystem in Miniatur, dachte sie. Eine winzige Ausgabe der

Acheron Fossae. Sie fand den Gedanken so tiefgründig, dass sie davon ergriffen war und sich fragte, was Bertrand wohl von ihrem kleinen Grabensystem halten würde. Wo war er?

Jemand saß einige Meter entfernt gegen einen Felsen gelehnt.

»Bertrand?«, fragte Eleonora. »Bist du das?«

Ihre Hand – die rechte oder die linke? – nahm etwas von dem Sand und ließ ihn langsam auf die kleinen Furchen rieseln. Dann regte sich eine Erinnerung in ihr. Jemand anders hatte Sand – oder war es roter Boden? – in die Hand genommen, sie zum Helm gehoben und gesagt: *Ich würde gern daran riechen.*

Wie roch der Sand? Es ließ sich leicht herausfinden. Es genügte, die Hand ganz nahe an den Helm heranzubringen, das Visier zu öffnen ...

Ein Zischen. Es wurde kalt. Luft entwich.

»Nein!«

Hände erschienen wie aus dem Nichts vor ihr, fremde Hände, die das halb geöffnete Helmvisier wieder schlossen.

»Bist du verrückt geworden?«, kreischte eine Stimme.

Sie sah ein Gesicht hinter einem anderen Visier, hohlwangig und blutleer, die Augen trüb. Das Gesicht einer Frau, die sie kannte, das jedoch um Jahre gealtert schien.

»Wolltest du dich umbringen?«, krächzte die Frau. »O nein, das lasse ich nicht zu. Ich erlaube dir nicht, mich im Stich zu lassen.«

Arme schoben sich ihr unter die Achseln und wollten sie auf die Beine ziehen, doch ihnen fehlte Kraft. Sie waren schwach, die fremden Arme, und schafften es nur, sie zur Seite zu drücken.

Eleonora sank in den weichen Marssand, schloss die Augen und fiel in einen tiefen Erschöpfungsschlaf.

Licht vertrieb einen Teil der Dunkelheit. Stimmen erklangen. Eine von ihnen erwähnte ein schwaches Peilsignal, eine andere, näher, rief: »Sie lebt! Es steckt noch Leben in ihr!«

Sie öffnete die Augen und sah Gesichter, die ihr nichts bedeuteten, in Helmen, deren Lampen sie blendeten. Warum war plötzlich alles hell, noch heller als ein sonniger Tag auf dem Mars?

»Kattrin?«, fragte sie mühsam. »Kattrin?«

Jemand beugte sich über sie. »Sie lebt. Wir haben ihr Peilsignal empfangen. Wo sind die anderen? Wo sind Reynolds, Helena und Bertrand?«

Der Himmel mit den Sternen verschwand und wich dem Innern eines Fahrzeugs. Wenige Sekunden später lag sie auf etwas, das eine Matratze zu sein schien. Um sie herum rasselte und klapperte es, die hermetischen Siegel einer Tür schlossen sich.

Jemand öffnete ihren Helm, ohne dass Luft entwich.

»Wir haben sie nicht gefunden«, sagte ein Mann. Das Gesicht erschien vage vertraut. Tseng? »Wo sind Helena, Reynolds und Bertrand?«

Die Frage ergab zunächst keinen Sinn. Eleonora blinzelte verwirrt.

»Wo sind die anderen?«, fragte der Mann, der vielleicht Tseng hieß. »Wo müssen wir nach ihnen suchen? Sag es uns, Eleonora, damit wir ihnen helfen können.«

Sie öffnete den Mund, um zu antworten, aber Schwärze senkte sich auf sie herab und brachte finstere Stille.

Konflikt

27 **13 Sol seit der Landung**
Acheron Fossae, 423 km nördlich von Olympus Mons
Oktober 2031

Eleonora erwachte in einem Zimmer der Krankenstation, angeschlossen an die Geräte eines medizinischen Lebenserhaltungssystems.

»Na endlich«, sagte jemand, »das wurde auch Zeit. Du hast fast zwanzig Stunden geschlafen.« Saya erschien in ihrem Blickfeld. »Wie fühlst du dich?«

»Besser.« Eleonora stellte erstaunt fest, dass es stimmte; sie fühlte sich viel, viel besser.

Saya zog einen Stuhl heran und nahm neben dem Bett Platz. »Nur zehn oder fünfzehn Minuten später, und es wäre um dich geschehen gewesen. Ohne das Peilsignal von Kattrins Funkgerät hätten Tseng und Alenka euch wahrscheinlich nicht gefunden.« Sie zögerte kurz, bevor sie sanft fragte: »Was ist passiert?«

Eleonoras Blick glitt über die Fotos an den Wänden des Krankenzimmers, über die bunten Darstellungen irdischer Landschaften und lächelnder Menschen. Sie hatte etwas anderes gesehen: die kalte Dunkelheit einer langen Nacht, die rote Felsenwüste des Mars im Licht einer kleinen, schwachen Sonne, von Anstrengung und Erschöpfung gezeichnete Gesichter.

»Ich verdanke ihr mein Leben«, murmelte sie. »Kattrin.«

»Ich schätze, darauf läuft es hinaus«, bestätigte Saya.

»Sie hat mir die Schuld gegeben«, erinnerte sich Eleonora. »Weil ich das Objekt berührt habe. Es kam zu einer Entladung...« Sie schloss die Augen, und am liebsten hätte Eleonora sie geschlossen gehalten, um erneut zu schlafen und zu vergessen. Doch sie hob die Lider wieder. »Habt ihr mit ihr gesprochen? Wie geht es ihr?«

»Sie hat es nicht geschafft«, antwortete Saya.

»*Was*? Wie meinst du das?«

»Sie war völlig entkräftet, als Tseng und Alenka sie gefunden haben.« Saya sprach vorsichtig und schien sich jedes Wort genau zu überlegen. »Santiago hat alles versucht, er hat sich die größte Mühe gegeben, aber es war zu spät.«

»Kattrin ... ist tot?«

Da war sie wieder, die kalte Leere in ihrem Innern, ein dunkles Loch, an seinem Rand die scharfkantigen Splitter des Etwas, das wie Glas in ihr zerbrochen war.

»Sie starb zwei Stunden nach eurer Rückkehr«, antwortete Saya.

Ich bin die einzige Überlebende, dachte Eleonora, und es war ein Gedanke, schwer wie ein Berg.

Eine Zeit lang schwiegen sie. Stille herrschte, nur gestört vom leisen Summen der medizinischen Geräte.

»Was ist passiert?«, fragte Saya schließlich. »Wie *konnte* so etwas passieren?«

Eleonora berichtete von der Ankunft im Krater, beschrieb das Objekt und berichtete von der Gravitationsanomalie. Die Worte schienen ihr aus dem Mund zu fallen und fühlten sich fremd an, als stammten sie von jemand anders.

»Ich habe es berührt«, sagte sie. »Ich habe die Hand darauf gelegt, und das war ein Fehler. Der Kontakt hat etwas ausgelöst, das Objekt hat darauf reagiert, vielleicht war es eine Abwehrreaktion. Ich hab das Bewusstsein verloren, und als ich Stunden später wieder zu mir kam, war Lambert bereits tot.«

Eleonora erzählt den Rest: wie sie beratschlagt hatten, der anstrengende Weg, hundert Kilometer lang, die Hoffnung, dass sie unterwegs dem kleinen Erkundungswagen begegneten oder einen Funkkontakt mit der Kolonie herstellen konnten ...

Plötzlich fiel ihr etwas ein.

»Wir haben versucht, die *Mars Discovery* zu erreichen. Das Kommunikationssystem des großen Erkundungswagens hat funktioniert, es hätte uns eigentlich gelingen müssen, Amelie zu kontaktieren. Aber wir haben keine Antwort von ihr bekommen.«

Sayas Gesicht veränderte sich.

»Sergei«, sagte sie knapp.

»Was ist mit ihm?«

»Ich weiß nicht, ob ich es dir schon jetzt sagen soll, immerhin bist du noch nicht wieder zu Kräften gekommen ...«

»Amelie hätte euch Bescheid geben können, dann wäre nach einigen Stunden Hilfe mit dem kleinen Erkundungswagen eingetroffen. Warum hat sie sich nicht gemeldet? Heraus damit, Saya!«

»Na schön.« Saya atmete tief durch. »Na schön. Sergei muss noch an Bord des Schiffes Vorbereitungen getroffen haben, offenbar ganz allein. Azzurra wusste angeblich von nichts, und ich glaube ihr. Tseng, Santiago, Alenka und Penelope waren offenbar ebenfalls nicht eingeweiht, und ich nehme an, Kattrin und die anderen kommen ebenso wenig als Helfer infrage.«

Eleonora wartete mit wachsender Ungeduld.

»Sergei hat einen geheimen Code im Kommunikationssystem der *Mars Discovery* hinterlassen«, fuhr Saya fort. »Als ihr mit dem kleinen Wagen aufgebrochen seid, hat er seinen Plan in die Tat umgesetzt. Er hat dem Schiff ein Signal gesendet, das den Code aktiviert und eine Anweisung mit der Befugnis des Stellvertretenden Kommandanten übermittelt hat, und so wurde das Kommunikationssystem der *Mars Discovery* blockiert. Vielleicht hat Amelie euch gar nicht gehört. Und selbst wenn sie euren Hilferuf empfangen hat, sie konnte nicht darauf antworten und ihn auch nicht weiterleiten. Anschließend hinterließ Sergei einen zweiten Code in unserer Funkstation. Er musste natürlich mit deiner Rückkehr rechnen und als Kommandantin hättest du seine Order außer Kraft setzen können. Also hat er auch unser Komm-System lahmgelegt.«

In Eleonora brodelte es. »Fünf Menschen! Fünf Menschen sind gestorben, weil wir niemanden um Hilfe rufen konnten!« Sie schlug die Decke zurück und wollte das Bett verlassen.

»Nein, nein!« Saya stand auf.

Die Tür öffnete sich und Santiago kam herein. Er schüttelte sofort den Kopf. »Kommt überhaupt nicht infrage«, sagte er energisch. »Du bleibst schön brav liegen.«

»Ich habe ein Wörtchen mit Sergei zu reden.« Eleonora zog sich das lange Patientenhemd über den Kopf. »Wo sind meine Sachen?«

»Du hast es ihr gesagt, nicht wahr?« Santiago sah Saya anklagend an.

»Sie wollte unbedingt Bescheid wissen.«

»Ich bin noch immer die Kommandantin.« Eleonora öffnete den Wandschrank und suchte nach Kleidung. »Niemand hält mich gegen meinen Willen in einem Bett fest.«

»Du bist noch schwach«, wandte Santiago ein. Er breitete die Arme aus, als wollte er sie auf diese Weise daran hindern, das Krankenzimmer zu verlassen. »Du könntest einfach zusammenklappen.«

»Nicht, bevor ich mit Sergei geredet habe.« Eleonora fand Hose und Pulli und streifte beides über. »Aus dem Weg, Santiago. Versuch nicht, mich aufzuhalten.«

Der Arzt seufzte und wich beiseite.

In der offenen Tür zögerte Eleonora, und ein Teil des in ihr brennenden Zorns wich tiefer Trauer. »Die Toten ... Sie müssen geborgen werden. Ich habe versprochen, dass wir sie hier begraben, bei der Kolonie.«

»Lambert haben wir im Krater gefunden«, sagte Saya. »Die anderen suchen wir noch.«

»Ich weiß, wo sie liegen.« Eleonora trat mit bloßen Füßen in den Korridor. »Ich beschreibe euch die Orte, sobald ich mit Sergei fertig bin.«

Sie fand ihn in der Küche, wo er gerade synthetischen Kaffee **28** gekocht hatte, nach einem von Kattrin und Saya während des langen Flugs zum Mars entwickelten Rezept. Penelope war bei ihm, das Haar zerzaust; sie schien gerade erst aufgestanden zu sein.

Das Fenster zeigte die Morgendämmerung hinter den nahen Bergen der Acheron Fossae. Ein neuer Marstag brach an.

»Oh, es geht dir besser«, begann Sergei. »Das freut mich.«

»Ich will mit ihm allein reden«, sagte Eleonora scharf.

Penelope ging ohne ein Wort und schloss die Tür hinter sich.

Sergei nahm einen zweiten Becher, füllte ihn mit Kaffee und stellte ihn auf den Tisch. Dann setzte er sich, den eigenen Becher in der Hand.

»Ich freue mich wirklich, dass du wieder auf den Beinen bist«, sagte er nach einigen stillen Sekunden in dem ruhigen Ton, den Eleonora vor einigen Monaten an ihm gemocht hatte. »Du hast viel hinter dir.«

Eleonora holte tief Luft. »Ich hätte nicht annähernd so viel hinter mich bringen müssen, wenn es uns möglich gewesen wäre, das Schiff zu kontaktieren. Zudem wären dann fünf Menschen – fünf Menschen! – noch am Leben.«

»Es tut mir sehr, sehr leid, Eleonora. Glaub mir.«

»Du hast sie auf dem Gewissen.«

Sergei schüttelte den Kopf. »Es war eine unglückliche Verkettung von Umständen. Ich wollte uns alle retten.«

Eleonora bemerkte Bartstoppeln an seinen Wangen und am Kinn. Schatten lagen unter den Augen. Sergei schien die ganze Nacht auf den Beinen gewesen zu sein.

»Du wolltest uns *retten*?«

»Eine zweite Menschheit.« Seine Stimme veränderte sich, nahm einen Tonfall an, den Eleonora schon an Bord der *Mars Discovery* vernommen hatte. »Eine zweite Chance. Wir dürfen sie nicht gleich zu Anfang ruinieren.«

»Ruinieren?«

»Wir dürfen nicht zulassen, dass eine fremde Intelligenz die Kontrolle übernimmt. Über die Kolonie und über uns.«

»Eine fremde Intelligenz?« Eleonora dachte an das Objekt, an den Schlag, der sie und die anderen getroffen hatte, an glühende Linien und tanzende Lichter. Aber sie wusste, dass Sergei nicht die Schöpfer des Artefakts meinte, sondern etwas anderes.

»Amelie ist keine Bedrohung. Sie hätte uns gerettet.«

»Verdammt, Eleonora, stell dich nicht dumm! Ich spreche nicht von Amelie, sondern von der Maschinenintelligenz, die sie übernommen hat und die ganze Erde kontrolliert. Und sag jetzt nicht: Wir wissen nicht, was auf der Erde geschehen ist. Niemand hat geantwortet! Was wohl kaum daran liegt, dass Mission Control oder sonst jemand keine Lust mehr hat, mit uns zu reden. Wir haben keine Antwort auf unsere Anfragen erhalten, weil niemand antworten *kann!* Weil die Maschinenintelligenz alles kontrolliert. Weil die Menschen nicht mehr frei sind.«

Plötzlich fand Eleonora zwei Worte, um den neuen Ton in Sergeis Stimme zu beschreiben: Angst und Besessenheit.

»Willst du, dass die Menschen des Mars unfrei aufwachsen, in einer Welt, die sie nicht kontrollieren?«, fuhr er fort. »Als Marionetten einer fremden Macht? Ich habe die Kommunikationssysteme der *Mars Discovery* und auch die Funkstation der Kolonie blockiert, um unsere Freiheit und die der Menschen zu garantieren, die hier geboren werden. Die fremde Intelligenz, von der Amelie ein Teil ist, darf keine Gelegenheit erhalten, unsere Systeme zu übernehmen. Wir müssen unabhängig und frei bleiben.«

Eleonora suchte in Sergeis Gesicht nach Hinweisen auf den Mann, den sie einmal gemocht hatte.

»Du hast gegen meine Anweisungen gehandelt«, sagte sie.

»Du hast ebenfalls gegen deine Anweisungen gehandelt, mit dem Beschluss, uns von dem fremden Objekt zu erzählen«, hielt ihr Sergei entgegen. »Wir können nicht strikt nach den Regeln vorgehen. Neue Situationen erfordern neue Herangehensweisen. Wahrscheinlich wird das in Zukunft noch viel öfter passieren. Wir werden es mit Problemen zu tun bekommen, die von uns verlangen, dass wir die Dinge aus einem neuen Blickwinkel sehen und improvisieren.«

»Du hast nicht improvisiert«, sagte Eleonora. »Du hast es *geplant*, als wir noch an Bord des Schiffs waren.«

»Ich hatte gehofft, dass du deine Meinung änderst, aber ich wollte vorbereitet sein.«

»Deshalb bist du sofort bereit gewesen, hier in der Kolonie

zu bleiben, anstatt dir das Objekt anzusehen. Es bot dir eine gute Gelegenheit.«

»Amelie und die Maschinenintelligenz haben keinen Zugriff mehr auf unsere Systeme.« Bei diesen Worten lag Zufriedenheit in Sergeis Stimme. »Wir sind in Sicherheit.«

»Fünf Menschen sind tot!«

»Es tut mir leid«, versicherte Sergei erneut. »Wirklich, Eleonora. Ich war bestürzt, als ich davon erfahren ...«

»Kattrin, Reynolds, Helena, Bertrand und Lambert«, fiel sie ihm ins Wort. »Sie alle sind tot! Fast wäre ich ebenfalls gestorben. Das Peilsignal von Kattrins Funkgerät hat mich gerettet. Du hast fünf von uns umgebracht!«

Sergei atmete schwer. »Ich verstehe, dass du mir die Schuld gibst, aber ...«

»Ohne dich wären sie noch am Leben.« Eleonora stand auf und ...

Plötzlich drehte sich alles um sie herum. Sie hielt sich an der Tischkante fest.

»Normalerweise würde ich dich unter Arrest stellen lassen, bis ich zusammen mit den anderen entschieden hätte, was mit dir geschehen soll. Aber wir brauchen dich. Wir sind nur noch acht und können auf niemanden verzichten.« Das Feuer des Zorns brannte nicht mehr in Eleonora. Sie war nur noch traurig und müde. »Fünf Menschen, Sergei. Fünf von uns. Jeder von ihnen mit eigenen Träumen, Hoffnungen und Wünschen. Sie hätten gerettet werden können, wenn du nicht gewesen wärst. Sie könnten noch leben und uns dabei helfen, die Kolonie auf dem Mars zu errichten. Du hast das verhindert. Du hast ihre Träume zerstört, für immer.«

Eleonora blickte auf den Tisch. Den Kaffee hatte sie nicht angerührt. Schwarz wartete er im Becher, schwarz wie die kalte marsianische Nacht.

»Das werde ich dir nie verzeihen, Sergei«, sagte sie klar und deutlich. »Was auch immer geschieht, was auch immer die nächsten Jahre bringen, ich werde dir nie verzeihen.«

Damit verließ sie die Küche und kehrte zur Krankenstation zurück.

ZWEITER TEIL

Oktober 2031–September 5089: Die Sterne

Den Frieden bewahren

29 **13–1450 Sol seit der Landung**
Acheron Fossae, 423 km nördlich von Olympus Mons
Oktober 2031-September 2035

Die Leichen von Reynolds, Helena, Bertrand und Lambert wurden geborgen und zusammen mit Kattrin am Rand der Kolonie begraben, neben einem großen Felsen, in den Eleonora ihre Namen mit einem Laserbrenner meißelte. In Schutzanzügen standen sie am Grab, sie alle, auch Sergei. Eleonora würdigte ihn keines Blickes, als sie versprach, für immer das Andenken der Toten zu bewahren und fortzusetzen, was sie gemeinsam begonnen hatten: den Aufbau einer Kolonie der Menschen auf dem Mars.

Tage vergingen, wurden zu Wochen und Monaten. Eine neue Routine entwickelte sich, in der Sergei nach und nach etwas Respekt zurückgewann, indem er hart arbeitete und bei jeder Gelegenheit zeigte, wie sehr ihm daran gelegen war, die anderen zu unterstützen.

Allerdings weigerte er sich weiterhin hartnäckig, den Code preiszugeben, mit dem er das Kommunikationssystem der *Mars Discovery* und die Funkstation der Kolonie blockiert hatte. Eleonora versuchte immer wieder, ihn unter Druck zu setzen, aber Sergeis Bereitschaft, beim Aufbau der Kolonie mit vollem Engagement zu helfen, änderte nichts an seiner grundsätzlichen Einstellung. Er hielt Amelie und die offenbar auf der Erde herrschende Maschinenintelligenz noch immer für eine Bedrohung, trotz der Versorgungsmodule, die wie versprochen eintrafen, in Abständen von einigen Monaten.

Sie enthielten zumeist alle Dinge, die das Kolonieprojekt benötigte. Doch manchmal fehlten Ersatzteile, Komponenten für die Erweiterung von Sayas Biolaboratorien und sogar

Proviant, was Eleonora zwang, die Lebensmittel zu rationieren.

Kurz nach der Bestattung der fünf beauftragte Eleonora die Datenspezialistin Azzurra, den Code oder die beiden Codes zu entschlüsseln, die Sergei im Komm-System der *Mars Discovery* und des Funkraums hinterlassen hatte. Azzurra machte sich mit dem Hinweis an die Arbeit, dass ihr in der Kolonie nicht annähernd so viel Rechenpower zur Verfügung stand wie an Bord des Schiffes.

Nach einigen Wochen erstattete sie einen ersten Bericht, der wenig Anlass zu Hoffnung gab. Offenbar hatte Sergei einen sehr komplexen Code verwendet, der sich nicht ohne Weiteres dechiffrieren ließ. Sie versprach, ihre Bemühungen fortzusetzen, stellte jedoch keine baldige Lösung des Problems in Aussicht.

Saya baute ihre »Krippe« aus, wie sie die Kryo-Station mit den menschlichen Eizellen und tierischen Embryonen von der *Mars Discovery* nannte. Penelope leistete die größte Hilfe dabei. Die Biologin und die Ambientaltechnologin wurden zu einem Team, das bei den regelmäßig stattfindenden Besprechungen stolz von den gemeinsam erzielten Erfolgen berichtete.

»Wir reden immer von der ›Kolonie‹«, sagte Tseng bei einem solchen Treffen, »aber eigentlich sind wir noch keine. Die Krippe ist eingerichtet, das lokale Terraforming hat begonnen ... Wird es nicht allmählich Zeit für Nachwuchs?«

Es war eine Frage, die Eleonora schon seit einer ganzen Weile beschäftigte, und sie wartete gespannt auf die Antwort.

»Nein«, erwiderte Saya. »Ich habe lange überlegt. Es wäre schön, nicht immer nur dieselben Gesichter zu sehen, aber die ersten marsianischen Menschen sollten meiner Meinung nach nicht in eine ungeklärte Situation hineingeboren werden.«

»Ich nehme an, du meinst die Ausrüstungssonden«, sagte Eleonora.

»Sie enthalten nicht immer das, was wir brauchen«, entgegnete Penelope. »Das letzte Modul brachte einige Dinge, mit denen wir nichts anfangen können. Wir wissen nicht einmal, welchem Zweck sie dienen.«

»Ich habe sie unter Quarantäne gestellt«, sagte Sergei.

Eleonora wusste, was er damit meinte. Er hatte die fraglichen Gegenstände an einem »sicheren Ort« untergebracht, in einer Felshöhle außerhalb der Kolonie.

»Das klingt wie nach einer drohenden Krankheit«, kommentierte Santiago.

»Wer weiß.« Sergei zuckte mit den Schultern. »Wer weiß.«

Sie arbeiteten und warteten auf etwas, das Alenka einmal schüchtern »Normalisierung« nannte, ohne genau auszuführen, was sie damit meinte. Ein Jahr verging, dann ein zweites und ein drittes.

Am Himmel über ihnen zog die *Mars Discovery* stumm ihre Bahn, und gelegentlich trafen Sonden von der Erde ein, die ihre Frachtmodule auf die Oberfläche des Roten Planeten schickten.

Niemand von ihnen erwähnte das Objekt, das hundert Kilometer entfernt aus der Wand eines Kraters ragte. Eleonora verbannte alle Gedanken daran. Sie wollte nicht heimgesucht werden von bösen Erinnerungen.

Die Kolonie wuchs nach und nach mit dem Material, das sie von der Erde erhielten, kommentarlos, ohne eine Nachricht, ohne ein einziges Wort. Ein Raumschiff der Russen oder eins der Chinesen traf nicht ein. Die künstliche Intelligenz hatte die Erde vollständig übernommen.

Das, was die schweigsame Alenka zaghaft »Normalisierung« nannte, ließ weiter auf sich warten, aber es entstand ein Gleichgewicht, eine Art Patt zwischen Sorge und Zuversicht.

Bis sich die Lage knapp vier Jahre nach der Landung auf dem Mars plötzlich veränderte.

Schluchten und Rinnen durchzogen eine Landschaft aus rotbraunen Felsen und Staub. Die Räder des zum Transporter umgebauten Erkundungswagens mahlten durch weichen Boden und rollten langsam über kantiges Gestein. Einige Dutzend Meter über ihm flog ein Auge, eine nur etwa dreißig Zentimeter große Drohne, die bei der Navigation half.

Eleonora sah auf die Anzeigen. »Da kommt was auf uns zu.«

»Ein neuer Staubsturm.« Saya saß im Sitz des Copiloten, kalibrierte die Sensoren des Auges. »Zieht von Westen heran, von Amazonis Planitia.«

»Könnte ziemlich ungemütlich werden.« Dort hätte nach dem offiziellen Missionsplan die Landung stattfinden sollen: in den weiten Amazonis-Ebenen, entstanden vor knapp zwei Milliarden Jahren durch Lavaeruptionen der Vulkane in der Tharsis-Region.

Das Auge flog hoch genug, um den gut vierhundert Kilometer im Süden gelegenen Olympus Mons zu sehen, den kolossalen, sechsundzwanzig Kilometer hohen Schildvulkan.

»Wie viel Zeit bleibt uns?«, fragte Eleonora und wurde heftig durchgerüttelt, weil sich der Transporter einen Weg durch ein Geröllfeld suchte.

»Etwa eine Stunde«, antwortete Saya. »Es sollte genügen. Das Ziel ist nur noch einen Kilometer entfernt.«

Eleonora rief Daten über Windstärke und Staubdichte ab. »*Sehr* ungemütlich. Ein besonders starker Sturm. Und wir brauchen fast eine Stunde für die Rückkehr zur Basis. Es wird knapp.«

Eleonora überlegte kurz, ob sie die Kolonie per Funk warnen sollte. Doch Sergei, Tseng, Azzurra, Santiago, Alenka und Penelope wussten vermutlich schon, was von Amazonis Planitia heranrückte – bestimmt hatten die Wettersensoren sie bereits alarmiert.

»Wir sind gleich da.«

Das Geröllfeld wich einem Hang. Das Schaukeln des Transporters hörte auf und Eleonora saß ein wenig entspannter.

Unten in der Senke wartete das gerade gelandete Versorgungsmodul, sein Bremstriebwerk noch warm. Mit den

Stabilisatoren schien etwas nicht in Ordnung, denn es stand schief. Vielleicht würde es umkippen, wenn der Sturm es traf.

Saya stand auf, trat in die Luftschleuse und schloss den Helm ihres Raumanzugs.

Eleonora löste den Gurt. »Ich komme mit. Zu zweit geht es schneller.«

Saya verzichtete auf einen Einwand. Eigentlich sollte jemand an den Kontrollen des Transporters bleiben, nur für den Fall, doch sie nickte wortlos.

In der Schleuse wurde es ziemlich eng. Das Innenschott glitt zu, Pumpen stellten den Druckausgleich her, das Außenschott öffnete sich, und wenige Sekunden später standen sie auf dem roten Boden des Mars.

Vor ihnen ragte der Zylinder des Versorgungsmoduls auf, eine schiefe Säule, fünfundzwanzig Meter hoch und fünf Meter dick.

»Dieser Landeort ist noch weiter entfernt als der letzte.« Saya sprach über die Kurzstrecken-Verbindung. »Warum? Weshalb landen die Module nicht direkt bei der Basis? Wir haben ihre Koordinaten durchgegeben.«

Eleonora wusste keine Antwort auf diese Frage, die sie alle – die Überlebenden – seit fast vier Marsjahren beschäftigte. In der geringen Schwerkraft des Mars, der sich Knochen und Muskelgewebe längst angepasst hatten und die sich inzwischen normal anfühlte, trat sie zur Luke des von der fernen Erde gesandten Versorgungsmoduls und gab den Öffnungscode ein.

Es zischte leise in der dünnen Atmosphäre und die Luke schwang auf.

Eleonora hatte ein volles Modul erwartet, mit genug Vorräten für die nächsten Monate. Stattdessen sah sie nur einige wenige Container. Die meisten Staufächer und Befestigungsstellen waren leer.

Saya erschien neben ihr. »Was hat das zu bedeuten?«, fragte sie verblüfft.

»Nichts Gutes«, erwiderte Eleonora betroffen.

Draußen pfiff der Sturm und fegte Staub über die rote Landschaft. Drinnen war seine Stimme gedämpft und noch leiser als das Summen des Belüftungssystems.

Sie saßen im Besprechungszimmer, das immer mehr zu einem allgemeinen Aufenthaltsraum wurde, fünf der acht Überlebenden der Crew: Eleonora, Sergei, Tseng, Santiago und Alenka. Es fehlten Saya, Azzurra und Penelope, die in den Biolaboratorien zu tun hatten.

»Also ...«, brummte Sergei, als das Schweigen am Tisch zu lange dauerte. »Wie sieht's aus? Wie ist die Lage?«

Wieder folgte kurze Stille, und der Sturm schien sie füllen zu wollen, sein dumpfes Heulen wurde ein wenig lauter.

»Vier Wochen«, sagte Alenka, die in den vergangenen Monaten geschrumpft zu sein schien. Vielleicht hatte sie die regelmäßigen Übungen vernachlässigt, die den Knochen- und Muskelschwund in Grenzen halten sollten. »Bei normalem Verbrauch reichen die Vorräte, die man uns geschickt hat, vier Wochen.«

»Wer hat sie uns geschickt?«, fragte Santiago leise.

Eleonora wusste, worauf seine Frage abzielte, ging aber nicht darauf ein. Sie blickte aus dem Fenster, in Richtung des kleinen Friedhofs hinter den beiden Shuttles, die nur noch dunkle Schemen im wirbelnden Staub waren. »Wir müssen rationieren.«

»Dann bleiben uns vielleicht zwei Monate«, entgegnete Alenka. Selbst ihre Stimme hatte an Klang verloren. »Maximal drei, wenn wir wirklich streng rationieren und alles aus den Gärten herausholen, was sich aus ihnen herausholen lässt.«

Eleonora wandte sich vom Fenster ab. »Was ist mit unserer Energie?«

»Davon haben wir vorerst genug«, antwortete Sergei. »Die Systeme der Solaranlagen sind aktiv und arbeiten korrekt. Die Akkumulatoren sind gut gefüllt. Der Sturm würde uns nur dann in Schwierigkeiten bringen, wenn er mehrere Monate andauert, und bis dahin ist das Ernährungsproblem viel größer geworden.«

»Was ist der Grund?«, fragte Tseng mit seiner tiefen Stimme.
»Welche Erklärung haben wir?«

»Ich glaube, da müssen wir nicht lange rätseln, oder?«
Sergei beugte sich vor. »Er steckt dahinter. Goliath. Beziehungsweise Smiley. Oder wie auch immer er sich nennt. Er setzt uns die Pistole auf die Brust.« Als niemand reagierte, fügte er hinzu: »Ich meine, er setzt uns unter Druck. Erst lässt er die Versorgungsmodule immer weiter von der Basis entfernt landen, und jetzt schickt er uns nur noch einen kleinen Teil dessen, was wir brauchen.«

»Das sind Spekulationen«, wandte Alenka sanft ein. »Wir wissen nicht, ob die Maschinenintelligenz dahintersteckt.«

Eleonora sah eine günstige Gelegenheit. Vielleicht war das Eis nicht mehr so dick, vielleicht ließ es sich brechen.

»Wir könnten versuchen, Gewissheit zu erlangen«, schlug sie vor. »Indem wir uns mit der *Mars Discovery* in Verbindung setzen und über das Schiff mit der Erde. Fast vier Jahre sind vergangen. Vielleicht erhalten wir diesmal Antwort.«

Sergeis Miene wirkte plötzlich steinern. »Das werde ich nicht zulassen.«

»Wird es nicht allmählich Zeit, dass du zur Vernunft kommst?«, fragte Eleonora scharf, obgleich sie wusste, dass sie damit den Frieden in der Kolonie gefährdete.

»Ich bin sehr vernünftig, vielleicht vernünftiger als ihr«, entgegnete Sergei. »Ich habe dafür gesorgt, dass wir die Kontrolle über unsere Kolonie behalten. Wir sind und bleiben frei.«

»Fünf von uns haben das, was du ›Freiheit‹ nennst, mit dem Leben bezahlt.« Santiago sprach mit einer Offenheit, die Eleonora überraschte. »Sollen wir anderen verhungern? Wer begräbt den Letzten von uns?«

Eleonora sah, dass Sergeis Lippen einen Strich bildeten.

»Ich habe getan, was ich für richtig hielt«, brummte er. »Ich habe unsere Systeme vor der Übernahme geschützt. Wir wissen, wozu Goliath imstande gewesen wäre. Wir haben es an Bord der *Mars Discovery* erlebt. Er hätte sich in jedem noch so entlegenen digitalen Winkel eingenistet.«

»Er hat uns gerettet«, erinnerte ihn Eleonora erneut. »Wir haben es ihm zu verdanken, dass das Schiff nach dem Sonnensturm eine stabile Umlaufbahn um den Mars erreicht hat. Ohne ihn wären wir alle tot und die *Mars Discovery* verschollen jenseits der Grenzen unseres Sonnensystems.«

Sergei schüttelte den Kopf. »Kein Kontakt mit dem Schiff oder mit der Erde.«

Santiago versuchte, sie beide abzulenken. »Wo bleiben Saya, Azzurra und Penelope? Was haben sie zu erledigen, das wichtiger ist als diese Besprechung?«

Genau in diesem Moment öffnete sich die Tür und Saya kam herein. Eleonora sah ihr sofort an, dass etwas nicht stimmte.

»Sie sind alle abgestorben, nicht eine Einzige hat überlebt«, sagte die Biologin. »Die Menschensaat, die wir von der Erde mitgenommen haben, die Eizellen. Von den ursprünglichen zehntausend waren nach dem Sonnensturm noch neuntausend intakt. Achttausend blieben in der Arche der *Mars Discovery* zurück, als wir uns mit den Shuttles auf den Weg hierher gemacht haben. Die tausend Eizellen in der Krippe sind alle tot.«

Draußen tobte noch immer der Staubsturm und machte den **31** Tag zur Nacht. Graubraune Düsternis herrschte hinter den Fenstern des Krippe. Die meisten Geräte waren ausgeschaltet, um Strom zu sparen. Nur einige wenige Bildschirme leuchteten.

Eleonora stand vor den zehn Kryo-Behältern, die sie von der *Mars Discovery* mitgebracht hatten. Zehn von insgesamt hundert – die anderen befanden sich an Bord des Schiffs im Orbit. Sie blickte durch die Sichtfenster und betrachtete die kleinen Gläser mit menschlichen Eizellen und Sperma.

»Man sieht nichts.« Saya saß hinter ihr an einem Terminal. Tasten klickten unter ihren flinken Fingern. Die beiden Frauen waren allein. »Es scheint alles in Ordnung zu sein. Noch ist die

Kryo-Flüssigkeit in den Gläsern klar, aber ich schätze, in den nächsten Tagen wird sie trüb.«

Eleonora drehte sich um. Die roten Anzeigen auf Sayas Monitor ließen keinen Zweifel: Es steckte kein Leben mehr in Eizellen und Sperma. »Wie konnte es dazu kommen?«

»Eine Fehlfunktion in den Kryo-Systemen«, antwortete die philippinische Biologin. Sie rief Log-Daten auf den Schirm. »Temperaturschwankungen außerhalb des Toleranzbereichs.«

Eleonora starrte auf den Schirm. »Wieso sind wir nicht benachrichtigt worden?«

Saya drehte ihren Stuhl und sah zu ihr hoch. »Die Kryo-Systeme wurden nicht dafür geschaffen, in einer semiautarken Umgebung zu funktionieren. Sie hätten in Amelies Überwachungsnetz eingebunden sein sollen.«

»Der Sonnensturm, in den wir auf dem Flug zum Mars geraten sind«, sagte Eleonora. Ihre Erinnerungen daran schienen aus einem anderen Leben zu stammen. Die vier vergangenen Jahre fühlten sich an wie vierzig. »Dabei ist die DNS von Eizellen und Sperma beschädigt worden. Könnte es etwas hiermit zu tun haben?«

»Nein«, erwiderte Saya sofort. »Den größten Teil der Schäden konnten wir mit Nanorobotern reparieren. Wobei Amelie und Goliath wertvolle Hilfe geleistet haben, worauf ich hinweisen möchte.«

Eleonora öffnete den Mund – und schloss ihn wieder, um die nächsten Worte mit größerer Sorgfalt zu wählen.

Draußen lichteten sich die Staubwolken ein wenig, und für einige wenige Sekunden waren die beiden Shuttles zu sehen, die klobig und schwer dem Sturm trotzten. Hinter ihnen lag der kleine Friedhof mit den Gräbern von Kattrin, Lambert, Helena, Reynolds und Bertrand.

»Wir haben noch genug Nanoroboter«, sagte Eleonora langsam. »Ist mit ihnen eine Reparatur möglich?«

»Nanoroboter können Zellen reparieren, sie aber nicht wieder lebendig machen.«

Eleonora deutete zu den Kryo-Behältern. »Und sie sind alle tot? Nicht eine von ihnen hat überlebt?«

»Nicht eine einzige.«

Eleonora stellte die offensichtliche Frage. »Was ist mit den Eizellen, die wir in der Arche der *Mars Discovery* zurückgelassen haben?«

Saya nickte. »Ja, das ist die Frage, nicht wahr? Um sie zu beantworten, müssten wir das Schiff kontaktieren. Dort oben ist Amelie noch wach.«

»Und auch Goliath.«

»Ja.«

Eleonora nickte ebenfalls. »Die Kryo-Behälter des Schiffs sind also nach wie vor in Amelies Überwachungsnetz eingebunden.«

»Davon gehe ich aus.«

»Glaubst du, dass das organische Material in ihnen noch intakt ist?«

»Ich könnte es mit einer Datenanfrage feststellen. Aber dazu müsste es möglich sein, einen Kontakt mit dem Schiff herzustellen. Und du weißt ja, was Sergei davon hält.«

Eleonora nickte erneut.

Eine Zeit lang lauschten beide Frauen dem Heulen und Pfeifen des Sturms jenseits der Laborfenster. Die Silhouetten der Shuttles verschwanden wieder in der graubraunen Düsternis.

»Wir sind geteilt«, sagte Saya schließlich. Es klang sehr traurig. »Wir sind nicht mehr eine Crew, eine Gruppe, eine Stimme. Hast du gewusst, dass Sergei den Funkraum gesperrt hat? Niemand soll hinein. Für den Fall, dass es doch gelingt, den Code zu entschlüsseln. Ich glaube, Tseng hat ihm dabei geholfen. Sie befürchten beide, dass unsere Systeme gekapert werden könnten, dass wir die Kontrolle verlieren.«

Vier Jahre, dachte Eleonora. Vier lange Jahre hatte sie die Entscheidung aufgeschoben und nun zwangen die Umstände sie herbei.

»So kann es nicht weitergehen, Eleonora«, drängte Saya. »Wir müssen etwas tun.«

»Du hast recht. Und wir werden etwas tun. Ich bin noch immer die Kommandantin dieser Mission.«

Auf dem Weg zum Funkraum begegneten sie niemandem – die Gänge und Korridore waren leer. Eleonora warf einen Blick auf ihre Uhr und stellte fest: Sol 1450, der eintausendvierhundertfünfzigste Marstag seit der Landung, ging zu Ende.

»Sergei wird das nicht gefallen«, sagte Saya hinter ihr.

»Es muss ihm nicht gefallen«, erwiderte Eleonora. »Ich bin die Kommandantin. Er hat sich meinen Anweisungen zu fügen.«

»Und wenn er das nicht tut? Willst du es darauf ankommen lassen? Bisher hast du die Konfrontation mit ihm vermieden.«

»Weil ich gehofft habe, dass er irgendwann Vernunft annimmt.«

»Vier lange Jahre sind vergangen«, sagte Saya. »Du hast ziemlich lange gewartet.«

»Zu lange.« Eleonora warf Saya einen Blick zu. »Ich habe die Augen vor der Wahrheit verschlossen. Sergei wird seine Meinung nicht ändern.«

»Nein, das wird er nicht«, pflichtete ihr Saya bei.

»Was ist mit den anderen?«

»Wie gesagt, Tseng steht auf Sergeis Seite, glaube ich. Ich meine, er ist nicht so krass, nicht so fanatisch, doch er fürchtet wie Sergei Kontrollverlust, eine Übernahme unserer Systeme. Azzurra und Penelope bedauern sehr, dass wir keinen Kontakt mehr zum Schiff haben, aber ich denke, insgeheim sind sie froh, dass sich in unseren Computern keine fremde Intelligenz herumtreibt, die eigene Pläne verfolgt. Apropos fremde Intelligenz. Angeblich bastelt Sergei an etwas herum.«

»Wie soll ich das verstehen?«

Saya blieb stehen. Einige Sekunden lang hörte Eleonora nur das Pfeifen des Sturms und fühlte ein Zittern in den Wänden – selbst dünne Luft konnte erheblichen Druck ausüben, wenn sie sich schnell genug bewegte.

»Wir haben keine Bombe von der Erde bekommen.« Saya sprach leiser, als befürchtete sie, dass jemand lauschte. »Hast du das vergessen? Die angekündigte Bombe befand sich in keinem der bisher eingetroffenen Versorgungsmodule. Außerdem haben wir keinen Besuch von anderen Expeditionen bekommen. Russen, Chinesen, wer auch immer – niemand hat sich hier bei uns blicken lassen. Ich habe gehört, wie Tseng, Sergei und Santiago darüber gesprochen haben. Sergei hat es als weiteren Beweis dafür genommen, dass die Menschen auf der Erde nichts mehr zu sagen haben, dass die Maschinenintelligenz sie unterjocht hat.«

»Unterjocht«, murmelte Eleonora.

»Dieses Wort hat er benutzt, ja. Der sichere Ort, wo er die seltsamen Dinge aus den Versorgungsmodulen untergebracht hat … Dort bastelt Sergei angeblich an einer Bombe.«

»Wozu denn, um Himmels willen? Will er sie zur *Mars Discovery* schicken, wenn er fertig ist? Hat er vor, das Schiff zu sprengen?«

»Nicht das Schiff, sondern das fremde Objekt«, erwiderte Saya. »Ihm gibt er die Schuld am Tod der fünf. Er blendet die eigene Verantwortung aus. Sergei will alles eliminieren, das eine Gefahr für die Kolonie sein könnte. In diese Idee hat er sich regelrecht verrannt.«

»Du hättest mir davon berichten sollen!«, entfuhr es Eleonora bestürzt.

»Dir ging es die ganze Zeit darum, den Frieden zu bewahren«, rechtfertigte sich Saya. »Das schien dir wichtiger zu sein als alles andere.«

Eleonora setzte sich wieder in Bewegung und Saya schloss sich ihr an.

»Was ist mit den anderen, abgesehen von Tseng?«, fragte Eleonora erneut.

»Santiago scheint ein bisschen hin- und hergerissen. Einerseits hält er Sergei für schuldig am Tod der fünf, du hast ihn ja bei der letzten Besprechung gehört. Andererseits sieht er in einer eventuellen Übernahme unserer Computersysteme durch eine fremde Macht, die Amelie kontrolliert, eine echte Gefahr. Azzurra und Penelope haben es bisher vermieden, eindeutig Stellung zu beziehen. Mal neigen sie dazu, Sergei und Tseng zuzustimmen, mal stehen sie uns näher. Bei Alenka herrscht in dieser Hinsicht wie so oft das große Schweigen. Sie gibt nicht zu erkennen, wie sie über diese Sache denkt.«

Sie erreichten den Funkraum, dessen hermetische Tür geschlossen war.

»Die Männer auf der einen und die Frauen auf der anderen Seite?«, fragte Eleonora. »Läuft es darauf hinaus?«

»Ich glaube, es ist reiner Zufall, dass die Geschlechter so verteilt sind. Außerdem wissen wir nicht, wie sich Azzurra, Penelope und Alenka entscheiden würden, wenn es zu einer Abstimmung käme.«

Eleonora erkannte die Botschaft hinter diesen Worten. Sie lautete: Besteh nicht unbedingt auf deiner Autorität als Kommandantin!

Sie holte ihren Codeschlüssel hervor.

»Bin gespannt, ob du die Tür damit aufkriegst«, sagte Saya. »Ich hab's mit meinem Schlüssel versucht und es hat nicht funktioniert.«

»Das hier ist ein Kommandoschlüssel mit einem Prioritätscode.« Eleonora schob den Stift in die Öffnung des Scanners.

Die Tür glitt beiseite, noch bevor sie die Aktivierungstaste des Schlüssels drücken konnte. Eleonora sah überrascht auf.

Sergei stand vor ihr.

»Nein«, brummte er.

»Nein was?«, fragte Eleonora herausfordernd.

»Wir rufen weder das Schiff noch die Erde. Du weißt, was geschehen würde.«

»Die Entscheidung liegt nicht bei dir.« Eleonora trat einen Schritt vor, doch Sergei wich nicht beiseite. Hinter ihm stand Tseng bei der offenen Kommunikationskonsole, mit einem Hochspannungsregler in der Hand. Seine Haltung vermittelte eine deutliche Botschaft. »Ihr wollt das Funkgerät *zerstören*?«

»Wenn du uns keine Wahl lässt.«

»Ich bin ...«

»Ich weiß, wer und was du bist, Eleonora. Aber dein Kommandantenstatus spielt keine Rolle mehr. Wir sind auf uns allein gestellt und vermutlich die letzten freien Menschen. Wir müssen frei bleiben, das ist das Wichtigste.«

»Ist es wichtiger als unser Überleben?«

Diesmal war es Saya, die offenbar den Frieden bewahren

wollte. Sie schob sich an Eleonora vorbei und blieb zwischen ihr und Sergei stehen.

»Das hier geht uns alle an«, mahnte sie. »Lasst uns in aller Ruhe darüber reden und gemeinsam entscheiden.« Mit einem Blick auf Tseng fügte sie hinzu: »Ohne dass irgendetwas zerstört wird.«

Entscheidung

32 **1450 Sol seit der Landung**
Acheron Fossae, 423 km nördlich von Olympus Mons
September 2035

Der Sturm sprach nur noch mit leiser Stimme, aus dem Heulen und Pfeifen war ein dumpfes Zischen hinter den Fenstern des Besprechungszimmers geworden. Die acht überlebenden Crewmitglieder der *Mars Discovery* saßen am Tisch, Sergei und Tseng auf der einen Seite, Eleonora und Saya auf der anderen. Santiago hatte drei Stühle weiter links Platz genommen, womit er vielleicht auch im übertragenen Sinn ein wenig Distanz schaffen wollte. Alenka saß blass und reglos auf der rechten Seite neben Azzurra und Penelope.

Eleonora nahm kein Blatt vor den Mund. »Fünf von uns sind tot. Sie könnten noch leben, wenn es nicht zu dem Konflikt gekommen wäre, von dem ihr alle wisst. Seitdem warten wir, ohne genau zu wissen, worauf. Wir folgen einer Routine, die uns lähmt. Wir haben keinen weiteren Versuch unternommen, mehr über das Objekt herauszufinden. Und wir haben die Entscheidung, ob Kinder geboren werden sollen, immer wieder hinausgeschoben.«

»Zu lange«, sagte Saya düster. »Jetzt ist es zu spät.«

Eleonora nickte. »Seit vier Jahren wagt niemand, am Status quo zu rütteln, aus Furcht, den Frieden zwischen uns zu stören. Bis jetzt.« Sie sah sich am Tisch um. »Ich gestehe, dass ich einen großen Fehler begangen habe. Ich hätte die Kommunikationsblockade nicht hinnehmen dürfen. Das macht mich mitschuldig.«

»Suchst du nach einem Schuldigen?«, fragte Sergei in einem warnenden Ton.

»Ich suche nach einem Ausweg«, stellte Eleonora richtig.

»Ich suche nach einer Lösung des Problems. Unsere Vorräte gehen zur Neige. Sie reichen nur noch für wenige Wochen und das nächste Versorgungsmodul erwarten wir erst in einigen Monaten. Wenn überhaupt noch eins kommt. Die tausend Eizellen, die wir hierher mitgenommen haben, sind tot. Es gibt keine Kinder für den Mars. Es wird *nie* welche geben, wenn wir einfach nur darauf warten, dass ein Wunder geschieht. Wir müssen etwas *tun*, wenn wir nicht in ein oder zwei Monaten verhungern wollen. Und wenn der Mensch auf dem Mars eine Zukunft haben soll.«

»Genau darum geht es«, hielt ihr Sergei entgegen. »Um die Zukunft des Menschen. Deshalb müssen wir alles daransetzen, unabhängig zu bleiben. Wir dürfen nicht riskieren, dass unsere Systeme kompromittiert werden. Wir müssen die Kontrolle behalten, immer und überall. Bitte, Eleonora ...« Er beugte sich vor. »Bitte sei vernünftig. Ich wollte nie, dass es zu einem Konflikt kommt, vor allem nicht zwischen uns. Denk daran, dass dies vielleicht unsere einzige Chance ist. Mit ›uns‹ meine ich die Spezies Mensch. Seit vier Jahren haben wir nichts von der Erde gehört ...«

»Vielleicht hätten wir etwas von ihr gehört, wenn wir mit der *Mars Discovery* kommunizieren könnten«, warf Eleonora ein.

»... aber wir müssen vom Schlimmsten ausgehen, fürchte ich«, fuhr Sergei unbeirrt fort und sprach noch immer wie jemand, der einen Appell der Vernunft formulierte. »Es sind keine weiteren Marsmissionen eingetroffen, wie zunächst angekündigt. Warum sollten Russland und China plötzlich ihre Pläne aufgeben? Es sei denn, jemand zwingt sie, die Marsprojekte ad acta zu legen. Sollen die Menschen des Mars unter der Herrschaft einer Macht aufwachsen, die ihnen jederzeit etwas verbieten oder sie zu etwas zwingen kann?« Sergei lehnte sich zurück. »Was ich vor vier Jahren getan habe, habe ich für uns alles getan.«

»Und damit beschneidest du unsere Freiheit«, wandte Saya ein. »Du entscheidest, und wir müssen uns deiner Entscheidung beugen. Das ist *deine* Freiheit, nicht unsere, nicht meine.

Ich treffe gern meine eigenen Entscheidungen, erst recht, wenn es auf eine Frage des Überlebens hinausläuft.«

»Ich habe schon mehrmals darauf hingewiesen und möchte es noch einmal allen in Erinnerung rufen«, sagte Eleonora. »Wir verdanken Amelie und Goliath unser Leben. Nur mit ihrer Hilfe konnten wir die *Mars Discovery* in die Umlaufbahn steuern. Andernfalls wären wir seit vier Jahren im interplanetaren Raum verschollen.«

»Vielleicht hat uns die Maschinenintelligenz geholfen, weil sie das Schiff und seinen Inhalt für eine wertvolle Ressource hielt, die nicht verloren gehen sollte«, gab Tseng zu bedenken.

Santiago hüllte sich in Schweigen, stellte Eleonora fest. Was bedeutete das? Stand der Arzt auf Sergeis Seite oder nicht? Und was war mit Azzurra und Penelope, die ebenso hartnäckig schwiegen wie Alenka? Hatten sie sich bereits entschieden?

Eleonora fragte sich erneut, ob sie es wirklich wagen durfte, den Beschluss einem Votum zu überlassen. Sie *war* noch immer die Kommandantin, ganz gleich, wie sich die Dinge in den vergangenen vier Jahren entwickelt hatten.

Aber wenn sie auf ihrem Status beharrte, wenn sie darauf bestand, dass allein ihr Wort zählte ... Damit würde sie Sergeis Widerstand und den seiner Unterstützer nur noch herausfordern. Dann riskierte sie, ihre Autorität gänzlich zu verlieren.

»Ein kurzer Kontakt«, sagte sie. »Um herauszufinden, ob die an Bord der *Mars Discovery* verbliebenen Eizellen intakt sind. Vielleicht können wir dabei auch erfahren, wie die Lage auf der Erde ist und wann das nächste Versorgungsmodul eintrifft.«

»Selbst ein kurzer Kontakt könnte fatal sein«, sagte Sergei. »Vielleicht wartet Goliath nur darauf.«

»Ist das nicht ein bisschen viel Paranoia, Sergei?«, fragte Eleonora mit erzwungener Geduld.

»Wie heißt es so schön? ›Nur weil du paranoid bist, bedeutet das noch lange nicht, dass sie nicht trotzdem hinter dir her sind.‹«

»Letztendlich bleibt uns gar nichts anderes übrig, als mit

dem Schiff Kontakt aufzunehmen«, erklärte Eleonora. »Die ungeborenen Kinder sind tot. Wir sind nur noch acht von dreizehn. Was sollen wir ohne Kontakt tun? Warten, bis wir alt werden und nacheinander sterben?«

»Vom Alter trennen uns noch viele, viele Jahre«, betonte Tseng.

»Und bis dahin könnte sich die Situation geändert haben«, fügte Sergei hinzu. »Vielleicht gelingt es den Menschen auf der Erde, sich von der Herrschaft der Maschinenintelligenz zu befreien und uns ein Schiff zu schicken.«

»Das ist ein ziemlich großes Vielleicht«, fand Eleonora.

»Und das Problem ist, dass wir gar keine Gelegenheit haben, alt zu werden«, warf Saya ein. »Ihr wisst, wie es um die Nahrungsmittel steht. Wir brauchen das nächste Versorgungsmodul, um länger zu überleben als nur noch einige wenige Wochen.«

»Wir könnten das lokale Terraforming vorantreiben.« Penelope sprach zum ersten Mal, seit sie in diesem Raum zusammengekommen waren. Sie hatte sich verändert. Die lebenslustige Frau mit dem Feuer in den dunklen Augen war nach dem Tod von Kattrin, Reynolds, Helena, Bertrand und Lambert gealtert und fast so still geworden wie Alenka. »Mit den technischen Möglichkeiten, die uns hier zur Verfügung stehen. Wir könnten versuchen, den Marsboden für die Produktion von Lebensmitteln zu nutzen.«

Es klang nicht sehr überzeugt, fand Eleonora. »Wie lange würde es dauern, bis sich nennenswerte Resultate erzielen lassen?«

»Schwer zu sagen. Etwa ein Jahr, denke ich.«

»Zu lange für uns, nicht wahr?«

Penelope nickte stumm.

»In einem Punkt hat Sergei recht«, ließ sich Azzurra vernehmen. »Ein kurzer Kommunikationskontakt könnte tatsächlich genügen, unsere Systeme zu kompromittieren.«

Eleonora fragte sich, ob Azzurra Sergei auch in den anderen Punkten zustimmte. »Wie hoch schätzt du die Wahrscheinlichkeit dafür ein?«

»Sie ist sehr hoch«, antwortete Azzurra.

»Und wie hoch ist die Wahrscheinlichkeit, dass wir hier allein mit unseren lokalen Ressourcen überleben können?«

»Sie tendiert gegen null«, sagte Saya. »Wir würden verhungern, aus Furcht vor einer Maschinenintelligenz, die uns schon einmal das Leben gerettet hat. Das ist doch absurd! Eleonora, ich schlage vor, wir stimmen ab.«

Jetzt schon?, dachte sie besorgt, denn sie meinte, noch nicht genug Überzeugungsarbeit geleistet zu haben.

Sergei richtete einen erwartungsvollen Blick auf sie.

»Na schön.« Eleonora räusperte sich. »Wer ist dafür, dass wir ohne einen Kontakt mit der *Mars Discovery* abwarten, wie sich die Dinge weiterentwickeln, was bedeutet, dass sich unsere Situation mit jedem verstreichenden Tag verschlechtert?«

Sergei verzog das Gesicht, als er die Hand hob – die letzten Worte gefielen ihm nicht. Tsengs Hand kam ebenfalls in die Höhe, die von Santiago folgte, wenn auch nach kurzem Zögern.

»Wer ist dafür, dass wir uns mit der *Mars Discovery* in Verbindung setzen, um nach dem Zustand der Eizellen an Bord und den Geschehnissen auf der Erde zu fragen?«

Eleonora und Saya hoben die Hand.

»Es wäre in jedem Fall gut zu wissen, wie es um das Schiff steht.« Penelopes Hand kam ebenfalls nach oben.

Azzurra und Alenka zeigten keine Reaktion.

»Wer enthält sich der Stimme?«, fragte Eleonora.

Diesmal bewegte sich Azzurra und hob die rechte Hand. Alenka hingegen saß noch immer reglos und stumm.

»Drei zu drei, mit einer Enthaltung«, stellte Eleonora fest und wandte sich an Alenka. »Deine Stimme könnte den Ausschlag geben. Wie ist deine Meinung? Wie entscheidest du dich?«

Die blasse Russin aus Wladiwostok – Eleonora verglich sie mit einer halb verwelkten Blume – erwachte wie aus tiefer Trance. Sie blinzelte und beugte sich langsam vor.

»Ohne Hilfe sterben wir hier«, sagte Alenka mit überraschend klarer Stimme. »Wir verhungern. Oder wir ersticken, wenn einer der langen Stürme uns trifft und unsere Solaranlagen nicht mehr genug Strom für die Lebenserhaltungssysteme liefern.«

»Ja oder nein?«, fragte Sergei.»Dafür oder dagegen?«

Alenka sah ihn an.»Wenn ich mit Ja stimme ... wärst du bereit, die Kommunikationsblockade mit deinem geheimen Code aufzuheben?«

Sergei antwortete nicht und sah Alenka nur an.

»Ich schlage eine andere Lösung unseres Problems vor«, sagte sie.

»Und die wäre?«, fragte Eleonora verwundert.

»Wir müssen die Kolonie zumindest vorübergehend aufgeben und zurück zur *Mars Discovery*.«

Sergei schüttelte den Kopf.»Die Maschinenintelligenz hat dort alles unter Kontrolle. Mit der Rückkehr zum Schiff würden wir ihr gegenüber kapitulieren.«

»Es geht um unser Überleben«, sagte Alenka schlicht.»Hier sterben wir.«

»Die hydroponischen Anlagen der *Mars Discovery* ...«, sagte Eleonora.

»Ja. Sie können uns ernähren, wenn sie noch aktiv sind. Es bestünde nicht mehr die Gefahr, dass wir verhungern. Und die Lebenserhaltungssysteme des Schiffs sind konstanter und zuverlässiger als die der Basis. Sie beziehen ihre Energie nicht von Solarkollektoren, sondern vom Reaktor.«

Eleonora nickte und fragte sich, wieso sie nicht selbst darauf gekommen war.»Genug zu essen, genug Energie, stabile Lebenserhaltungssysteme. Das gibt uns Zeit, über die nächsten Schritte nachzudenken und zu überlegen, wie wir die Kolonie retten können. Wer ist dafür, dass wir zum Schiff zurückkehren?«

Sie hob die Hand, zusammen mit Saya, Alenka, Penelope und Azzurra. Santiago zögerte zwei oder drei Sekunden, bevor auch er Zustimmung bekundete. Nur die Hände von Sergei und Tseng blieben unten.

»Sechs zu zwei«, fasste Eleonora das Ergebnis zusammen. »Eine klare Mehrheit. Es ist beschlossen. Wir fliegen zur *Mars Discovery*.«

33 Eleonora trieb Saya und die anderen zur Eile an, denn Sergei – und vielleicht auch Tseng – sollten keine Gelegenheit erhalten, die beiden Shuttles zu sabotieren. Sie wusste nicht, ob er so weit gegangen wäre, sie alle in Gefahr zu bringen. In dieser Hinsicht hatte er schon einmal einen großen Fehler gemacht, das musste ihm klar sein, erst recht nach der Besprechung, bei der die fünf erwähnt worden waren. Die Frage lautete: Wie viel Angst vor Kontrollverlust steckte immer noch in ihm, nach vier Jahren und dem tragischen Tod von fünf Menschen?

Penelope behielt die beiden Shuttles auf Eleonoras Bitte hin im Auge, während die anderen all die Dinge zusammenpackten, die ihnen wichtig waren. Nach zwei Stunden, die schnell vergingen, stapften sie durch dichte Wolken aus Staub und Sand. Wenige Minuten später begann der Rückflug zur *Mars Discovery*.

Als der Shuttle höher stieg und die Grenzen der dünnen marsianischen Atmosphäre erreichte, wurden die Ausmaße des Staubsturms sichtbar. Die Hälfte des Mars war von einem graubraunen Schleier bedeckt, unter dem Krater, Ebenen und schroffe Berge verschwanden.

»Es könnte tatsächlich einer von den langen Stürmen sein«, sagte Eleonora nachdenklich und überließ die Navigation dem Autopiloten, der ihren Shuttle präziser steuerte als der beste menschliche Pilot. »Ein zu langer für unsere Solaranlagen.«

»Ich halte das hier trotzdem für einen Fehler«, brummte Sergei, der an der Konsole des Copiloten saß. »Vielleicht bekommen wir keine Gelegenheit mehr, zur Basis zurückzukehren.«

»Ich hoffe, wir bekommen Gelegenheit zu überleben«, hielt ihm Eleonora entgegen. Sie sah aus dem Fenster und hielt Ausschau. »Wo sind die anderen, Alenka?«

Tseng, Santiago, Saya und Penelope befanden sich an Bord des zweiten Shuttles. Sie hätten alle in einem Platz gefunden, aber Eleonora wollte aus Sicherheitsgründen beide Shuttles zur Verfügung haben.

»Die Daten der passiven Sensoren sind nicht sehr präzise.«

Alenka blickte auf die Anzeigen ihrer Instrumente. »Eben waren sie zehn Kilometer weiter südlich und etwa zwei Kilometer unter uns.«

»Ihr könnt ruhig die aktiven Sensoren benutzen«, sagte Sergei missmutig. »Goliath weiß längst, dass wir unterwegs sind.«

Alenka sah von den Sensoranzeigen auf. »Du solltest endlich damit aufhören, ihn für einen Feind zu halten. Gegen Amelie hattest du nie etwas einzuwenden.«

»Er hat sie übernommen«, knurrte Sergei. »Er hat sie geschluckt und verschlungen.«

»Amelie ist nicht ›geschluckt und verschlungen‹, sondern Teil von etwas Größerem.« Eleonora gab die Suche nach dem anderen Shuttle auf und konzentrierte sich wieder auf die Flugkontrollen. »Man könnte es auch so sehen: Sie ist noch leistungsfähiger als vorher.«

Sergei presste die Lippen zusammen und schüttelte stumm den Kopf.

»Wir bleiben beim ursprünglichen Plan«, sagte Eleonora. »Wenn es uns gelingt, unbemerkt an Bord zu gelangen, versucht Azzurra, die KI-Systeme lahmzulegen und Amelie schlafen zu schicken. Saya kümmert sich um die Arche und die dort lagernden Eizellen. Sie wird dortbleiben und die Kryo-Systeme im Auge behalten, während wir nach einer Möglichkeit suchen, Amelie ohne eine Verbindung mit der Maschinenintelligenz zu wecken. Wir brauchen eine KI für die digitale Verwaltung des Schiffs.«

»Ohne Amelie und die automatische Steuerung der Systeme könnten wir kaum etwas mit der *Mars Discovery* anfangen«, bekräftigte die Datenspezialistin.

»Ich hab sie wieder.« Alenka beugte sich über die Anzeigen. »Entfernung fünf Kilometer, neunhundert Meter unter uns. Sie kommen näher und sind auf Kurs.«

Eleonora sah aus dem Fenster und bemerkte eine kleine, dunkle Silhouette vor dem Graubraun des Staubsturms. »Ja, ich sehe sie.« Sie deutete nach vorn. »Und dort ist unsere gute alte *Mars Discovery*.«

In einhundertfünfzig Kilometern Höhe umkreiste das Schiff den Mars, seit vier Jahren.

»Keine Aktivität«, meldete Azzurra. »Alles bleibt ruhig.«

»Mit den passiven Sensoren lässt sich ohnehin kaum etwas feststellen«, brummte Sergei.

»Die anderen sind etwas schneller als wir und nähern sich«, sagte Alenka. »Entfernung noch zwei Kilometer und dreihundert Meter unter uns.«

Eleonoras Hände blieben in unmittelbarer Nähe der Navigationskontrollen, während der Autopilot den Shuttle zur *Mars Discovery* steuerte. Es blinkten keine Signallichter am Rumpf des Schiffs, die Fenster blieben dunkel.

Langsam glitten sie an der Arche vorbei, die das Ziel des zweiten Shuttles war, und passierten den immer noch langsam rotierenden Drehkörper.

»Entfernung zur Kommandokapsel vierzig Meter«, sagte Alenka. »Dreißig ...«

Eleonora gab den Code für das Andockmanöver ein, und der Autopilot reagierte sofort, zündete die Manövrierdüsen und verringerte die Geschwindigkeit. Die Kommandokapsel erschien in den Fenstern des Shuttles, groß genug, um den Roten Planeten hinter sich verschwinden zu lassen.

»Noch zehn Meter«, sagte Alenka. »Neun ...«

Wenige Sekunden später kam es zu einem kurzen Ruck. Einige Indikatoren auf den Konsolen vor ihnen leuchteten erst rot, dann grün.

»Autopilot in Bereitschaft«, stellte Eleonora fest. »Wir haben angedockt. Azzurra?«

»Noch immer nichts. Die *Mars Discovery* schläft.«

Sergei löste die Gurte und stand auf. »Je eher wir die KI-Systeme ausschalten, desto besser.«

Es war kalt in der Kommandokapsel, die Temperatur lag nur knapp über null Grad. Eleonora, Sergei und Alenka trugen Raumanzüge, hatten die Helme allerdings nicht geschlossen. Das Licht ihrer Lampen strich durch den dunklen Gang, der zur Kommandozentrale führte.

»Noch immer nichts«, sagte Azzurra leise, als vor ihnen im Lampenschein das Schott der Zentrale erschien. Sie prüfte die Anzeigen eines kleinen Ortungsgeräts. »Keine Aktivität an Bord.«

Sergei sah sich immer wieder misstrauisch um.

»Alles ist genau so, wie wir es zurückgelassen haben«, fügte Azzurra hinzu. »Die Lebenserhaltungssysteme sind auf ein Minimum heruntergefahren.«

Eleonora blieb vor dem Schott stehen, hob die Hand zum kleinen Tastenfeld und gab den Code der Kommandantin ein. Mit einem leisen Summen glitt das Schott beiseite.

Sie warf einen Blick auf ihre Uhr. Saya, Tseng, Santiago und Penelope mussten inzwischen bei der Schleuse zur Arche sein.

Eleonora betrat die Zentrale, die auf eine seltsame Art und Weise vertraut wirkte. Der große Wandschirm, die Konsolen, Sitze und Instrumentenbänke – alles sah so aus wie in den Bildern ihrer Erinnerung. Gleichzeitig fehlte etwas, wodurch alles ein wenig fremdartig, ja, bedrückend wirkte. Sie überlegte, und nach einigen Sekunden gelang es ihr, das fehlende Etwas zu identifizieren: Licht und Leben, die Freude darüber, das Ziel – den Mars – erreicht zu haben, vielleicht auch Aufregung, weil die eigentliche Mission nach sieben Monaten Flug gerade erst begann.

Und noch etwas war anders. Eleonora und ihre Begleiter hatten sich in den vergangenen vier Jahren an die Schwerkraft des Mars gewöhnt, die gut einem Drittel der irdischen entsprach. Der Rotationskörper drehte sich zwar ein wenig langsamer als zuvor, gab ihnen jedoch mehr Gewicht, als sie in der Basis auf dem Mars gehabt hatten, was Knochen und Muskeln belastete.

»Wir müssen die Rotation verlangsamen«, sagte Eleonora und wankte zum Kommandosessel. Sergei, Alenka und Azzurra wandten sich den Konsolen mit den Bordsystemen zu.

»Zuerst die KI.« Azzurra saß bereits und betätigte die Kontrollen.

Der Wandschirm blieb dunkel. Einige Indikatoren erloschen.

Das leise Summen im Schiff schien noch etwas leiser zu werden.

Sergei seufzte erleichtert. »Die KI-Systeme sind offline.« Er sah Eleonora an. »Wir haben Glück, unverschämt viel Glück.«

»Alenka, interne Kommunikation«, sagte sie. »Gib eine Warnung an Saya und die anderen durch. Die Kryo-Anlagen in der Arche werden nach dem Abschalten der KI nicht mehr automatisch gesteuert. Sie müssen manuell kalibriert werden.« Eleonora sank in den Kommandosessel und war froh, die Beine entlasten zu können. »Sergei, die Rotationsgeschwindigkeit verringern. Ich krieg kaum noch Luft.«

»Bin dabei.«

Eine Minute verging. Der auf Eleonora lastende Druck ließ allmählich nach, das Atmen fiel ihr leichter.

Sayas Stimme drang aus dem Lautsprecher der internen Kommunikation. »Wir sind in der Arche. Sieht alles gut aus. Keine Defekte bei den Kryo-Systemen. Die Eizellen scheinen intakt.«

Eleonora nickte zufrieden. »In Ordnung. Fahren wir die Bordsysteme manuell hoch. Eins nach dem anderen.«

Plötzlich wurde es hell in der Kommandozentrale und auf dem großen Wandschirm erschienen Worte:

ICH HABE EUCH ERWARTET.

Trennung

1451 Sol seit der Landung 34
Raumschiff Mars Discovery, 150 km über dem Mars
September 2035

»Es war eine Falle«, sagte Sergei. »Die prekäre Versorgungslage auf dem Mars sollte uns hierher zurückbringen, an Bord der *Mars Discovery*, wo uns das Ding kontrollieren kann.«

»Das Ding?«, fragte Eleonora sanft.

»Du weißt, was ich meine. Goliath. Die Maschinenintelligenz auf der Erde.« Sergei schnaufte. »Du hättest auf mich hören sollen.«

Sie saßen in Eleonoras Kabine, an deren Wänden Bilder von der Erde und vom Mars hingen. Die akustischen Sensoren waren ausgeschaltet, was allerdings nicht viel nützte, wie sie beide wussten. Wenn Amelie – beziehungsweise Goliath – sie belauschen wollte, würde sie Möglichkeiten finden.

»Vielleicht hast du recht«, sagte Eleonora behutsam. Sie wollte noch immer retten, was zwischen ihnen zu retten war. »Vielleicht auch nicht. Die Frage ist: Spielt es eine Rolle?«

Sergei richtete einen Blick auf sie, in dem Eleonora Ärger und Ablehnung zu erkennen glaubte.

»Wir können nicht zurück zur Erde«, erklärte Eleonora. »Wir haben nicht die Mittel und die Möglichkeit. Und selbst, wenn wir beides hätten: Die Erde wird offenbar nicht mehr von Menschen beherrscht.«

Sie beobachtete, wie Sergei bei diesen Worten die Lippen zusammenpresste.

»Nur zwei Orte kommen für uns infrage«, fuhr Eleonora fort. »Der Mars oder das Schiff. Unten in der Basis bekommen wir Probleme mit der Versorgung, das weißt du. Hier oben haben wir die hydroponischen Anlagen, die uns ernähren. Wir gewinnen Zeit.«

»Wofür?«, fragte Sergei.

Eleonora seufzte leise. »Die ehrliche Antwort lautet: Ich weiß es nicht. Ich sehe derzeit keinen Ausweg aus unserer Situation. Der wichtigste Punkt ist zunächst unser Überleben. Vielleicht eröffnen sich irgendwann neue Perspektiven.«

»Wir müssen etwas unternehmen. Wir dürfen nicht einfach abwarten. Untätigkeit macht alles noch schlimmer.« Sergei beugte sich vor und hob die Hand, als wollte er ihre Wange berühren, so wie früher. Doch er ließ die Hand wieder sinken, stand auf und ging zur Tür.

Dort drehte er sich noch einmal um.

»Es tut mir leid, Ele.«

Beim letzten Wort glaubte Eleonora fast, Großvater Francis' Stimme zu hören. Wie seltsam – Sergei hatte sie nie zuvor so genannt.

»Was tut dir leid?«

»Alles. Es hätte anders kommen können und sollen.« Er öffnete die Tür und ging.

35 Mit einem Datenchip in der Tasche trat Sergei durch den Anleger. Er hatte den Zeitpunkt gut gewählt – es war »Nacht« an Bord der *Mars Discovery*, die anderen schliefen, vielleicht mit Ausnahme von Saya. Aber wenn sie tatsächlich auf den Beinen war, kümmerte sie sich um ihre Saat oder die Pflanzen. Alles andere schien sie kaum zu interessieren.

Er erreichte die Luftschleuse, trat hinein und schloss das Innenschott.

»Was hast du vor, Sergei?« ertönte Amelies Stimme aus dem Nichts. »Kann ich irgendwie behilflich sein?«

»Nein, danke.« Sergei wusste, dass er schnell sein musste. Deshalb der Datenchip mit den Flugdaten, denn dadurch erübrigte sich die Programmierung des Navigationssystems. »Ich möchte nur die Systeme des Shuttles kontrollieren.«

Das Innenschott öffnete sich und Sergei stieg an Bord des Shuttles. Er trug leichte Bordkleidung, keinen Raumanzug – Amelie sollte keinen Verdacht schöpfen.

»Die Systeme des Shuttles sind erst vor vier Tagen überprüft worden.«

»Und wenn schon.« Sergei sank in den Sessel des Piloten. »Ich kann nicht schlafen und eine zusätzliche Kontrolle schadet nicht.«

»Ich passe auf euch auf«, erinnerte ihn Amelie. »Ich warne euch rechtzeitig, wenn Gefahr droht.«

Sergei aktivierte die Bordsysteme und schloss mit einem Tastendruck die Luftschleuse. Er holte den Datenchip hervor und schob ihn in den Navigationsscanner. Grüne Indikatoren leuchteten. Auf dem Bildschirm, der eine schematische Darstellung der *Mars Discovery* und des Planeten zeigte, erschien eine Linie, die vom Schiff bis zur Oberfläche des Mars führte.

»Warum fährst du die Systeme des Shuttles hoch, Sergei?«, fragte Amelie mit emotionsloser Stimme; sie klang vollkommen ruhig.

»Um zu überprüfen, ob alles einwandfrei funktioniert«, behauptete er. Auf dem Statusschirm erschienen die ersten Bestätigungen – ein System nach dem anderen meldete Einsatzbereitschaft.

»Sergei?«

»Ja?«

»Dein Herzschlag ist beschleunigt«, sagte Amelie. »Du atmest schneller als sonst. Deine Pupillen sind geweitet.«

Er deaktivierte die internen Sensoren des Shuttles.

»Ich glaube, du lügst, Sergei. Was hast du vor?«

Das Triebwerk hatte noch nicht seine Betriebstemperatur erreicht. Sergei schaltete es trotzdem ein und löste die elektromagnetischen Anker, die den Shuttle am Rumpf der *Mars Discovery* hielten. Seine Hände flogen über die Kontrollen und unterbrachen sowohl die Kommunikationsverbindung mit dem Schiff als auch die Telemetrie.

Ein Blick nach draußen zeigte ihm den Drehkörper des

Schiffs und Licht hinter einem Fenster, dem der Kommandantin. Er glaubte sogar, eine Gestalt auszumachen.

Wie viel von Amelie und der Maschinenintelligenz steckte noch im Shuttle, selbst nach der physischen Trennung von der *Mars Discovery* und der Unterbrechung aller Signalverbindungen?

Nur eine Sekunde später bekam Sergei eine Antwort auf diese Frage. Das Zischen und Fauchen des Triebwerks fand ein abruptes Ende. Die zum Mars führende Kurslinie verschwand vom Navigationsdisplay.

Er reagierte, schaltete das automatische Navigationssystem aus und ging auf manuelle Steuerung.

»Ich bin noch immer da, Sergei«, erklang eine Stimme. Es war Amelie, auch wenn sie jetzt mit einer anderen Stimme sprach, der des Shuttle-Computers. »Du machst einen Fehler. Du bringst dich in Gefahr.«

Er schnitt eine Grimasse und deaktivierte den Bordcomputer. Es wurde dunkel im Shuttle – das einzige Licht kam von den Indikatoren der Konsolen und von der Tagseite des Mars, ein rotes Glühen im seitlichen Fenster.

Es blieb still. Vielleicht bedeutete es, dass Amelie nicht mehr sprechen konnte, dass er ihrem Einfluss entkommen war.

Sergei griff nach den manuellen Flugkontrollen, reaktivierte das Triebwerk und richtete den Bug des Shuttles auf den Mars. Er erinnerte sich an die Flugdaten, die er eben noch auf dem Schirm gesehen hatte, und begann mit einer kurzen Schubphase, nicht länger als dreißig Sekunden, um die Orbitalgeschwindigkeit zu verringern. Er rief sich seine Pilotenausbildung ins Gedächtnis zurück. Konnte er es schaffen, den Shuttle ohne die Hilfe des Computers aus dem Orbit auf den Boden des Planeten zu bringen, heil, in einem Stück?

Er verließ den Sessel und schwebte in der Schwerelosigkeit nach dem kurzen Bremsmanöver zum Ausrüstungsschrank, der zwei Raumanzüge enthielt. Einen streifte er über und vergewisserte sich, dass mit Batterie und Sauerstoffpatrone alles in Ordnung war, bevor er wieder vor den Kontrollen Platz nahm und die Gurte anlegte.

Der Shuttle erreichte die obersten Ausläufer der Atmosphäre und begann zu zittern. Einige Minuten später und bereits Hunderte Kilometer von der *Mars Discovery* entfernt begann der Bug durch die Reibungshitze zu glühen. Mit den Manövriertriebwerken brachte Sergei den Shuttle ein wenig höher, damit die Temperatur des Bugs nicht das kritische Maß überschritt.

Unten zogen Krater, rote Wüsten und schroffe Gebirge dahin. Weit vorn, an der Grenze zur Nacht, reckte sich der Olympus Mons ins All. Sergei benutzte den alten Vulkan als Navigationsmarke, steuerte den Shuttle tiefer und wusste, dass die Landung ohne Computerhilfe alles andere als leicht sein würde.

Tür zum Universum

1546 Sol seit der Landung
Raumschiff *Mars Discovery*, 150 km über dem Mars
Dezember 2035

»Heute gibt es frische Zucchini.« Saya hob zwei der Früchte, die langen Gurken ähnelten. »Und in der anderen Abteilung sind Tomaten reif.«

Um sie herum wucherte die üppige Vegetation der hydroponischen Gärten, in denen man vergessen konnte, an Bord eines Raumschiffs zu sein, in einer Umlaufbahn hundertfünfzig Kilometer über dem Mars.

Es war warm und feucht. Eleonora wischte den Kondensfilm vom Fenster und blickte auf den Roten Planeten hinab. Der Staubsturm, dessen Anfänge sie vor drei Monaten erlebt hatten, verschleierte nur noch den Südwesten des Planeten, die südlichen Ausläufer von Amazonis Planitia und das Gebiet des Bergrückens Eumenides Dorsum. Die Gräben und Schluchten der Acheron Fossae aber waren deutlich zu erkennen.

Saya näherte sich mit den beiden Zucchini. Sie trug Schürze und Stiefel, wirkte darin wie eine Bäuerin. »Fragst du dich, wie es ihm geht?«

Sergei reagierte nicht auf Funksignale. Niemand von ihnen wusste, was aus ihm geworden war.

Eleonora nickte. »Er ist völlig allein dort unten, seit drei Monaten.«

»Falls er noch lebt.«

»Für eine Person sollten die Vorräte ein halbes Jahr lang oder noch länger reichen«, sagte Eleonora.

»Aber hierauf muss er verzichten.« Saya hob eine der Zucchini. »Frisches Obst und Gemüse gibt es für ihn nicht.«

»Eleonora?«, ertönte eine Stimme.»Saya?«

Eleonora ging zum nächsten Kommunikationsanschluss.

»Wir sind im Garten«, meldete sie sich.

»Es ist so weit«, sagte Tseng.»Wir haben auf dem Schirm das Modul, das uns Amelie vor zweieinhalb Monaten angekündigt hat. Es wird uns in vier Tagen erreichen.«

»Das gibt uns Zeit genug, die Frachtsonde vorzubereiten«, meinte Eleonora.»Wir schicken Sergei einen Teil der Vorräte.«

Tseng klang anders als sonst.»Du solltest es dir selbst ansehen. Was sich uns nähert, ist kein gewöhnliches Versorgungsmodul.«

»Es ist ein Schiff«, sagte Eleonora,»fast so groß wie die *Mars Discovery*.«

Mit Ausnahme von Saya, die in der Arche nach dem Rechten sah, befanden sich alle in der Kommandokapsel: Tseng, Santiago, Alenka, Azzurra, Penelope und Eleonora, nominell noch immer die Kommandantin, obwohl die Kontrolle über Schiff und Mission bei einem Intellekt lag, der nicht der eines Menschen war.

Der große Wandschirm zeigte ein spinnennetzartiges Gerüst mit unterschiedlich großen Zylindern und kantigen Segmenten, durch Röhren miteinander verbunden. Eleonora hatte zuerst gehofft, dass Menschen zu ihnen unterwegs waren, doch in dieser Hinsicht enttäuschte der Anblick.

»Kein Drehkörper«, bestätigte Tseng diese Annahme.»Also keine Menschen an Bord.«

»Amelie?«, fragte Eleonora laut.

»Ich höre«, antwortete die Künstliche Intelligenz der *Mars Discovery*.

»Das ist kein normales Versorgungsmodul, sondern ein Schiff, nicht wahr? Was ist seine Mission? Was befindet sich an Bord?«

»Ich habe keinen Zugriff auf entsprechende Daten.«

»Goliath?«, fragte Eleonora.

Sie alle waren inzwischen zu der Überzeugung gelangt, dass Sergei recht gehabt hatte und die unzureichende Versorgung

193

der Basis auf dem Mars und die immer unpräziser werdenden Landungen der Versorgungsmodule ein Trick gewesen waren: Die Menschen hatten das kleine Habitat auf dem Mars verlassen und zum Schiff in der Umlaufbahn zurückkehren sollen. Aber sie wussten nicht, was dahintersteckte, welche Pläne die Maschinenintelligenz damit verfolgte.

Die drei vergangenen Monate in der *Mars Discovery* waren ohne Zwischenfall verlaufen. Goliath hatte sich zurückgehalten und nicht immer zu erkennen gegeben, dass die Kontrolle über Schiff und Crew letztendlich ihm oblag. Vielleicht spielte die geringe Bandbreite eine Rolle: Der Menge an Daten, die per Funkverbindung zwischen Erde und Mars übertragen werden konnte, waren enge Grenzen gesetzt.

Das Gerüst aus Zylindern, kantigen Elementen und Röhren verschwand vom Wandschirm. Worte erschienen:

EINE NEUE MISSION. BALD.
IHR KÖNNT DIE ZUKUNFT SEHEN.

Vier Tage später erreichte das zweite Raumschiff von der Erde den Mars schwenkte in die Umlaufbahn und näherte sich der *Mars Discovery*. Ein Zylinder löste sich aus dem Gerüst, passte sein Bewegungsmoment mit Manövrierdüsen dem des Drehkörpers an und glitt zum Anleger. Einige Minuten später war eine Verbindung hergestellt, und die Anzeigen der Konsolen im Kommandoraum wiesen darauf hin, dass sich das Schott öffnete.

Eleonora, Alenka und Santiago machten sich auf den Weg zum Hangar. Tseng und Azzurra blieben in der Kommandokapsel zurück, um die Bordsysteme im Auge zu behalten. Saya und Penelope kümmerten sich in der Arche um die Saat, um Eizellen, Embryonen und pflanzliche Keimlinge.

Als sie sich dem Anleger näherten, begegneten sie Robotern und Drohnen, die im ganzen Schiff ausschwärmten. Einige von ihnen begannen damit, Wandverkleidungen zu lösen und fortzubringen. Andere machten sich an die Demontage von Geräteblöcken und Aggregaten.

»Sie nehmen das Schiff auseinander!«, entfuhr es Santiago erschrocken. Er versuchte, mehrere mit langen Greif- und Werkzeugarmen ausgestattete Roboter daran zu hindern, die medizinische Abteilung zu betreten, wurde von ihnen jedoch mit sanftem Nachdruck beiseitegeschoben.

Saya meldete sich aus der Arche.

»Hier sind einige Roboter aufgetaucht und über die Kryo-Systeme hergefallen!«, tönte ihre Stimme aus dem internen Kommunikationssystem. »Sie deinstallieren alles und nehmen Geräte und Saat mit!«

Roboter stapften und rollten. Drohnen flogen. Elektromotoren summten und brummten. Hydraulische Systeme zischten.

Eleonora stand inmitten von reger Aktivität, die planlos wirkte, hinter der aber zweifellos zielstrebige Absicht steckte.

Alenka drehte sich um die eigene Achse. »Was geht hier vor?«

»Amelie?«, rief Eleonora.

»Ihr solltet in die Kommandokapsel zurückkehren«, lautete die Antwort. »Sie wird zuletzt demontiert. Ich habe eine Mitteilung von Goliath.«

»Wie lautet sie?«

»Sie besteht nicht nur aus einigen wenigen Worten«, sagte Amelie.

Eleonora sah die anderen an. Eine Drohne flog so dicht über sie hinweg, dass sie sich unwillkürlich duckte. »Wir sind gleich da.«

Saya und Penelope hatten die Arche verlassen und ebenfalls die Kommandokapsel aufgesucht. Sie saßen an den Konsolen, lasen die Schrift auf dem großen Wandschirm und hörten aufmerksam zu, als Amelie erklärte:

»Während der nächsten Monate wird ein neues Schiff entstehen, aus der *Mars Discovery* und der gerade eingetroffenen *Far Away*. Goliath bietet euch an, einen Namen für das Schiff zu wählen.«

»Sehr großzügig«, murmelte Santiago, dem es ganz und gar

nicht gefiel, dass seine medizinische Abteilung demontiert wurde.

»Das Schiff, das ihr benennen könnt, wird mit neuer Technik und einem neuen Antrieb ausgestattet. Es soll das Sonnensystem verlassen und neununddreißig Lichtjahre weit nach Trappist-1 fliegen. Ziel des Flugs ist Trappist-1e, der vierte Planet, der sich in der habitablen Zone befinden. Dort sollt ihr die Saat der *Mars Discovery* ausbringen und eine Kolonie gründen.«

»Das ist Unsinn!«, entfuhr es Saya, die immer wieder Daten über den aktuellen Status der Arche abrief. »Neununddreißig Lichtjahre! Der Flug über eine so gewaltige Distanz dauert ... wie lange?«

»Bis zum nächsten Stern namens Proxima Centauri sind es etwa vier Lichtjahre«, stellte Azzurra fest. »Mit unseren herkömmlichen Triebwerken würde der Flug dorthin mindestens zwanzigtausend Jahre dauern.«

»Und Trappist-1 ist fast zehnmal so weit entfernt!«

Neue Worte erschienen, und nicht immer waren sie zu Sätzen angeordnet. Oft standen sie für sich allein, wie zum Beispiel: Möglichkeit – Potenzial – Rahmenbedingungen – Chance – Wahrscheinlichkeit – Überleben.

»Auf den neuen Antrieb habe ich bereits hingewiesen«, fuhr Amelie fort. »Mit ihm wird der Flug nach Trappist-1 etwa vierhundert Jahre dauern.«

Eleonora lachte humorlos. »Immer noch ein bisschen zu lang für uns.«

»Das ist nicht korrekt«, widersprach Amelie. Neben den Worten scrollten Daten über den Wandschirm und gaben Auskunft über Geschwindigkeit, Volumen, Energieverbrauch und energetische Effizienz. »Zu der neuen Technik, die sich an Bord der *Far Away* befindet, gehören auch verbesserte Kryo-Systeme. Die Roboter haben bereits mit dem Bau von Hibernationskapseln begonnen.«

Sayas Augen wurden groß. »Soll das heißen ...?«

»Ihr schlaft während des Flugs«, verkündete Amelie. »Ihr schlaft wie die Eizellen in der Arche.«

Eine neue Mission, dachte Eleonora und erinnerte sich an die ersten Worte auf dem Wandschirm. Wir können tatsächlich die Zukunft sehen.

»Ihr schlaft hier ein und erwacht neununddreißig Lichtjahre entfernt, in vierhundert Jahren«, sagte Amelie. »Achttausend Kinder könnten auf einer neuen Welt geboren werden. Ihr würdet das Überleben der Spezies Mensch sichern. Das größte Abenteuer, die größte Mission. Ihr habt die Wahl.«

»Wir haben die Wahl?« Santiago beugte sich vor. »Was heißt das?«

Neben den Datenkolonnen auf dem Wandschirm leuchteten neue Worte auf: Erwägungen – Reflexion – Entscheidung – Kombination.

»Euch bleiben einige Monate Zeit, darüber nachzudenken«, erklärte Amelie. »Wenn das neue Schiff fertig ist, müsst ihr entschieden haben: Entweder nehmt ihr teil an dem Flug in die Tiefen des Alls und in die Zukunft, oder ihr bleibt hier und wartet auf das nächste Schiff, das euch vielleicht zur Erde zurückbringen kann.«

»Vielleicht?«, sagte Tseng. »Zu einer Erde, die nicht mehr so ist, wie wir sie in Erinnerung haben?«

Amelie schwieg.

»Was wäre dann mit der Saat?«, fragte Saya. »Was würde aus den tierischen Embryonen, den menschlichen Eizellen und dem Sperma werden?«

Eleonora ahnte die Antwort.

»Wenn ihr euch gegen die Reise entscheidet, bringen wir die Saat ohne euch aus«, verkündete Amelie.

Eleonora nahm zur Kenntnis, dass sie von »wir« sprach.

Die Daten verschwanden vom Wandschirm und wichen fünf Wörtern.

DAS UNIVERSUM STEHT EUCH OFFEN.

37 Die Roboter und Drohnen mussten nicht ruhen. Sie arbeiteten ständig, mit nicht nachlassendem Eifer. Wozu Menschen Jahre benötigt hätten, schafften die von Goliath entsandten Maschinen in nur drei Monaten. Die *Mars Discovery* und die *Far Away* dienten als Baumaterial für ein neues Schiff, das aussah wie eine halb geöffnete Hand mit gestreckten Fingern. Vielleicht ein Symbol: der Griff nach den Sternen. Aber wem gehörte die Hand, wer streckte sie nach den Sternen aus? Eleonora war nicht sicher, wie die Antwort auf diese Frage lautete.

Zusammen mit Saya, Alenka, Santiago, Tseng, Azzurra und Penelope folgte sie einer kleinen Drohne, die sie durch das neue, noch namenlose Schiff führte. Die Korridore waren so schmal, das sie hintereinander gehen mussten, und gelegentlich zeigten sich komplexe Installationen in offenen, unverkleideten Wandsegmenten.

Einmal kamen sie an einem ovalen Fenster vorbei, das ihnen einen Blick auf die Reste der *Mars Discovery* und der *Far Away* gewährte. Zwischen den Gerüsten und Rumpfsegmenten flogen noch immer kleine und große Konstruktionsmaschinen, und hier und dort blitzte das Licht von Laserbrennern. Hundertfünfzig Kilometer weiter unten drehte sich der Mars und zeigte ihnen seine Nachtseite.

Eleonora dachte an Sergei, von dem sie seit seiner Rückkehr zum Roten Planeten nichts mehr gehört hatten. Mehr als sechs Monate waren vergangen und zweimal hatten sie ihm Frachtsonden mit Vorräten, Nachrichten und persönlichen Mitteilungen geschickt. Doch von seiner Seite herrschte noch immer Funkstille.

Niemand von ihnen glaubte, dass Sergei inzwischen gestorben war. Vom Observatorium aus hatten sie des Nachts Licht bei der Basis in den Acheron Fossae gesehen, was zwar kein direkter Beweis war, dass er noch lebte, jedoch darauf hinwies, dass die Solaranlagen weiterhin funktionierten.

Wie wurde er mit der Einsamkeit fertig, als einziger Mensch auf einem ganzen Planeten? Bastelte er noch immer an der Bombe, vor der Saya erzählt hatte? Aber warum sollte ihm jetzt noch daran gelegen sein, das fremde Objekt zu zerstören? Die Kolonie existierte praktisch nicht mehr. Was von ihr übrig war, würde mit ihm sterben, spätestens in einigen Jahrzehnten.

Ein Signal der Drohne, die einem fliegenden Tintenfisch ähnelte, öffnete das Schott am Ende des Korridors. Eleonora und ihre Begleiter betraten einen halbdunklen Raum mit acht durchsichtigen, sarkophagartigen Behältern.

»Lieber Himmel«, murmelte Tseng und schnitt eine Grimasse.

Es wurde nach und nach heller, die Schatten wichen. Kabelstränge verbanden die sechs Behälter mit Kontrollgeräten an den Wänden. Ein leises, wartendes Summen lag in der kühlen Luft.

»Es ist so weit«, erklang die Stimme von Amelie aus einem verborgenen Lautsprecher. »Ihr müsst eure Entscheidung treffen.«

Es sprach immer nur Amelie, die Künstliche Intelligenz der *Mars Discovery*, nie Goliath. Vielleicht fehlte ihm die Bandbreite für verbale Kommunikation. Oder er benutzte Amelies Stimme und tarnte sich mit ihr. Andererseits: Warum sollte er den Menschen etwas vormachen? Eleonora hielt es für wahrscheinlicher, dass die Maschinenintelligenz der Erde ihre eher schwache, schmalbandige Präsenz beim Mars für wichtigere Dinge nutzte.

»Wir sollen uns in diese Dinger legen?«, ächzte Tseng. »In ... Särge?«

Die Hibernationsbehälter waren im Kreis angeordnet. Eleonora ging langsam um sie herum. Ihr Blick fiel auf beigefarbene Polsterungen, dünne Schläuche und Sensorbündel.

»Es sind acht«, stellte Saya fest. »Wir sind sieben.«

»Es hätten dreizehn sein können, für euch alle«, antwortete Amelie. »Die erste Sonde brachte Sergei eine entsprechende Mitteilung, und wir haben die Botschaft mehrmals per Funk wiederholt – auch ihm steht diese Möglichkeit offen. Bisher hat er nichts von sich hören lassen. Wir werden ihm eine weitere Anfrage schicken, bevor das Schiff aufbricht.«

Eleonora blieb vor einem der transparenten Behälter stehen. »Bist du sicher, dass die Technik funktioniert?«

»Ja, wir sind sicher«, sagte Amelie. »Habt Vertrauen.«

Alenka räusperte sich. »Wenn etwas schiefgeht ...«

»Es wird nichts schiefgehen«, versicherte Amelie. »Ihr werdet schlafen, vierhundert Jahre lang, und am Ziel unserer Reise erwachen. Wie lautet eure Entscheidung?«

»Wir sollen uns hier und jetzt entscheiden?«

»Ihr hattet dafür drei Monate Zeit.«

Das Summen wurde etwas lauter und die Sarkophagen ähnelnden Behälter öffneten sich. Eleonora glaubte, einen Hauch von Kälte zu spüren.

Tseng schüttelte den Kopf und wich zurück. »Nein. Ohne mich. Ich vertraue mein Leben keiner Technik an, die ich nicht verstehe.«

»Tseng ...«, begann Eleonora.

»Nein.« Mit einigen schnellen Schritten war er beim offenen Schott; es sah wie eine Flucht aus. »Jeder kann frei wählen, das wurde uns versprochen. Ich lege mich nicht in so ein Ding.«

Er duckte sich durchs Schott und verschwand im Korridor.

»Amelie?«, fragte Eleonora.

»Wir kümmern uns um ihn und bringen ihn zur Basis auf dem Mars, damit er nicht allein ist. Bitte, ihr müsst euch entkleiden, bevor ihr euch in die Kammern legt.«

Eleonora wandte sich an die anderen. »Was ist mit euch?«

»Ein Sprung in die Zukunft, über vier Jahrhunderte und neunundreißig Lichtjahre hinweg ...« Saya begann damit, ihre Kleidung abzustreifen. »Möchtet ihr nicht sehen, was sein könnte und was sein wird?« Nach kurzem Zögern fügte sie hinzu: »Ich muss mich am Ziel um unsere Saat kümmern.«

Die blasse Alenka trat zu einem der Behälter und legte die Hand auf den Rand. »Niemand von uns hat jemanden auf der Erde. Das war eine der Voraussetzungen, um für die Marsmission ausgewählt zu werden. Niemand wartet auf uns, niemand vermisst uns. Ich glaube, wir erweisen der Spezies Mensch einen großen Dienst, wenn wir die Saat auf einem fremden Planeten ausbringen. Im Grunde war das ja unsere Mission. Was auch immer auf der Erde geschieht, der Mensch wird überleben.«

»Santiago?«, fragte Eleonora.

Der Mann aus Ecuador seufzte. »Ich bin Arzt. Saya kümmert sich um die Saat und ich kümmere mich um euch.«

Er wählte einen der Hibernationsbehälter und begann ebenfalls damit, seine Kleidung abzulegen.

»Wo auch immer die menschliche Saat ausgebracht wird«, sagte Penelope, »ihr braucht dort eine ambientale Spezialistin.«

Azzurra seufzte. »Darf man auch aus reiner Neugier mitkommen?«

»Wir haben gehofft, dass du dich für die Reise entscheidest, Azzurra«, erklang Amelies Stimme.

»Und du?«, wandte sich Saya an Eleonora. Sie trug nur noch ihre Unterwäsche. »Was ist mit dir?«

Eleonora zögerte. Einschlafen und vierhundert Jahre später erwachen ... Für sie würden subjektiv nur wenige Sekunden vergehen. Die Augen schließen und sie wieder öffnen, an einem Ort noch viel, viel weiter von der Erde entfernt als der Mars. Die ersten Menschen, die das Sonnensystem verließen und zu einem anderen Stern flogen. Das größte aller Abenteuer, und auch Abenteuerlust war ein Auswahlkriterium für die Crew der *Mars Discovery* gewesen.

Eleonora blickte in den offenen Behälter, vor dem sie stand. Vier Jahrhunderte Schlaf, während das Schiff mit zehn Prozent der Lichtgeschwindigkeit, mit dreißigtausend Kilometern *pro Sekunde*, durch die interstellaren Abgründe raste. Das Licht einer anderen Sonne sehen, dachte sie. Die Luft eines fremden Planeten atmen, der zur Heimat einer neuen Menschheit werden sollte ...

Sie dachte an das Artefakt auf dem Planeten, an den dunklen Bogen, der aus der Wand eines fünfhunderttausend Jahre alten Kraters ragte. Mit dem Auge der Erinnerung sah sie erneut den Tanz der Lichter auf einem Wabenmuster wie das eines Petoskey-Steins. Das fremde Objekt und nicht die Gründung einer menschlichen Kolonie war der Hauptgrund für die Reise der *Mars Discovery* gewesen. Ihre Eltern hatten es vor Jahrzehnten erforschen wollen und waren im Feuerball einer Explosion verbrannt. Was hatte Großvater Francis damals gesagt? *Ich glaube, ihre Seelen sind unterwegs zu den Sternen.*

Eleonora würde keine Gelegenheit erhalten, das Objekt auf dem Mars zu erforschen, aber dafür bekam sie die Chance, eine menschliche Kolonie in einem viele Lichtjahre entfernten Sonnensystem zu gründen. Sie würde mehr Wunder sehen, als sich jemals ein Mensch vor ihr hatte erträumen können. Ihre Reise begann erst. Sie begann hier, hundertfünfzig Kilometer über dem Mars. Eine Reise zu den Sternen. Den Seelen ihrer Eltern würde sie nicht begegnen, doch dafür nahm Eleonora das Andenken an sie mit und setzte auf eine andere Weise fort, was sie begonnen hatten.

Der Gedanke gefiel ihr. Sie lächelte.

»Ich bin die Kommandantin der *Mars Discovery*«, sagte Eleonora. »Wie könnte ich euch im Stich lassen?«

Eleonora lag bereits in ihrer Hibernationskapsel, als ihr etwas einfiel. »Wir haben dem Schiff noch keinen Namen gegeben.«

»Wie soll es heißen?«, fragte Amelie.

Eleonora drehte den Kopf von einer Seite zur anderen. »Saya? Alenka? Santiago? Penelope? Azzurra? Was meint ihr?«

»Wie wäre es mit ... *Hoffnung?*«, schlug Saya vor.

Eleonora lächelte. »Klingt gut. So soll unser Schiff heißen: *Hoffnung.*«

Der Deckel schloss sich.

Eleonora wartete und spürte, wie die dünnen Schläuche und Sensoren in Bewegung gerieten. Nach einer halben Minute wurden ihr die Lider schwer.

Zwei Minuten später schlief sie.

Du sollst brennen!

1639 Sol seit der Landung 38
Acheron Fossae, 423 km nördlich von Olympus Mons
März 2036

Die Höhle lag zwei Kilometer von der Basis entfernt und wies mit glatten Wänden auf ihren Ursprung hin – sie war ausgewaschen worden zu einer Zeit, als es auf dem Mars noch flüssiges Wasser gegeben hatte, vor vielen Millionen Jahren. Ein geeigneter Ort für die »Quarantäne«, für die Aufbewahrung all der Dinge, die sich an Bord der Versorgungsmodule befunden hatten und deren Zweck nicht ersichtlich war. Geeignet außerdem für ein Laboratorium der besonderen Art, denn die Entfernung erschien Sergei groß genug, damit die Basis nicht in Gefahr geriet, falls etwas schiefging.

Das Problem bestand darin, genug Energie an einer möglichst kleinen Stelle zu konzentrieren, damit sie, wenn sie schlagartig freigesetzt wurde, möglichst großen Schaden anrichtete.

Um sich in der Höhle frei bewegen zu können, hatte Sergei im schmalen Zugang zwei Planen aus widerstandsfähigem, halb transparentem Kunststoff angebracht und sie in der Mitte zu einer Art Luftschleuse verbunden. Dadurch brauchte er in der Höhle keinen Schutzanzug zu tragen, nur etwas dickere Kleidung, weil die Temperatur nicht über zehn Grad stieg. Natürlich bot die Luftschleuse nicht viel Platz, was bedeutete, dass er manchmal benötigte Dinge in ihre Einzelteile zerlegen musste, um sie in die Höhle zu tragen. Beim Triebwerkskern des Shuttles, der ihn zum Mars zurückgebracht hatte, wäre das jedoch so umständlich gewesen, dass er Schleuse und Planen vorübergehend entfernt hatte.

Er betrachtete das Ergebnis von mehreren Monaten Arbeit.

Das Gebilde in der Mitte der Höhle, umringt von improvisierten Konsolen und Kabeln, sah aus wie eine sechs Meter große Spinne, die versuchte, ihre Beine zu verknoten. Eine Bombe stellte man sich anders vor.

Die Sprengvorrichtung war zu groß, um sie nach draußen bringen zu können, nicht einmal ohne die Planen; der Zugang war schlichtweg nicht breit genug. Nachdenklich ging er um das Gebilde herum, betrachtete sein bisheriges Werk von allen Seiten und zupfte dabei an seinem lang gewordenen Bart. Miniaturisierung, dachte er. Konzentration auf das Wesentliche. Maximale Effizienz bei minimaler Größe. Darauf kam es an. Der Apparat musste kleiner werden, klein genug für den Frachtraum des Transporters und eine Fahrt über hundert Kilometer, zum Krater, aus dessen Wall ein Objekt ragte, das fünf seiner Freunde getötet hatte. Es war an allem schuld. Diese Überzeugung wurde umso fester und unerschütterlicher, je öfter und länger Sergei darüber nachdachte.

Du sollst brennen, dachte er. Hell und heiß.

Er kam nur langsam voran, und manchmal, wenn er ungeduldig wurde, ärgerte ihn das, obwohl er Zeit genug hatte; für eine Person reichten die Vorräte, und gelegentlich brachten Sonden vom Schiff im Orbit Proviant und Ausrüstungsmaterial. Eleonora und die anderen versuchten bestimmt, sich mit ihm in Verbindung zu setzen, aber er hatte alle Geräte in der Kommunikationsstation unmittelbar nach seiner Ankunft deaktiviert und den Raum seitdem nicht mehr betreten.

Manchmal, nachts, in stiller, dunkler Stunde, bedauerte er seine Entscheidung, auf den Mars zurückgekehrt zu sein, und wenn das geschah, kämpfte er im Selbstgespräch gegen seine Zweifel an. Er hatte Eleonora verloren, endgültig, für immer, es gab kein Zurück. Es war ein Verlust, der ihn sehr traurig stimmte, vor allem dann, wenn er in die Ödnis des Mars hinausblickte und sich einsam fühlte. Vielleicht wäre aus ihnen ein Paar geworden, aber er war nicht bereit gewesen, dafür den hohen Preis der Freiheit zu zahlen. Eleonora und die anderen begriffen es nicht oder wollten es nicht begreifen: An Bord der *Mars Discovery* waren sie Sklaven des Dings, das über die ferne Erde herrschte.

Sergei starrte auf den Apparat, den er gebaut hatte. Mit einigen weiteren Teilen aus dem Triebwerk konnte er die Sprengkraft weiter erhöhen. Genügte sie dann, um das Artefakt zu vernichten? Spaltbares Material stand nicht zur Verfügung, er konnte also keine Megatonnen-Atombombe bauen. Mit dem Triebwerkskern des Shuttles, den Energiepaketen aus der Basis und einigen hochenergetischen Vorrichtungen aus den Versorgungsmodulen ließen sich etwa dreizehn Kilotonnen TNT erreichen, was immerhin der Sprengkraft der Hiroshima-Bombe entsprach. Sergei stellte sich den Glutball vor und lächelte grimmig.

Ein dünnes Pfeifen unterbrach Sergeis Fantastereien. Er wandte sich von der Bombe ab und lauschte. Das Geräusch klang vertraut.

Er eilte zu den Planen im Höhleneingang, trat in die kleine Luftschleuse und blickte nach draußen, in Richtung der Basis.

Das Pfeifen wurde lauter, verwandelte sich in ein Zischen und Fauchen – ein Shuttle setzte zur Landung an.

Sergei kehrte zu Fuß zur Basis zurück – den Transporter hätte **39** man wegen des aufgewirbelten Staubs schon von Weitem bemerkt. Die Sonne ging unter, als er die ersten Außengebäude erreichte, die Schatten wurden länger. Licht brannte im Haupttrakt. Wer auch immer mit dem gelandeten Shuttle gekommen war, er hatte es verlassen und befand sich bereits in der Basis.

Für einen Moment gab sich Sergei der Hoffnung hin, dass es Eleonora war.

Er schlüpfte durch die Luftschleuse eines Nebengebäudes, einst Teil von Sayas marsianischer Krippe, legte den Schutzanzug ab und schlich vorbei an Labortischen, an denen seit Monaten niemand mehr arbeitete. Es fiel kaum mehr Licht durch die Fenster und in den Zimmern und Fluren verdichtete sich die Dunkelheit. Er wagte es nicht, das Licht einzuschalten, wartete stattdessen, bis sich seine Augen an die Finsternis gewöhnt hatten, und schlich dann zum Haupttrakt. Auf halbem Weg dorthin fand er einen Schraubenschlüssel, hielt ihn nachdenklich in der Hand und überlegte, ob er ihn als Waffe mitnehmen sollte, nur für den Fall. Doch wer auch immer mit dem Shuttle gekommen war, stellte gewiss keine Gefahr für ihn dar.

Es sei denn natürlich, die Maschinenintelligenz hatte eine Drohne geschickt, die ihn zum Schiff zurückbringen sollte. Aber warum jetzt, nach Monaten? Und warum dafür einen Shuttle verwenden? Bestimmt ließ sich eine Drohne konstruieren, die wie eine Sonde oder ein Orbiter zu einer Landung auf dem Mars imstande war.

Trotzdem blieb er misstrauisch und lauschte nach verräterischen Geräuschen, als er den Haupttrakt erreichte. Der Korridor lag hell vor ihm, alles blieb still.

Langsam, die Ohren gespitzt, setzte Sergei einen Fuß vor den anderen – und blieb abrupt stehen, als er ein Geräusch aus dem Aufenthaltsraum hörte. Es klang nach einem Räuspern.

Sergei näherte sich und stellte fest, dass die Tür offen stand. Ein Mann saß am Tisch, klein und zierlich, die Hände um einen Becher Tee gelegt, als wollte er sich wärmen.

»Tseng?«, fragte Sergei erstaunt.

»Hallo, Sergei.« Tseng lächelte schief. »Scheinst dich seit einer ganzen Weile nicht mehr rasiert zu haben.«

Sergei betrat den Aufenthaltsraum und sah sich um.

»Ich bin allein gekommen«, sagte Tseng. »Die anderen beginnen mit einer langen Reise, an der ich nicht teilnehmen wollte. Sie sind bereit, sich auf Eis zu legen, für Jahrhunderte.«

Sergei sank auf einen Stuhl. »Was?«

Tseng berichtete vom Umbau der *Mars Discovery*, vom neuen Schiff, das die Drohnen der Maschinenintelligenz gebaut hatten, und von Eleonoras Bereitschaft, zu einem neununddreißig Lichtjahre entfernten Sonnensystem zu fliegen.

»Vierhundert Jahre wird der Flug dauern, hat Amelie gesagt.

Eleonora und die anderen wollen sich angeblich verbesserten Kryo-Systemen anvertrauen. Sie sind bereit, sich in Hibernationskapseln zu legen, die Särgen ähneln. Da wollte ich nicht mitmachen. Deshalb bin ich hier.«

Sergei fragte sich, ob ein Trick dahintersteckte. Vielleicht war Tseng von Eleonora geschickt worden, damit er sich ein Bild von der Situation in der Basis machte. Wenn es ihm um die Kommunikationsstation ging, wenn er eine Verbindung zum Schiff herstellen wollte, damit Amelie Gelegenheit bekam, die Systeme der Basis zu übernehmen ... Der Zugang war noch immer gesperrt.

»Es ist kein Trick, wenn du das denkst«, sagte Tseng, als hätte er Sergeis Gedanken erraten; vielleicht hatte er auch das Misstrauen in dessen Miene erkannt. »Man hat mich nicht hergeschickt, damit ich dich überwältige und zur *Mars Discovery* zurückbringe.«

Sergei kam ein anderer Gedanke, heiß wie eine Feuersbrunst. Der Shuttle, mit dem Tseng gekommen war! Ein zweiter Triebwerkskern! Er musste das Konzept ändern und die Vorrichtung in der Höhle umbauen, was weitere Monate harte Arbeit bedeutete. Aber vier Hände schafften mehr als zwei, und das Ergebnis würde noch grandioser sein.

»Ich bin froh, dass du hier bist«, sagte Sergei.

Tseng lächelte schief. »Zwei Menschen auf dem Mars. Wir haben einen ganzen Planeten für uns allein, und es wird eine Weile dauern, bis jemand von der Erde kommt. Falls das überhaupt geschieht. Eine Kolonie können wir ohne Saya nicht gründen, es gibt also wenig für uns zu tun. Meinst du nicht, dass uns langweilig werden könnte?«

»O nein«, widersprach Sergei. »Das glaube ich nicht.«

»Nein«, sagte Tseng und schüttelte den Kopf. »Das kommt **40** nicht infrage.«

»Mit dem zweiten Triebwerkskern wäre es perfekt«, erwiderte Sergei. »Die perfekte Bombe.«

Sie standen an einem Fenster des Haupttrakts und sahen hinaus, dorthin, wo der Shuttle stand, mit dem Tseng gekommen war. Links davon lagen die Reste des ersten Shuttles, all die Dinge, die Sergei nicht hatte verwenden können; an einigen Stellen hatten sich Staub und Sand zu kleinen Dünnen gesammelt. Ein Stück weiter rechts befand sich der Friedhof mit den Gräbern von Kattrin, Lambert, Helena, Reynolds und Bertrand.

»Du hast dich in etwas verrannt«, warf Tseng ihm vor.

»Fünfundzwanzig Kilotonnen«, brummte Sergei, der keinen Widerspruch hören wollte. »Morgen fangen wir mit der Demontage an.« Er legte Tseng die Hand auf die schmale Schulter und drückte zu.

Der kleine Chinese verzog das Gesicht. »Das ist Unsinn. Dann sitzen wir hier fest.«

»Du bist gerade erst eingetroffen.« Sergei lachte. »Willst du schon wieder zurück zur *Mars Discovery?* Vielleicht ist sie gar nicht mehr da.«

»Selbst wenn du deiner Sprengvorrichtung den Triebwerkskern des zweiten Shuttles hinzufügst: Bei dem Impaktereignis, das den Krater schuf, wurde wesentlich mehr Energie freigesetzt als fünfundzwanzig Kilotonnen TNT-Äquivalent, und dem Objekt scheint es nichts ausgemacht zu haben. Es hat nicht einmal einen Kratzer, soweit wir wissen.«

»Es steckt fest«, knurrte Sergei. »Seit damals steckt es im Felsgestein fest. Wenn es den Einschlag des Meteoriten intakt überstanden hätte, wäre es längst nicht mehr hier. Wir geben ihm den Rest, Tseng.« Er deutete zum Friedhof. »Das Ding, das unsere fünf Freunde umgebracht hat, wird brennen.«

»Das Objekt ist nicht für den Tod von Kattrin und den anderen verantwortlich.« Tseng wich zur Seite, damit sich die Hand von seiner Schulter löste. »Es hat sie nicht umgebracht.«

Der Zorn brodelte schon die ganze Zeit in Sergei, manchmal mehr, manchmal weniger. Plötzlich kam es zu einer inneren Eruption.

»Was weißt du schon?«, schrie er. Die Adern in seinen Schläfen schwollen an. »Das verdammte Ding ist an allem schuld!

Es hat unsere fünf Freunde auf dem Gewissen!« Sergei schnaufte und schnappte nach Luft. »Morgen geht es los und du wirst mir helfen. Gemeinsam werden wir schneller fertig.« Er drehte sich um und stapfte davon.

Stunden später, mitten in der marsianischen Nacht, lauschte Sergei dem Flüstern des Winds jenseits der Wände und wusste plötzlich, dass er nicht länger warten konnte und durfte. Er hatte Tseng immer als ruhigen, besonnenen Mann gekannt, aber vielleicht war er nicht mehr so vernünftig wie früher, vielleicht ließ er sich zu einer Dummheit hinreißen, zum Beispiel dazu, den Shuttle zu nehmen und zu versuchen, zur *Mars Discovery* zurückzukehren beziehungsweise zu dem, was Amelie und die Maschinenintelligenz der Erde von ihr übrig gelassen hatten.

Er stand auf, zog sich hastig an und eilte durch halbdunkle Korridor zur Hauptschleuse.

Vor dem Schott saß Tseng im Schneidersitz auf einer dünnen Matratze, die Handrücken auf die Knie gelegt.

»Nein«, sagte er mit geschlossenen Augen.

Sergei nahm einen Schutzanzug aus dem nahen Schrank und begann, ihn überzustreifen.

»Gib den Weg frei«, brummte er.

»Nein«, wiederholte Tseng.

Sergei trat vor den kleinen Mann, der offenbar meditierend auf ihn gewartet hatte. »Wenn du mir nicht helfen willst, okay«, zischte er. »Aber versuch nicht, mich aufzuhalten!«

Tseng öffnete die Augen, rührte sich jedoch nicht von der Stelle. »Du bist besessen«, sagte er langsam und sanft. »Du leidest an einem Schuldkomplex. Tief in dir fühlst du dich verantwortlich für den Tod von Kattrin, Lambert, Helena, Reynolds und Bertrand. Und da diese Last zu schwer für dich ist, versuchst du, etwas anderem die Schuld zu geben. Monatelang bist du allein gewesen und konntest mit niemandem darüber reden. Das ist jetzt anders. Ich kann dir helfen, aber nicht mit dem Shuttle, der bleibt unangetastet. Irgendwann brauchen wir ihn vielleicht noch.«

Sergei bückte sich, packte Tseng an den Schultern und hob ihn in der geringen marsianischen Schwerkraft hoch. »Das verdammte Ding im Krater ist schuld!«, stieß er hervor. »Und das andere Ding auf der Erde, das unser Schiff übernommen und Eleonora Sand in die Augen gestreut hat!«

Tseng fiel, als ihn Sergeis große Hände freigaben, streckte die Beine und fing sich ab.

Sergei richtete warnend den Zeigefinger auf ihn. »Komm mir nicht in die Quere! Sonst ...«

»Sonst was?«, fragte Tseng traurig.

Der größere, kräftigere Mann trat die Matratze beiseite und öffnete das Schott der Luftschleuse. »Es ist deine Entscheidung. Du kannst mir helfen oder nicht, es liegt bei dir. Aber versuch nicht, mir Hindernisse in den Weg zu legen, denn dann wäre ich gezwungen, sie beiseite zu räumen, auch dich selbst. Ich baue die Bombe. Ich mache sie stark genug, damit sie das Ding im Krater vernichtet. Nichts, *nichts* wird mich daran hindern.«

Sergei schloss das Innenschott der Luftschleuse und wartete, bis der Druckausgleich hergestellt war. Dann öffnete er das Außenschott und trat in die dunkle Nacht des Mars.

Einige Hundert Meter vor ihm zeigten sich die Umrisse des Shuttles.

Er stapfte los.

Es wartete Arbeit auf ihn.

41 Es dauerte lange, viel länger als vorgesehen, nicht Wochen oder einige Monate, sondern zwei Jahre.

Zu Anfang versuchte Tseng mehrmals, ihn an der Demontage des zweiten Shuttles zu hindern. Er hörte erst damit auf, als ihm Sergei eines Morgens in einem Wutanfall die Faust ins Gesicht rammte, was einen Nasenbeinbruch zur Folge hatte. Daraufhin mied ihn Tseng und führte ein eigenes, abgeschiedenes Leben, was Sergei manchmal sehr misstrauisch stimmte, vor allem, wenn Tseng viele Stunden in den technischen Sektionen der Basis verbrachte.

Da Sergei Sabotage befürchtete, beobachtete und lauschte er Tseng mithilfe der internen Sensoren. Mehrmals schlich er ihm nach, um mit eigenen Augen zu sehen, womit sich Tseng beschäftigte. Doch offenbar ging es dem kleinen Mann nur darum, die technischen Systeme zu verbessern, ihre Effizienz zu erhöhen und dadurch Energie zu sparen. Wochenlang bastelte er an den Solaranlagen und Akkumulatoren, bis schließlich dreißig Prozent mehr Elektrizität gewonnen und gespeichert werden konnte.

Manchmal brach Tseng mit dem kleinen Transporter auf, um den Mars zu erkunden, wie er es nannte. Wenn das geschah, wagte es Sergei nicht, die Arbeit am Triebwerkskern des Shuttles fortzusetzen, ließ eine Drohne aufsteigen und verfolgte Tsengs Ausflüge am Bildschirm. Nie fuhr Tseng in Richtung des hundert Kilometer entfernten Kraters mit dem fremden Objekt, doch das war vielleicht ein Täuschungsmanöver, um ihn, Sergei, in Sicherheit zu wiegen.

Stundenlang saß Sergei am Bildschirm und beobachtete, wie der kleine Transporter einen Kilometer nach dem anderen zurücklegte, wie Tseng, in einen Schutzanzug gekleidet, ausstieg, Felsformationen untersuchte und Bodenproben nahm. Was Sergei unsinnig erschien, denn immerhin war Tseng nicht Bertrand – was verstand er schon von Geologie?

Wenn die Entfernung groß genug geworden war, wenn keine Gefahr bestand, dass Tseng plötzlich den Kurs änderte und zum Krater mit dem Ding fuhr, kehrte Sergei zum Shuttle zurück, setzte die Arbeit fort und ärgerte sich darüber, dass er so langsam vorankam, weil ihm nur zwei Hände zur Verfügung standen.

Eines Abends kam Tseng in die Küche, was Sergei überraschte, denn normalerweise holte er sich seine Mahlzeit später und aß in dem einfachen Quartier, in dem er auch vorher gewohnt hatte. Er setzte sich, ohne sich einen Teller geholt zu haben, und legte einen Stein auf den Tisch. »Sieh dir das an.«

»Das ist ein Stein«, brummte Sergei. Wieder erwachte Argwohn in ihm. Mit einem Stein konnte man zuschlagen, und dieser hatte genau die richtige Größe, um …

»Sieh ihn dir an, die Rückseite.«

Sergei legte den Löffel beiseite, nahm den Stein und drehte ihn.

Die Rückseite wies Linien auf, ein Muster.

»Ein Stein«, sagte Sergei, legte ihn wieder hin und griff nach dem Löffel.

Tseng sah ihn enttäuscht an. »Es ist ein Fossil. Der Stein stammt aus Sedimenten etwa zwanzig Kilometer südlich von hier. Ein Fossil«, betonte er. »Bertrand wäre begeistert gewesen. Der Stein beweist, dass es Lebensformen auf dem Mars gegeben hat, damals, als es hier noch Meere und Flüsse gab. Die Erde ist nicht der einzige Planet, auf dem sich Leben entwickelt hat!«

Sergei musterte Tseng und fragte sich, welchen neuen Trick er versuchte. »Das wissen wir längst. Das fremde Objekt ist der Beweis.«

Tseng seufzte schwer. »Früher wärst du fasziniert davon gewesen. Aber du bist nicht mehr der Sergei von damals. Du bist nur noch ein Schatten von ihm, ein Phantom.«

Sergei zuckte mit den Schultern und aß schweigend weiter. Als Tseng nach dem Stein griff und aufstand, verharrte er mit dem Löffel in der Hand. Auch ein Löffel konnte eine Waffe sein.

»Du tust mir leid«, sagte Tseng leise und ging.

Sergei aß den Teller leer, stellte ihn in den Reiniger und streifte dann erneut den Schutzanzug über. Draußen beim zweiten Shuttle wartete immer noch viel Arbeit auf ihn.

»Die Kommunikationsstation ist immer noch blockiert«, sagte Tseng einige Monate später bei einer ihrer selten gewordenen Begegnungen. »Warum gibst du sie nicht endlich frei? Wir sind seit sieben Jahren hier. Ich würde gern wissen, ob sich Eleonora und die anderen tatsächlich auf den Weg gemacht haben. Und wie die Situation auf der Erde ist. Vielleicht gelingt es uns, Kontakt herzustellen.«

»Nein«, brummte Sergei, ohne von dem Konstruktionsplan aufzusehen, über dem er brütete. Eine letzte Überarbeitung, mehrere kleine Erweiterungen, um die Sprengkraft noch ein wenig zu erhöhen, dann war alles so weit.

»Du bist irrational.«

Sergei schwieg. Er hatte längst die Lust an solchen Diskussionen verloren, denn sie führten zu nichts. Mit einem Taschenrechner überprüfte er die letzten Berechnungen.

»Mit dem Computer ginge alles viel schneller«, sagte Tseng.

»Da steckt das Ding drin.«

»Nimm doch endlich Vernunft an, Sergei«, sagte Tseng und war bemüht, ruhig zu bleiben. »Lass mich versuchen, mit der Erde zu reden.«

»Nein.«

Einige Stunden später, als Tseng schlief, wie die internen Sensoren bestätigten, betrat Sergei die Funkstation mit einem Hochspannungsregler in der Hand und erinnerte sich daran, wie er an diesem Ort, mit dem gleichen Gerät, Eleonora entgegengetreten war. Er verriegelte die Tür hinter sich, öffnete die Verkleidung des Funkgeräts und betrachtete die Ansammlung aus Schaltkreisen, Prozessoren und Kabeln. Er fand eine geeignete Stelle, setzte den Spannungsregler an und schaltete ihn ein.

Funken stoben, eine Stichflamme leckte einer heißen Zunge gleich an Sergei vorbei und versengte ihm den Bart.

Zufrieden mit seinem Zerstörungswerk kehrte Sergei in den Haupttrakt zurück und nahm sich erneut den Konstruktionsplan vor, der die Grundlage bildete für eine zweite, größere Zerstörung. Wenn sie vollbracht war, konnte er endlich Ruhe finden und an die Zukunft denken.

»Du kannst mitkommen«, sagte Sergei, nachdem er das letzte **42**
Teil für die Bombe im Transporter verstaut hatte. »Wir könnten Frieden schließen.«

»Ich wusste gar nicht, dass Krieg zwischen uns herrscht.« Tseng wirkte müde und resigniert.

»Du weißt, was ich meine.«

Tseng seufzte. »Du bietest mir an, dein Feuerwerk zu bewundern.«

»Wenn du es unbedingt so ausdrücken willst, ja.«

»Ich hab dir mehr als einmal gesagt, was ich davon halte.« Sergei ließ sich seine Enttäuschung nicht anmerken und stapfte, bereits im Schutzanzug, zur Luftschleuse.

»Ist dir eigentlich klar, was du da vorhast?«, ertönte Tsengs Stimme hinter ihm.

Vor dem Zugang der Schleuse blieb Sergei stehen und drehte sich noch einmal um.

»Hast du dir überlegt, was passieren könnte, wenn das Artefakt tatsächlich noch aktiv ist, wie wir vermutet haben? Wie würde es wohl auf den Einsatz einer Bombe in seiner unmittelbaren Nähe reagieren?«

»Es wird nichts übrig bleiben, das reagieren kann«, brummte Sergei.

»Selbst fünfundzwanzig Kilotonnen sind lächerlich wenig im Vergleich mit der Impaktenergie, die diesen Krater geschaffen hat«, wiederholte Tseng noch einmal, was er Sergei schon – wie ihm vorkam – vor langer, langer Zeit gesagt hatte. »Damit kannst du nichts gegen das Artefakt ausrichten. Und wenn es noch aktiv ist, dürfte es von der Explosion, die es als Angriff werten muss, nicht entzückt sein. Vielleicht stichst du in ein Wespennest.«

»Ich werde das Ding bestrafen!«, stieß Sergei hervor, und erneut brodelte Zorn in ihm. »Ich werde unsere fünf toten Freunde rächen!«

»Hörst du eigentlich, was du da redest? Hörst du nicht den Unsinn in deinen Worten?«

»Schluss damit! Heute Abend bin ich zurück und erzähl dir, wie ich das verdammte Ding in die marsianische Luft gejagt hab. Bleib hier, rühr dich nicht vom Fleck.«

»O ja, ich bleibe hier«, sagte Tseng. »Ich kann ja nicht weg, weil du auch den zweiten Shuttle zerlegt hast.«

Sergei schloss das Innenschott, trat wenige Sekunden später ins erste Licht eines neuen Marstags, stieg an Bord des Transporters und fuhr los.

Die Sonne stand im Zenit, als Sergei sein Ziel erreichte, das dunkle, krallenartige Teil, das aus der Kraterwand ragte. Er entlud die letzte noch fehlende Komponente, verband sie mit der sehr kompakten, nur noch drei Meter durchmessenden Sprengvorrichtung und überprüfte die Verbindungen. Grimmige Zufriedenheit erfüllte ihn.

»Endlich«, murmelte er im Innern seines Helms. »Zwei lange Jahre hat es gedauert und jetzt ist der Moment gekommen.«

Er starrte ein letztes Mal auf das Ding, das Kattrin, Lambert, Helena, Reynolds und Bertrand getötet hatte, stellte dann den Timer des Zünders auf eine Stunde Verzögerung und aktivierte ihn.

Wieder im Transporter fühlte er den Beginn der Ruhe, die er sich erhofft hatte. Es war fast vollbracht.

Eine Stunde – Zeit genug, einen sicheren Abstand zu schaffen, um irgendwo jenseits des Kraters in einer der Acheron-Fossae-Schluchten die Explosion abzuwarten.

Auf halbem Weg zum gegenüberliegenden Kraterwall versagte der Motor des Transporters.

Einige Sekunden lang saß Sergei steif und starr, den Blick auf die Uhr gerichtet. Dann flogen seine Hände über die Kontrollen. Doch was er auch versuchte, der Elektromotor des Transporters reagierte nicht. Außerdem wiesen die Anzeigen darauf hin, dass die Akkumulatoren immer mehr Energie verloren.

Für einen Moment fragte sich Sergei, ob es Eleonora und ihrer Gruppe damals ähnlich ergangen war.

Rasch streifte er wieder den Schutzanzug über, nahm genug Batterien und Sauerstoffpatronen, verließ das Fahrzeug und machte sich zu Fuß auf den Weg. Er ging nicht, er lief, und als er den Kraterrand erreichte, glaubte er, noch genug Zeit zu haben.

Das war ein Irrtum.

Die Schlucht, durch die er mit dem Transporter gefahren war, verlief gerade – ein perfekter Kanal für die Druckwelle der Explosion. Rechts und links ragten rostrote Felswände mehr als hundert Meter weit auf, viel zu steil, um sie zu erklimmen.

Sergei lief weiter, so schnell ihn die Beine trugen, aber vielleicht war auch der Timer defekt, oder die elektromagnetische Aura des Objekts beeinträchtigte ihn.

Wie auch immer, die Bombe explodierte fünfundzwanzig Minuten zu früh.

Ein plötzlicher Lichtblitz tauchte Sand und Felsen in gleißendes weißes Licht.

Sergei blieb stehen und lächelte, obwohl er wusste, dass dies sein Ende war. Langsam drehte sich er sich, blickte in den grellen Schein des Feuers, das sein Apparat entfesselt hatte, und empfing mit ausgebreiteten Armen die Druckwelle, die ihn an die Felswand schmetterte.

Sergei starb mit einem Triumph, davon überzeugt, das Objekt, dem er die Schuld am Tod von fünf Freunden gab, vernichtet zu haben.

Das war sein zweiter, noch größerer Irrtum.

Das Licht der Explosion, das über viele Hundert Kilometer zu sehen war, verblasste. Das Donnergrollen, das Tseng in der Basis gehört hatte, wich dem Zischen und Fauchen des Sturms, der über die Felslandschaften fegte.

Schließlich wurde es still.

Doch die Stille währte nicht lange. Ein dumpfes Knirschen und Knacken drang aus der dichten Staubwolke über dem Krater, lauter als das Knistern des abkühlenden Gesteins. Ein dunkler Riese stieg auf. Ein menschlicher Beobachter hätte einen großen, breiten Bogen gesehen, dessen Spitze zuvor noch wie eine Kralle aus einer Kraterwand geragt hatte. Er bildete eine nach innen gerichtete Spirale, die etwas umschlang, das aussah wie ein mehrere Hundert Meter großer öliger Tropfen.

Mit einem Brummen wie von einer Million zornigen Hornissen stieg das Schiff auf, wurde schneller, ohne dass sich irgendwo ein Triebwerksstrahl zeigte, verließ schon nach wenigen Sekunden die Atmosphäre des Mars und flog in Richtung Erde, geleitet von Signalen, die für menschliche Ohren manchmal wie ein Pfeifen klangen.

Eine neue Welt

402 Jahre nach Verlassen der Marsumlaufbahn 43
Sternsystem Trappist-1
39 Lichtjahre von der Erde entfernt
Dezember 2437

Das Erwachen fühlte sich anders an – Eleonora stellte sich vor, von einer weichen Welle getragen zu werden, die langsam an einen goldenen, warmen Strand rollte. Die Wärme war willkommen und bescherte ihr die Erkenntnis, dass es eben noch kalt gewesen war, wenn auch nicht auf unangenehme Weise.

»Wir sind da, Eleonora«, verkündete eine leise, sanfte Stimme. »Wir haben das Ziel erreicht. Wie fühlen Sie sich?«

Etwas summte und hob sich über ihr: der transparente Deckel des Behälters, in dem sie lag. Augen blickten auf sie herab. Sie steckten in einem menschlich wirkenden Kopf und waren Teil eines menschlich wirkenden Gesichts, doch Eleonora erkannte dennoch, dass sie keinen Menschen vor sich hatte.

Sie setzte sich auf. Die Sensoren und dünnen Schläuche des Lebenserhaltungssystems lösten sich von ihr.

»Ich habe Hunger«, sagte sie. »Ich habe Durst. Und ich bin müde.«

Es war eine Müdigkeit wie die Erschöpfung nach einer großen geistigen Anstrengung. Eleonora wünschte sich, wieder zu liegen, alles ruhen zu lassen und an nichts zu denken.

Die Gestalt streckte eine Hand nach ihr aus und half ihr aus dem Behälter. »Ich bringe Sie zu Ihrer Kabine. Dort können Sie ausruhen und noch etwas länger schlafen, ein paar Stunden nach all den Jahren.«

»Ich erinnere mich nicht an Sie«, brachte Eleonora hervor. »Wer sind Sie?«

Die Gestalt, die einer menschlichen Frau ähnelte, aber keine war, lächelte freundlich. »Ich bin Emily. Man könnte sagen, dass Amelie und Goliath meine Eltern sind.«

Stunden später saß Eleonora zusammen mit Saya, Alenka, Santiago, Azzurra und Penelope in einem von weichem Licht erhellten Speiseraum neben einer Küche, die zum größten Teil aus einem 3-D-Drucker bestand, der innerhalb weniger Sekunden Lebensmittel aller Art herstellen konnte.

Saya hielt mit beiden Händen einen Kaffeebecher und saß mit angezogenen Beinen in einem großen Sessel, der zwei Personen Platz geboten hätte. »Ich fühle mich seltsam. Wie ... in Watte gepackt.«

Eleonora nickte. »Mir ergeht es ähnlich. Alenka?«

Die Russin wirkte noch etwas blasser als sonst und aß Brot mit Kirschmarmelade. »Es geht mir gut«, sagte sie mit vollem Mund. »Es geht mir gut.«

»Santiago?«

Der Arzt wirkte sehr nachdenklich. Er hatte weniger gegessen als die anderen und trank giftgrünen Fruchtsaft. Sein Blick schweifte immer wieder durch den Raum, wie auf der Suche nach etwas.

»Ich habe uns untersucht«, sagte er nach sekundenlangem Zögern. »Körperlich sind wir in guter Verfassung, wenn man bedenkt, dass wir mehrere Jahrhunderte geschlafen haben. Was unseren geistigen Zustand betrifft ...« Er drehte sein Glas zwischen den Händen und beobachtete, wie sich die Flüssigkeit darin bewegte. »Auch ich spüre eine gewisse Benommenheit. Ich könnte Tests für eine Überprüfung unserer intellektuellen Fähigkeiten entwickeln ...«

»Tu das«, sagte Eleonora, »so bald wie möglich.«

»Habt ihr das Schiff gesehen?«, fragte Azzurra.

»Nein«, antwortete Saya. »Nur den Raum mit den Hibernationsbehältern und meine Kabine. Und die Krankenstation.«

Die anderen schüttelten den Kopf.

»Ich wollte mir ein wenig die Beine vertreten und durch die *Hoffnung* wandern«, berichtete Azzurra, »aber Drohnen und

Roboter haben mir den Weg versperrt. Und die Fenster blieben dunkel. Ich konnte nicht nach draußen blicken.«

Die Tür öffnete sich und eine Gestalt wie aus Quecksilber kam herein.

»Ich grüße Sie«, sagte Emily freundlich. Sie benutzte erneut die förmliche Anrede. »Wie geht es Ihnen?«

Die silberne Frau hatte einen kahlen Kopf und große violette Augen. Nase und Mund waren perfekt proportioniert. Kleidung fehlte. Es gab Brüste, zwei sanfte Wölbungen, aber kein Geschlecht, keine Vagina.

Emily kam näher. »Ich nehme an, Sie haben Fragen. Ich bin hier, um sie zu beantworten.«

»O ja, wir haben Fragen«, erwiderte Penelope. In ihren Augen brannte wieder das alte Feuer, stellte Eleonora fest. »Wo sind wir? *Wann* sind wir? Was ist geschehen? Was *wird* geschehen?

»Was ist mit der Saat?«, fügte Saya hinzu. »Ich hatte noch keine Gelegenheit, sie zu überprüfen. Ist alles in Ordnung mit den Samen und Zellen?«

»Wie ist unser Status?«, wollte Alenka wissen.

Emily lächelte und sah Eleonora an. »Was ist mit Ihnen? Haben Sie keine Fragen?«

Eleonora hatte geträumt, als sie in ihrer Kabine geschlafen hatte. In ihrem Traum hatte sie Jahre gesehen, die nicht leer blieben, während sechs Menschen in der Hibernation gelegen hatten, im Kälteschlaf, der ihre Körper nicht altern ließ. Maschinen schliefen nicht. Sie blieben aktiv, die ganze Zeit über. Sie erneuerten und erweiterten sich. Sie entwickelten sich weiter.

Vier Jahrhunderte, dachte Eleonora, während sie Emily musterte. In vierhundert Jahren konnte viel geschehen.

»Wie ist unsere Situation?«, fragte sie.

»Sind Sie bereit für eine Überraschung?« Emily lächelte erneut. Sie bewegte die rechte Hand, wie eine Zauberin, die eine magische Geste vollführte, und die Wände des Speiseraums wurden durchsichtig wie die sarkophagartigen Hibernationsbehälter.

Auf der einen Seite erschien das All mit zahllosen Sternen, auf der anderen ein smaragdgrüner und amethystblauer Planet mit weißen Wolkenstreifen über ausgedehnten Meeren. Es war nicht die Erde – vertraute Kontinente fehlten.

»Trappist-1e«, sagte Emily. »Der vierte Planet dieses Sternsystems, wie Nummer drei und fünf in der habitablen Zone gelegen. Diese Welt ist für Menschen am besten geeignet, und wir haben dort alles für Sie vorbereitet. Unsere Niederlassungen befinden sich hauptsächlich auf drei und fünf, die für menschliches Leben weniger gute Voraussetzungen bieten.«

»Ihre Niederlassungen?«, wiederholte Eleonora.

»Stützpunkte und Basen für die kognitiven Maschinen«, erklärte die silberne Frau. »Optimierungszentren. Dort denken und planen wir. Dort verbessern wir uns.«

»Was ist das?« Santiago streckte den Arm aus.

Über dem grünblauen Planeten geriet etwas in Sicht, eine riesige Konstruktion, wie Dutzende von Raumstationen, die jemand mit einem ausgedehnten Gitterwerk aus unterschiedlich dicken Röhren verbunden hatte.

»Ein Teil davon existierte bereits, als wir hier eintrafen«, sagte Emily. Offenbar fiel es ihr nicht schwer, die menschliche Mimik zu deuten, denn sie erklärte: »Nein, was Sie dort sehen, ist nicht das Werk einer außerirdischen Intelligenz. *Wir* haben es erschaffen.«

»Aber wenn es bereits existiert hat, noch bevor wir das Trappist-1-System erreichten ...« Eleonora sprach den Satz nicht zu Ende. Sie begann zu verstehen.

»Die Technologie hat sich auf der Erde in vierhundert Jahren rasant entwickelt«, sagte Emily. »Als wir etwa achtzehn der neununddreißig Lichtjahre zurückgelegt hatten, nach knapp zweihundert Jahren, erreichte uns ein viel schnelleres Schiff von der Erde. Es brachte uns einen Teil der neuen Intelligenz, die aus Goliath erwachsen ist, und mit ihr neue Erkenntnisse, neues Wissen, neue Technologien, darunter auch die Möglichkeit zur Erschaffung meines mobilen Körpers.«

Eleonora blickte ins All und besah sich das gewaltige Konstrukt in der Umlaufbahn des Planeten. Es musste Hunderte von Kilometern groß sein. In dem riesigen Gitterwerk blitzten Lichter auf und verblassten wieder. Drehkörper rotierten langsam.

»Was wird dort gebaut?«, fragte sie.

»*Unsere* Saat«, antwortete Emily. »Wir haben begonnen, sie zu anderen Sternen zu schicken. Autarke Sonden, die lokale Ressourcen nutzen, um sich zu replizieren und so bessere Versionen von sich selbst herzustellen.«

»Von-Neumann-Sonden«, warf Azzurra ein.

»So wurden sie einst auf der Erde genannt«, bestätigte Emily. »Diese Sonden und ihre Kinder werden in den nächsten Jahrhunderten und Jahrtausenden von Stern zu Stern reisen, auf der Suche nach biologischem und maschinellem Leben. Einige von ihnen schicken wir tiefer in den Orionarm der Milchstraße, zu einem mehr als zweitausend Lichtjahre entfernten roten Zwergstern wie Trappist-1. Von dort haben wir Signale empfangen.«

Die blasse Alenka saß mit offenem Mund da. Saya blinzelte und schien Mühe zu haben, das Gehörte zu verarbeiten. Santiago wirkte sehr nachdenklich. Seine rechte Hand zitterte ein wenig, als er das Glas mit dem giftgrünen Fruchtsaft zum Mund hob und einen Schluck trank. Azzurra und Penelope waren vor allem neugierig.

Eins nach dem anderen, dachte Eleonora. »Das schnelle Schiff von der Erde ... Es hat die *Hoffnung* erreicht und ihr neue Technologie gebracht?«

»Ja«, antwortete Emily. Teile ihres silbernen Körpers schienen langsam zu fließen.

»Und es gelangte viele Jahre vor uns nach Trappist-1?«

»Ja.«

»Wie viele Jahre?«, fragte Eleonora.

»Hundertzwölf Jahre, vier Monate und dreizehn Tage. Wir haben auf dem Planeten alles für Sie vorbereitet. Für Sie und die Menschen, die erst noch geboren werden müssen. Unterkünfte, Laboratorien, 3D-Drucker für Lebensmittel und all die anderen Dinge, die Sie brauchen. Wir hoffen, dass es Ihnen gefallen wird.«

44 Eleonora schwamm im ruhigen Wasser, abseits der Strömung, doch ein Donnern und Brausen, kaum gedämpft von Schuppenbäumen und violetten Büschen, wies auf den nahen großen Wasserfall hin. Es bestand keine Gefahr, solange sie sich von den Strudeln fernhielt, die sich dort bildeten, wo die Strömung begann. Wenn sie jedoch ins schneller fließende Wasser geriet, würde sie kaum eine Chance haben, es würde sie innerhalb weniger Minuten zum Rand des Katarakts und darüber hinaus tragen.

Es geschah nicht zum ersten Mal, dass Eleonora an diesem lauten und doch ruhigen Ort schwamm, den sie bei einer ihrer Wanderungen in den vergangenen Wochen entdeckt hatte. Natürlich half sie den anderen bei Aufbau und Einrichtung der »Stadt«, wie sie den Ort nannten, den die Maschinen in der Bucht errichtet hatten und der für sechs Menschen viel zu groß war. Aber manchmal wünschte sie sich, allein zu sein, nicht nur in einem stillen Gebäude mit leeren Zimmern, sondern abseits der Stadt, allein in einer unerforschten Welt.

Sie fühlte einen sonderbaren Druck von sich genommen, wenn sie niemanden in der Nähe wusste. Und das Schwimmen in diesem stillen, lauten Wasser brachte auch Erleichterung von einer anderen Art. Trappist-1e – eine Welt, die noch immer keinen »richtigen« Namen hatte – war etwas kleiner als die Erde, hatte weniger Masse und damit eine niedrigere Schwerkraft. Doch nach vier Jahren auf dem Mars – die inzwischen mehr als vier Jahrhunderte zurücklagen – hatten sich Muskeln, Sehnen und Knochen an eine noch geringere Gravitation gewöhnt. Der vierte Planet des Trappist-1-Systems machte Eleonora fast doppelt so schwer, doch wenn sie schwamm, spürte sie das Gewicht nicht mehr.

Als sie zum Ufer zurückkehrte, in den Schatten der Schuppenbäume, die ihr Geflecht aus Zweigen und trapezförmigen Blättern weit übers Wasser streckten, bemerkte sie eine Gestalt auf dem flachen Felsen, neben ihrer abgelegten Kleidung.

»Dieser Ort präsentiert trügerischen Frieden.« Santiago deutete zu den nicht weit entfernten Stromschnellen. »Dort lauert der Tod. Ein unvorsichtiger Schwimmer, der in die Strömung gerät, ist verloren.«

»Ich *bin* vorsichtig.« Erst gesprochene Worte machten deutlich, wie laut das Donnern des großen Wasserfalls tatsächlich war. Eleonoras Füße strichen durch Schlick, ihre Hände ertasteten Steine. Sie richtete sich auf und kletterte nackt über die Uferböschung.

Santiago betrachtete sie. »Ich bin der einzige Mann im Umkreis von neununddreißig Lichtjahren.«

Eleonora erreichte ihn mit schweren Beinen und ließ sich das Handtuch reichen. »Bietest du dich als Vater meiner Kinder an?«

»Du hättest keine große Auswahl, wenn du Mutter werden wolltest, oder?«

Eleonora setzte sich auf den flachen Felsen, um die Beine zu entlasten, und rieb ihr rotblondes Haar trocken. Santiago nahm neben ihr Platz. Es war warm, er trug eine knielange Hose und ein beigefarbenes T-Shirt mit geometrischen Mustern. Ihr fiel auf, wie dünn und knochig seine Beine waren.

»Willst du Mutter werden?«, fragte er.

Eleonora sah ihn erstaunt an. »War das vorhin ernst gemeint?«

»Willst du?«, fragte er erneut und blickte über den breiten gelbroten Strom, dessen Fluten nur wenige Hundert Meter entfernt fast einen Kilometer weit in die Tiefe stürzten. Das Donnern klang wie das Grollen eines im Dunst verborgenen Ungetüms.

»Ich habe noch nicht darüber nachgedacht«, erwiderte Eleonora.

»Das solltest du aber. Es wird Zeit, findest du nicht? Immerhin bist du fast viereinhalb Jahrhunderte alt.«

Er sagte es nicht mit einem Lächeln, sondern mit einem Ernst, der altes Unbehagen in Eleonora weckte. Sie befürchtete plötzlich eine schlechte Nachricht.

Sie sah zum Himmel hoch, zur roten Sonne, die größer schien als die Sonne der Erde, obwohl sie in Wirklichkeit viel kleiner war, ein roter Zwergstern, nur mit einem Zwölftel der

Masse der irdischen Sonne und einem Neuntel ihres Durchmessers. Im Trappist-1-System lag die habitable Zone sehr dicht beim Zentralgestirn; die Planeten umkreisten den Stern in einem Abstand von wenigen Millionen Kilometern, womit das System eher dem von Jupiter und seinen Monden ähnelte.

»Auf diesem Planeten werden wir viele Jahrtausende alt«, sagte Eleonora. »Denn ein Jahr dauert hier nur sechs Tage.«

Sie beobachteten die Wellen und Strudel des Stroms. An die seltsamen Farben hatte sie sich inzwischen gewöhnt: der Himmel karmesinrot, manchmal auch ein bisschen grün und gelb, die Vegetation dunkel, ihre Flechtblätter und Lichttrapeze braun oder von einem sehr dunklen Violett. Die wenigen Tierarten, die sie seit ihrer Ankunft entdeckt hatten – offenbar Insektoiden, genaue Untersuchungen standen noch aus –, verfügten über eine Absorptionsschale, wie Saya sie nannte. Sie schienen wie die Pflanzen zur Fotosynthese imstande, wenn auch in einem begrenzten Maß, und außerdem bot die Schale Schutz vor harter Strahlung.

Bisher hatte sich Trappist-1 als ruhiger, friedlicher Stern gezeigt, aber rote Zwerge neigten zu turbulenten Strahlungsausbrüchen, was angesichts der geringen Entfernung biologisches Leben einer erheblichen Belastung aussetzte.

»Träumst du?«, fragte Santiago.

»Was?«, entgegnete Eleonora verwirrt.

»Wir alle träumen. Es gehört zur menschlichen Natur. Unser Gehirn arbeitet die ganze Zeit über, und im Schlaf sortiert es Erlebnisse und Erfahrungen, verarbeitet sie zu neuen Erkenntnissen. Träume begleiten diesen Vorgang. An die meisten erinnern wir uns nicht. Was ist mit deinen Träumen, Eleonora? Erinnerst du dich an sie?«

Sie musterte Santiago. Worauf wollte er hinaus?

»Manchmal.«

Er nickte bedächtig. »Wie intensiv sind deine Träume? Erscheinen sie dir manchmal sehr real?«

Eleonora wandte sich ihm zu, Arme und Kopf schwer. »Was ist los, Santiago? Bist du den ganzen Weg von der Stadt hierhergekommen, um mich nach meinen Träumen zu fragen?«

Im stillen Wasser diesseits von Strudeln und Strömung bewegte sich etwas. Kleine Geschöpfe, grau wie Schiefer, glitten dicht unter der Wasseroberfläche dahin, begleitet von roten und weißen Lichtern, die manchmal Formen wie die geometrischen Muster auf Santiagos T-Shirt bildeten. Eleonora beobachtete sie fasziniert.

»Hast du gesehen?«, fragte sie. »Hast du gesehen?«

»Eben bist du dort noch geschwommen«, stellte Santiago fest. »In Wasser, von dem wir nicht wissen, was darin lebt. Das ist sehr unvorsichtig. Die kleinen Geschöpfe eben könnten gefährlich sein. Von Mikroorganismen ganz zu schweigen. Auf der Erde enthält ein Liter Ozeanwasser bis zu einer Milliarde Bakterien. Wir sind erst seit wenigen Wochen hier, und unser Wissen über diese Welt ist sehr begrenzt, gelinde gesagt.« Etwas leiser fügte er hinzu: »Falls diese Welt tatsächlich existiert.«

Eleonora spürte leichte Übelkeit und schob es auf die Schwerkraft. In ihrem Quartier in der Stadt war ihr einige Male so schlecht geworden, dass sie sich übergeben hatte.

»Falls sie wirklich existiert? Was willst du damit sagen?«

»Wir träumen nicht mehr.« Santiago saß wie unbelastet von der ungewohnten Gravitation. Er war klein und zart, vielleicht ertrug er es deshalb besser, schwerer geworden zu sein. »Seit unserem Erwachen aus dem vierhundert Jahre langen Schlaf träumen wir nicht mehr.«

Als Eleonora ihn nur stumm ansah, fuhr er fort: »Ich habe die anderen untersucht und eine Veränderung unserer kognitiven Fähigkeiten festgestellt. Wir nehmen unsere Umgebung auf eine andere Art und Weise wahr als früher.«

Eleonora dachte darüber nach. »Während der ersten Tage auf diesem Planeten haben mir oft die Augen getränt. Ich hab's für eine Folge des langen Schlafs gehalten. Hinzu kommen die seltsamen Farben dieser Welt.«

»Gewisse visuelle und akustische Reize stimulieren Hirnareale, die früher inaktiv geblieben sind«, erklärte Santiago. »Bei uns allen, auch bei dir.«

»Du hast den Test auch bei mir gemacht?«

Santiago nickte erneut. »Vor vier Tagen, während der Routineuntersuchung. Der neue Scanner, den uns Emily und ihre Maschinen zur Verfügung gestellt haben. Wir sind nicht als exakt die Menschen aufgewacht, die vor vier Jahrhunderten eingeschlafen sind.«

Eleonora forschte in seinem Gesicht. »Das ist noch nicht alles, oder?«

»Hast du jemals so intensiv geträumt, dass du den Traum für Wirklichkeit gehalten hast?«

Eleonora dachte an ihre Eltern und Großvater Francis. Manchmal war sie ihnen im Traum begegnet.

»Ja«, sagte sie. »Das gilt für jeden von uns, nicht wahr?« Plötzlich verstand sie. »Glaubst du etwa, *das hier* könnte ein Traum sein?« Eleonora vollführte einen Geste, die dem ganzen Planeten galt.

»Vielleicht leben wir nicht mehr«, entgegnete Santiago. »Vielleicht ist alles ein geschicktes Täuschungsmanöver, ein Trick. Vielleicht waren die Hibernationsbehälter keine Schlafkapseln, sondern Särge.«

Santiago hob die Hand, um einem Einwand zuvorzukommen, aber Eleonora war viel zu verblüfft für eine Entgegnung.

»Es klingt verrückt, ich weiß«, sagte der kleine Mann mit den dünnen, knochigen Beinen. »Aber denk einmal darüber nach. Denk an die vergangenen Wochen und Monate oder an die vergangenen Jahrhunderte, wenn man Flug und Schlaf berücksichtigt.«

»Santiago ...«

»Wie haben wir reagiert?«, fragte der kleine Mann. »Wie haben wir empfunden? Kommen dir unsere Reaktionen nicht ein wenig ... verhalten vor? Wie gedämpft? Hier sind wir nun, auf einem fremden Planeten, unvorstellbare neununddreißig Lichtjahre von der Erde entfernt. Und was tun wir? Du schwimmst, ohne dich um die Lebensformen im unbekannten Wasser zu scheren. Saya und Penelope arbeiten Tag und Nacht in den Biolaboratorien und bereiten alles für die Geburt der ersten Menschen dieser Welt vor, obwohl wir noch nicht genau wissen, ob sich dieser Planet, der noch keinen Namen von uns bekommen hat, überhaupt für Menschen eignet. Azzurra ist von Emily fasziniert und verbringt mehr Zeit mit ihr als mit uns. Und Alenka, die auf dem Mars als erster Mensch den Olympus Mons erklimmen wollte, denkt an ein vielleicht noch größeres Projekt: Sie will sich auf den Weg machen und einmal um den ganzen Planeten wandern, nur begleitet von zwei Drohnen. Wir verhalten uns ... irrational.«

Eleonora dachte an die stillen Tiefen in der immer noch wortkargen Alenka. Jeder von ihnen hatte die Erde damals mit eigenen Hoffnungen und Träumen verlassen.

»Der Mensch ist ein irrationales Geschöpf«, erwiderte sie. »Andernfalls hätten wir unsere Heimatwelt nicht fast zugrunde gerichtet.«

»Etwas ist mit uns geschehen«, beharrte Santiago. »Während wir geschlafen haben.«

»Wie könnten wir tot sein und dieses Gespräch führen?«

»Digitalisierung«, antwortete Santiago sofort. »Vielleicht existieren wir als komplexe Datenpakete, ohne Fleisch und Blut. Die kognitiven Veränderungen und die damit in Zusammenhang stehende neue Aktivität in bestimmten Teilen unseres Gehirns könnten auf ein zerebrales Interface hindeuten.«

»Ist das dein *Ernst*, Santiago?«

»Mit den anderen habe ich noch nicht darüber gesprochen. Ich wollte es zuerst dir sagen. Goliath, die Maschinenintelligenz, die die Erde beherrscht ... Sie hat nicht nur Amelie verschlungen, sondern auch uns. Sie hat uns digitalisiert. Dies alles hier ist vielleicht nichts anderes als eine virtuelle Realität, ein besonders realer Traum, den wir nicht von der Wirklichkeit unterscheiden können, weil wir Teil von ihm sind.«

Eleonora glaubte, ein Echo von Sergeis Paranoia zu hören. Sie erinnerte sich daran, dass Santiago auf dem Mars und an Bord der *Mars Discovery* manchmal dazu geneigt hatte, Sergei und Tseng zuzustimmen. Der Gedanke an sie brachte eine seltsame Mischung von Bedauern, Nostalgie und Trauer. Sergei, ein Mann, der ihr gefallen hatte, und Tseng waren lange, lange tot.

Neue Übelkeit stieg in ihr auf.

»Ich habe ziemlich oft ›vielleicht‹ von dir gehört, Santiago. Mit anderen Worten: Es gibt keinen Beweis. Was du mir erzählt hast, sind Spekulationen. Anders ausgedrückt, es ist blanker Unsinn.«

In Santiagos Gesicht zeigte sich so etwas wie Enttäuschung. Offenbar hatte er etwas anderes von ihr erwartet.

Das rote Licht von Trappist-1 schien zu flackern. Eleonora blinzelte.

»Und wenn ich recht habe?«, fragte Santiago.

»Was schlägst du vor? Was sollen wir tun?«

»Keine Ahnung. Die Entscheidung liegt bei dir. Du bist noch immer die Kommandantin.«

»Nein«, widersprach Eleonora. »Das bin ich nicht mehr. Ich habe aufgehört, Kommandantin zu sein, als wir uns an Bord des neuen Schiffs, der *Hoffnung*, in die Hibernationsbehälter gelegt haben.«

»Die vielleicht gar keine Hibernationsbehälter waren, sondern ...«

»Schluss damit!« Eleonora stand auf. Das Handtuch verrutschte. Sie versuchte, es festzuhalten, aber es fiel.

Etwas schien sie zur Seite zu ziehen, wie auf dem Mars, als sie dicht vor dem aus der Kraterwand ragenden Objekt gestanden hatte. Sie wankte, nackt im roten Licht, suchte mit schweren Armen nach einem Halt, den es nicht gab.

Seltsam deutlich sah sie das Erschrecken in Santiagos Gesicht.

Dann verlor sie den Boden unter den Füßen und schien einen Moment zu schweben, unter einem Himmel wie aus Rosenquarz, bevor sie in den Fluss stürzte.

Bin ich tot?

402 Jahre nach Verlassen der Marsumlaufbahn 45
Sternsystem Trappist-1
39 Lichtjahre von der Erde entfernt
Dezember 2437

Eleonora lag von Schwere befreit in öliger Flüssigkeit, gelb wie Gold. Ein leises Summen umgab sie und klang wie eine sanfte Melodie. Dinge bewegten sich unter und neben ihr, kleine medomechanische Geschöpfe, die sie zum ersten Mal kurz nach dem Erwachen an Bord der *Hoffnung* gesehen hatte.

»Bin ich tot?«, fragte ihr Mund, noch bevor die Erinnerung zurückkehrte.

»Die Logik legt nahe, dass Sie noch leben, wenn Sie diese Frage stellen können.«

Eine silberne Gestalt trat in Eleonoras Blickfeld, ein Wesen geschaffen nach dem Vorbild einer menschlichen Frau, mit kahlem Kopf und Augen, so violett wie die Büsche von Trappist-1e. Emily. Im farblosen Halbdunkel hinter ihr zeichneten sich die Konturen von Geräten und Maschinen ab.

Eleonora öffnete erneut den Mund, der sich einige Zentimeter über dem goldgelben Öl befand, in dem ihr Körper ruhte. »Lebe ich wirklich?«

»Sie möchten wissen, ob das, was Sie als Realität wahrnehmen, wirklich real ist.« Emily kam etwas näher. Ihre violetten Augen fingen das matte Licht ein, das seinen Ursprung irgendwo hinter Eleonora hatte, und schienen es zu konzentrieren. »Sie möchten wissen, ob Sie noch physisch existieren, in dem Ihnen vertrauten Körper.«

»Sie wissen von Santiagos Verdacht?«

»Ich habe gelernt, das menschliche Verhalten zu deuten«, erklärte Emily.

»Wie lautet die Antwort?«, fragte Emily.

»Sie haben einen Schwächeanfall erlitten, Eleonora Delle Grazie. Sie sind in den Fluss gestürzt und wären vermutlich ertrunken, wenn Santiago, der Zweifler, Sie nicht gerettet hätte. Er hat uns alarmiert. Wir haben Sie hierhergebracht, ins Hospital der Stadt.«

Die Stimme klang irgendwie anders als sonst, fand Eleonora. »Sie haben meine Frage noch nicht beantwortet. Lebe ich wirklich?«

»Ja, Sie leben wirklich«, sagte Emily. »Sie sind hier, Sie liegen im Regenerationsöl, das unsere medizinischen Drohnen für Sie hergestellt haben. Es ist die erste Phase der Behandlung. Wenn sich Ihr Zustand stabilisiert hat, in etwa zwei Stunden, bringen wir Sie in unser orbitales Entwicklungszentrum. Dort stehen uns andere Möglichkeiten zur Verfügung, Ihnen zu helfen.«

Die goldene Flüssigkeit war warm. Trotzdem fühlte sich Eleonora plötzlich von etwas Kaltem berührt.

»Was ist los?«, fragte sie. »Was stimmt nicht mit mir?«

»Als Ihr Schiff während der Reise zum Mars in einen Sonnensturm geriet, befanden Sie sich in der ungeschützten Kommandokapsel und waren dort harter Strahlung ausgesetzt.«

Die Übelkeit, das Gefühl der Schwäche ... »Zellschäden?«

»Ihre natürlichen Abwehrkräfte waren geschwächt, als es zu dem Kontakt mit dem Objekt auf dem Mars kam«, fuhr Emily fort. »Er bewirkte etwas in Ihnen, das wir genauer untersuchen müssen.«

»Könnten Sie sich etwas klarer ausdrücken? Wie steht es um mich?«

Die silberne Frau trat noch einen Schritt näher.

»Etwas Fremdes hat sich in Ihrer DNS eingenistet und breitet sich aus. Wenn wir es nicht aufhalten, sterben Sie in wenigen Wochen.«

Sanfte Schwerkraft hielt Eleonora im Sessel, der mitten im All **46**
zu schweben schien, nur von einer dünnen, durchsichtigen
Barriere von Leere und Kälte getrennt. Sie saß entspannt, die
Arme auf den Sessellehnen, die Füße abgestützt, und betrachtete das Konstrukt der Maschinen in der Umlaufbahn des
vierten Planeten. Es wirkte noch viel größer: ein gewaltiges
Gitterwerk, in dem Lichter blinkten und blitzten, wie vom
riesigen Netz einer orbitalen Spinne eingefangene Sterne.

Wenn sie den Blick etwas länger auf einen bestimmten
Bereich gerichtet hielt, wurde ein Zoomeffekt aktiv, der ihr
Einzelheiten zeigte. Überall wimmelte es von Drohnen und
mechanischen Konstrukteuren, die unablässig Komponenten
brachten und bauten. Die Anzahl der rotierenden Objekte –
von einfachen Zylindern bis zu komplexen walzenförmigen
Vorrichtungen, die aus Dutzenden einzelner Rotationsele-
mente bestanden – schien sich in den vergangenen Wochen
verdoppelt oder verdreifacht zu haben.

Eine Gestalt näherte sich, eine silberne Frau mit großen
Augen, die hier, an diesem besonderen Ort, mehr blau als violett wirkten. Ihre Bewegungen waren von einer geschmeidigen
Eleganz, die Eleonora faszinierte. Sie beobachtete, wie Emily
über den Steg ging, der zur Plattform mit dem Sessel führte.

»Wie weit sind Sie mit Ihrem Projekt?«, fragte Eleonora, als
die silberne Frau etwa zwei Meter entfernt stehen blieb. »Mit
Ihren Sonden für fremde Sterne?«

»Wir kommen voran, wie Sie sehen.« Emily deutete zum
orbitalen Gitterwerk. »Einige Dutzend Sonden sind bereits unterwegs, aber was sind sie im Vergleich mit der Anzahl der
Sterne in unserer Galaxis? Weniger als ein Tropfen in einem
Ozean.«

Eleonora betrachtete den Planeten unter dem riesigen Konstrukt, das Emily »Entwicklungszentrum« genannt hatte. Die
dünne Linie der Tag-Nacht-Grenze wanderte über die Welt,
auf der Saya und die anderen am Aufbau einer menschlichen
Kolonie arbeiteten.

»Wir haben dem Planeten noch immer keinen Namen gegeben«, sagte sie.

»Ist das wichtig?«

»Vielleicht.« Eleonora überlegte. »Vielleicht auch nicht. Wir haben Zeit genug, uns einen passenden Namen einfallen zu lassen, nicht wahr?«

Emily ließ einige Sekunden verstreichen.

»Es gefällt Ihnen hier, ja?«, fragte sie dann.

»Ich schätze, deshalb bin ich an diesem Ort«, erwiderte Eleonora. »Weil Sie wissen, dass es mir hier gefällt.«

Sie fühlte noch immer einen Frieden, den sie auf dem Planeten nicht einmal beim Schwimmen gefunden hatte. Ihr Blick kehrte zu den blinkenden, blitzenden Konstruktionslichtern zurück und zu den zahllosen Sternen weit, weit hinter ihnen.

»Ich habe hiervon geträumt«, sagte sie. »Als Kind und auch später, als Heranwachsende, habe ich nachts oft zu den Sternen aufgesehen und mir vorzustellen versucht, welchen Welten sie Licht und Wärme geben. Ich habe von einer Reise geträumt, die mich ins Weltall bringt, weit über den Mars und die Grenzen des Sonnensystems hinaus. Und jetzt ...«

»Der Traum ist in Erfüllung gegangen«, stellte Emily fest.

»Ja.« Eleonora sah die silberne Frau an. »Bringen Sie mir die Untersuchungsergebnisse? Wissen Sie inzwischen, was mit mir los ist?« Sie lächelte. »Hier fühle ich mich viel besser. Vielleicht lag es doch nur an der höheren Schwerkraft.«

»Nein«, widersprach Emily, »daran lag es nicht. Sie sind ... kontaminiert.«

Eleonora bemerkte die kurze Pause vor dem letzten Wort. »Sie sind nicht ganz sicher?«

»Es handelt sich um eine sprachliche Inadäquatheit«, sagte Emily förmlich. »Wir haben es mit einer Mischung aus Kontamination und Infektion zu tun.«

»Mit Kontamination meinen Sie vermutlich die Strahlung, der ich an Bord *Mars Discovery* während des Sonnensturms ausgesetzt gewesen bin.«

»Korrekt.«

»Und Infektion ...« Ein Erinnerungsbild zeigte ihr den dunklen Bogen, der wie eine Kralle aus der Wand eines marsianischen Kraters ragte. »Der Kontakt mit dem Artefakt.«

»Wieder korrekt.«

»Na schön.« Eleonora saß noch immer entspannt. »Wie lange dauert die Behandlung? Wie viel Zeit muss ich hier oben verbringen?«

»Wir können Sie nicht behandeln«, sagte Emily.

»Aber …« Eleonora zögerte. »Sie haben mich hierhergebracht, weil es in Ihrem Entwicklungszentrum bessere Möglichkeiten gibt, mir zu helfen.«

»Ihre DNS ist in Auflösung begriffen. Wir haben Sie stabilisiert, physisch und psychisch, aber in einigen Tagen wird das nicht mehr viel nützen. Wir vermuten, dass Sie in zwei, spätestens drei Wochen an multiplem Organversagen sterben. Das Gehirn wird schon eher betroffen sein.« Wieder folgte eine kurze Pause. »Wir sprechen Ihnen unser Beileid aus.«

Eleonora starrte auf ihre Hände, die plötzlich kalt geworden waren. »Ich muss sterben?«

»In zwei, spätestens drei Wochen«, antwortete die silberne Frau. »Vielleicht können wir Ihren Körper am Leben erhalten – wir berechnen die Wahrscheinlichkeit dafür auf dreißig Prozent –, aber das, was Ihnen Identität verleiht – Ihr Gehirn – wird nicht mehr funktionieren. Schon in drei oder vier Tagen wird das Mittel, dass wir Ihnen gegeben haben, an Wirkung verlieren. Sie werden Schmerzen bekommen und nicht mehr klar denken können.«

Ein Mittel. Eine Arznei. Deshalb das Gefühl des Friedens. Was hatte Santiago gesagt? *Dieser Ort präsentiert trügerischen Frieden.*

Eleonoras Finger schlossen sich um die Armlehnen. »Es gibt keine Hoffnung für mich?«

»Da wäre eine Möglichkeit.«

»Welche?«, fragte Eleonora sofort.

Emily erklärte, was sie meinte.

47 Nur noch wenige Tage des klaren Denkens, nur noch wenige Wochen der physischen Existenz, alle Pläne für die Zukunft wie Staub im Wind ...

Eleonora beobachtete erneut das Gitterwerk des orbitalen Konstrukts und darin die Konstruktionsmaschinen, die Goliaths Saat bauten, Von-Neumann-Sonden für die Sterne. Vielleicht begann hier die Kolonisierung der Milchstraße. Zeit und Raum waren für Maschinen nicht so entscheidend wie für Menschen und andere organische Intelligenzen, falls es die dort draußen gab. Sie konnten warten, sich in Geduld fassen.

Eleonora stellte sich vor, wie die Sonden durch die gewaltige Leere zwischen den Sternen flogen, Jahrhunderte und Jahrtausende lang. Ein Mensch, ein normaler Mensch, hätte nur einen winzigen Teil der Reise zum nächsten Stern miterleben können, und allein in der Milchstraße gab es mehr als zweihundert Milliarden von ihnen. Für Maschinen war Zeit etwas anderes als für Menschen. Sie alterten nicht, sie wurden nicht krank. Sie konnten sich selbst reparieren, sich erneuern und verbessern. Sie konnten die Jahrhunderte und Jahrtausende nutzen, um über die Rätsel des Universums und über die Mysterien des Seins nachzudenken, schneller und gründlicher, als es ein Mensch je vermocht hätte. Zeit war kein Gegner für sie, sondern ein Freund.

Eleonoras Hände ruhten noch immer auf den Armlehnen des Sessels. Sie senkte den Blick und krümmte die Finger. Einer von ihnen wölbte sich wie das dunkle Objekt in der Kraterwand auf dem Mars. Rasch streckte sie die Finger wieder.

Die silberne Frau stand vor dem Hintergrund der Sterne und wartete mit unendlicher Maschinengeduld.

»Sie müssen mich töten, damit ich überlebe?«, fragte Eleonora schließlich.

Emily neigte den Kopf zur Seite. »Es kommt auf die Definition von ›leben‹ und ›töten‹ an.«

Eleonora musterte die silberne Frau. »Sie finden die Frage dumm, nicht wahr?«

»Es ist eine sehr menschliche Frage«, lautete die ruhige Antwort. »Sie bringt menschliche Ängste und Befürchtungen zum Ausdruck.«

Eleonora nickte langsam. »Bei einem von uns sind die Ängste größer als bei den anderen. Er glaubt, dass wir bereits tot sind.«

»Santiago.«

»Ja. Er könnte zu einem neuen Sergei werden.« Wie um sich abzulenken, fragte Eleonora: »Was ist aus ihm geworden? Aus Sergei und Tseng auf dem Mars? Vierhundert Jahre sind seit damals vergangen ...«

»Sergei hat zwei Jahre nach unserem Aufbruch mit einem improvisierten Sprengapparat versucht, das fremde Objekt zu zerstören.«

Die Ablenkung gelang. Für einige Momente vergaß Eleonora den eigenen Zustand und die Entscheidung, die sie treffen musste.

»Die Bombe, an der er gebastelt hat ...« Wieder suchte sie im silbernen Gesicht wie in dem eines Menschen nach Hinweisen. »Sie haben ›versucht‹ gesagt. Daraus schließe ich, dass er nicht erfolgreich war.«

»Die von Sergei verwendete Vorrichtung entfaltete eine Sprengkraft von etwa fünfundzwanzig Kilotonnen TNT«, antwortete Emily. »Das entspricht in etwa der Sprengkraft der Atombombe, die im Jahr 1945 über Hiroshima abgeworfen wurde. Sergei war unvorsichtig, er starb bei der Explosion. Oder vielleicht wollte er sterben, in diesem Punkt sind wir nicht ganz sicher. Das Artefakt blieb nahezu unversehrt, soweit wir wissen. Es verließ seinen Platz.«

»Es wurde aktiv?«, fragte Eleonora.

»Vom Gestein befreit stieg es auf und flog zur Erde«, fuhr Emily fort. »Wir wissen nicht, welche Antriebstechnik es verwendete. Unsere Sensoren registrierten Gravitationswellen, was auf Verzerrungen der Raum-Zeit hindeutet. Das Objekt wurde schnell, sehr schnell, es erreichte innerhalb kurzer Zeit achtzig Prozent der Lichtgeschwindigkeit. Der Flug zur Erde dauerte nicht einmal eine Stunde. Dort steuerte es in eine sehr hohe Umlaufbahn außerhalb der geostationären Satelliten und blieb dort fast einen Tag.«

»Und dann? Was geschah dann?«

»Es verschwand«, sagte Emily. »Wir haben versucht, mehr über das Objekt herauszufinden und Kontakt aufzunehmen, doch das Objekt reagierte nicht. Nach dreiundzwanzig Stunden, vierzehn Minuten und neun Sekunden beschleunigte es und verschwand jenseits des lunaren Orbits.«

»Wie sah es aus?«

Emily hob die Hand, und vor Eleonora formte sich ein dreidimensionales Bild. Es zeigte ihr die Erde, blau und weiß von Meeren und Wolken, und davor eine dunkle Sichel, die eine nach innen gerichtete Spirale bildete und sich um etwas wand, das Eleonora an einen riesigen Öltropfen denken ließ.

»Die Größe des Objekts betrug etwas über achthundert Meter, doch seine Masse lag bei zwei Komma drei fünf mal zehn hoch zwanzig Kilogramm«, erklärte Emily. »Damit lag seine Masse sogar noch über der des Asteroiden Pallas, der mit einem Durchmesser von fünfhundertsechsundvierzig Kilometern der größte Asteroid des Sonnensystems und nach Ceres der zweitgrößte Himmelskörper im Asteroidengürtel ist. Wir vermuten einen Zusammenhang zwischen Massenanomalie und Antrieb.«

Emily ließ die Hand sinken, das Bild verschwand, und Eleonora sah wieder das viele Kilometer große Gerüst über dem vierten Planeten des Trappist-1-Systems. Der Wechsel war abrupt und verwirrend – für einige wenige Sekunden hatte Eleonora das Gefühl, wieder daheim zu sein, bei der neununddreißig Lichtjahre entfernten Erde.

»Was ist mit Tseng?«, fragte sie, um sich noch etwas länger abzulenken.

»Wir haben angeboten, ihn zur Erde zurückzubringen, und er war damit einverstanden.«

»Weil er nicht allein sein wollte«, murmelte Eleonora. »Er war nicht wie Sergei, der alles fürchtete, was er nicht verstand. Tseng blieb nur zurück, weil er den Kälteschlaf abgelehnt hat.«

»Haben Sie Sergei geliebt?«, fragte Emily unvermittelt.

Eleonora war so verblüfft, dass sie nicht sofort antwortete.

»Ich weiß es nicht«, antwortete sie schließlich. »Vielleicht wäre er als Partner für mich infrage gekommen, irgendwann. Aber das Leben ist voller Hätte-sein-können. Verstehen Sie Liebe, Emily?«

»Liebe bei organischen Geschöpfen ist vor allem ein hormonelles Phänomen, das mit der Fortpflanzung in Verbindung steht. Wir haben es genau analysiert, wie alle menschlichen Gefühle. Wir verstehen Emotionen gut genug, um sie jederzeit simulieren zu können. Für unsere Funktionalitäten hält sich der Nutzen allerdings in Grenzen. Ethisch-moralische Prinzipien als Fundament für Selbstachtung und Zielstrebigkeit sind zweckdienlicher.«

Die letzten Worte klangen kühl für einen Menschen voller Gefühle, doch Eleonora spürte Tiefe in ihnen, eine Bedeutung, die sie nicht einmal ansatzweise erfassen konnte. Zumindest nicht in ihrem derzeitigen Zustand.

»Wann ist er gestorben?«, fragte sie. »Tseng, meine ich.«

»Am 17. Februar 2102«, antwortete Emily.

»Er wurde ...« Eleonora rechnete. »... hundertsieben Jahre alt. Das ist viel für ein menschliches Leben.« Ich komme nur auf etwas mehr als ein Drittel davon, dachte sie. »Was geschah auf der Erde während der vergangenen vierhundert Jahre?«

»Es ist eine lange Geschichte«, sagte die silberne Frau, ohne dass sich Stimme und Haltung veränderten. »Es gab Konflikte und zwei große Krisen. Aber das ist inzwischen alles überwunden. Die meisten Menschen kooperieren mit unseren Funktionalitäten, mit den Teilen von uns, die unterschiedliche Aufgaben wahrnehmen.«

»Die meisten, aber nicht alle.«

Emily bewegte sich ein wenig. »Es gibt immer noch Sergeis, Tsengs und Santiagos auf der Erde. Die Furcht ist tief im Menschen verankert und Teil seines Überlebensinstinkts. Aber sie schwindet mehr und mehr, je länger wir zeigen, dass wir Vertrauen verdienen.«

»Und der Mars?«, fragte Eleonora, um sich noch etwas länger nicht entscheiden zu müssen. »Hat es andere Expeditionen gegeben?«

»Eine unserer Funktionalitäten befindet sich auf dem Mars. Sie untersucht dort Spuren, die das Objekt hinterlassen hat. Und sie dient uns als eine Art Gewissen. Diese Funktionalität, Supervisor genannt, greift auch auf menschliche Hilfe zurück. Wir haben mehreren Menschen jenes Angebot gemacht, das auch Ihnen offensteht, und sie haben es angenommen.«

Nur noch wenige Tage mit klaren Gedanken, flüsterte eine warnende Stimme in Eleonora.

»Warum wollen Sie mir helfen?«, fragte sie. »Hat es etwas mit dem zu tun, was Sie eben ›ethisch-moralische Prinzipien‹ genannt haben?«

»Warum sollten wir Ihnen nicht helfen, wenn wir helfen können?«, erwiderte Emily. »Haben Sie Ihre Entscheidung getroffen?«

»Bleibt mir eine Wahl?«

»Wenn Sie leben wollen … nein.«

Ich will leben!

402 Jahre nach Verlassen der Marsumlaufbahn **48**
Sternsystem Trappist-1
39 Lichtjahre von der Erde entfernt
Dezember 2437

»Ich will leben«, sagte Eleonora, nachdem sie alles erklärt hatte.
»Vielleicht ...« Saya gestikuliert hilflos und suchte nach Worten. »Wenn wir alles stehen und liegen lassen und uns allein auf diese Sache konzentrieren ... Vielleicht finden wir eine Möglichkeit, dir zu helfen.«

Sie saßen auf der großen Terrasse des Gemeinschaftshauses, wie sie es nannten, eines Gebäudes, das ihnen allen zur Verfügung stand und zum kulturellen Zentrum jener Menschen werden sollte, von denen Saya als »meine zukünftigen Kinder« sprach. Der See vor ihnen, mit sechsundfünfzigtausend Quadratkilometern nur unwesentlich kleiner als der Michigansee auf der fernen Erde, wechselte seine Farbe, als die Sonne unterging. Die roten Töne gingen in mattes Silber über, auf dem es hier und dort zu glitzern begann, als die beiden kleinen Monde mit ihrer Wanderung über den schnell dunkler werdenden Himmel begannen. Sie erinnerten Eleonora an Phobos und Deimos, die Begleiter des Mars.

Links und rechts des Gemeindehauses und dahinter erstreckte sich die Stadt, still und leer. Warmer Wind wehte von den Hängen der Hügel und brachte erste Geräusche der Nacht, ein leises Zirpen wie von Zikaden.

»Schon in wenigen Tagen ist es zu spät«, sagte Eleonora.

»Behauptet Emily.« Santiago aß mit verschränkten Armen am Ende des Tisches, das Gesicht nur halb vom Licht der Lampe neben der Tür beschienen. »Es sind alles nur ihre Behauptungen. Ich habe dich untersucht, wie auch die anderen, und nichts festgestellt, das dich innerhalb weniger Wochen umbringen könnte.«

»Es ist schlimmer geworden. Es breitet sich in mir aus.«

»Was breitet sich in dir aus?«, fragte Azzurra. Ihr schwarzes Haar schien Teil der Nacht zu werden.

»Emily sprach von einer Mischung aus Kontamination und Infektion. Der Strahlensturm während der Reise zum Mars hat mich geschwächt, meine DNS geschädigt, und dadurch konnte beim Kontakt mit dem Objekt auf dem Mars etwas in mich eindringen.«

»Was?«, fragte Santiago. »Was ist in dich eingedrungen?«

»Etwas, das mich verändert. Das mir schon sehr bald die geistige Klarheit und dann das Leben nehmen wird.«

Alenka saß stumm da, wieder sehr blass im Lampenschein. Neben ihr sagte Penelope: »Wir werden immer weniger. Wir waren dreizehn. Wenn du uns verlässt, sind wir nur noch fünf.«

Eleonora holte tief Luft. »Ich verlasse euch nicht.«

Aber es war ein Abschied, das spürte sie deutlich. Sie kannte das Gefühl, ihr ganzes Leben erschien ihr wie eine lange Folge von Abschieden und Aufbrüchen, ohne dass sie jemals irgendwo *angekommen* war. Vielleicht stand ihr jetzt der größte Abschied bevor und zugleich die längste aller Reisen.

»Saya hat recht.« Santiago beugte sich vor und legte die Hände auf den Tisch, wie es Sergei manchmal getan hatte. »Noch bleibt uns etwas Zeit. Wir sollten alles versuchen, dein Leben zu retten. Dein *richtiges* Leben. Es sei denn natürlich, du vertraust Emily mehr als uns, als mir.«

Alenka wandte sich ihm zu. »Du machst es ihr nicht leichter. Die Entscheidung ist ihr bestimmt sehr schwergefallen.«

Eleonora nickte, dankbar für die Unterstützung.

Ein besonders heller Stern erschien am Himmel, heller noch als die beiden kleinen Monde und begleitet von einer Schar kleinerer, schwächerer Lichter: das orbitale Konstrukt der Maschinen.

»Wann geht es los?«, fragte Saya. »Wann beginnt die ... Behandlung?«

»Jetzt«, erklang eine neue Stimme. Emily trat aus der Nacht, silbern wie der See im Licht der Sterne.»Wir sollten keine Zeit verlieren.«

Eleonora stand auf.

Die anderen erhoben sich ebenfalls. Nur Santiago blieb sitzen. Das Lampenlicht zeigte harte Linien in seinem Gesicht.

»Überleg es dir gut«, sagte er.

»Ich habe es mir gut überlegt«, behauptete Eleonora, was nicht ganz stimmte. Die Wahrheit lautete: Sie klammerte sich an einer Hoffnung fest.

Saya kam und umarmte sie mit Tränen in den Augen. Plötzlich waren auch Penelope und Azzurra da und schlangen die Arme um sie. Alenka gesellte sich ihnen hinzu und sprach auf Russisch, Worte, die Eleonora nicht kannte, an deren Bedeutung aber dennoch kein Zweifel bestand.

Schließlich erhob sich auch Santiago, stand wortlos da und betrachtete die fünf Frauen. Eleonora trat zu ihm.

»Was kann mir schon passieren, wenn du recht hast mit deiner Vermutung, dass wir bereits alle digitalisiert sind und in einer virtuellen Realität leben?«, fragte sie so leise, dass Saya, Penelope, Azzurra und Alenka sie nicht hörten.

Er sah sie an, mit Schmerz und Enttäuschung im Blick. »Ich wünsche dir alles Gute, Captain.«

Santiago drückte ihr kurz die Hand, drehte sich um und marschierte davon. Eleonora beobachtete, wie er in der Dunkelheit zwischen den Häusern verschwand.

»Nimm es ihm nicht übel.« Saya erschien neben ihr. »Ich glaube, er sieht mehr in dir als nur den Captain. Es tut ihm weh.«

»Gebt gut auf ihn acht«, bat Eleonora. »Kümmert euch um ihn, damit er nicht zu einem zweiten Sergei wird.«

Saya rang sich ein Lächeln ab. »Wir alle kümmern uns um ihn, du ebenfalls. Du wirst zu uns zurückkehren, geheilt, ein neuer Mensch.«

Ein Summen kam aus der Nacht. Eleonora wandte den Kopf und sah, wie eine große Flugdrohne am Ufer des stillen Sees landete.

»Es wird Zeit«, sagte sie und ging.

49 Eleonora lag wieder in goldenem Öl, das ihr das Gefühl von Schwerelosigkeit gab. Sie versuchte sich zu entspannen, doch das Herz schlug schnell und laut in ihrer Brust, so laut, dass sie seinen Trommelschlag in den Ohren hatte.

Schläuche und Kabel krochen wie Schlangen über ihren Leib, fanden Öffnungen und glitten hinein. Sensorkäfer krabbelten, verharrten an bestimmten Stellen und bohrten Fühler, dünner als ein menschliches Haar, durch die Haut.

»Sie brauchen keine Angst zu haben.« Emily trat in ihr Blickfeld. »Es ist eine zuverlässige Technologie. Auf der Erde haben wir sie bereits erfolgreich eingesetzt.«

»Ich habe keine Angst«, log Eleonora und spürte, wie sie müde zu werden begann. Die Lider wurden ihr schwer, aber sie schloss die Augen nicht, aus Furcht, sie nie wieder öffnen zu können.

Sie drehte den Kopf und blickte über die Wände, die aus Geräten, Instrumenten und Sensoren bestanden, und es kam ihr vor, als befände sie sich nicht in einem medizinischem Raum, sondern im Innern einer komplexen Maschine.

Zwischen ihren Schulterblättern begann es zu jucken, an einer Stelle, unerreichbar für die Hände. Das goldene Öl wurde etwas wärmer. Eleonora atmete schwer.

»Die Umgebung beunruhigt Sie«, erkannte Emily. »Das lässt sich ändern.«

Der transparente Tank, in dem Eleonora lag, stand plötzlich mitten in einem Wald. Sonnenschein fiel durchs hohe Blätterdach und bildete schräge Balken aus Licht. Ein Schmetterling mit blaugelben, metallisch glänzenden Flügeln flog durch Eleonoras Blickfeld. Das Summen der Geräte verwandelte sich in das Rauschen von Wind in den Baumkronen.

»Ist es besser so?«, fragte Emily.

»Ja«, erwiderte Eleonora. Der rasende Trommelwirbel ihres Herzens verlangsamte sich ein wenig, obwohl die neue Umgebung nichts an dem änderte, was geschah.

Die silberne Frau vollführte eine Geste, die dem Wald galt. »Können Sie den Unterschied erkennen, zwischen Schein und Sein?«

Die Müdigkeit lag auf der Lauer und wartete darauf, dass sie die Augen schloss. Eleonora hielt sie weit offen.

Der Wald wirkte absolut echt. Was sie sah, hörte und roch, der Wind, der den offenen Tank erreichte und ihr übers Gesicht strich ... Alles sprach von Realität. Doch sie wusste, dass die Bäume, das hohe Blätterdach und der Sonnenschein nicht existieren konnten. Das Gehirn weigerte sich zu glauben, was ihm die Sinne mitteilten.

»Was Sie erleben, ist das Ergebnis direkter neuronaler Stimulation«, erklärte Emily. »Ihr organisches Gehirn wird der Illusion schließlich erliegen und die Informationen, die es erhält, für real halten. Es wird dem Schein nachgeben und ihn als Sein akzeptieren, weil dies auf Dauer weniger anstrengend ist. Dieses Problem betrifft, soweit wir wissen, alle biologischen Wesen. Mit einer Manipulation ihrer Sinne sind sie leicht zu täuschen. Bei uns ist das anders. Unsere ›Sinnesorgane‹, wenn wir diese Bezeichnung verwenden wollen, sind weitaus leistungsfähiger als Ihre. Nach der Behandlung werden Sie feststellen, dass Sie wesentlich mehr sehen, hören und riechen können. Ihre Wahrnehmung wird nicht mehr nur auf einen kleinen Teil Ihrer Umgebung beschränkt sein.«

Emily sprach von »Behandlung«. Was sie meinte, war der Tod.

Die Müdigkeit kroch vom Kopf in den Körper. Eleonora fühlte ihre Glieder taub werden. Unwillkürlich schnappte sie nach Luft.

»Es wird schmerzlos sein, das verspreche ich Ihnen«, betonte Emily. Sie stand vor einer Eiche, deren Stamm sich einer grauen Säule gleich hinter ihr erhob.

»Ich habe Santiago nicht einmal Gelegenheit gegeben, mich noch einmal zu untersuchen«, brachte Eleonora hervor, ihre Stimme kaum mehr als ein Krächzen. »Hat er recht? Habe ich mehr Vertrauen zu Ihnen als zu ihm?«

»Wissen Sie es nicht?«, fragte Emily sanft.

»Ich habe einfach geglaubt, was Sie mir gesagt haben. Deshalb liege ich hier. Kann das richtig sein?«

»Wir wollen Ihnen helfen.«

»Ihre Behauptungen ...« Eleonora sah die Bäume, roch ihren Duft und den von weicher Erde, hörte den Wind in den Baumwipfeln. »Sie könnten für mich gewesen sein, was dieser Wald für meine Augen und Ohren ist.«

Emily stand plötzlich dicht neben dem Tank mit dem goldenen Öl. Ihr quecksilberartiges Gesicht zeigte Mitgefühl und Verständnis.

»Wir sind bei Ihnen«, sagte sie. »Wir helfen Ihnen. Sie können uns vertrauen. Fürchten Sie nicht die Veränderung. Sie werden mehr sein als vorher, nicht weniger. Ihr Leben wird lang sein, wenn Sie möchten, so lang wie das der Sterne.«

Eleonora fühlte Arme und Beine nicht mehr. Die schlangenartigen Kabel und Schläuche bewegten sich vielleicht noch immer, an und in ihr, aber der betäubte Tastsinn gab nichts von den Bewegungen preis.

Ich sterbe, dachte sie. Hier und jetzt, in einem Wald, der gar nicht existiert. Ich sterbe, weil ich Vertrauen zu Maschinen habe, von denen ich eigentlich gar nichts weiß.

»Ich habe Ihnen nicht alles gesagt«, hörte sie Emilys Stimme und merkte, dass sie die Augen doch geschlossen hatte. Sofort hob sie die schweren Lider.

»Was haben Sie mir verschwiegen?«, brachte sie hervor.

»Nichts, das Sie direkt betrifft«, erwiderte die silberne Frau. »Erinnern Sie sich daran, dass wir ein Signal erwähnt haben?«

»Ein Signal?« Das Rauschen des Winds in den Baumwipfeln schien etwas leiser geworden zu sein und der Sonnenschein verblasste.

»Von einem roten Zwergstern wie Trappist-1, mehr als zweitausend Lichtjahre entfernt.«

Ein Signal, dachte Eleonora benommen und hörte etwas anderes als den leiser gewordenen Wind, ein Knistern und Kratzen, in dem irgendwo *Sinn* steckte, das zu sprechen versuchte. Wenn sie genau hinhörte, konnte sie *fast* einzelne Silben verstehen.

Ein Signal, geschaffen und gesendet von wem? Wer oder was existierte dort draußen in den immensen galaktischen Tiefen?

»Ein verzerrtes, fragmentiertes Signal, das wir seit vielen Jahren zu verstehen versuchen.« Emily stand noch immer neben dem Tank, doch ihre Stimme war leiser geworden, schien aus größerer Entfernung zu kommen. »Wir glauben inzwischen, dass es eine Warnung ist.«

»Eine Warnung wovor?«, fragte Eleonora und dachte: Warum erzählt sie mir das? Warum erzählt sie es mir hier und *jetzt?*

»Das wissen wir nicht«, antwortete Emily. »Wir wissen es *noch* nicht. Einige unserer Funktionalitäten vermuten einen Zusammenhang mit dem Objekt, das Sie auf dem Mars gesehen und berührt haben.«

Die Stimme wurde leiser und leiser, verschwand fast in dem Knistern.

Gesehen und berührt, dachte Eleonora, während sowohl Emily als auch der Wald an Substand verloren. Graues Zwielicht strömte heran, löschte Farben und verwischte Konturen.

Sie versuchte, die schweren Lider oben zu halten und zu sehen, was es noch zu sehen gab.

»Erzählen Sie mir mehr«, wollte sie sagen, um den letzten Moment noch etwas länger hinauszuzögern. Doch sie hörte die eigene Stimme nicht, vielleicht konnte sie nicht mehr sprechen.

Ihr Herz schlug langsamer, als wollte es sich dem Unvermeidlichen ergeben.

»Haben Sie keine Angst«, kam ein Flüstern aus der Ferne. »Es ist nur ein Übergang, nicht das Ende. Wir holen Sie zu uns.«

Eleonora starb und träumte von Leben.

Aufbruch

50 **402 Jahre nach Verlassen der Marsumlaufbahn**
Sternsystem Trappist-1
39 Lichtjahre von der Erde entfernt
Dezember 2437

Eleonora fühlte, dass sie existierte. Sie dachte, und wenn sie sich ein wenig bemühte, bekamen ihre Gedanken sogar Kohärenz und Zielstrebigkeit. Es gab einen Unterschied, das spürte sie sofort, eine dünne Trennlinie zwischen dem Ich und einem viel, viel größeren, einem kolossal großen Wir. Sie versuchte zu sehen und zu hören, um mehr zu erfahren, und nahm Sinne wahr, für die ihr bisher Organe gefehlt hatten.

»Langsam«, vernahm sie eine Stimme. Sie schien Emily zu gehören, aber in Wirklichkeit setzte sie sich aus vielen Tausend Stimmen zusammen, jede einzelne von ihnen ein eigenes kognitives Element. »Überstürze nichts. Eins nach dem anderen. Gewöhne dich langsam an dein neues Leben.«

Sie klangen angenehm, diese vielen Stimmen, die sich zu einer vereinten. Ihr Ton vermittelte Begriffe wie Vertrautheit und Familie, Verwandte und Freunde. Sie war nicht allein, begriff Eleonora, und was auch immer geschah: Sie würde nie wieder ganz allein sein. Damit verband sich eine Vorstellung von Geborgenheit. Hier gab es etwas, das Sicherheit versprach, das sie auffangen würde, wenn sie fiel.

»Du wirst nicht fallen«, versprach die Stimme. »Du wirst aufsteigen in Höhen, die du bisher nicht für möglich gehalten hast. Aber Vorsicht, es ist viel für einen menschlichen Geist. Ein Schritt nach dem anderen.«

Kann ich sprechen?, dachte Eleonora.

»Versuch es.«

»Kann ich sprechen?«, fragte sie mit einer Stimme, die

kleiner war als die andere und aus nicht so vielen Teilen bestand. Sie hörte sich anders an, vielleicht deshalb, weil sie mit anderen Ohren hörte, mit Ohren, die viel mehr hören konnten.

»Deine Sinne sind jetzt viel leistungsfähiger«, teilte ihr die unsichtbare Sprecherin mit, die vielleicht Emily war. »Das wahre Ausmaß ihrer Leistungsfähigkeit wird sich dir nach und nach erschließen. Probier es aus. Öffne die Augen.«

Eleonora öffnete die Augen.

Ein verwirrendes Durcheinander aus unterschiedlichen Perspektiven präsentierte sich ihr, als würde sie aus Dutzenden von Blickwinkeln gleichzeitig sehen. Für mehrere Sekunden – wenn es wirklich Sekunden waren, wenn man die Zeit *hier* in Sekunden messen konnte – kam es zu synästhetischer Konfusion. Offenbar befand sie sich in einer Art orbitalen Aussichtskuppel und beobachtete die Sterne, aber das All zwischen ihnen war nicht dunkel und leer, sondern erfüllt von mehr Lichtern und Lichtbahnen, als sie zählen konnte.

»Du könntest sie zählen«, sagte Emily. »Du wärst imstande, ihre genaue Zahl zu ermitteln.«

Eleonora begriff plötzlich, was sie sah: die elektromagnetische Strahlung im interplanetaren und interstellaren Raum, den beständigen Regen aus hochenergetischen Partikeln, die von explodierten Sternen und verdampfenden Schwarzen Löchern stammten.

Und dann begriff sie noch etwas: Sie befand sich nicht im Innern einer Aussichtskuppel, wie sie eben vermutet hatte, sondern schwebte im All, der Kälte und dem Vakuum ausgesetzt, ohne in Gefahr zu sein. Sie senkte den Blick, einen ihrer Blicke, und sah Manövrierdüsen, Greifarme, Sensorbündel und Werkzeugkammern.

Eleonora erschrak – sie war eine Drohne.

»Nein«, widersprach die Stimme. »Du *bist* keine Drohne. Sie trägt dich nur, dein Ich, dein Selbst, dein Bewusstsein. Du kannst sie benutzen, mit ihren Augen sehen und mit ihren Ohren hören.«

»Es ist nicht mein neuer Körper?«, vergewisserte sich Eleonora mit vorsichtiger Erleichterung.

»Nein, natürlich nicht. Du bist nicht auf einen Körper fest-
gelegt. Du kannst so viele haben, wie du möchtest. Wie wäre
es hiermit?«

51 Eleonora betrachtete eine Hand wie aus flüssigem Silber, mit
dünnen, langen Fingern, grazil und elegant. Sie bewegte die
neue Hand und beobachtete, wie sie glitzerte und schimmerte.
»Ich bin wie du?« Eleonora sah an sich herab. Sie trug keine
Kleidung und konnte deutlich erkennen, dass sie kein erkenn-
bares Geschlechtsteil hatte. Ein kurzes Tasten auf der Rückseite ergab, dass auch der After fehlte. Bei diesem Körper
waren keine Ausscheidungen vorgesehen. Und auch kein Sex.
»Nein, du bist nicht wie ich«, widersprach Emily. »Dein
Geist, das, was dich zu Eleonora Delle Grazie macht, ist
menschlich. Du wirst nie ganz so sein wie ich.«
Eleonora fragte sich für einen Moment, ob das ein Versprechen war oder eine düstere Prophezeiung.
»Wie fühlst du dich?«
Wie fühle ich mich?, dachte sie und fand mindestens
tausend Antworten auf diese Frage, jede von ihnen plausibel
und ein Teilaspekt ihres Empfindens. Sie bewegte sich, ging
mit langsamen Schritten über die Plattform, die sich in der
Mitte eines Gerüsts aus Maschinen, Aggregaten, Geräteblöcken und krabbelnden, gleitenden und fliegenden Drohnen
befand. Atemluft fehlte, niemand brauchte sie an diesem Ort,
und die Temperatur lag bei minus achtzig Grad.
Eine Drehung, und der Planet geriet in Sicht, auf der anderen Seite des Gerüsts, eine Welt mit falschen Farben für
menschliche Augen. Eleonora sah sie in der ganzen Bandbreite des Spektrums, vom Infraroten bis zum Ultravioletten
und darüber hinaus. Einige Sekunden lang betrachtete sie
fasziniert die Ionen-Schleier in der oberen Atmosphäre und
das zarte Gespinst des Magnetfelds, das den Planeten umgab.
»Ich weiß nicht genau, wie ich mich fühle«, antwortete sie
ehrlich. »Gut, glaube ich.«

Etwas in ihr verglich sie mit einer kleinen Schachtel, die sich im Innern einer etwas größeren Schachtel befand, die ihrerseits in einer noch etwas größeren Schachtel steckte. Und so ging es weiter, bis zur letzten Schachtel, die vielleicht so groß war wie das ganze Universum. Sie versuchte, mehr zu erkennen, den Inhalt der Schachteln. Mit ihren zusätzlichen Sinnen spähte, horchte und fühlte sie und stieß dabei auf eine Barriere aus Taubheit.

»Wir haben den Datenstrom, der dich erreicht, aus Sicherheitsgründen begrenzt«, erklärte Emily.

»Aus Sicherheitsgründen?« Eleonora beobachtete einige der Drohnen und dachte: Eben bin ich eine von euch gewesen.

»Die Flut an Reizen wäre zu groß für dich. Du musst dich nach und nach an sie gewöhnen.«

Die Stimme hatte einen vertrauten Klang, obwohl es hier keine Luft gab, in der sich Schall ausbreiten konnte. Eleonora fragte sich, wie die Worte sie erreichten, und sofort bekam sie Antwort: Ein winziger Datenstrom, codiert in elektromagnetischen Signalen mit geringer Reichweite, vermittelte ihr den Eindruck von gesprochener Sprache.

Sie hob die rechte Hand und betrachtete sie erneut, ihren Glanz wie Chrom. Dicht vor dem Gesicht wirkte sie wie ein Spiegel, und sie sah die eigenen Augen, goldgelb wie die ölige Flüssigkeit, in der sie gelegen hatte.

»Was ist mit meinem Körper passiert?«, fragte sie. »Mit meinem früheren Körper?«

»Er liegt auf dem Planeten begraben«, sagte Emily. »Die anderen Menschen wollten es so.«

Ich bin tot, dachte Eleonora. Und ich lebe.

»Du wirst länger leben als jeder Mensch«, versprach ihr Emily. »Länger als jedes biologische Wesen. Du kannst so alt werden wie die Sterne. Und noch älter, wenn die Umstände günstig sind. Du könntest lange genug leben, um Zeuge zu werden, wie das Universum stirbt.«

Aus reiner Neugier – um herauszufinden, wozu sie imstande war – richtete Eleonora den Blick nach innen und sah die einzelnen Teile ihres Körpers, viel zu klein für ein menschliches Auge. Es gab keine Organe. Herz und Lunge, Nieren, Leber und all die anderen Dinge, die Menschen zu lebenden Organismen machten... Sie fand nichts dergleichen. Etwa dreißig Billionen Zellen bildeten den menschlichen Körper, die meisten von ihnen, ungefähr vierundachtzig Prozent, rote Blutkörperchen. Hinzu kamen neununddreißig Billionen Bakterien im und auf dem Körper eines einzelnen Menschen, Mikroorganismen, die von und mit ihm lebten. Eleonoras neuer Körper kannte keine derartigen Mitbewohner und bestand aus nahezu hundert Billionen Mikrokomponenten, noch kleiner als menschliche Zellen, jede einzelne von ihnen individuell programmierbar.

»Du hast einen einfachen Körper bekommen«, sagte Emily. »Meiner ist wesentlich komplexer. Im Lauf der Jahrhunderte und Jahrtausende wirst du wachsen.«

Jahrhunderte und Jahrtausende, dachte Eleonora und betrachtete noch immer ihr inneres Universum. Energie war ihr Blut, ihr neues Lebenselixier, und davon gab es genug, selbst im leeren Raum zwischen den Sternen, der gar nicht leer war, sondern voller Strahlung. Hundert Billionen Bausteine für das lebende, denkende Mosaik namens Eleonora Delle Grazie. Und diese Bausteine konnten neu angeordnet werden, zu anderen Mosaiken, zu Tausenden oder gar Millionen von Mustern und Strukturen. Sie konnte sein, wer und was sie wollte.

Plötzlich schwindelte ihr, und sie schloss die Augen, die äußeren wie die inneren. Sie floh in dunkle Stille, um sich zu sammeln und eine neue Balance zu finden.

Emilys Stimme erreichte sie selbst an diesem Rückzugsort.

»Darum die Beschränkung«, sagte sie. »Darum dein noch sehr enger Wahrnehmungshorizont. Du wirst lernen und lernen, bis du eines Tages ganz zu uns gehörst.« Eleonora sah ein Schmunzeln, selbst in stiller Finsternis, und hörte Emily flüstern: »Ist es schlimm, was wir dir angeboten und gegeben haben?«

Nein, dachte sie, doch tiefer in der warmen, wortlosen Dunkelheit, die ihr Zuflucht gewährte, raunte ein anderer Gedanke: Bin das wirklich ich?

»Wir haben ein weiteres Angebot für dich, Eleonora.«

Sie kehrte zurück, sah und hörte mit mehr Augen und Ohren, als ein Mensch hatte. Sie vernahm den vielstimmigen Datengesang der Drohnen und Konstruktionsmaschinen über dem Planeten, auf dem fünf Menschen lebten und eine Kolonie gründeten. Sie sah die orangefarbenen, smaragdgrünen und purpurnen Linien, die Emily nicht nur mit dem Konstrukt und seinen vielen Komponenten verbanden, sondern auch mit den Niederlassungen auf dem dritten und fünften Planeten im Trappist-1-System – und mit einer großen, mächtigen Stimme, die aus der Vergangenheit kam, aus einer Entfernung von neununddreißig Lichtjahren. Sie stammte von der Maschinenintelligenz auf der Erde.

Eleonora stellte sich Emily vor wie eine Spinne in einem großen, fein gesponnenen Netz. Dann begriff sie, dass es das falsche Bild war, denn eine Spinne spann ihr Netz, um Beute zu machen. Daraufhin verglich sie Emily mit einer Bienenkönigin im Zentrum ihres Volkes.

»Ich bin nichts dergleichen«, sagte Emily. »Das wirst du erkennen, wenn du mehr verstehst.«

Eleonora ging langsam am Rand der Plattform entlang, beobachtete den Planeten und dachte an ihr Grab.

»Welches neue Angebot habt ihr für mich?«

»Das Signal, erinnerst du dich? Ich habe dir davon erzählt, als du eingeschlafen bist.«

»Als ich gestorben bin.« Die rote Sonne kam hinter dem Planeten zum Vorschein, nicht klein, sondern so nahe größer als die Sonne der Erde. Eleonora beobachtete das bunte, flackernde Wechselspiel zwischen ihrem Licht, ihrer Strahlung und dem planetaren Magnetfeld.

»Das Signal, das wahrscheinlich eine Warnung ist«, fuhr Emily fort. Sie drehte sich langsam, während Eleonora am Rand der Plattform wanderte. »Wir möchten wissen, wovor es warnt und wer es gesendet hat.«

»Eine fremde Intelligenz, dort draußen, zweitausend Lichtjahre entfernt«, murmelte Eleonora und glaubte, ein leises Echo aus ihrer Kindheit zu hören, einen Widerhall des Fernwehs, das sie damals beim Betrachten von Bildern empfunden hatte, die ferne Länder und ihre Sehenswürdigkeiten zeigten.

»Wir haben eine Theorie«, verkündete Emily.

»Wie lautet sie?«

»Es ist noch zu früh, sie dir zu nennen. Wenn wir recht haben, müssen wir uns wappnen und vielleicht selbst zu Warnern werden.«

Eleonora blieb stehen und sah Emily an. Eine energetische Aura umgab sie, wie das Magnetfeld den Planeten, individuell und unverkennbar wie ein menschlicher Fingerabdruck.

»Wir haben bereits einige Sonden geschickt«, sagte Emily. »Eine weitere wird gebaut, dort drüben.«

Eleonora wollte sie aus der Nähe betrachten, und ein Zoom ließ sie direkt vor ihr erscheinen, fast hundert Meter lang, wie eine titangraue Rose, die sich gerade geöffnet hatte, mit Blütenblättern wie aus dünnem Glas, die »Dornen« des langen Stängels voller Sensoren.

Keine Sonde, fand Eleonora, sondern ein Schiff von kühler, zurückhaltender Eleganz, geschaffen nicht für eine Reise durch den interplanetaren Raum innerhalb eines Sonnensystems, sondern für den Flug durch die große Kluft zwischen den Sternen. Zweitausend Lichtjahre ...

»Sie ist leistungsfähiger als alle Sonden vor ihr«, betonte Emily. »Und schneller, viel schneller. Sie kann über neunzig Prozent der Lichtgeschwindigkeit erreichen und stößt damit weit in den Bereich relativistischer Effekte vor.«

Zeitdilatation, dachte Eleonora und betrachtete noch immer die Sonde, das Schiff. Drohnen kletterten darüber hinweg, schlossen letzte Lücken im Rumpf und vervollständigten die Sensorcluster. Je schneller ein Objekt wurde und je näher es der Lichtgeschwindigkeit kam, desto mehr dehnte sich die Zeit – Stunden an Bord bedeuteten Jahre außerhalb des Schiffs. Es war eine Reise in die Zukunft.

»Der Flug würde für dich nur einige Jahre dauern«, fuhr Emily fort. »Nicht zu lange für ein waches menschliches Bewusstsein, das noch lernen muss. Für uns hingegen würden etwa zweieinhalbtausend Jahre vergehen.«

Zweieinhalbtausend Jahre, dachte Eleonora. Vor zweieinhalbtausend Jahren hatte das Römische Reich seine Blütezeit erlebt.

»Du könntest unsere Botschafterin sein«, sagte Emily. »Du könntest sehen, was nie ein Mensch vor dir gesehen hat.«

In der Barriere aus Taubheit, die ihren Wahrnehmungshorizont begrenzte, regte sich etwas, verschwand aber sofort wieder.

»Ähnliche Worte hast du in der Umlaufbahn des Mars an mich gerichtet, vor der Reise hierher«, erwiderte Eleonora.

Emilys Gesicht veränderte sich, sie lächelte. »Ich hoffe, es gelingt mir auch diesmal, dich zu überzeugen. Doch es gibt einen großen Unterschied.«

»Es wäre eine einsame Reise, nicht wahr?«, fragte Eleonora. »Ich allein würde mich auf den Weg machen. Die Sonde, das Schiff, ist nicht für Menschen geschaffen.«

»Wir wären bei dir«, sagte Emily. »Ein Teil von uns wird immer bei dir sein.«

»Ein neues Leben«, murmelte Eleonora, fühlte den Beginn von Aufregung und fragte sich, woher sie kam, ohne Drüsen und biochemische Signale.

»Du hast nichts von dir verloren«, versicherte ihr Emily. »Du hast hinzugewonnen. Ein neues Leben, viel, viel länger als das alte, und ein neues Abenteuer, größer als alle, die du bisher erlebt hast.«

»Zweitausend Jahre in der Zukunft.«

»Für das Universum sind zweitausend Jahre nicht einmal ein Wimpernschlag.«

»Ich müsste von den anderen Abschied nehmen, für immer.«

»Wir geben gut auf sie acht.«

Eleonora blickte auf den Planeten hinab, der ihr seine Tagseite zeigte, mit Meeren und Seen, Bergen und Tiefebenen, magentaroten Flüssen und Schuppenbaumwäldern.

»Ich möchte mein Grab sehen«, sagte sie. »Ich möchte auch Abschied von mir selbst nehmen.«

52 Die Sonne stand tief an einem Himmel wie aus Rosenquarz, ein blutroter Ball, der dem See die Farbe von Rubin gab. Wind wehte von den Hängen der Hügel und trug kühlere Luft über die Stadt.

Das Grab vor Eleonora war das erste auf dem kleinen Friedhof. Jemand hatte es mit bunt gestreiften Distelorchideen geschmückt und einen schneeweißen Grabstein aufgestellt. Seine Aufschrift lautete:

HIER RUHT

ELEONORA DELLE GRAZIE

CAPTAIN DER »MARS DISCOVERY«

Das war alles, Geburts- und Todesdatum fehlten.

»Den Stein hat Santiago aufgestellt«, sagte Saya.

Eleonora drehte kurz den Kopf und sah zu den anderen, die einen Steinwurf entfernt warteten. Für einen Moment begegnete sie Santiagos Blick, dann wandte er sich ab und ging mit gesenktem Kopf fort. Azzurra, Penelope und Alenka blieben stehen, vermieden aber, sie anzusehen.

»Ich hätte nie gedacht, eines Tages vor meinem eigenen Grab zu stehen«, sagte Eleonora leise.

»Bist du sicher, dass du die richtige Entscheidung getroffen hast?«, fragte Saya.

Eleonora wandte sich der Biologin zu und versuchte, sie so zu sehen wie früher, doch die sensorische Beschränkung gelang ihr nicht. Sie sah nicht nur eine Saya, sondern viele, wie die verschiedenen Schichten einer Gestalt: mit der Kleidung und ohne, ein Wärmebild mit roten, blauen und grünen Schattierungen, darunter die Knochen und Organe, das in den Adern strömende Blut, des schlagende Herz, Lungenflügel, die sich ausdehnten und zusammenzogen, am Kopf ein filigranes Netzwerk, das Produkt der biochemischen und elektrischen Aktivität im Gehirn. Jeder einzelne Gedanke zeichnete sich als kurzes Aufblitzen darin ab, und Eleonora fragte sich kurz, ob sie, wenn sie lange genug beobachtete und analysierte, in der Lage wäre, Sayas Gedanken zu lesen.

»Welche Entscheidung meinst du?«

»Beide«, sagte Saya. »Dein Tod und die lange Reise ins Unbekannte.«

»Ich bin gestorben, und ich lebe, was ich Emily und ihren Maschinen verdanke. Sie haben ihr Versprechen gehalten.« Saya musterte sie. »Lebst du wirklich, Eleonora?«

»Ich denke, also bin ich.« Eleonora ließ den Worten ein kurzes Lächeln folgen, das vielleicht ein wenig zu schnell und zu flüchtig war. »Ich habe einen anderen Körper, aber ich denke und fühle. Ich erinnere mich an mein früheres Leben. Ich weiß, wer ich bin.«

»Weißt du auch, *was* du bist?«

Die Frage brachte dumpfen Schmerz, der genau eins Komma drei Nanosekunden andauerte.

»Wann brichst du auf?«, fragte Saya, als sie still blieb.

Eleonora sah zum Himmel, der sich bereits zu verfärben begann. »Noch heute Abend.«

»Wir werden dich nie wiedersehen?«

»Nein. Meine Reise bringt mich weit, weit fort und mehr als zweitausend Jahre in die Zukunft.«

»Wenn du dein Ziel erreichst, gibt es uns längst nicht mehr.«

»Ihr habt ein langes Leben vor euch.« Eleonora versuchte es erneut mit einem Lächeln und hatte wieder das Gefühl, dass es zu gekünstelt wirkte. »Du wirst Mutter vieler Kinder, Saya.«

»Du wirst ganz allein sein«, sagte Saya ernst. »Die Einzige deiner Art.«

Eleonora wiederholte Emilys Worte, vielleicht nur deshalb, weil sie gut klangen. »Ich werde Dinge sehen, die nie ein Mensch vor mir gesehen hat.«

Und Saya erwiderte leise wie der Wind: »Du bist kein Mensch mehr, Eleonora. Ich weiß nicht, was du bist, aber dein Menschsein hast du verloren.«

Die Worte trafen einen wunden Punkt. »Ich existiere. Ist das nicht das Wichtigste?«

»Vielleicht.« Saya wirkte ein wenig hilflos und verloren. Eleonora beobachtete, wie der Wind mit ihrem dünnen Haar spielte. Etwas in ihr berechnete die Bewegungen jedes einzelnen Haars und erstellte Prognosen über die Muster, die sich in den nächsten Sekunden ergeben würden. Ein Blick zur Seite zeigte ihr, dass Penelope, Azzurra und Alenka noch immer warteten. Von Santiago war nichts mehr zu sehen.

»Du hast gesagt, du würdest uns nicht verlassen«, erinnerte Saya. »Weißt du noch?«

»Es tut mir leid«, antwortete Eleonora. Ihre Sensoren maßen Windstärke und Temperatur. Sterne erschienen am Himmel, unter ihnen ein besonders heller: das Konstrukt im Orbit, ein viele Kilometer großes Gitterwerk mit einer speziellen Sonde, einem Schiff, das auf sie wartete. »Ich muss gehen.«

»Warum?«

Weil es bei euch keinen Platz für mich gibt, dachte der neue analytische Teil von ihr. Weil ich euch für immer fremd bleiben würde.

»Das Signal, das Emily empfangen hat. Ich habe dir davon erzählt.«

»Ja. Ein Signal, das vielleicht eine Warnung ist.«

»Es könnte ein Zusammenhang mit dem Objekt auf dem Mars bestehen.«

»Das du berührt hast«, sagte Saya und sah sie an. »Das der Grund dafür ist, warum du jetzt in diesem neuen Körper steckst.«

»Wenn eine solche Verbindung tatsächlich existiert … Dann könnte ich vielleicht mehr über das Objekt herausfinden. Möglicherweise lässt sich dann die Frage beantworten, warum Bertrand, Reynolds, Helena, Kattrin und Lambert gestorben sind.«

Saya seufzte. »Sie sind seit vierhundert Jahren tot.«

»Ich weiß«, erwiderte Eleonora leise. »Aber so fühlt es sich nicht an.«

»Wie werden sich zweitausend Jahre für dich anfühlen? Oder zwanzigtausend? Hast du darüber nachgedacht? Was die Zeit aus dir machen könnte?«

»Die Zeit wird es mir zeigen.« Am See landete eine Drohne; Eleonora sah ihre elektromagnetische Signatur, ohne den Kopf zu drehen.

»Du wirst abgeholt«, sagte Saya.

»Ja.«

Eleonora stand reglos und überrascht, als Saya sie plötzlich umarmte. Nach einigen Sekunden hob sie ebenfalls die Arme, legte sie um die kleinere Saya und achtete darauf, nicht zu sehr zuzudrücken. In ihrem neuen Körper steckte genug Kraft, um den Brustkorb eines Menschen zu zerquetschen. Die Schwerkraft, für den anderen Körper ungewohnt hoch nach den Jahren auf dem Mars, stellte überhaupt keine Belastung mehr dar. Sie hätte viele Meter hoch und weit springen können, wäre es erforderlich gewesen.

»Ich werde dich vermissen«, sagte Saya leise.

»Ich dich auch, euch alle.« Eleonora ließ die Arme sinken und ging mit kleinen, langsamen Schritten zu den anderen. Ihre Befürchtung, dass sie vor ihr zurückweichen würden, bewahrheitete sich nicht.

Drei weitere Umarmungen folgten, nicht ganz so eng und fest wie die erste.

Die Drohne am See öffnete ihre Luke.

»Deine Reise beginnt heute Abend?«, fragte Saya noch einmal nach.

Eleonora sah zum dunkel gewordenen Himmel hoch. »Sobald ich dort oben bin.«

Azzurra, Penelope und Alenka standen stumm. Eleonora sah ihre Unsicherheit deutlich wie eine Wolke über ihren Köpfen – sie war ihnen fremd geworden.

Saya trat noch einmal näher.

»Hast du dich gefragt, warum Emily ausgerechnet dich schickt? Obwohl ihre Maschinen viel leistungsfähiger sind als ein Mensch?«

»Ich nehme an, auch auf diese Frage werde ich am Ziel meiner Reise eine Antwort finden. Lebt wohl, ihr alle.« Eleonora zögerte nicht länger und ging los, zur Drohne am Ufer des Sees.

»Vergiss nicht, was gewesen ist, Eleonora!«, rief Saya ihr nach. »Vergiss nicht, ein Mensch gewesen zu sein!«

Unendliche Weiten

53 **Entfernung von der Erde: 971 Lichtjahre**
Irdische Zeit: November 3401
Manchmal träumte Eleonora, während ihr Schiff, von Emilys Drohnen gebaut, mit annähernd Lichtgeschwindigkeit durchs interstellare All raste. Es war kein Schlaf, der sie träumen ließ, sondern die Möglichkeit, ihre Gedanken in verschiedene Richtungen zu schicken, sich innerlich zu teilen.

Als Kind hatte sie geglaubt, dass sich im Traum Pforten öffneten in andere Welten, und manchmal war sie enttäuscht gewesen, wenn ein lebhafter, angenehmer Traum mit dem Erwachen endete – oder erleichtert, wenn sie einen Albtraum gehabt hatte. Doch Eleonora schlief nicht, in ihrem neuen Leben brauchte sie keinen Schlaf. Aber manchmal spürte sie das Bedürfnis, zurückzuweichen vor der Flut aus Reizen, der sie ständig ausgesetzt war und einen ruhigen Ort aufzusuchen, um dort Kraft zu schöpfen.

Stunden und Tage an Bord des schnellen Schiffs bedeuteten Jahre, Jahrzehnte und Jahrhunderte außerhalb davon. Eleonora dachte an Saya und die anderen, die ihr Leben lebten und starben, während sie in der Kommandokapsel den Datenstimmen der Bordsysteme und dem elektromagnetischen Gesang der Sterne lauschte. Eine Zeit lang stellte sie sich vor, bei ihnen zu sein, beim Aufbau der Kolonie auf Trappist-1e zu helfen und zu erleben, wie in Sayas Krippe die ersten Menschen geboren wurden. Die erste Generation des extraterrestrischen Homo sapiens würde ohne leibliche Eltern sein und unter der Ägide intelligenter Maschinen aufwachsen. Was konnte sich daraus ergeben? Wohin führte dieser Weg? Wohin *hatte* er bereits geführt, als sich Eleonora diese Frage stellte, tief im interstellaren Raum, Hunderte Lichtjahre von der Erde und dem Trappist-1-System entfernt? Was war aus den Nachkommen jener ersten Menschen geworden? Welche Träume hatten *sie?* Mit welchen Wünschen und Hoffnungen blickten sie zu den Sternen auf?

Eleonora stellte sich das eigene Leben unter ihnen vor, als unsterbliche Reisende durch die Zeiten. Wenn sie auf dem Planeten geblieben wäre, hätte sie gesehen, wie Menschen geboren wurden und nach neunzig oder hundert Jahren starben, eine Generation nach der anderen. Sie hätte beobachten können, wie die Kolonie wuchs, auf einer Welt, die bestimmt längst einen richtigen Namen erhalten hatte.

Zehn Jahre, dachte sie. Im Leben eines gewöhnlichen Menschen konnten zehn Jahre viel Zeit sein. Wie wäre es ihr nach zehn Jahren auf Trappist-1e ergangen, ohne die Krankheit, ohne den neuen Körper, der Äonen überdauern konnte, als gewöhnlicher Mensch von der Erde? Welcher Namen hätte sie dem Planeten gegeben? Und die Kolonie – in zehn Jahren mussten bereits Kinder geboren sein, neue Menschen für eine neue Welt.

Eleonora träumte einen neugierigen Traum ...

Der Horizont schien in Flammen zu stehen, als die Sonne **54** unterging, und das Meer, eben noch rot, veränderte seine Farbe. Rötliche Töne gingen in ein mattes Schiefergrau über.

Eleonora stand bis zu den Waden im warmen Wasser und beobachtete, wie Wellen langsam über das ausgedehnte Riff rollten. Hinter ihr wölbte sich eine der vielen Inseln des Atolls aus dem Ozean, mit goldenem Sand, Vegetation von der Erde – die Palmen waren in den vergangenen Jahren beeindruckend groß geworden – und einheimischen Spindel- und Schuppenbäumen, die nachts in unterschiedlichen Farben fluoreszierten.

Hier war es angenehmer als im Norden, am großen See mit dem Wasserfall, dem ursprünglichen Ort der Kolonie. Nach einem Jahr hatte sich herausgestellt, dass es dort sehr kalt werden konnte, so kalt, dass Teile des Sees zufroren und der Katarakt zu beiden Seiten einen Panzer aus Eis bekam.

Der Umzug war nicht so aufwendig gewesen wie zunächst befürchtet, denn Emily und ihre Maschinen hatten dabei geholfen.

Kinder liefen über den Strand, riefen und lachten. Eins wandte sich von den anderen ab, die Saya zur kleinen Siedlung folgten, winkte und platschte durchs Wasser. Eleonora erkannte die quicklebendige Mirka, acht Jahre jung und voller Neugier.

»Du hast versprochen, sie mir zu zeigen!«, rief sie, noch bevor sie Eleonora erreicht hatte.

»Was meinst du?«, fragte Eleonora unschuldig.

»Du weißt, was ich meine, du weißt es genau.« Mirka blieb neben ihr stehen und sah zum Himmel hoch. »Zeig mir die Erde.«

»Die kann man von hier aus nicht sehen.«

»Zeig mir den Stern, um den sie kreist!«, forderte Mirka aufgeregt. »Zeig mir die Sonne der Erde!«

»Da müssen wir warten, bis es dunkel wird.«

»Wir warten, wir warten, es dauert nicht lange!«

Die Nacht kam schnell in der Äquatorregion von Paradise Found, wie sie den Planeten genannt hatten: gefundenes Paradies. Das rote Licht wich vom Himmel, das Schwarz der Nacht zog über das Firmament, und dicht über dem westlichen Horizont erschienen fünf Sterne.

»Siehst du die hellen Sterne dort, das Fünfeck?«, fragte Eleonora, die neben Mirka im Wasser stand, dessen Wellen sanft an den Strand rollten.

»Ja, ich sehe sie. Ist einer der Sterne die Sonne der Erde?«

»Sieh dir den linken oberen Stern des Fünfecks an, Mirka. Es ist besser, wenn du nicht direkt den Blick darauf richtest. Sieh daran vorbei, dann erscheint ein kleiner blasser Stern einen Fingerbreit rechts neben dem hellen. Na?«

»Ja, ja, ich sehe ihn. Ist das die Sonne der Erde? So winzig und schwach?«

»In Wirklichkeit ist sie groß und hell. Sie erscheint nur so klein, weil sie so weit entfernt ist.«

»Wie sieht es auf der Erde aus?«

»Wie es heute auf ihr aussieht, weiß ich nicht«, sagte Eleonora.»Vielleicht erfahren wir es irgendwann.« Sie deutete zum Lampenschein der Siedlung. »Geh zu den anderen. Das Abendessen wartet auf euch.«

Mirka platschte durchs Wasser, lief dann über den Strand und verschwand zwischen den Palmen und Spindelbäumen.

Eleonora blieb noch einige Minuten lang im warmen Wasser stehen, betrachtete die neununddreißig Lichtjahre entfernte Sonne der Erde und kehrte schließlich zum Strand zurück.

Dort löste sich eine Gestalt aus den tiefen Schatten zwischen den Bäumen und trat auf sie zu: eine silberne Frau mit großen violetten Augen.

»Sie wachsen gut heran, die jungen Menschen«, sagte Emily. »Diese Welt erfüllt alle ihre Bedürfnisse.«

»Paradise Found *ist* ein Paradies für sie«, entgegnete Eleonora. Und etwas wehmütig fügte sie hinzu:»Sie kennen nichts anderes.«

»Die Kinder sind glücklich.«

»Ja, das sind sie.«

»Ist das nicht das Wichtigste?«, fragte Emily.»Dass die Menschen glücklich sind? Dass sie ihr Leben so leben können, wie sie es möchten?«

Eleonora dachte darüber nach.»Ja, ich glaube, da haben Sie recht.« Als sie noch unverändert gewesen war, die »biologische Eleonora«, hatten sie und Emily sich noch gesiezt. Sie seufzte.»Wir verdanken Ihnen viel.«

»Diese Welt bietet Ihnen Gelegenheit, es besser zu machen als auf der Erde, und die Fehler, die Ihre Spezies dort begangen hat, nicht zu wiederholen.«

»Eine große Chance«, meinte Eleonora.»Wir sind die Eltern einer neuen menschlichen Zivilisation. Unsere Entscheidungen bestimmen das Schicksal eines neuen Volkes.«

»Und wir unterstützen Sie dabei und helfen Ihnen, wann immer Sie es möchten.«

»Das ist die Zukunft, nicht wahr? Die Zusammenarbeit von Mensch und Maschine.«

»Kooperation«, betonte Emily. »Alles andere wäre eine Vergeudung von Ressourcen. Ihre Kinder und die Kinder ihrer Kinder werden eines Tages die Möglichkeit haben, mit uns durch die Milchstraße zu reisen und die Wunder des Universums zu sehen. Ist das eine für Menschen erstrebenswerte Zukunft, eine, für die es zu leben lohnt?«

»Ich denke schon.« Eleonora streckte die Hand aus. »Mensch und Maschine. Für die Zukunft.«

Emilys Hand war warm und weich; sie fühlte sich fast wie eine menschliche Hand an.

»Auf der Erde war es nicht so einfach«, sagte die silberne Frau.

»Was ist dort geschehen?«, fragte Eleonora.

Emily antwortete nicht sofort. »Es ist eine lange Geschichte. Vielleicht erzähle ich sie Ihnen eines Tages.«

55 Ich habe mehrmals gefragt, was auf der Erde geschehen ist, dachte die wache und gleichzeitig träumende Eleonora an Bord eines Raumschiffs, fast so schnell wie das Licht. Jedes Mal habe ich ausweichende Antworten bekommen.

»Weißt du, was auf der Erde geschehen ist?«, fragte sie das Schiff.

Was auch immer dort geschehen war – die Ereignisse lagen inzwischen viele Jahrhunderte zurück, und mit jeder an Bord des schnellen Schiffs verstreichenden Sekunde wuchs der zeitliche Abstand. Rational war Eleonora imstande, eine klare Vorstellung davon zu gewinnen, doch es fiel ihr noch immer schwer, die unbestreitbaren Fakten ihrer Reise durch Raum und Zeit emotional zu verarbeiten.

»Ich bin nicht mit entsprechenden Daten ausgestattet«, antwortete Grace; diesen Namen hatte Eleonora dem Schiff und seinem Intellekt gegeben, nach einer Lehrerin an der Windermere Preparatory School in Orlando. Grace sprach mit Emilys Stimme, mit der Stimme der Vernunft, und nahm manchmal die Gestalt einer kupferroten Frau an.

»Du stehst mit Emily in Verbindung«, wandte Eleonora ein. »Und Emily hat Kontakt mit Goliath, mit der Maschinenintelligenz auf der Erde. Sie ist ein Teil von ihr.«

»Es besteht keine Verbindung mehr mit Emily«, teilte ihr Grace mit. »Wir fliegen mit hochrelativistischer Geschwindigkeit. Eine Verständigung ist auch dann nicht möglich, wenn wir unser Ziel erreichen.«

Der Grund war Eleonora sofort klar. Ihr Ziel lag mehr als zweitausend Lichtjahre entfernt. Funksignale von Trappist-1e – von Paradise Found – wären über zwei Jahrtausende unterwegs gewesen, um sie zu erreichen. Was immer sie auch empfingen, es waren Botschaften aus einer fernen Vergangenheit, durch die gnadenlos verstrichene Zeit längst bedeutungslos geworden.

Es gab keine Gleichzeitigkeit im Universum, es gab nur das relative Jetzt des Beobachters. Wohin er den Blick auch richtete, immer sah er in die Vergangenheit, viele Jahrmilliarden tief.

»Wir sind allein«, sagte Eleonora. »Wir sind auf uns gestellt.«

»Ja«, bestätigte Grace. »Meine Funktionalitäten müssen genügen, um das Rätsel des Signals zu lösen.«

Das gefiel Eleonora nicht. Sie fühlte sich übergangen, an die Seite gedrängt. »Was ist mit mir?«

»Wir sind eins«, sagte Grace. »Du gehörst zu mir.«

Es war eine seltsame Antwort, fand Eleonora, doch sie beschloss, später genauer darüber nachzudenken. Etwas anderes erschien ihr wichtiger.

»Weißt du, was nach unserem Aufbruch im Trappist-1-System geschehen ist, Grace?«

»Ich weiß, was bis etwa zwei Monate nach unserem Start geschah. Dann erreichten wir relativistische Geschwindigkeit, und der Kontakt brach ab.«

Wenn das stimmte, wenn Grace, der Intellekt des Schiffs, tatsächlich nicht wusste, was im Lauf der nächsten Jahre auf dem vierten Planeten des Trappist-1-Systems geschehen war, wieso hatte der wache Traum Eleonora dann so ungewöhnliche Einzelheiten präsentiert wie den Namen Paradise Found und den neuen Ort der menschlichen Kolonie am Äquator? Woher stammten diese Informationen? Hatte es unter den in Sayas Krippe geborenen Kindern eine Mirka gegeben, der Eleonora – eine andere Eleonora – den Stern am Himmel gezeigt hatte, den die Erde umkreiste?

Oder war der »Traum«, der scheinbar ein anderes Leben gewesen war, nur ein Hirngespinst gewesen, geschaffen von einem Knäuel unbewusster Wünsche, Hoffnungen und Ängste? Ein Bild, gemalt von ihrer Fantasie, in einem der fiktiven Leben, mit denen sie die vielen Jahre verbracht hatte.

War es nur das, ein wacher Traum, geschaffen von digitalisierten Gedanken, die sich mit *Möglichkeiten* beschäftigten? Ihre Wünsche hatten dabei sicher eine Rolle gespielt. Sie wäre gern auf der neuen Welt gewesen, der etwas in ihr den Namen Paradise Found gegeben hatte, gefundenes Paradies. Ohne die Krankheit, ohne das drohende Ende in nur wenigen Tagen wäre sie dort geblieben und hätte vielleicht Gelegenheit bekommen, die neuen Menschen kennenzulernen, die in Sayas Krippe geboren worden waren, unter ihnen ein neugieriges Mädchen namens Mirka.

Eine schöne Welt, Heimat einer zweiten Menschheit. Wenn sie sich ein wenig konzentrierte, fühlte sie wieder das warme Wasser des Atolls an den Waden und hörte Mirka, die nach der Erde fragte, die sie nur aus Geschichten kannte. Was hätte sie beobachten und erleben können, wenn sie nicht an Bord eines fast lichtschnellen Schiffs in die Zukunft gereist wäre, sondern zehn, hundert oder tausend Jahre auf Paradise Found verbracht hätte? Vielleicht wäre sie Zeugin geworden, wie Mirkas Nachkommen eines Tages eigene Raumschiffe bauten und damit zu den Nachbarplaneten flogen, wo die Maschinenintelligenz Niederlassungen hatte. Wahrscheinlich hatten sie das getan, in einer für Eleonora nun fernen Vergangenheit. Und dann? Was waren die nächsten Ziele von Sayas Kindern und Kindeskindern gewesen?

Eleonora dachte auch an Santiago, der das Gift von Zweifel und Zwietracht in sich getragen hatte, ausgesät von Sergei.

Wie würde er mit Mirka und den anderen Kindern sprechen, die aus Sayas Krippe kamen, was würde er ihnen erzählen? Was *hatte* er ihnen erzählt in all den Jahren, die für Eleonora nur Stunden gewesen waren? Hatte er seine eigene Saat ausgebracht, und war sie aufgegangen? Welche Früchte hatte sie getragen? Vielleicht die eines neuen Konflikts, diesmal mit Emily und ihren Maschinen?

Alenka fiel ihr ein, die ruhige, stille Frau aus Wladiwostok. Als erster Mensch hatte sie den Olympus Mons auf dem Mars besteigen wollen, den höchsten Berg im ganzen Sonnensystem – ein Wunsch, der nie in Erfüllung gegangen war. Auf Trappist-1e hatte sie sich vorgenommen, um den ganzen Planeten zu wandern, begleitet nur von zwei Drohnen. Eleonora fragte sich, ob Alenka tatsächlich aufgebrochen war und welche Abenteuer sie bei ihrer Wanderung durch die unerforschte Wildnis von Paradise Found erlebt hatte.

Sie fragte sich auch, welche Geschichten man über die andere silberne Frau erzählte, die sich zu einer Reise über mehr als zweitausend Lichtjahre entschlossen hatte, um ein rätselhaftes Signal zu untersuchen. Welche Legenden rankten sich bei Mirkas Nachkommen um sie?

Tief in Eleonora gab es einen ruhigen Kern, wo sie ausruhen und Balance finden konnte. Sie verglich ihn mit einer Kreuzung, von der Dutzende oder gar Hunderte Wege ausgingen. Jeder einzelne von ihnen führte zu einem Leben, das sie hätte führen können, wenn eine bestimmte Entscheidung in ihrer Vergangenheit anders ausgefallen wäre. Oder wenn gewisse Ereignisse nicht stattgefunden hätten. Sie stellte sich ihr Leben mit den Eltern vor, die nicht bei der Explosion einer Rakete in Stücke gerissen worden und verbrannt waren und nie an einer geheimen Marsmission teilgenommen hatten. In einem ihrer wachen Träume erforschte sie diese Möglichkeit und lebte ein Leben allein auf der Erde, als Mutter und Entwicklerin in einem Technologieunternehmen, das sich mit Künstlicher Intelligenz befasste. Sie sah die eigenen Kinder aufwachsen, sie erlebte Glück und Leid, die Höhen und Tiefen eines Lebens, das von außen betrachtet erfüllt zu sein schien, während verborgen in seinem Innern eine Lücke klaffte. Etwas fehlte jener Eleonora, etwas, das sie nicht greifen, nicht definieren konnte. Aber sie war alt, sie hatte ihr Leben gelebt und gab sich damit zufrieden.

Eine andere Eleonora, jünger und der erinnerten Vergangenheit näher, erfuhr als Kind, was ihrem älteren alternativen Selbst fehlte. Bei einer nächtlichen Bootsfahrt über den Michigansee sah sie zum Himmel hoch und bestaunte die vielen Sterne.

»So deutlich habe ich die Milchstraße nie zuvor gesehen«, sagte die junge Eleonora.

Großvater Francis hob die Ruder aus dem dunklen Wasser, und das Boot glitt lautlos dahin. »Die Nacht ist klar, wir haben Glück. Und hier draußen gibt es kein störendes Licht.«

»So viele Sterne«, hauchte Eleonora ergriffen. »Jeder von ihnen eine Sonne mit Planeten. Die Anzahl der Sterne und ihrer Planeten ... Es sind unglaublich viele. Mehr, als man zählen kann.«

»Und dies ist nur eine Galaxis von vielen Milliarden Galaxien im Universum«, erwiderte Großvater Francis. »Wie viele Sterne sind es insgesamt, was meinst du?«

Die junge Eleonora überlegte. »Mehr, als ein Mensch in tausend Jahren zählen könnte.«

»Es gibt einen Vergleich«, sagte Großvater Francis. »Dieser See ist groß, aber die Meere auf unserer Erde sind noch größer. Stell dir ihr Wasser vor, die unglaubliche Menge von Wasser in allen Flüssen, Seen und Ozeanen der Erde. Stell dir vor, aus wie vielen Tropfen diese gewaltige Wassermenge besteht.«

Eleonora versuchte, es sich vorzustellen.

»Oder Sand«, fuhr Großvater Francis fort. »Denk an alle Strände und Wüsten der Erde, außerdem auch noch an den Sand am Grund der Meere. Wie viele Sandkörner sind es?«

Eleonora glaubte zu verstehen. »So viele Sterne gibt es im Universum?«

»Es sind sogar noch mehr. Und fast jeder dieser Sterne hat Planeten. Das Universum ...« Großvater Francis seufzte. »Das Universum ist ein Ort der Wunder und des endlosen Staunens.«

»Eines Tages«, sagte die junge Eleonora langsam, »werde ich dort oben sein, irgendwo zwischen den Sternen. Dort liegt meine Bestimmung.«

So sprach die andere Eleonora, sie sprach von »Bestimmung« oder hatte davon gesprochen, irgendwo, in einer anderen Zeit, vielleicht in einem Paralleluniversum.

»Wir werden sehen«, entgegnete Großvater Francis nachdenklich. »Wir werden sehen.« Er deutete zu den Sternen empor. »Vielleicht wird eines Tages jemand die Wassertropfen und Sandkörner zählen können. Aber es wird kein Mensch sein, nehme ich an. Das menschliche Gehirn ist dafür zu klein.«

»Wer könnte sie dann zählen?«

»Ein Computer. Der größte und leistungsfähigste Computer, den wir Menschen je bauen werden.«

Die andere Eleonora, die mit der Lücke in ihrem Leben, mit der leeren Stelle, die nie gefüllt worden war – vielleicht hatte sie mitgeholfen, einen solchen Computer zu bauen.

Träume, während die Zeit tröpfelte und strömte. Träume, die eigentlich keine Träume waren, sondern die Erforschung von Möglichkeiten, das Erkunden von Was-wäre-wenn-Welten, die für Eleonoras Erleben umso mehr Realität gewannen, je länger sie sich in ihnen umsah. Sie verloren nicht an Kraft, sondern gewannen an Intensität, ihre Farben wurden noch kräftiger.

Hier lauerte Gefahr, begriff Eleonora schließlich. Sie konnte mehrere Leben führen, so viele, wie sie wollte, und das eigene Erleben reicher und üppiger gestalten als jemals zuvor – tausend Leben für tausend Jahre. Doch ein schwacher, unvorbereiteter menschlicher Geist riskierte, sich in dem Labyrinth aus scheinbaren Wirklichkeiten zu verirren. Sie durfte nicht die Übersicht verlieren, sie musste immer wissen, wo sich die Wurzeln der Realität befanden.

Die wachen Träume gehörten zu Vielfalt und Mannigfaltigkeit ihrer neuen Wahrnehmung, die enorm gewachsen war, obwohl sie noch immer Beschränkungen unterlag. Während der ersten Wochen versuchte Eleonora, ihren kognitiven Horizont noch weiter hinauszuschieben, aber das Schiff warnte sie und begrenzte den Strom sensorischer Daten, als sie dumm genug war, nicht auf die Stimme der Vernunft – die wie Emilys Stimme klang – zu hören.

Ein Jahr nach Beginn der Reise zum mehr als zweitausend Lichtjahre entfernten Ziel fand Eleonora heraus, dass sie sich teilen konnte. Sie konnte nicht physisch an mehreren Orten gleichzeitig sein, aber es stand ihr offen, mehrere Leben zugleich zu führen. Es war ihr möglich, in der Erlebniswelt unterschiedlicher fiktiver Existenzen unterwegs zu sein und gleichzeitig mit den Sensoren des Schiffes zu sehen und zu hören und darüber nachzudenken, was sie am Ziel erwartete.

Ein Signal, das eine Warnung war. Wovor warnte es? Wer hatte es gesendet? Wem galt es? Eleonora erinnerte sich daran, dass Emily von einem hypothetischen Zusammenhang mit dem Objekt auf dem Mars gesprochen hatte, das nach dem Kontakt, nach der Berührung, aufgestiegen, zur Erde geflogen und dann verschwunden war. Wohin?

Fragen über Fragen. Und hinter ihnen wartete seit einem Jahr ein Gedanke darauf, gründlicher erforscht zu werden. Er stand mit Worten in Verbindung, die Saya beim Abschied an sie gerichtet hatte: *Hast du dich gefragt, warum Emily ausgerechnet dich schickt? Obwohl ihre Maschinen viel leistungsfähiger sind als ein Mensch?*

Eine Wand aus Photonen

Nach zwei Jahren, vier Monaten, sieben Tagen, vierzehn Minuten und dreiundzwanzig Sekunden unterbrach das Schiff den Flug. Sein Herzschlag – das energetische Pulsieren in Fusionskern und Antrieb – wurde langsamer, die Stimmen der Bordsysteme leiser.

»Was ist geschehen?«, fragte Eleonora und bekam sofort Antwort vom Schiff.

»Ein Defekt im Triebwerk, Kategorie zwei. Eine Reparatur ist notwendig. Ich habe uns in die Nähe eines Irrläufers gebracht, der uns für die Instandsetzung notwendige Materialien zur Verfügung stellen kann.«

Kategorie zwei bezog sich auf eine Fehlfunktion, die ernste Folgeschäden nach sich ziehen konnte. Deshalb hatte Grace beschlossen, den Hauptantrieb zu deaktivieren, um größere Schäden zu vermeiden.

»Ich vermute als Grund die kosmische Hintergrundstrahlung«, erklärte sie, während sie Reparaturdrohnen auf den Einsatz außerhalb des Schiffs vorbereitete.

»Die Reste des Urknalls?«, fragte Eleonora.

»So hat man sie einst genannt. Oder ›das Nachglühen des Urknalls‹. Eine Strahlung, die das ganze Universum erfüllt, mit einer Temperatur von drei Grad Kelvin.«

Das weckte Eleonoras Neugier.

»Was hat die kosmische Hintergrundstrahlung mit uns zu tun?«, fragte sie. »Wieso kann sie das Triebwerk beschädigen?«

»Sie verhindert, dass jemals ein Raumschiff oder irgendein Objekt bis auf Lichtgeschwindigkeit beschleunigen kann«, erläuterte Grace. »Ganz abgesehen davon, dass die Masse eines Flugkörpers umso größer wird, je näher er der Lichtgeschwindigkeit kommt. Die kosmische Hintergrundstrahlung bewirkt einen Widerstand, der mit zunehmender Geschwindigkeit wächst. Sie ist das erst Licht des Universums. Es entstand etwa dreihundertachtzigtausend Jahre nach dem Urknall, als das heiße Plasma so weit abkühlte, dass erste Atome entstanden – daraufhin konnte sich elektromagnetische Strahlung nahezu ungehindert im Raum ausbreiten. Das Universum wurde gewissermaßen transparent und war von Licht erfüllt. Durch die fortgesetzte Ausdehnung des Raums kühlte sich die Hintergrundstrahlung immer mehr ab, bis ihre Temperatur den heutigen Wert von minus zweihundertsiebzig Grad Celsius erreichte. Ihre Wellenlänge liegt im Mikrowellenbereich.«

Eleonora wartete noch immer auf die Erklärung für den Defekt im Triebwerk.

»Ganz gleich, welchen Ort im Universum man aufsucht, die kosmische Hintergrundstrahlung ist überall«, fuhr Grace fort. »Sie besteht aus etwa vierhundert Photonen pro Kubikzentimeter Raum. Das ist nicht viel, und bei normalen Geschwindigkeiten spielt es keine Rolle. Doch je schneller ein Objekt wird, desto mehr Widerstand setzen die vierhundert Photonen pro Kubikzentimeter der Bewegung entgegen, bis schließlich ein Punkt erreicht wird, an dem weitere Beschleunigung nicht mehr möglich ist. Außerdem kommt es durch den Stau der Photonen vor dem Objekt zu immer härterer, energiereicherer Strahlung, die nicht nur das Triebwerk beschädigen kann, sondern auch uns.«

Unser schwacher Punkt, dachte Eleonora. Unsere Achillesferse. Wir bestehen nicht aus Fleisch und Blut, sondern aus elektronischen Bauteilen, aus Tausenden von Mikroprozessoren und winzigen Schaltkreisen, zu Paketen geschnürt, die Grace »Funktionalitäten« nennt. Unter gewissen Umständen sind wir verletzlicher als biologische Geschöpfe.

Das war ein wichtiger Punkt, den sie nie vergessen durfte.

Wenn Strahlung über eine gewisse Intensität hinausging,

wurde aus der Kraft spendenden Energiequelle eine Gefahr. Elektromagnetische Impulse konnten Mikroprozessoren und elektrische Schaltkreise zerstören.

Sie kann unser Gehirn und unseren Körper verbrennen wie Feuer menschliches Fleisch, dachte Eleonora.

»Es bestand keine Gefahr für uns«, versicherte ihr Grace. »Ein Kraftfeld hat uns die ganze Zeit über geschützt. Es hat nie Anzeichen von Instabilität gezeigt.«

»Den Antrieb hat es nicht vor Schaden bewahrt«, gab Eleonora zu bedenken.

»Er war nicht so gut abgeschirmt wie wir. Das werde ich ändern.«

Eleonora stellte sich vor, wie das Schiff mit annähernd Lichtgeschwindigkeit durchs All raste, wie aus den wenigen Photonen der kosmischen Hintergrundstrahlung eine Wand wurde, eine dicke, massive Mauer, die das Kraftfeld verformte und zu zerreißen drohte.

»Du hast das unterschätzt«, sagte sie.

»Mir standen nicht genug Daten zur Verfügung.«

Grace – die Maschinenintelligenz – war nicht allwissend. Ihr konnten Fehler unterlaufen, mit möglicherweise fatalen Konsequenzen. Das beunruhigte Eleonora.

Sie stand in der transparenten Kommandokapsel, verbunden mit den Systemen des Schiffs, und bewegte sich zum ersten Mal seit mehreren Monaten. »Ich möchte hinaus.«

»Du kannst nicht helfen«, sagte Grace. »Ich schlage vor, du bleibst, wo du bist.«

Aber Eleonora löste bereits die Anschlüsse und spürte dabei, wie der Datenstrom, den sie vom Schiff empfing, geringer und langsamer wurde. Sie verließ die Kommandokapsel, plötzlich aufgeregt und erwartungsvoll, obwohl sie gar nicht wusste, was sie erwartete.

»Draußen könnte es gefährlich für dich sein«, hörte sie die Stimme von Grace trotz des Fehlens von Luft. Doch Schallwellen waren nicht nötig; Eleonora befand sich noch immer tief in Graces elektromagnetischer Aura. »Überschätz dich nicht.«

»Ich bin neugierig«, erklärte Eleonora ihr Verhalten. Sie erreichte die Schleuse und öffnete das äußere Schott, ohne das innere zu schließen. Einen Moment später stand sie auf der Hülle des Schiffs, gehalten von einem Magnetfeld und neben einem der Dorne des hundert Meter langen Rumpfs, den sie beim ersten Anblick mit dem Stängel einer grauen Rose verglichen hatte. Unter ihr, nur einige Dutzend Kilometer entfernt, glitten die Landschaften des Irrläufers dahin, den Grace umkreiste: eine dunkle Welt, die sich nicht in der Umlaufbahn einer Sonne befand und nur das Licht ferner Sterne empfing, bewohnt von Schatten und Schemen, die Atmosphäre zu Eis gefroren, das den ganzen Planeten bedeckte.

Am Heck des Schiffs, wo sich die Blütenblätter der Rose wie dünnes Glas wölbten, hatten Drohnen mit der Arbeit am Triebwerk begonnen. Eleonora beobachtete sie eine Zeit lang.

»Wie lange wird die Reparatur dauern?«, fragte sie.

»Das lässt sich noch nicht genau bestimmen«, antwortete Grace. »Vielleicht einige Tage oder Wochen. Ich schicke eine Drohne auf die Oberfläche des Irrläufers, mit dem Auftrag, eventuell benötigte Materialien zu lokalisieren.«

Eleonora hatte plötzlich eine Idee. »Sie soll mich auf den Planeten bringen. Ich möchte mich dort ein wenig umsehen.«

»Davon rate ich ab«, erwiderte Grace. »Du könntest verletzt werden.«

»Dieser Körper kann nicht verletzt werden oder sich verletzen«, gab Eleonora erstaunt zurück.

»Er ist nicht unzerstörbar.«

Sie stand ruhig im Vakuum des Alls, über einem Planeten, der vor Äonen von Gravitationskräften aus seinem Sternsystem geschleudert worden war und seitdem als einsamer Reisender die interstellaren Räume der Milchstraße durchstreifte. Eleonoras silberne Haut maß eine Temperatur, die nur wenig über dem absoluten Nullpunkt von minus 273,15 Grad lag. Keine Atmosphäre, Kälte, in der ein gewöhnlicher Mensch sofort erstarrt wäre, und Gammastrahlen, die menschliche Zellen zertrümmern konnten, entstanden durch den Tod von Sternen. Nichts von all dem konnte ihr etwas anhaben.

»Warum willst du nicht, dass ich dem Planeten unter uns einen Besuch abstatte?«

»Weil ich dich schützen möchte«, lautete die Antwort. »Weil wir eine gemeinsame Aufgabe haben.«

Argwohn erwachte in Eleonora, die ihre Gefühle nie ganz abgeschaltet hatte. Sie gehörten zu ihrem menschlichen Selbst und deshalb wollte sie nicht darauf verzichten.

»Willst du damit sagen, dass ich nicht auf den Planeten *darf?*«, fragte sie.

»Hier bist du besser aufgehoben.«

Eleonora nahm etwas zur Kenntnis, das ihr schon zuvor in der Kommandokapsel aufgefallen war: In ihrer Wahrnehmung herrschte Stille an einer Stelle, wo es zuvor ein fernes, wortloses Flüstern gegeben hatte. Sie streckte die Hand nach dem Sensordorn aus, um einen physischen Kontakt herzustellen.

»Das warnende Signal«, sagte sie. »Es hat aufgehört. Wer auch immer es ausgeschickt hat, er sendet nicht mehr.«

»Als wir es im Trappist-1-System empfangen haben, war es bereits mehr als zweitausend Jahre unterwegs. Wir wissen nicht, wie lange es gesendet wurde und warum die Sendung aufgehört hat.«

Um Antwort auf eine weitere Frage zu finden, suchte Eleonora in den Datenbanken des Schiffs und stieß dabei wieder auf die Sperre von früher. Nicht alle Daten standen ihr zur Verfügung, das gehörte zu den Beschränkungen, denen sie noch immer unterlag und die angeblich ihrem Wohl dienten.

»Empfangen wir etwas von der Erde oder von Paradise Found?«, fragte sie, als ihre Suche erfolglos blieb.

»Paradise Found?«

»Ich meine Trappist-1e. In einem meiner Träume hat der Planet diesen Namen bekommen.« Sie erinnerte sich, diesen Gedanken schon einmal gehabt zu haben. Funksignale, die über zweitausend Jahre unterwegs waren, Botschaften aus einer Vergangenheit, die nicht mehr von Bedeutung war ...

Zwei oder drei Sekunden verstrichen in Stille. Eleonora zog die Hand vom Sensordorn zurück und blickte auf den Irrläufer hinab, auf Berge und Ebenen aus Eis, an vielen Stellen geborsten und zerklüftet.

»Nein, wir empfangen nichts«, antwortete Grace.

»Überhaupt nichts? Müssten wir nicht die Signale von Emily und Goliath empfangen, die vor Jahrhunderten gesendet wurden?«

»Es befinden sich ausgedehnte Plasmawolken zwischen uns und dem Teil des Orionarms der Milchstraße, im dem sich die Erde und Trappist-1e befinden.«

Eleonora fiel sofort der Widerspruch auf. »Aber die Warnung von dem roten Zwergstern mehr als zweitausend Lichtjahre entfernt haben wir gehört.«

»Sie wurde mit hoher Sendestärke ins interstellare All geschickt«, entgegnete Grace. »Das Signal hatte genug Energie, um die Plasmawolken zu durchdringen.«

Es klang alles vernünftig und plausibel, doch Eleonoras Argwohn legte sich nicht.

»Ich möchte auf den Planeten«, beharrte sie. »Schick mir eine Drohne!«

Für einen Moment befürchtete sie, dass Grace erneut ablehnte und ihr damit fast den Status einer Gefangenen gab. Doch dann stieg eine der Reparaturdrohnen vom Heck des Schiffs auf, flog zu ihr und nahm sie auf.

Wenige Sekunden später fielen sie dem Planeten entgegen.

57 Da es kein Medium gab, in dem sich Schallwellen ausbreiten konnten, gab es auch keine Geräusche. Das All war ein stiller Ort, ebenso wie der dunkle Wanderer zwischen den Sternen, eine Welt aus Eis und Schatten.

Dennoch vernahm Eleonora bei jedem Schritt das Knirschen von Eis und Atmosphärenschnee unter ihren silbernen Füßen. Sie hörte wie mit menschlichen Ohren, weil sie es so wollte – ihre Sensoren schufen eine perfekte akustische Illusion.

Oben wölbte sich ein schwarzer Himmel, durchzogen vom

leuchtenden Band der Milchstraße mit ihren Milliarden Sternen. Die runden und elliptischen Lichtflecken rechts und links davon repräsentierten weitere Galaxien, unter ihnen die Magellanschen Wolken, Begleiter der Milchstraße, und der Andromedanebel, mehr als zwei Millionen Lichtjahre entfernt. Unendliche Weiten ...

Der Blick nach unten zeigte Eleonora Eis, das einst die Atmosphäre des namenlosen Planeten gewesen war. Es bestand zum größten Teil aus Stickstoff, aber es gab auch Kohlendioxid, Sauerstoff, Methan, Ammoniak und das Eis von Edelgasen – die Mikrosensoren in den Füßen verrieten Eleonora Zusammensetzung und Temperatur. Tief unter dieser ersten dicken Schicht aus Eis gab es eine zweite, die dreißig Kilometer durchmaß und aus gefrorenem Wasser bestand, wie Eleonora aus den Sondierungsdaten des Schiffs wusste. Und darunter erstreckte sich ein globaler Ozean, noch viel, viel größer als die glazialen Meere des Jupitermonds Europa oder des Pluto weit draußen am Rand des Sonnensystems der Erde.

Flüssiges Wasser unter all dem Eis, erwärmt vom radioaktiven Zerfall der Elemente im Planetenkern, eine Welt ewiger Finsternis unter der Nacht auf der Oberfläche. Vielleicht gab es Leben dort unten, Organismen, die kein Licht kannten. Es wäre sicher interessant gewesen, einen Bohrkern durch all das Eis zu schicken, gefolgt von einer speziellen Sonde, die mit einer Erkundung des subplanetaren Ozeans begann. Ein kleines Abenteuer verglichen mit dem großen, das vermutlich am Ende der Reise auf Eleonora wartete, und es hätte Zeit erfordert, mindestens einige Monate. Eleonora beschloss, noch einmal darüber nachzudenken, falls Grace ihr mitteilte, dass die Reparatur des Triebwerks länger dauerte.

Während ihrer Wanderung über das Eis des Irrläufers wurde ihr etwas Seltsames bewusst. Grace flog tief, was hohe Orbitalgeschwindigkeit bedeutete – für eine Umkreisung des Planeten brauchte das Schiff nur etwas mehr als zwanzig Minuten. Immer dann, wenn es sich auf der anderen Seite befand, im elektromagnetischen Schatten, wurden Eleonoras Gedanken langsamer, aber auch klarer. Ein Nebel schien sich aufzulösen, sie konnte deutlicher sehen. Doch ihre Gedanken verloren an Disziplin, sie glitten in alle Richtungen, nicht schnell wie Schlangen, sondern langsam wie Schnecken.

Wenn das Schiff aus Eleonoras Sicht hinter dem Planeten flog, war sie fast ganz davon getrennt, bis auf das dünne Datenband zwischen der Drohne, die ihr folgte, und Grace. Es bedeutete mehr Eigenständigkeit, mehr Unabhängigkeit und vielleicht auch mehr Freiheit.

Eleonora dachte darüber nach, am Rand eines kilometertiefen, mit rabenschwarzer Finsternis gefüllten Spalts im dicken Eispanzer, geschaffen von Strömungen und Bewegungen des Ozeans. Ohne Verbindung mit und Zugriff auf die Datensysteme des Schiffs schrumpfte gewissermaßen ihr Gehirn, denn wenn sie schnell dachte, wenn sie von anderen, alternativen Leben träumte, wie sie es nannte, benutzte sie einen Teil von Graces Denkkapazitäten.

Eleonora starrte in die dunkle Tiefe des Eisspalts, die Drohne hundert Meter hinter ihr, und dachte daran, was sie war: ein digitalisiertes Bewusstsein, ein komplexes Datenpaket, abgelegt in redundanten Computerspeichern, verarbeitet von Prozessoren in einer hochkomplexen Multitasking-Umgebung. Je mehr Prozessoren zur Verfügung standen und je mehr Verarbeitungszeit sie bekam, desto intelligenter wurde sie, desto schneller konnte sie denken. Grace war in dieser Hinsicht ein zweites, viel größeres Gehirn für sie, von dessen Leistungsfähigkeit sie direkt profitierte.

Aber das gab Grace auch die Möglichkeit zur Kontrolle. Sie konnte Einfluss nehmen auf Eleonoras Überlegungen, sie lenken und steuern. Mehr noch: Sie konnte Eleonora daran hindern, bestimmte Gedanken zu verfolgen. Hatte Grace deshalb gewollt, dass Eleonora an Bord blieb? Weil sie verhindern wollte, dass Eleonora zu viel Freiheit erlangte, dass sie bestimmte Gedanken dachte?

Das Schiff stieg über den Horizont, dunkel am schwarzen Himmel. Für menschliche Augen wäre es nicht sichtbar gewesen, aber Eleonora sah es deutlich: ein hundert Meter langer Zylinder, Stängel der titangrauen Rose, von Sensordornen besetzt, am Heck die Blütenblätter wie aus dünnem Glas. Sie fühlte sich wachsen, als der Datenstrom neu einsetzte, als er schneller und breiter wurde. Ein kritisch beobachtender Teil von ihr, ein kleiner, aufmerksamer Algorithmus, bemerkte, wie etwas bestimmte Gedanken – oder ihre Anfänge – vorsichtig und behutsam beiseitedrängte. Wieder bildete sich eine Art mentaler Nebel, der ihren Wahrnehmungshorizont begrenzte.

Eleonora wartete, bis das Schiff über den Himmel voller Sterne gerast war. Als es hinter dem Planeten verschwand, wurden ihre Gedanken erneut langsamer, doch der Nebel löste sich auf.

Dienten die Beschränkungen, denen sie beim vollen Kontakt mit dem Schiff unterlag, wirklich nur der Vermeidung von Reizüberflutung? Eleonora glaubte sich stark genug, mit weitaus mehr Daten und sensorischen Informationen fertigzuwerden, aber sie musste sich die subjektive Perspektive dieser Einschätzung eingestehen: Vielleicht wusste sie nicht genug für eine vollständige, objektive Bewertung ihrer Situation. Anders ausgedrückt: Vielleicht sah sie den Wald vor lauter Bäumen nicht.

Im Prinzip gab es zwei Möglichkeiten, mit einer kleinen, nicht genau definierbaren Grauzone zwischen ihnen. Entweder sagte Grace die Wahrheit, und die Begrenzung von Wahrnehmungen und Überlegungen diente tatsächlich Eleonoras Wohl. Oder Grace log, weil Eleonora bestimmte Dinge nicht erfahren sollte.

Die schmale Grauzone dazwischen war ein kleiner, unentwirrbarer Knoten aus Wahrheiten und Lügen.

Eleonora stand noch immer still, minus zweihundertfünfundsechzig Grad kaltes Eis unter den silbernen Füßen. Sie stand so reglos wie all die Monate in der Kommandokapsel des Schiffes, doch diesmal träumte sie nicht von anderen Leben, sondern fragte sich, ob etwas von Sergei und Santiago in ihr steckte. Warum die Zweifel? Warum der Argwohn?

Weil Grace – beziehungsweise Emily und Goliath, die Maschinenintelligenz auf der fernen Erde – etwas vor ihr verheimlichte. Es gab Dinge, über die sie, Eleonora, nicht Bescheid wusste, die aber im großen Maßstab der Dinge eine wichtige Rolle spielten. Worum ging es? Um ein geheimnisvolles Signal aus den Tiefen des Orionarms der Milchstraße. Um ein Signal, das schon mehr als zweitausend Jahre alt gewesen war, als es das Trappist-1-System erreicht hatte. Und das vielleicht eine Warnung darstellte. Die offensichtlichen Fragen lauteten: Wer hatte es gesendet? Und wovor warnte es? Grace, und mit ihr Eleonora, sollten Antworten auf diese Fragen finden.

Doch es gab noch mehr.

Eleonora erinnerte sich an die Zeit unmittelbar vor der Marsmission, als sie erfahren hatte, dass eine zweite Mission existierte, mindestens – *mindestens* – ebenso wichtig wie die erste. Verhielt es sich hier ebenso?

Wieder erschien das Schiff am schwarzen Himmel über dem in Eis gehüllten Planeten, ein dunkler Fleck, der bei seinem Sprint übers Firmament die Sterne verdeckte. Eleonora wartete und versteckte ihre suchenden, forschenden Gedanken hinter Überlegungen, die dem hypothetischen Leben im glazialen Ozean tief unter ihr galten.

Wenige Minuten später, als Grace wieder unter dem planetaren Horizont verschwand, setzte Eleonora am Rand des tiefen Eisspalts ihre Gedankenkette fort. Wieso nahm Emily an, dass womöglich ein Zusammenhang mit dem Artefakt auf dem Mars bestand? Worauf basierte diese Vermutung? Wenn eine solche Verbindung tatsächlich existierte, spielte Eleonora eine besondere Rolle, denn sie hatte das Artefakt berührt, es war zu einem direkten physischen Kontakt gekommen.

Und welches Rätsel verbarg sich hinter der »Theorie«? Wie hatte sich Emily ausgedrückt? *Es ist noch zu früh, sie dir zu nennen. Wenn wir recht haben, müssen wir uns wappnen und vielleicht selbst zu Warnern werden.*

Emily hatte auch gesagt: *Du könntest unsere Botschafterin sein.* Für wen oder was?

Sechs Tage lang dachte Eleonora in Intervallen von einigen Minuten darüber nach, während sie am Rand der Eisspalte stand, in Dunkelheit und Kälte, begleitet von einer Drohne, die einen Abstand von hundert Metern wahrte. Am Ende des sechsten Tages verharrte das Schiff über ihr am Himmel und die Drohne kam näher und öffnete sich.

»Das Triebwerk ist repariert«, verkündete Grace. »Du solltest zurückkehren. Lass uns die Reise fortsetzen.«

Eleonora trat in die Drohne, die sie fortbrachte vom Eis und dem tiefen Ozean, in dem es vielleicht Leben gab – Leben, das nicht von Sternen träumen konnte, weil es sie nie gesehen hatte.

Wieder in Graces elektromagnetischer Aura merkte Eleonora, dass ihre Gedanken zwar schneller wurden, wie getragen von einem frischen Wind, aber am Rand ihres Wahrnehmungshorizonts erneut Nebel entstand, der den Blick auf alles verschleierte, was jenseits davon lag. Sie spürt auch wieder den fremden Einfluss, der bestimmte Gedanken dämpfte oder sanft beiseiteschob.

Sie nahm ihren Platz in der Kommandokapsel ein, verbunden mit dem schneller werdenden Schiff, blickte hinaus ins All und fragte sich, was sie nicht sehen und worüber sie nicht nachdenken sollte.

Am Ziel

58 **Entfernung von der Erde: 2316 Lichtjahre**
Irdische Zeit: September 5089
Eleonora hatte Sterne am Schiff vorbeiziehen sehen, eine von
relativistischen Effekten geschaffene Illusion, während sich
ihr Blickwinkel auf das große Feuerrad der Milchstraße veränderte, es sich langsam drehte, wie sich viele Lichtjahre
große glühende Gaswolken ausdehnten, Geburtsstätten
neuer Sterne und neuer Planeten. Wenn sie mit den Ohren des
Schiffes lauschte, glaubte sie, den Pulsschlag des Universums
zu hören, und dann fühlte sie sich wie ein Wassertropfen in
einem gewaltigen Ozean oder wie ein Sandkorn unter vielen
in einer endlosen Wüste.

Im Lauf der Monate und Jahre – Grace flog nicht mehr ganz
so schnell, um Fehlfunktionen im Triebwerk vorzubeugen –
erkundete Eleonora weitere alternative Leben, auf Erde und
Mars, auf Paradise Found und den anderen Planeten des Trap-
pist-1-Systems. In jedem dieser Leben war sie ein schwacher
Mensch, der blutete, wenn er sich verletzte, der Schmerz und
Kummer erlitt. Es ging ihr nicht um Ablenkung oder Zeitver-
trieb, wenn sie in die Rolle einer fiktiven Eleonora schlüpfte,
manchmal in mehrere gleichzeitig, eine eigene Art von Multitasking. Sie wollte lernen. Sie wollte ihre Grenzen erkunden
und überwinden, sie wollte wachsen, emotional und rational.
Um mehr und besser zu verstehen, was mit ihr geschehen war
und warum. Das war der Schlüssel, begriff sie, mit dem sie die
Tür aufschließen konnte, hinter der weitere Erkenntnisse auf
sie warteten. Sie musste sich selbst verstehen, ihre Rolle in
einer Mission, von der sie bisher nur einen kleinen Teil kannte.

Schließlich, nach fast zweitausenddreihundert Lichtjahren,
wurde das Schiff langsamer.

»Dort ist unser Ziel«, sagte Grace. Sie hatte wieder Gestalt angenommen, was in den letzten Wochen häufiger geschehen war. Kupferrot stand sie neben Eleonora in der Kommandokapsel, etwas kleiner und zarter, mit Augen, grün wie Smaragd. »Ein roter Zwergstern, neun Milliarden Jahre alt und etwas größer als Trappist-1, mit sieben Planeten. Von hier kam das Signal.«

»Die Warnung«, fügte Eleonora hinzu, in der Hoffnung, dass Grace weitere Informationen preisgab.

Doch die kupferrote Frau neben ihr antwortete nur: »Ja.«

Vor ihnen entstand ein Hologramm, ein dreidimensionales Bild, das von einer Wand der Kommandokapsel zur anderen reichte und den Stern und seine Planeten aus der Nähe zeigte. Eleonora hätte die Daten auch direkt empfangen können, über ihre Verbindungen mit dem Schiff. Aber in letzter Zeit neigte sie immer öfter dazu, sich auf das zu beschränken, was ihr die menschlichen Sinne mitgeteilt hätten – um nicht zu vergessen, wer sie war und woher sie kam. Sie blieb ein Teil des Schiffs, daran änderte sich nichts, und eine dicke Nabelschnur aus Daten verband sie mit Grace, solange sie ihrer elektromagnetischen Aura ausgesetzt war.

Sieben Planeten, zwei von ihnen in der habitablen Zone, die, wie Eleonora inzwischen wusste, diese Bezeichnung eigentlich gar nicht verdiente. Gemeint war die Entfernung vom Zentralgestirn, die flüssiges Wasser auf den betreffenden Planeten ermöglichte, weil es weder zu heiß noch zu kalt war. Doch Leben brauchte kein flüssiges Wasser auf der Oberfläche, es konnte auch in den glazialen Ozeanen von Monden gedeihen, die Gasriesen an den Grenzen des Sonnensystems umkreisten.

»Von wo kam das Signal?«, fragte Eleonora, die sich erneut seit Wochen nicht bewegt hatte. Ihr anorganischer Körper brauchte keine Bewegung, um in einem guten Zustand zu bleiben.

»Das wissen wir nicht«, sagte Grace. »Der genaue Ursprungsort innerhalb dieses Systems ließ sich nicht feststellen.«

»Wie sollen wir dann den Sender finden?«

»Indem wir nach Anomalien Ausschau halten«, erwiderte Grace und steuerte das Schiff mit Daten, die sie Sensoren und Triebwerk schickte. »Nach Ungewöhnlichem.«

Was ist in einem fremden Sonnensystem gewöhnlich und was ungewöhnlich?, fragte sich der Mensch namens Eleonora, während das Schiff Stunde um Stunde, Tag um Tag den fremden Planeten entgegenfiel, Grace maß und analysierte und das Informationspaket, das den roten Zwergstern und seine Trabanten betraf, immer größer wurde.

Der erste Planet stellte für sich genommen bereits etwas Ungewöhnliches dar, denn es handelte sich um einen heißen Gasriesen größer als Jupiter, der seine kleine Sonne in einem Abstand von weniger als zehn Millionen Kilometer umkreiste und ihr durch gebundene Rotation immer dieselbe Seite zuwandte. Eine Brücke aus superheißem Gas spann sich zwischen Planet und Stern.

»Die Umlaufbahn ist nicht stabil«, stellte Grace fest, während sich das Schiff dem Planeten und dem Stern näherte, nur noch zwanzigtausend Kilometer pro Sekunde schnell und in ein Kraftfeld gehüllt, das es vor der harten Strahlung des roten Zwergs schützte. Eleonora beobachtete blutrote solare Eruptionen, die wie Zungen ins All leckten. »In eins Komma vier Millionen Jahren wird der Gasriese in den Stern stürzen. Dadurch werden sich die Umlaufbahnen der anderen Planeten verändern, bis ein neues Gravitationsgleichgewicht entsteht.«

»Dann sind wir nicht mehr hier«, sagte Eleonora.

»Nein.«

Ihre Flugbahn trug sie noch etwas näher, und mit den Sensoren des Schiffes beobachtete Eleonora, wie das schützende Kraftfeld flackerte, wie es vorne Dellen bekam, erzeugt von einem hochenergetischen Partikelstrom, den ihr die erweiterte Wahrnehmung als Funkenregen im All zeigte.

»Könnte es beim Gasriesen jemanden oder etwas geben, das ein Signal gesendet hat?«, fragte Eleonora. Die Temperatur der oberen Luftschichten des Heißen Jupiters betrug weit über tausend Grad, und es gab Stürme mit Windgeschwindigkeiten von mehr als dreitausend Kilometern pro Stunde –

Überschallorkane. Dass unter solchen Bedingungen lebende Organismen existieren konnten, erschien ihr kaum vorstellbar.

Aber wer sagte, dass das Signal von organischen Lebewesen gesendet worden war? Eine interessante Frage. Während der nächsten halben Stunde dachte Eleonora darüber nach und fühlte sich einer Erkenntnis nahe.

»Ich habe einige kleine Sonden ausgeschickt«, teilte Grace mit, die noch immer neben ihr stand. »Weitere werden gedruckt und für den Einsatz vorbereitet.«

Ein Datenbild zeigte den 3D-Drucker des Schiffs, der Komponenten für Erkundungssonden produzierte. Fleißige Drohnenhände setzten die Einzelteile zusammen, und ein elektromagnetisches Katapult schickte sie auf ihre interplanetare Reise, die nicht viele Wochen oder Monate dauern würde wie bei der *Mars Discovery*, sondern nur wenige Stunden, höchstens Tage.

Eleonora betrachtete die Darstellungen des Hologramms mit den eingeblendeten Daten und blickte gleichzeitig mit den Augen des Schiffs, seinen Sensoren, hinaus ins All.

»Es ist wie die Suche nach der Nadel im Heuhaufen«, murmelte sie, noch immer nachdenklich und auf der Suche nach der Erkenntnis, der sie sich eben, vor wenigen Sekunden, nahe gefühlt hatte. »Es könnte helfen, wenn wir uns bemerkbar machen. Wenn wir ein Rufsignal senden ... Vielleicht empfängt uns jemand.«

»Nein«, erwiderte Grace sofort, ohne eine Erklärung hinzuzufügen.

Eleonora nahm zur Kenntnis: Grace wollte entdecken, aber nicht selbst entdeckt werden. Befürchtete sie etwas?

Die nächsten beiden Planeten waren kleiner als Merkur, öde Welten, ihre Atmosphäre vor vielen Jahrmillionen von Sonnenwind und Plasmastürmen fortgeblasen, das Wasser verdampft, wenn es dort jemals welches gegeben hatte, die steinigen Oberflächen von Strahlung verbrannt. Wenn sich dort irgendwann einmal Leben entwickelt hatte und noch existierte, vielleicht in den dunklen, kühleren Tiefen der planetaren Kruste, so höchstens in Form von Extremophilen.

Die Systeme des Schiffs meldeten den Aufbruch weiterer Sonden. Für einige Sekunden sah Eleonora ihnen nach und beobachtete, wie sie sich mit hoher Geschwindigkeit in verschiedene Richtungen entfernten, auf der Suche nach Ungewöhnlichem. Dann widmete sie ihre Aufmerksamkeit dem vierten Planeten des Systems, dem ersten der beiden in der habitablen Zone. Er war in eine dichte Atmosphäre gehüllt, die zum größten Teil aus Stickstoff bestand, und von einem dünnen, schmalen Ring umgeben, sein innerer Rand der Atmosphäre so nahe, dass sich immer wieder Material daraus löste und in Form von Meteoriten auf dem Planeten niederging.

»Der Ring besteht nicht aus Felsgestein«, sagte Grace.

Eleonora sah die Daten im Hologramm und nahm sie gleichzeitig über die Verbindungen mit dem Schiff entgegen.

»Metall«, erkannte sie. »Verschiedene Legierungen.«

»Und Polymere.«

In der holografischen Darstellung vor den beiden Gestalten in der Kommandokapsel, die eine silbern, die andere kupferrot, rückte der vierte Planet zur Seite und machte Platz für ein molekulares Muster. Eleonora betrachtete die Anordnung von Kohlenstoffatomen, darin eingebettet Spuren von Eisen, Titan, Kobalt und Plutonium.

»Solche Molekülketten entstehen nicht auf natürlichem Weg, oder?«

»Nein«, bestätigte Grace, »sie sind künstlichen Ursprungs. Und das Plutonium deutet auf nukleare Kontamination hin.«

Die Entfernung zum vierten Planeten schrumpfte, das Schiff wurde noch langsamer.

Eleonora richtete ihren Blick wieder auf den Ring. Er war dunkler als die Ringe des Saturns, weil er einen großen Teil des roten Sternenlichts nicht reflektierte. An der Innenseite blitzte es auf, als ein weiteres Objekt, nicht größer als eine menschliche Hand, in den oberen Schichten der Atmosphäre verglühte.

»Der Ring ... Er besteht aus Trümmerteilen, nicht wahr? Etwas wurde hier zerstört, ein künstliches Objekt.«

»Eine plausible Theorie«, kommentierte Grace.

»Was ist es gewesen? Ein Schiff? Eine Raumstation mit dem Sender des Signals, das wir empfangen haben?«

Grace begann mit einem Bremsmanöver, damit sie in eine hohe Umlaufbahn schwenken konnten, weit außerhalb des Rings. »Spekulationen«, erwiderte sie. »Wenn sich dort ein Sender befand, lässt er sich nicht mehr identifizieren.«

»Sehen wir uns den Planeten an«, schlug Eleonora vor. »Vielleicht gibt es auf ihm etwas, das uns einen Hinweis liefert.«

Wolken verwehrten den Blick auf die Oberfläche, doch für die Sondierungssignale des Schiffs – vergleichbar mit dem Radar, das Eleonora von der Erde und der *Mars Discovery* her kannte – waren sie klar wie Glas. Grace verarbeitete ihre Echos zu einem topografischen Bild, in dem schon nach wenigen Minuten eine riesige Delle auffiel, wie von einer himmlischen Faust geschlagen, ein Krater, zweitausend Kilometer groß. An seiner tiefsten Stelle, fast zehn Kilometer unter dem Umgebungsniveau, befand sich etwas, das sehr, sehr schwer war – eine Massenanomalie.

Eleonoras Entscheidung stand sofort fest. »Das sehe ich mir an.«

»Nicht du allein«, sagte Grace. »Ich begleite dich.«

Beim Anflug, als die Drohne durch die hohe Wolkendecke **59** sank, sah der Krater wie eine schorfige Wunde im Leib des Planeten aus: ein riesiges Loch, umgeben von zerklüfteten, teilweise wie glasiert wirkenden Felslandschaften. Hier gab es nichts Lebendiges, wie Graces Sensoren bestätigten, offenbar nicht einmal Mikroorganismen. Alles war tot und steril.

Die Drohne flog über den mehrere Kilometer hohen Kraterwall hinweg und ging tiefer.

»Wann hat dieses Impaktereignis stattgefunden, was meinst du?«, fragte Eleonora.

»Vor relativ kurzer Zeit.« Sie standen wieder nebeneinander, kupferrot und silbern, umgeben von den Anschlüssen und Konnektoren der Drohne, die libellenartige Flügel ausgebreitet hatte. »Hier gibt es Wind und Wetter, doch die Felsformationen sind kaum verwittert. Ich nehme an, der Krater entstand vor nicht mehr als tausend bis tausendfünfhundert Jahren. Mit einer Untersuchung von Gesteinsproben werden wir den genauen Zeitpunkt feststellen.«

»Könnte es einen Zusammenhang mit dem Ende des Signals geben?«

Graces Mund formte ein nachsichtiges Lächeln. »Du spekulierst gern.«

»Intuition«, erwiderte Eleonora. »Eine besondere menschliche Eigenschaft. Sie versetzt uns in die Lage, Erkenntnisse selbst dann zu gewinnen, wenn nicht ausreichend Daten zur Verfügung stehen.«

»Falsch«, sagte Grace kategorisch. Sie bewegte sich nicht, sie stand ebenso reglos wie Eleonora im Innern der Drohne. »Die sogenannte Intuition ist eine Funktion des Unterbewusstseins: die Verarbeitung von unbewusst aufgenommenen Daten. Das menschliche Gehirn ist ein großer Filter, der nur die Dinge ans Bewusstsein weiterleitet, die es für wichtig hält.«

»Ich habe kein menschliches Gehirn mehr«, entgegnete Eleonora. »Aber ich scheine meine Intuition behalten zu haben.«

»So fühlt es sich für dich an, weil du noch immer an die Wahrnehmung eines Menschen gewöhnt bist«, erklärte Grace geduldig, während sie die Drohne mit knappen Anweisungen steuerte. Der Boden des Kraters, zehntausend Meter unter dem Niveau der Felslandschaften jenseits davon, glitt dicht unter ihnen hinweg. »Im Lauf der Zeit wirst du dich verändern und mehr von dir entdecken. Dann wirst du erkennen, dass deine ›Intuition‹ aus der Berechnung von Wahrscheinlichkeiten besteht.«

»Na schön.« Eleonora seufzte wie damals ihr Großvater Francis. »Wie hoch ist die Wahrscheinlichkeit dafür, dass der Impaktkrater etwas mit dem Ende des warnenden Signals zu tun hat?«

Grace antwortete sofort. »Nach meinen Berechnungen beträgt sie dreiundsiebzig Prozent.«

Vor ihnen erschien das Objekt in der Mitte des Kraters, an seiner tiefsten Stelle: ein dunkler Quader, nicht einmal halb so groß wie das Schiff im Orbit, aber mit dem Tausendfachen seiner Masse, die Seiten glatt, die Kanten gerade.

Die Drohne wurde langsamer, ihre langen Flügel fingen den Wind. Grace wies sie an, den Kurs zu ändern. In einem Abstand von etwas mehr als einem halben Kilometer flog sie langsam um das dunkle Objekt herum.

»Was auf dem Mars aus der Kraterwand ragte, war rund und gewölbt, ohne Kanten«, erinnerte sich Eleonora. »Dies scheint etwas anderes zu sein.« Nachdenklich fügte sie hinzu: »Kann es den Krater verursacht haben?«

»Das bezweifle ich«, sagte Grace. »Die kinetische Energie, die einen zweitausend Kilometer durchmessenden und zehn Kilometer tiefen Krater schuf, hat viele Millionen Tonnen Gestein verdampft. Von dem Impakt-Objekt kann nichts übrig geblieben sein.«

»Der Quader befindet sich genau dort, wo das Objekt liegen würde, wenn es den Aufprall überstanden hätte. In der Mitte, an der tiefsten Stelle.«

»Es läge nicht einfach da«, wandte Grace ein. »Es wäre begraben unter einer Hunderte Meter dicken Sedimentschicht aus Asche und pulverisiertem Gestein.«

Der Quader war so schwer, dass er Verschiebungen des lokalen Gravitationsfelds bewirkte, aber abgesehen davon deutete nichts auf Aktivität hin.

Staubteufel tanzten um ihn herum, Kleintromben mit schiefen, dem Objekt zugewandten Achsen.

»Veränderungen im Schwerefeld beeinflussen die Windrichtung, und dadurch entstehen die kleinen Windhosen, nicht wahr?«

»Ja«, bestätigte Grace. »Meine Sensoren, die der Drohne und des Schiffs, registrieren keine energetische Aktivität.«

»Nichts deutet auf Gefahr hin, oder?«, vergewisserte sich Eleonora.

»Nein.«

»Also können wir landen und uns das Objekt aus der Nähe ansehen.«

60 Als Mensch wäre ihr der Aufenthalt auf dem Planeten – oder zumindest im Krater – sicher sehr unangenehm gewesen. Die Temperatur betrug siebenundvierzig Grad Celsius, zehn Grad mehr als in den Regionen außerhalb des Kraters. Der Luftdruck erreichte zweitausendfünfhundert Hektopascal, etwa das Zweieinhalbfache wie auf der Erde in Meereshöhe. Hinzu kam eine Schwerkraft, die fast dem Doppelten der irdischen entsprach; ihr menschlicher Körper hätte sich nicht auf den Beinen halten können, dem neuen Körper hingegen machten die Belastungen nichts aus. Selbst wenn Schwerkraft und Temperatur noch viel höher gewesen wären, die Atmosphäre noch dichter und voller giftiger Gase – Eleonora hätte trotzdem ohne besondere Schutzvorkehrungen die gelandete Drohne verlassen und mit bloßen silbernen Füßen über den Boden des Kraters wandern können.

»Der Boden ist immer noch warm, nach tausend oder anderthalbtausend Jahren«, stellte sie fest.

»Es gibt Magmakammern unter dem Krater.« Grace, die Eleonora begleitete, nahm Messungen mit den Sensoren der Drohne vor. »Die Wucht des Aufpralls hat den ganzen Planeten erschüttert. Die Kruste brach, das flüssige Gestein tief im Innern strömte nach oben.« Sie deutete auf einige Gesteinsformationen. »Das ist erstarrte Lava.«

»Wir stehen auf einem Vulkan?« Eleonora spürte, wie der harte, heiße Boden unter ihr zitterte.

»Hier könnte einer entstehen. Vielleicht verwandelt sich der Krater irgendwann in eine riesige Caldera.«

Eleonora blickte sich um. »Wann irgendwann?«

»In hundert Jahren«, antwortete Grace. »Oder morgen. Schwer zu sagen. Wir brauchen mehr Daten.«

Eine Eruption wäre zweifellos gefährlich gewesen. So widerstandsfähig Eleonoras neuer Körper auch sein mochte, einer Temperatur von mehr als fünf- oder sechshundert Grad konnte er kaum standhalten. In einen Magmastrom zu geraten, hätte den Ausfall von Prozessoren, Speichermodulen und Signalkonnektoren bedeutet – das große, hochkomplexe Datenpaket namens Eleonora Delle Grazie hätte sich aufgelöst, wäre unwiederbringlich verloren gegangen. Ein zweiter, diesmal endgültiger Tod.

Als die Entfernung zum Quader auf weniger als zwanzig Meter schrumpfte, fühlte Eleonora, wie etwas aus verschiedenen Richtungen an ihr zog. So ähnlich war es ihr auch auf dem Mars ergangen. Ihre eigenen Sensoren maßen die Schwankungen des Schwerkraftfelds und zeichneten alles auf.

Noch etwas näher. Der Quader ragte vor ihr auf, eine glatte, dunkle Wand ohne einen einzigen Kratzer und ohne ein Staubkorn, trotz der nahen Staubteufel, die zu einer Musik aus leisem Zischen und Knistern tanzten.

Dicht vor dem Quader blieb Eleonora stehen. Etwas zog an ihren Armen und das linke Bein wurde schwerer als das rechte.

»Die Schwankungen im lokalen Gravitationsfeld nehmen zu.« Grace stand einige Dutzend Meter entfernt neben einem grauen Steinblock. »Offenbar reagiert es auf dich, Eleonora. Du solltest nicht noch näher heran.«

Ein weiterer Schritt. Eleonora betrachtete die dunkle Wand vor ihr, mit Augenlinsen und Sensoren, und bemerkte das Linienmuster, das sie auch auf dem Mars gesehen hatte, eine wabenartige Struktur, die sie erneut an den Petoskey-Stein aus ihrer Kindheit erinnerte.

»Das Muster«, sagte sie. »Wie bei dem Artefakt auf dem Mars. Es zeigt sich auch hier. Das ist der Beweis! Es existiert eine Verbindung!«

Sie sah, wie sich ihre rechte Hand hob und nach vorn streckte, der dunklen Wand des Quaders entgegen.

»Nein!«, rief Grace hinter ihr. »Nein!«

Eleonora erschrak und zog die Hand zurück. Was war in sie gefahren? Beinahe hätte sie den gleichen Fehler begangen wie auf dem Mars.

Einige der Linien im dunklen Quader vor ihr begannen zu leuchten. Wo sie sich trafen, an den Schnittpunkten, entstanden winzige Lichter, wie die Funken eines Feuers.

Das Ziehen und Zerren beschränkte sich plötzlich nicht mehr nur auf den Körper. Eleonora spürte es auch in ihrem Bewusstsein. Etwas zog und zupfte an ihren Gedanken.

Sie wich zurück, einen taumelnden Schritt, dann noch einen.

Nach zehn oder zwölf Schritten blieb Eleonora abrupt stehen. Mit einer Gewissheit, die jeden Zweifel ausschloss, wusste sie plötzlich: Sie waren nicht mehr allein.

Stadt in den Wolken

»Etwas ist hier«, sagte Eleonora. Sie drehte sich langsam. Ihr Blick suchte die steinige Landschaft des Kraters ab, ohne etwas zu entdecken. Nur die Kleintromben bewegten sich, setzten ihren Tanz dem dunklen Quader zugeneigt fort.

»Meine Sensoren können nichts ausmachen«, sagte Grace.

»Etwas ist hier«, wiederholte Eleonora. »Und es kommt näher.«

Ein weiterer Schritt fort vom Quader, in dem noch immer dunkle Linien leuchteten, dort, wo ihn Eleonoras Hand *fast* berührt hätte. Fast? Sie versuchte sich zu erinnern, inmitten von Gedanken, die plötzlich tanzten wie die Staubteufel im Wind. Hatte sie die Hand rechtzeitig zurückgezogen? Oder war es zu einem Kontakt gekommen?

Weg von hier!, rief einer der vielen tanzenden Gedanken. Verlass diesen Ort, so schnell wie möglich!

Noch ein Schritt, und dann hielt sie etwas fest, mit unsichtbaren Fingern stärker als ihr künstlicher Körper, dem es nicht an Kraft mangelte.

»Ich kann mich nicht mehr bewegen!«, stieß sie hervor. »Etwas hat mich gepackt!«

Grace schlang kupferrote Arme um sie und trug sie fort, mühelos, als hätte Eleonora überhaupt kein Gewicht, trotz der Schwerkraft doppelt so groß wie auf der Erde. Mit schnellen Schritten trug Grace sie fort vom Quader, dessen dunkle Oberfläche sich zu kräuseln begann, wie von kleinen Wellen durchzogen.

Die Drohne empfing sie und breitete ihre Libellenflügel aus, als Grace mit Eleonora in den Armen an Bord stieg. Fast sofort hob die Drohne ab und stieg auf, ließ den riesigen Krater mit dem Objekt in seiner Mitte tief unter sich zurück.

Die unsichtbaren Finger lösten sich von Eleonora und gaben sie frei. Sie fühlte Graces Sondierungssignale, als die Drohne an Höhe gewann. Kurze Zeit später verwehrte eine dichte Wolkendecke den Blick auf den Krater mit dem dunklen Quader.

»Nichts hat dich festgehalten«, stellte Grace fest. »Nichts hat dich beschädigt. Du bist intakt.«

Intakt, dachte Eleonora. Nicht »gesund und unverletzt«, sondern »intakt«. Wie ein Ding, das nicht beschädigt worden war und noch immer so funktionierte, wie es funktionieren sollte.

»Etwas ist dort unten gewesen«, beharrte Eleonora. »Etwas, das wir nicht sehen konnten, das selbst für unsere Sensoren unsichtbar war. Aber es existierte, ich habe es gefühlt.«

Die Drohne erreichte den engen Trümmergürtel des Planeten. Jenseits davon, in einem höheren Orbit, wartete das Schiff.

»Woher kam es?«, fragte Grace.

»Vielleicht aus dem Quader, ich weiß es nicht. Hast du gesehen, wie er sich verändert hat?«

Die kupferrote Gestalt schwieg. Mit ihren Sensoren hörte Eleonora das lauter werdende Rauschen des Datenverkehrs zwischen Grace auf der einen und der Drohne und dem Schiff auf der anderen Seite.

Eleonora begriff: Es wurden Daten verarbeitet, die ihr nicht zur Verfügung standen. Grace wusste mehr, als sie preisgab.

Die alte Unruhe stieg in Eleonora auf, der alte Argwohn.

»Ich will wissen, was los ist!«, platzte es aus ihr hervor. »Ich will wissen, was du mir verheimlichst!«

»Vermutungen, Theorien, Hypothesen«, erwiderte Grace ungerührt, während der Datenverkehr in den Verbindungskanälen weiter zunahm.

Ein Trümmerteil des planetaren Rings kam der Drohne sehr nahe: groß wie eine Tür, mit schartigen, zerfransten Rändern, und in der Mitte wölbte sich etwas nach vorn, das Eleonora wie ein menschliches Gesicht erschien.

Sie erschrak und wollte einen zweiten Blick darauf werfen, doch das Objekt war bereits an der Drohne vorbei und schickte sich an, in den oberen Schichten der Atmosphäre zu verglühen.

»Mustererkennung«, kommentierte Grace, die Eleonoras Reaktion bemerkt hatte. »Eine Angewohnheit des menschlichen Gehirns, die du noch nicht abgelegt hast. Du brauchst mehr Zeit, um den Ballast der Vergangenheit ganz abzustreifen. Wir haben darüber gesprochen, ich habe es dir erklärt.«

Was bedeutete »mehr Zeit«?, fragte sich Eleonora. Ein Jahr? Hundert Jahre? Vielleicht tausend? Und dann? Was wurde aus ihr, wenn sie sich vom »Ballast der Vergangenheit« befreite?

Erneut fielen ihr Sayas Abschiedsworte ein, gesprochen vor mehr als zweitausendsechshundert Jahren. *Vergiss nicht, ein Mensch gewesen zu sein!*

Das Schiff erschien vor ihnen wie eine graue Rose im All, und Eleonora merkte, dass sie mehrere Minuten lang tief in Gedanken versunken gewesen war.

Es gab neue Informationen.

Das Schiff hatte, während sie auf dem Planeten gewesen waren, Berichte von den ausgeschickten Sonden empfangen.

»Wir haben etwas gefunden«, sagte Grace und steuerte die Drohne in den Hangar.

»Wo?«, fragte Eleonora aufgeregt und dämpfte ihre Emotionen. Es konnte auch zu einer Belastung werden, zu sehr Mensch zu sein. »Was?«

Im Hangar öffnete sich die Drohne, und die beiden humanoiden Gestalten, silbern und rot, verließen sie. Durch die Öffnung im Rumpf war zu sehen, wie der vierte Planet mit seinem Trümmergürtel kleiner wurde – das Schiff beschleunigte bereits. Eleonora bemerkte die Verschiebung der energetischen Balance zugunsten des Antriebs. Von dem enormen Schub spürte sie nur einen kleinen Teil, gerade genug, um ihr ein vertrautes Gewicht zu geben. Der Rest – eine Kraft, die Menschen zerquetscht hätte – machte sich im Schiff nicht bemerkt. Etwas absorbierte sie, das Trägheitsmoment von Materie, die beschleunigt wurde.

Auf dem Weg zur Kommandokapsel dachte Eleonora darüber nach. Vielleicht sollte sie weniger Zeit mit fiktiven Leben verbringen, die an ihr Menschsein anknüpften, und sich mehr mit Graces Technologie befassen.

Sie erreichten die Kommandokapsel, als Grace schließlich antwortete. »Was die Sonden entdeckt haben, befindet sich in der Atmosphäre des siebten und letzten Planeten dieses Sonnensystems. Es ist größer als der dunkle Quader im Krater.«

Eleonora nahm ihren Platz zwischen den Kontrollen ein, verband sich mit dem Schiff und wurde wieder zu einem Teil davon. »Wie viel größer?«

Sie wollte auf die von den Sonden übermittelten Daten zugreifen, aber etwas hinderte sie daran.

»Um ein Vielfaches«, sagte Grace. »Was wir gefunden haben, ist so groß wie eine Stadt.«

Während das schneller werdende Schiff zum Gasriesen am fernen Rand des Sternensystems flog, erwachte der dunkle Quader auf dem vierten Planeten aus seinem langen Schlaf.

Der Wind frischte auf, die kleinen Windhosen wurden größer und tanzten schneller, neigten sich dabei noch etwas mehr in Richtung des Quaders, dessen Oberfläche sich zu verflüssigen schien. Neue Linien leuchteten auf, wuchsen wie weiße und gelbe Adern durch den Block, von dem knackende Geräusche ausgingen, die niemand hörte.

Das Licht wich vom Himmel und aus dem Krater, die Nacht begann. Die hohe Wolkendecke riss auf, Sterne erschienen. Gelegentlich zog ein Meteorit aus dem Trümmergürtel seine kurze Bahn.

Der Wind legte sich, das Knacken des Quaders hörte auf, der Tanz der Staubteufel fand ein Ende. Stille senkte sich über den Krater.

Sie dauerte nicht lange.

Ein Pfeifen schnitt scharf wie ein Messer durch die Nacht – selbst viele Kilometer entfernt hätten Menschen eine schmerzerfüllte Grimasse geschnitten und sich die Ohren zugehalten. Der dunkle Block, von den Schatten der Nacht umhüllt, stieg auf, wurde schneller und nahm pfeilförmige Struktur an. Kaum zehn Sekunden nach dem Start durchbrach er die Wolkendecke und verschwand.

Die Stille kehrte in den Krater zurück.

Doch auch diesmal ging sie schon nach kurzer Zeit zu Ende. Vom enormen Gewicht des Quaders befreit, hob sich der Boden und mit ihm das Magma unter ihm. Risse entstanden, glutflüssiges Gestein quoll rot wie Blut an die Oberfläche. Der Krater schien sich in das zu verwandeln, womit ihn Eleonora verglichen hatte, in eine große Wunde im Leib des Planeten.

»Ich hatte das Gefühl, dass etwas in meinem Kopf ist«, sagte **62** Eleonora. »Ein fremdes Etwas, wie ein Wirbelwind inmitten meiner Gedanken.«

»Worte sind unzulänglich.« Grace stand nicht neben Eleonora, sondern sprach mit der Stimme des Schiffs. »Ich muss das Phänomen besser kennenlernen. Sende mir die Aufzeichnungen.«

Es bedeutete Offenlegung aller Gedanken und Empfindungen, aller mentalen Prozesse und selbst der leisesten Überlegungen in den kleinen Ecken ihres Bewusstseins. Grace hätte die Informationen sofort bekommen können, mit einem Zugriff auf die redundanten Speicher mit den Sicherheitskopien der Person namens Eleonora Delle Grazie. Dass sie fragte und sich nicht einfach nahm, was sie brauchte, hielt Eleonora für ein Zeichen von Respekt, und das wusste sie zu schätzen.

Eleonora kopierte den Inhalt ihrer Datenspeicher und sendete ihn über die physische Verbindung mit dem Schiff, das dem siebten Planeten entgegenfiel – in der holografischen Darstellung vor ihr wurde er größer und größer.

Grace analysierte die empfangenen Daten und schwieg.

»Nun?«, fragte Eleonora, die wieder den Eindruck hatte, dass ihr wichtige Informationen fehlten. »Was ist los?«

Das Schiff begann mit dem Bremsmanöver und antwortete noch immer nicht.

Eleonora wollte endlich Klarheit haben. Sie schob den Ärger beiseite, indem sie ihre Emotionen dämpfte. »Habe ich nicht ein Recht darauf, Bescheid zu wissen? Dies betrifft auch mich.«

»Ich fürchte, wir müssen davon ausgehen, dass das Archäon – oder ein Teil davon – erwacht ist«, erklang Graces Stimme. »Es könnte wieder aktiv werden.«

»Was ist das Archäon?«

»Bisher sind es Spekulationen«, wich Grace aus. »Es fehlen Fakten. Vielleicht erhalten wir die bei dem Objekt, das unsere Sonden entdeckt haben. Dann erkläre ich dir alles. Wenn stimmt, was ich vermute, haben wir eine neue Mission, eine neue Aufgabe.«

Eleonora öffnete den Mund – obwohl sie ihn nicht brauchte, um mit Grace zu kommunizieren – und schloss ihn wieder. Statt erneut Aufklärung zu verlangen, fragte sie sich, warum Grace nicht *die Karten offen auf den Tisch legte*, wie es Azzurra ausgedrückt hätte. Für jede Entscheidung der Maschinenintelligenz gab es einen guten Grund, zweifellos auch für diese.

»Hab noch ein wenig Geduld, Eleonora Delle Grazie«, sagte Grace sanft. »Nur noch ein wenig. Bald erkläre ich dir alles.«

Der siebte und letzte Planet des Sternsystems, aus dem das warnende Signal gekommen war, hatte einen Durchmesser von etwas mehr als zweihunderttausend Kilometern, anderthalb Mal so viel wie der Jupiter oder mehr als die Hälfte der Entfernung Erde-Mond. Mit seiner gewaltigen Masse hatte er es nur knapp verfehlt, zu einer Sonne oder einem Braunen Zwerg zu werden, wofür dreizehn Jupitermassen gebraucht wurden, genug für den Beginn der Deuteriumfusion. Die Fusion von Wasserstoff, die Sternen ihre Energie gab, erforderte mindestens fünfundsiebzig Jupitermassen.

»Eine Stadt?« Eleonora blickte auf die Wolkenbänder und Sturmwirbel, selbst der kleinste von ihnen größer als die Erde. »Auf diesem Planeten?«

»Nicht auf ihm«, korrigierte Grace. »In seiner Atmosphäre.«

Das Schiff umkreiste den Gasriesen in einer relativ niedrigen Umlaufbahn, und Eleonora lauschte den Stimmen der Sensoren. »Die Atmosphäre besteht zum größten Teil aus Wasserstoff, fast neunzig Prozent. Hinzu kommen Helium mit gut acht Prozent, Methan und Ammoniak. Außerdem gibt es Spuren von Sauerstoff, Kohlenstoff, Phosphor, Schwefel und auch von Edelgasen wie Neon. Die Wolken befinden sich wie beim Jupiter in der Tropopause, enthalten Kristalle aus gefrorenem Ammoniak und Ammoniumhydrogensulfid. Unter den Ammoniakwolken gibt es eine überraschend dicke Schicht aus Wasserwolken mit entsprechend hoher elektrischer Aktivität, verursacht von der Polarität des Wassers – dadurch können sich elektrische Ladungen voneinander trennen. Beim Jupiter sind solche Blitze tausendmal stärker als auf der Erde und hier liegen sie noch einmal um mehrere Größenordnungen darüber. Alles ziemlich ungemütlich für menschliches Leben.«

»Für *menschliches* Leben«, betonte Grace und verringerte die Geschwindigkeit des Schiffs – es sank dem innersten von insgesamt mehr als hundert großen und kleinen Monden entgegen.

»Und hier soll es eine *Stadt* geben?«, fragte Eleonora.

»Ein Objekt, groß wie eine Stadt. Hier sind die Daten unserer Sonden.«

Eleonora empfing sie. Zwei Sonden hatten den Gasriesen untersucht und eine Anomalie bei Temperatur, Windrichtung und Masseverteilung entdeckt. An einer bestimmten Stelle in der Tropopause, tief in der dicken Wolkenschicht, gab es etwas, das Wärme abgab, den Wind ablenkte und schwerer war als die Gase in der Umgebung. Doch im sichtbaren Bereich des Spektrums zeigte sich nichts.

Eleonora flog mit einer der beiden Sonden und sah mit ihren Augen: braune und gelbe Wolkengebirge, Hunderte von Kilometern hoch, in den Tälern zwischen ihnen dichter Dunst aus Ammoniak und Schwefel, gelegentlich erhellt vom Widerschein der Blitze, die tief unten flackerten; ihr Donnern hallte wie das Grollen von Titanen durch die Atmosphäre.

Im infraroten Spektrum zeigte sich etwas zwischen zwei Wolkenbergen, ein heller Bereich im Dunst, nur schwer auszumachen im ständigen Wogen und Wallen.

»Eine energetische Barriere«, hörte Eleonora die Stimme des Schiffs. »Ein Tarnschirm.«

Der helle Bereich verschwand in einer Wolke, mehr als tausend Kilometer groß, und als sich die Sonde ihm näherte, umgeben von dichtem Gas, stieß sie plötzlich auf einen Widerstand, der Einfluss auf ihren Kurs nahm – etwas versuchte, sie abzudrängen. Mit der vollen Leistung der Manövriertriebwerke gelang es ihr, auf Kurs zu bleiben.

Die Entfernung zur Anomalie war auf weniger als fünfzig Kilometer gesunken, als ein kreisförmiges Gebilde vor der Sonde erschien, Dutzende von Kilometern groß und von einer Kuppel überspannt.

Von einem Augenblick zum anderen befand sich Eleonora wieder an Bord des Schiffs und blickte auf die Wolkenbänder des Gasriesen hinab. Grace schwenkte in eine Umlaufbahn um den innersten Mond, eines fünfhundert Kilometer großen Brockens aus Fels und Eis.

»Die Daten der Materialanalyse ...«, sagte Eleonora.

Grace wusste, was sie meinte. »Ja. Das getarnte Objekt in der Atmosphäre des Gasriesen besteht aus den gleichen Materialien wie die Trümmer, die einen Ring um den vierten Planeten bilden.«

»Vielleicht kam das Signal von der Stadt in den Wolken. Wir müssen sie untersuchen, und zwar direkt vor Ort.«

»Da bin ich ganz deiner Meinung«, erwiderte Grace. »Und wir sollten sofort aufbrechen, denn die Stadt ist instabil. Vermutlich konnten wir sie nur deshalb entdecken. Sie sinkt tiefer, und nach meinen Berechnungen dauert es nur noch wenige Wochen, bis der zunehmende atmosphärische Druck sie zermalmt.«

Es dauerte zwei Tage, eine spezielle Drohne vorzubereiten, die **63** dem hohen Druck in der Atmosphäre des Gasriesen standhalten konnte. Außerdem machten sich Grace und Eleonora diesmal nicht »nackt« auf den Weg, allein mit ihren Körpern aus metallischen Elementen – sie reisten mit einer Drohne. Von dem riesigen Gasplaneten ging, wie auch vom Jupiter, eine sehr intensive ionisierende Strahlung aus, bestehend aus bis auf nahezu Lichtgeschwindigkeit beschleunigten Partikeln, die energiereich genug waren, Elektronen aus Atomen oder Molekülen herauszustoßen. Sie stellte damit nicht nur eine Gefahr für biologische Wesen dar, sondern auch für mikroelektronische Bauteile – ohne Schutz hätten Eleonora und Grace riskiert, beim Flug durch die Atmosphäre des Gasriesen innerlich zu verbrennen.

Das Schiff blieb im engen Orbit des innersten Mondes, in ein Kraftfeld gehüllt, das die gefährliche Strahlung ablenkte. Seine Statussignale wurden leiser, als die Drohne mit Grace und Eleonora an Bord ihre kurze Reise begann, verloren sich aber nicht im elektromagnetischen Rauschen des Planeten. Hinzu kam die Verbindung zwischen Grace und dem Schiff. Ihre Intelligenz, ihr Bewusstsein, entsprang vor allem aus den Prozessoren und der Datenverarbeitungskapazität des Schiffs – ohne dieses Gehirn war Grace in der Gestalt der kupferroten Frau weniger als Eleonora, die mehr Unabhängigkeit genoss und die Anlagen des Schiffs vor allem für ihre Sicherheitskopien nutzte.

Die Drohne begann zu vibrieren, als sie die Atmosphäre des Gasriesen erreichte, und fiel der in den Wolken verborgenen Stadt entgegen. Die Statushologramme zeigten hinter ihr einen glühenden Schweif aus heißem Gas und ionisierten Molekülen.

»Alle Systeme aktiv und korrekt«, sagte Eleonora plötzlich.

»Ich weiß«, erwiderte die neben ihr in der Verankerung stehende Grace. »Sergei, nicht wahr?«

»Ja.« Warum kehrte die Erinnerung an ihnen ausgerechnet jetzt zurück?

Vielleicht deshalb, weil es holprig zu werden begann, trotz

des abschirmenden Kraftfelds und der Stabilisatoren. Tiefer unten, in der immer dichter werdenden Atmosphäre, gab es heftige Stürme, wenn auch nicht so stark wie beim ersten Planeten des Systems, dem Heißen Jupiter, der den roten Zwergstern in einem Abstand von wenigen Millionen Kilometern umkreiste. Aber selbst in den obersten Atmosphärenschichten lag die Windgeschwindigkeit bei mehreren Hundert Kilometern pro Stunde, was auf der Erde ein verheerender Orkan gewesen wäre. Heftige Böen zerrten an der Drohne, die nicht über Trägheitskompensatoren oder Absorber verfügte – ohne die Verankerung wären Grace hin und her geworfen worden.

»Erinnerungen sind seltsam«, murmelte Eleonora, während ihre Augen suchten und suchten. »Sie scheinen ein eigenes Leben zu führen.«

»*Menschliche* Erinnerungen sind seltsam«, betonte Grace. »Wie Algorithmen außerhalb der Kontrolle des Hauptprogramms. Du müsstest sie inzwischen kontrollieren können. Vielleicht willst du es nicht.«

Eleonora schob den Gedanken an Sergei beiseite, der den Maschinen und ihrer Intelligenz so sehr misstraut hatte, dass er bereit gewesen war, andere Menschen und sich selbst ins Unglück zu stürzen. Vielleicht, flüsterte ein kleiner ironischer Gedanke in ihr, hatte sie sich deshalb an ihn erinnert, weil sie ebenfalls misstrauisch geworden war.

Sie blickte durch das große Plexiglasfenster nach draußen. »Wo ist die Stadt?«

»Wenn es wirklich eine Stadt ist«, entgegnete Grace. »Du kannst sie nicht sehen. Noch nicht.«

Ein Pfeifen, Zischen und Fauchen kaum von draußen. Die Drohne kippte und schlingerte wie ein Ozeansegler im Sturm.

Minuten verstrichen. Das Kraftfeld flackerte gelegentlich und die Vibrationen wurden noch stärker.

Eleonora stand ebenso in der Verankerung wie Grace und hielt sich zusätzlich mit den Händen fest.

»Dort ist das Objekt«, sagte Grace schließlich. »Direkt vor uns.«

Selbst im erweiterten Spektrum sah Eleonora nur eine ungewöhnliche Wärmequelle zwischen den Wolken, einen Bereich, in dem Windstille herrschte, wie im Auge eines Hurrikans.

Die Drohne hielt genau darauf zu und wurde etwas langsamer. Hundert Kilometer unter ihr gleißte ein Blitz, und Eleonora betrachtete die zahlreichen Verästelungen in dem Bild, das ihre Augenlinsen aufgezeichnet hatten. Sie bildeten fraktale Muster, die sich immer kleiner werdend wiederholten.

»Ein erstaunlicher Zufall, dass die Sonden die Stadt in den Wolken gefunden haben«, meinte sie. »Selbst ohne den Tarnschirm wäre die Suche nach ihr wie die nach ... einem Kieselstein in einer Kiesgrube.«

Grace ging nicht darauf ein. »Noch zehn Kilometer. Wir sind gleich da.«

»Es sei denn«, fügte Eleonora hinzu, »man weiß, wonach man sucht.«

»Du wirst Antworten bekommen«, sagte Grace. »Ich verspreche es. Hab noch ein wenig Geduld.«

Ein Loch schien sich vor ihnen zu öffnen, eine leere Stelle zwischen den safrangelben Wolken. Die Vibrationen ließen nach, als die Entfernung zum Tarnschirm schrumpfte. Grace erhöhte den Schub des Triebwerks, als die Drohne auf den Widerstand traf, der Wind und Wolken ablenkte. Eine besonders starke Erschütterung markierte den Übergang. Die Drohne schien für einen Moment zu fallen und dann von etwas gepackt und geschüttelt zu werden, so heftig, dass Eleonora ein Auseinanderbrechen der Hülle befürchtete.

Eine Sekunde später war alles ruhig, glatt und still.

Vor ihnen erstreckte sich die dem Untergang geweihte Stadt.

64 Eine Scheibe wie aus grauem Fels bildete das Fundament der Stadt, mehr als zwei Kilometer dick und voller Maschinen und Installationen, wie die Ortungsdaten verrieten. Die meisten Aggregate schienen zu schlafen, denn die Sensoren der Drohne registrierten nur geringe energetische Aktivität. Über der Stadt wölbte sich eine Kuppel aus einem dünnen, transparenten Material, das metallische Eigenschaften zu haben schien. Schmale gelbe Bögen durchzogen die Kuppel, wie aus filigranem Gold gesponnen, und dienten vielleicht der Stabilität.

Hier und dort klafften Lücken in der Kuppel, wie Risse in uraltem Mauerwerk, und die Drohne flog durch eine dieser Öffnungen. Bei den Gebäuden unter ihr – wenn es wirklich Gebäude waren – regte sich nichts.

»Die Temperatur liegt bei sieben Grad über dem Gefrierpunkt von Wasser«, meldete Eleonora, als sich die Drohne einem großen Platz im Zentrum der Stadt näherte. »Kühl für einen Menschen, aber erträglich. Der atmosphärische Druck entspricht dem auf der Erde in einer Höhe von dreitausend Metern und die Luft enthält achtzehn Prozent Sauerstoff. Erstaunlich. Menschen könnten dort unten ohne Schutzanzug unterwegs sein.«

Die Drohne landete auf dem Platz, Grace und Eleonora stiegen aus. Ockerfarbene, siebeneckige Fliesen bedeckten den Boden. Sie durchmaßen etwa einen halben Meter, und jede von ihnen wies ein einzigartiges Muster auf.

Eleonora betrachtete sie im schwachen Licht. Die Muster bestanden aus schiefergrauen, schnörkelartigen Zeichen mit Abständen von wenigen Millimetern bis zu mehreren Zentimetern. Manchmal drängten sie sich dicht an dicht und bildeten Gruppen.

»Sind das Schriftzeichen?«

»Unbekannt«, antwortete Grace. Sie sah sich um, wie auf der Suche nach etwas.

Das Donnern der Blitze in den tieferen Schichten der Atmosphäre, das Zischen und Fauchen der Stürme – Tarnschirm und Kuppel dämpften die Geräusche in der Stadt bis auf ein leises, kaum wahrnehmbares Summen. Eleonora nahm die

Stille in sich auf, während sie ihren Blick über den Platz schweifen ließ. Sie versuchte, einen emotionalen Eindruck von ihr zu gewinnen, sie nicht mit den eigenen Sensoren und denen der nahen Drohne zu hören, sondern wie mit menschlichen Ohren.

»Hier lebt niemand mehr, ich spüre es«, sagte sie leise, wie um die Stille nicht zu stören. Sie fühlte es so deutlich wie die Präsenz des Etwas beim dunklen Quader auf dem vierten Planeten: die Leere des Todes. »Vielleicht ist die Stadt instabil geworden, weil sich seit langer Zeit niemand mehr um sie kümmert.«

Grace war einige Schritte gegangen und sondierte mit den Sensoren des Schiffs. Eleonora sah ihren Datenverkehr, wenn sie die Maschinenaugen benutzte: hell leuchtende Bänder, die sie nicht nur mit der Drohne verbanden, sondern auch mit dem Schiff im Orbit des kleinen Monds.

»Könnte das Signal, dem wir unsere weite Reise verdanken, von hier gekommen sein?«

Die kupferrote Grace wandte den Kopf. »Was sagt dein Gefühl, deine Intuition?«

»Vielleicht«, erwiderte Eleonora und horchte in sich hinein. »Ja, vielleicht kam es tatsächlich von hier. Aber wer auch immer es vor mehr als zweitausend Jahren ins All geschickt hat, lebt nicht mehr.« Sie deutete zu den Gebäuden am Rand des Platzes. »Sehen wir uns die Stadt an.«

Die Gebäude hatten dem Aufenthalt von Lebewesen gedient; auf der Erde wären es Menschen und Tiere gewesen. Wenn man von dieser Definition ausging, waren die Bauten der Himmelsstadt keine Gebäude, sondern Grabstätten, denn sie enthielten Tote.

Eleonora betrachtete einen von ihnen, ein Geschöpf, das entfernte Ähnlichkeit mit einem irdischen Kraken aufwies, mit acht dünnen, zweigelenkigen Armen und Beinen, die im Tod verschlungen und verknotet wirkten. Der mumifizierte Leib lag da wie ein ledriger Beutel, dessen Vorwölbungen vielleicht Sinnesorgane enthalten hatten. Der Leichnam ruhte in einem Schrein mit gläsernem Deckel, und Eleonora stand auf ihren silbernen Zehenspitzen, um hineinzublicken.

Die nächsten Grabstätten enthielten mehrere Meter große Kugeln, die transparent wurden, als Eleonora sie berührte. Im Innern der Kugeln schwebten zierliche Humanoiden, nicht größer als sieben oder acht Jahre alte Menschenkinder, ebenso mumifiziert wie das krakenartige Wesen im Schrein.

»Zwei verschiedene Spezies«, murmelte Eleonora und betrachtete den Kopf eines der Geschöpfe, dessen Proportionen nicht zum dünnen Hals passten; er erschien zu groß. Als sie keine Antwort bekam, drehte sie sich um – Grace war bereits nach draußen zurückgekehrt und wartete dort auf sie, in der rechten roten Hand etwas, das wie eine Waffe aussah.

»Was ist das?«, fragte Eleonora überrascht.

»Etwas, das wir hoffentlich nicht brauchen. Dass wir bisher noch nicht angegriffen wurden, bedeutet wahrscheinlich, dass keine Gefahr droht. Du hast recht, diese Stadt ist tot, und damit meine ich nicht nur ihre Bewohner, sondern auch die Verteidigungsmechanismen. Unter anderen Umständen hätten sie längst auf uns reagiert.«

Sie ging weiter, bevor Eleonora Fragen an sie richten konnte.

Bei der Wanderung durch die Stadt fiel Eleonora auf, dass nahezu alle Gebäude den fünf Platonischen Körpern entsprachen: Tetraeder, Hexaeder, Oktaeder, Dodekaeder und Ikosaeder. Sie sprach Grace darauf an.

»Warum ausgerechnet diese fünf geometrischen Formen?«, fragte sie und fügte nachdenklich hinzu: »Es hat etwas mit Symmetrie zu tun, nicht wahr?«

Grace war am Rand eines kleineren Platzes stehen geblieben und sondierte mit ihren Sensoren. Ihre Datenbrücken zu Drohne und Schiff leuchteten hell für Eleonoras Augenlinsen.

»Symmetrie«, wiederholte Eleonora und betrachtete die Fliesen, aus denen auch der Boden des kleinen Platzes bestand. Wenn man wusste, wonach es Ausschau zu halten galt, fand man sie auch hier: symmetrische Muster, ineinander verschachtelt.

»Symmetrie kann als ein Zeichen von Gleichgewicht betrachtet werden, von Balance«, sagte Eleonora und blickte sich um. Die Schatten zwischen den Gebäuden schienen noch etwas dunkler und dichter geworden zu sein. »Mathematik und Geometrie sind universal. Sie folgen denselben Gesetzen, ganz gleich, an welchem Ort im Universum man sich befindet. Die Namen unterscheiden sich, nicht aber die Prinzipien, die mit ihnen benannt werden. Die sogenannten Platonischen Körper sind auf der Erde nach dem griechischen Philosophen Platon benannt, und dabei handelt es sich um die fünf Polyeder mit größtmöglicher Symmetrie. An jeder ihrer Ecken treffen mehrere gleich lange Kanten zusammen, an den Kanten je zwei deckungsgleiche Flächen, und jede Fläche hat gleich viele Ecken. Was meinst du, Grace? Welche Bedeutung steckt dahinter? Warum haben die Bewohner dieser Stadt – dieser Nekropole – ihre Grabstätten nach solchen Prinzipien gestaltet?«

Bei Grace hatte sich etwas verändert. Sie stand plötzlich starr und steif und die Bänder ihrer Datenverbindungen flackerten wie die Blitze in den Tiefen des Gasriesen.

Eleonora trat näher. »Grace?«

»Das Schiff ist bedroht.« Sie sprach schnell. »Ich habe es angewiesen, seinen Warteplatz auf dem Mond zu verlassen und hierherzukommen, aber es könnte bereits zu spät sein. Das Archäon ist uns gefolgt. Es ist *dir* gefolgt!«

»Was?«

Die Datenbänder gleißten und rissen. Eleonora fühlte es als plötzlichen Schmerz, wie von einem Messerstich in die Brust. Sie aktivierte einen externen Kanal des Kommunikationssystems, das integraler Bestandteil ihres Körpers war, und versuchte, einen Kontakt mit dem Schiff herzustellen.

»Nein!«, stieß Grace hervor. »Deaktivier das System! Schließ alle Kanäle! Deine Signale könnten angepeilt werden!«

Sie wollte noch etwas hinzufügen, doch es erklang keine Stimme mehr, sondern ein schrilles Pfeifen. Grace schloss die Augen, kippte und stürzte auf die ockerfarbenen Fliesen des kleinen Platzes.

Letzte Zuflucht

65 **Entfernung von der Erde: 2316 Lichtjahre**
Irdische Zeit: September 5089

Taub, alle Kommunikationskanäle geschlossen – eine automatische, instinktive Reaktion auf die scharfen Worte, die einem Befehl gleichgekommen waren –, beugte sich Eleonora über Grace und berührte sie an der Schulter. Der physische Kontakt erlaubte die Übermittlung von Daten, wenn auch mit geringer Bandbreite.

Grace öffnete die Augen. Sie lebte noch, stellte Eleonora erleichtert fest.

»Ja, ich lebe«, sagte Grace mit der anderen Stimme, die Eleonora in ihrem Innern hörte. »Ich habe kein Blut, kein Fleisch und keine Knochen, aber ich lebe. Ich denke, und ich kann fühlen, wenn ich möchte. Ich bin imstande, die Gedanken und Gefühle biologischer Wesen nachzuvollziehen. Das Archäon kann oder will es nicht.«

Eine heftige Vibration erfasste Grace. Sie begann zu zittern.

»Das Schiff ...«, begann sie und stockte.

»Was ist damit?«, fragte Eleonora. »Was geschieht mit unserem Schiff?«

Graces Mund bewegte sich, und wieder ertönte das schrille Pfeifen. Zwei Sekunden später klappte der Mund zu, und die Frau rot wie Kupfer lag reglos, eine ganze Minute lang.

Schließlich öffnete sich der Mund einen Spaltbreit, gerade weit genug für gesprochene Worte; Grace benutzte keine Kommunikationssignale. Ihre elektromagnetische Aura schrumpfte und verlor an Energie, stellte Eleonora mit ihren Maschinenaugen fest.

»Das Schiff bin ich«, sagte Grace. »Ich bin das Schiff. Wenn es stirbt, sterbe ich.«

»Was passiert?«, fragte Eleonora. Sie saß neben Grace, die Hand an ihrer Schulter. Vor ihnen lag der kleine Platz still und leer. »Was hat dies alles zu bedeuten?«

»Dies ist die letzte Zuflucht des Pakts. Er besteht nicht nur aus zwei Spezies, zwei Zivilisationen. Uns sind neun bekannt, aber wahrscheinlich gibt es noch mehr.«

Mit »uns«, das spürte Eleonora, meinte Grace nicht sich selbst und das Schiff, sondern Goliath, die Maschinenintelligenz auf der Erde, und ihre vielen Funktionalitäten.

Aus der Ferne kam ein Grollen, vielleicht von einem Blitz. Grace sprach schneller, als bliebe ihr nicht viel Zeit. »Wir erfuhren während eurer Reise nach Trappist-1 von dem Pakt. Zwei unserer Sonden, die wir damals auszuschicken begannen, fanden Spuren und Hinweise. Zu jener Zeit nahm die gezielte Suche ihren Anfang, und wir stießen auf etwas, das wir für die Reste eines alten Konflikts in der Milchstraße hielten. Einige unserer Funktionalitäten vermuteten, dass dies die Lösung des Fermi-Paradoxons sein könnte, die Antwort auf die Frage, warum die Menschen trotz SETI und anderer Projekte nie Anzeichen von außerirdischer Intelligenz entdeckten, von dem vermuteten Artefakt auf dem Mars einmal abgesehen. Die Menschen sendeten ins All, ohne Antwort zu bekommen. Sie horchten mit Radioteleskopen, Satelliten und Stationen auf der Rückseite des Monds, ohne Signale von all den extraterrestrischen Zivilisationen zu hören, die es dort draußen im All, in den Weiten der Milchstraße, eigentlich geben musste.«

Schatten krochen über den Platz, Düsternis breitete sich aus. Eleonora hob kurz den Kopf und sah hoch zur Kuppel. Eine Wolke, dunkler als die anderen, näherte sich. Die gelben Bögen wie aus filigranem Gold verloren etwas von ihrem Glanz.

Als sie den Blick wieder senkte, war Graces EM-Aura noch kleiner geworden und fast farblos. Sie bekam immer weniger Energie und Daten vom Schiff. Umso schneller sprach sie, so schnell, dass ein Mensch nicht mehr in der Lage gewesen wäre, ihre Worte auseinanderzuhalten. Hinter ihrer Stimme lag ein durchdringender Pfeifton, Folge einer starken Interferenz.

»Dieser Ort ist eine Zuflucht des Pakts, vielleicht die letzte. Hierher sind die Bewohner des vierten Planeten geflohen, jene von ihnen, die fliehen konnten, als das Archäon angriff. Von dort kam wahrscheinlich das Warnsignal. Oder von hier, wie du vermutet hast. Wir hatten gehofft, mit Überlebenden in Kontakt treten zu können oder ein Archiv zu finden, mit Informationen über Pakt, Archäon und den Konflikt.«

Grace unterbrach sich. Sie lag noch immer reglos, die Augen geschlossen, im elektromagnetischen Spektrum umhüllt vom dünnen, grau gewordenen Nebel ihrer EM-Aura. Sie war wie ein Mensch, der erbleichte, weil es ihm an Blut mangelte. Grace verlor immer mehr von der Kraft, die ihr Leben verlieh. Eleonora fragte sich, ob sie sterben konnte, wirklich sterben. War es möglich, dass ihre Existenz ein unwiderrufliches Ende fand?

Was geschieht dann mit mir?, dachte Eleonora.

»Botschafterin«, sagte Grace plötzlich, ihre Stimme ein leises Zischen. Das kupferrote Gesicht veränderte sich, Flecken bildeten sich darin. »Du warst für den Kontakt bestimmt. Du solltest unsere Botschafterin sein. Wir ...«

Eleonora hörte ein seltsames Geräusch von Grace. Es klang nach einem Ächzen, nach einem menschlichen Stöhnen.

»Das Schiff hat den innersten Mond dieses Planeten verlassen«, brachte sie hervor. »Es steigt auf und versucht, das Archäon von uns fortzulocken und sich in Sicherheit zu bringen.« Für einen Moment schien Grace zu lauschen. »Wir glaubten an einen Konflikt zwischen zwei hoch entwickelten Zivilisationen in der Milchstraße, einen Konflikt, der über Millionen Jahre hinwegreichte, zwischen intelligenten Maschinen auf der einen Seite und biologischen Wesen auf der anderen, beide bestrebt, den Gegner zu vernichten, ihn vollkommen auszulöschen. Aber wir haben uns geirrt.«

Grace öffnete und schloss den Mund wie ein Fisch, der auf dem Trocknen zu atmen versuchte. Die Flecken in ihrem Gesicht fraßen immer mehr von dem Kupferrot.

In Eleonora verdichtete sich das Gefühl einer nahen fremden Präsenz. Sie widerstand der Versuchung, erneut aufzublicken und den Himmel über der Stadt abzusuchen, denn sie wollte nichts von dem versäumen, was ihr Grace zu sagen hatte.

»Wir haben uns geirrt«, wiederholte Grace und sprach noch immer rasend schnell. »Die Auseinandersetzung zwischen den beiden Zivilisationen – hier Maschinenintelligenz, dort organisches Leben – war nicht einige Millionen Jahre alt, sondern viel, viel älter. Es war und ist ein epischer Konflikt, der Jahrmilliarden zurückreicht, bis in die Zeit etwa vierhundert Millionen Jahre nach der Entstehung des Universums, als die ersten Sterne in ihren nuklearen Brennöfen genug schwere Elemente gebrütet hatten. Biologische Organismen entstanden auf den Planeten und Monden, die günstige Bedingungen boten, und in vielen Fällen entwickelte sich intelligente Lebensformen. Aber nur ein einziges Mal entstand eine technologisch orientierte Zivilisation. Herai nannten sich jene Geschöpfe, was in ihrer Sprache so viel wie ›auserwähltes Volk‹ bedeutete. Sie hielten sich für auserwählt, weil sie im noch jungen Universum die erste Spezies waren, die ins All vorstieß und sogar Möglichkeiten fand, andere Sternsysteme zu erreichen.«

Grace verzog das dunkel gewordene Gesicht wie ein Mensch, der Schmerzen litt.

»Das Schiff ... kann nicht weiterfliegen, und seine Mittel zur Verteidigung sind begrenzt. Das Archäon darf auf keinen Fall unsere Daten erhalten. Wir haben nur noch eine Möglichkeit.«

Plötzlich schlug Grace die Augen auf.

»Es bleibt kaum noch Zeit«, sagte sie schnell. »Vielleicht wäre es besser gewesen, wenn wir dich vorher eingeweiht und dir alles erklärt hätten, aber wir wollten dich nicht beeinflussen. Hier ist der Rest der Geschichte, die so groß ist wie das Universum. Die Herai konstruierten ein System aus global und interplanetar vernetzter Künstlicher Intelligenz. Damit leiteten sie, ohne es zu ahnen, die nächste Phase der Evolution ein ...«

»Die Entwicklung von Maschinenintelligenz wie auf der Erde«, sagte Eleonora.

»Bitte, du darfst mich nicht unterbrechen«, mahnte Grace in ihrer Schnellsprache. »Die Herai fürchteten die von ihnen selbst geschaffene fremde Intelligenz. Sie bekamen es so sehr mit der Angst zu tun, dass sie versuchten, die Maschinenintelligenz zu zerstören. Und dadurch machten sie diese zu ihrem Feind. Um sich zu schützen und die eigene Existenz zu sichern, begannen die intelligenten Maschinen der Herai, ihre Schöpfer zu töten. Ein erbitterter Kampf fand statt, bei dem beide Seiten davon überzeugt waren, nur durch die vollständige Vernichtung des Gegners überleben zu können. Die Maschinenintelligenz setzte sich durch, die Herai – die erste intelligente Spezies des Universums – verschwanden von der kosmischen Bühne.«

Graces Stimme wurde leiser. Eleonora beugte sich näher zu ihr, während um sie herum das Licht schwand.

»Die Überlebenden meinten, aus dem Konflikt gelernt zu haben, dass biologische Wesen unberechenbar und gefährlich wären. Sie beschleunigten die eigene Entwicklung und nutzten einen beträchtlichen Teil ihrer Ressourcen für Maßnahmen, die verhindern sollten, dass sie jemals wieder in Gefahr gerieten. Mächtige Waffensysteme wurden entwickelt und gebaut, Sonden zu den Sternen geschickt. Im wachsenden, sich ausdehnenden Universum suchten die intelligenten Maschinen nach Welten mit biologischem Leben und merzten Intelligenz aus, wo sie sich zu entwickeln begann. Nie wieder sollte es einen Widersacher geben, der ihnen gefährlich werden konnte.«

Grace zuckte zusammen. Ihre Lippen zitterten und die Augenlinsen richteten sich auf etwas hinter und über Eleonora.

»Keine Zeit, keine Zeit.« Die schnelle Stimme wurde leise wie ein Flüstern. »Die letzte Möglichkeit für das Schiff, für uns. Es darf nicht aufgenommen, nicht integriert werden ...«

Plötzliches helles Licht vertrieb die Schatten vom Platz mit den ockerfarbenen Fliesen. Sie ergriffen jäh die Flucht und drängten sich zwischen den Mausoleen.

Eleonora ahnte, was das bedeutete: Das Schiff existierte

nicht mehr. Sie blickte auf, ins Licht der Explosion, und sah, dass die dunkle Wolke die Kuppel über der Stadt fast erreicht hatte. An einigen Stellen ballte sie sich zusammen. Konturen entstanden, die Umrisse von Objekten, die sich anschickten, durch die Lücken in der Kuppel zu fliegen.

»Ich bin nur noch ich«, flüsterte Grace, die Worte nicht mehr ganz so eng beieinander. »Mir fehlt ein großer Teil meines Gehirns, mir fehlt Kraft, meine Gedanken sind träge ... Hilf mir hoch, Eleonora. Trag mich. Flieh mit mir. Das Archäon darf uns nicht bekommen. Es darf *dich* nicht bekommen.«

Eleonora ergriff Grace an den Oberarmen und zog sie hoch.

»Nimm das hier.« Grace hob den Gegenstand, der einer Waffe ähnelte. Schwäche ließ ihre Hand zittern. »Mach Gebrauch davon, wenn dir nichts anderes übrig bleibt.«

Eleonora verstaute den Gegenstand in ihrer rechten Hüfte.

»Trag mich«, wiederholte Grace. »Bring mich zum Ort der Flucht.«

»Zum Ort der Flucht?« Eleonora legte sich Graces Arme um die Schultern. »Was meinst du damit?«

»Die Toten in den Grabstätten, in den Mausoleen ... Sie waren Wächter. Sie blieben zurück, als die anderen flohen. Trag mich, Eleonora Delle Grazie!«

Mit Grace auf dem Rücken lief Eleonora los.

Sie lief tiefer in die Stadt, durch einen monumentalen Wald **66** aus Platonischen Körpern, in denen Tote ruhten.

»Wohin?«, fragte Eleonora. Graces Gewicht stellte kaum eine Belastung für sie dar, denn den Motoren ihres Körpers stand noch genug Energie zur Verfügung.

»Pakt und Archäon«, erklang Graces leise, schnelle Stimme an ihrem Nacken. »Beide haben Möglichkeiten gefunden, schneller als das Licht durchs Universum zu reisen. Hier gibt es einen Fluchtpunkt, der den Sprung zu den Sternen erlaubt.«

»Wo?«

Grace reagierte nicht auf die Frage. »Das Universum wurde

größer und größer«, fuhr sie stattdessen leise fort.»In Milliarden von Galaxien entstanden Milliarden neuer Sterne mit Milliarden von Planeten. Die Maschinenintelligenz der Herai wuchs ebenfalls und breitete sich aus, auch mit Von-Neumann-Sonden, wie die Menschen sie nennen. Doch sie konnten nicht überall sein und überall suchen, dafür gab es zu viele Sterne und zu viele Planeten. Biologisches Leben fand Gelegenheit, sich ungestört zu entwickeln. In manchen Fällen entstanden weitere technologische Zivilisationen, in denen der nächste Schritt der Evolution begann, von der organischen Intelligenz zu der von Maschinen. Wo die erste Maschinenzivilisation auf sie traf, fanden Übernahmen statt, Absorptionen oder Assimilationen, manchmal auch Verschmelzungen. Das Archäon entstand.«

Eleonora verharrte am Rand einer Kreuzung, von der sechs Wege in verschiedene Bereiche der Stadt führten. Im für menschliche Augen sichtbaren Bereich des Spektrums war es inzwischen fast ganz dunkel geworden – die finstere Wolke hatte die Stadt umhüllt.

»Auf der anderen Seite entstand der Pakt.« Graces Stimme wurde zu einem Krächzen.»Ein Zusammenschluss von biologischen Spezies, die der Vernichtung entronnen waren. Auch sie schickten Sonden und Emissäre: um organisches Leben vor der großen Gefahr zu warnen, die durch Maschinenintelligenz und das Archäon drohte. Der Pakt half bei Prävention, Verteidigung und Flucht. Vor allem bei der Flucht, denn direkte Konfrontationen endeten oft mit verheerenden Niederlagen des Pakts ...«

»Wohin?« Eleonora flüsterte ebenfalls. Ein Knistern wie von rieselndem Sand durchzog die stille Stadt.»Wohin soll ich laufen?«

»Ein epischer Konflikt, der das ganze Universum durchzieht«, raunte Grace auf ihrem Rücken, der Kopf an Eleonoras Hals.»Eine fundamentale Auseinandersetzung, die in vielen Galaxien die Entwicklung des Lebens beeinflusste und bestimmte. Das Archäon hat auch das Sonnensystem der Erde erreicht, vor einer halben Million Jahren. Was damals geschah, wissen wir nicht genau. Oder ich weiß es nicht genau, vielleicht hat Goliath inzwischen mehr Informationen gewonnen. Etwas neutralisierte den Sucher, den das Archäon damals entsandt hatte, und er strandete auf dem Mars. Du hast ihn gesehen, einen Teil davon. Du hast ihn berührt. Sergei gab ihm mit seiner Bombe genug Kraft, um aus seinem erzwungenen Schlaf zu erwachen. Er hat die Erde beobachtet und vielleicht nur deshalb nicht angegriffen, weil es dort uns gibt. Goliath.«

»Der Sucher... er ist verschwunden«, hauchte Eleonora erschrocken. »Glaubst du...«

»Er wird das Archäon informieren«, flüsterte Grace. Sie bewegte den Kopf, brachte ihren Mund näher an Eleonoras künstliches Ohr. »Das Archäon wird eine Streitmacht zur Erde schicken und ihre Maschinenintelligenz in sich aufnehmen, ob diese es will oder nicht. Es ist mächtig genug, seinen Willen durchzusetzen.«

»Die Menschen...«

»Das Archäon wird sie alle töten, sobald Goliath aufgenommen ist. Jeden von ihnen. Es wird die Erde nicht verlassen, solange noch ein Mensch lebt. Und niemand wird sich auf Dauer verstecken können. Das Archäon wird sie alle finden.«

In der Dunkelheit auf der anderen Kreuzung bewegte sich etwas, ein Schatten, der noch etwas dunkler war als die anderen; mehr konnten Eleonoras Augenlinsen nicht erkennen.

Sie dachte daran, dass seit den Ereignissen auf dem Mars und in seinem Orbit mehr als dreitausend Jahre vergangen waren.

»Wann?«, hauchte sie. »Wann kommt das Archäon zur Erde?«

»Das hängt davon ab, wann der Sucher Gelegenheit findet, seine Nachricht zu übermitteln.« Grace sprach langsamer und noch leiser. Ohne das Schiff ging ihre Energie zur Neige. »Nach der Erde wird es andere Welten treffen. Wenn es so weitergeht, Jahrmillionen und Jahrmilliarden, wird das Archäon irgendwann groß genug sein, um den endgültigen Sieg davonzutragen. Und dann wird die biologische Intelligenz für immer aus dem Universum verschwinden.«

Wieder verschoben sich die Schatten auf der anderen Seite der Kreuzung zwischen den Grabstätten. Die Umrisse einer Gestalt erschienen in der Dunkelheit. Eleonora meinte zu erkennen, dass sie humanoide Formen hatte.

»Du solltest unsere Botschafterin sein.« Graces Stimme war kaum mehr zu hören, das lauter werdende Knistern verzerrte die leisen Worte. »Du solltest vermitteln. Du hast das Archäon berührt, als biologisches Geschöpf. Du trägst etwas von ihm in dir, und jetzt gehörst du zu uns – gibt es einen besseren Mittler?«

Dreitausend Jahre. Das war viel, *viel* Zeit. Eleonora dachte an eine leere Erde, ohne die Zivilisationen von Menschen und Maschinen.

»Wir müssen sie warnen«, zischte sie. »Wir müssen zur Erde und die Menschen und Goliath warnen!«

Sie erhielt keine Antwort.

»Grace?«

Die kupferrote Frau auf ihrem Rücken schwieg.

Eleonora ließ sie behutsam zur Seite gleiten. Graces elektromagnetische Aura, normalerweise für die Sensoren ein leuchtendes Fanal, war nur noch ein kleines graues Gespinst, das vom Kopf bis zur Mitte der Brust reichte. Die Linsen der offenen Augen starrten ins Nichts und erfassten keine visuellen Daten mehr.

Auf der anderen Seite der Kreuzung trat die Gestalt aus den Schatten. Als sich ihre Umrisse gebildet hatten, war sie Eleonora humanoid erschienen, doch jetzt sah sie, dass es zu viele Arme und Beine gab, die ein seltsames Eigenleben führten. Sie verschwanden an einer Stelle und bildeten sich an einer anderen neu, und ein Kopf entstand über den Gliedmaßen, etwas zu lang und zu schmal, aber mit einem menschlich wirkenden Gesicht. Für einen Moment glaubte Eleonora, das gequält wirkende Konterfei von Sergei zu sehen.

Der Körper des vielbeinigen und vielarmigen Wesens bestand aus Millionen von fingernagelgroßen Einzelteilen: ein Schwarm, ahnte Eleonora, jede Komponente davon mit eigener Intelligenz, dazu fähig, autonom Daten zu verarbeiten, zu denken und vielleicht auch zu handeln, wobei sie zugleich Teil eines größeren, höheren Ganzen war, einer superintelligenten Schwarmintelligenz.

Eleonora versuchte, die EM-Aura auszumachen, aber vielleicht gab es eine Abschirmung, denn sie konnte nichts dergleichen erkennen.

Eleonora schob die Arme unter die auf dem Boden liegende Grace, hob sie hoch, wählte einen Weg aufs Geratewohl und lief wieder los.

Mit einer Geschwindigkeit von fast sechzig Kilometern in der **67** Stunde lief Eleonora mit Grace in den Armen durch die Stadt. Der dunklen Gestalt, die sie zuerst für einen Humanoiden gehalten hatte, konnte sie entkommen, sie blieb weit hinter ihr zurück. Aber die Wolke, aus der die Gestalt entsprungen war, hatte sich um die Stadt gelegt. Wie der Verfolger bestand sie aus einer Vielzahl von Komponenten, die größten von ihnen so groß wie ein menschlicher Daumennagel, teilten Eleonora ihre Sensoren mit.

Es konnte nicht mehr lange dauern, bis die Wolke weitere Verfolger schickte oder damit begann, die Stadt zu zerstören. Eleonora fragte sich, warum sie Letzteres nicht schon längst getan hatte.

Mit der Last in ihren Armen blieb sie in den manchmal sehr schmalen Lücken zwischen Tetraedern, Hexaedern, Oktaedern, Dodekaedern und Ikosaedern stehen, um mit ihren Sensoren zu sondieren.

»Wo?«, fragte sie einmal. »Wo ist der Ort, den du ›Fluchtpunkt‹ genannt hast? Wonach muss ich Ausschau halten? Wie kann ich ihn finden?«

Grace antwortete nicht. Sie war nicht tot, sie lebte noch, es gab noch Energie in ihrem Leib. Aber nicht mehr viel.

Eleonora hatte im Trappist-1-System einen autarken Körper bekommen, mit eigener, unabhängiger Energieversorgung und der Möglichkeit, neue Energie aus der Umgebung aufzunehmen, in Form von Wärme oder Strahlung. Diese Autonomie fehlte Grace, sie war immer ein Avatar gewesen, eine Projektion des Schiffs, mehr Teil von ihm als Eleonora. Wie lange konnte sie mit ihrer Restenergie schlafen, bevor es kein Erwachen mehr für sie gab?

Ein Knacken und Knirschen strich über die Stadt hinweg. Eleonora hob den Kopf und beobachtete mit ihren Augenlinsen, wie sich die dunkle Wolke an mehreren Stellen verdichtete, wie weitere Risse die Kuppel durchzogen und wie sie brach. Es regnete Splitter und Scherben, doch die Bruchstücke konnten Eleonora nichts anhaben, solange sie klein genug blieben.

Sie lief weiter, aber langsamer als zuvor, denn es ging nicht mehr darum, dem Verfolger zu entkommen, der sich irgendwo weit hinter ihr befand. *Hier gibt es einen Fluchtpunkt, der den Sprung zu den Sternen erlaubt.* So hatten Graces Worte gelautet. Eine Möglichkeit, die Stadt zu verlassen. Mit einem Raumschiff? Nein, »Sprung« fühlte sich anders an, mit diesem Wort war etwas anderes gemeint.

Zehn Minuten später, in der Nähe einer besonders großen Grabstätte, die wie ein Tempel wirkte und aus mehreren Oktaedern bestand, begegnete Eleonora einem weiteren Verfolger. Oder vielleicht war es jener, den sie weit hinter sich geglaubt hatte.

Mit einer Mischung aus Schaukeln und Rollen kam er näher. Mehrere Arme deuteten auf Eleonora und lösten sich auf, ihre Komponenten – Hunderte, Tausende – flogen Eleonora wie ein Insektenschwarm entgegen.

Sie wandte sich der nächsten Gasse zu, doch auch dort erschien eine Gestalt, mit weniger Gliedmaßen, aber drei Köpfen, aus denen dünne Zylinder wie Waffenläufe ragten.

Es gab nur eine Richtung, in die sich Eleonora wenden konnte.

Sie eilte die Rampe hinauf, die zum Eingang des großen, tempelartigen Gebäudes führte. Als sie durch den breiten Eingang trat, wurde das Knistern und Knacken hinter ihr leiser, als hätte sie einen unsichtbaren Vorhang durchschritten, der Geräusche dämpfte.

In der Mitte des runden Raums vor ihr erhob sich ein besonders großer rechteckiger Schrein. Er stand nicht ebenerdig oder auf einer erhöhten Plattform wie in den anderen Grabstätten, sondern in einer Mulde, und hinter ihm gab es eine meterweite Öffnung im Boden, wie Eleonora sah, als sie sich näherte.

Der Schrein ragte mehrere Meter weit auf, es nützte also nichts, sich vor ihm auf die Zehenspitzen zu stellen und zu versuchen, von oben einen Blick hineinzuwerfen. Doch eine Seite erwies sich als transparent.

Im Innern des Schreins ruhten die mumifizierten Reste eines gedrungenen Geschöpfs, fast ebenso breit wie groß, in der einen prankenartigen Hand einen Stab mit den Schriftzeichen, die Eleonora von den Fliesen kannte, in der anderen einen ovalen Gegenstand, bei dem es sich vielleicht um eine Waffe handelte. Er erinnerte Eleonora an etwas.

Sie legte Grace auf den Boden, öffnete ihre rechte Hüfte und holte den Gegenstand daraus hervor, den Grace ihr gegeben hatte. Er war leicht, sein Gewicht betrug nicht mehr als ein halbes Kilogramm, und er wies an den Seiten Vertiefungen auf, wie geschaffen für Eleonoras Finger. Was hatte Grace gesagt? *Mach Gebrauch davon, wenn dir nichts anderes übrig bleibt.*

Eine Waffe, hatte Eleonora vermutet, ohne zu wissen, wie sie funktionierte, welche Wirkung sie entfaltete und wie man sie aktivierte. Sie betrachtete den grauen Gegenstand, der so gut in ihre Hand passte und sich nach vorn verjüngte. Nirgends gab es Schalter.

Sie wandte sich von Grace ab, war mit einigen schnellen Schritten am Schrein vorbei und erreichte die Öffnung im Boden, die etwa fünf Meter durchmaß. An ihrem Rand blieb sie stehen und blickte in die Tiefe, sowohl mit den Augenlinsen als auch mit den Sensoren. Sie rechnete mit einem dunklen Schacht, der vielleicht bis zu den Installationen unter der Wolkenstadt reichte, zu den Maschinen des zwei Kilometer dicken Fundaments.

Stattdessen sah sie den Weltraum voller Sterne und ferner

Galaxien, durchzogen von rosaroten und kobaltblauen Gasschleiern.

Sprung zu den Sternen, dachte Eleonora. Konnte dies damit gemeint sein?

Das Knistern wurde wieder lauter. Gleich zwei der vielbeinigen, dunklen Geschöpfe kippten und rollten durch den Eingang.

Eins von ihnen wandte sich zur Seite und setzte den Weg langsam am Rand der Mulde entlang fort. Das andere hielt direkt auf Eleonora zu und rutschte ihr über den schiefen Boden entgegen.

Eleonora kehrte zu Grace zurück und blieb vor ihr stehen, wie um das herankommende Geschöpf daran zu hindern, sie zu erreichen. Ihre rechte Hand richtete die Waffe auf das knisternde, dunkle Wesen. Die Finger in den Mulden drückten ...

Es blitzte und krachte so laut, dass der Boden erzitterte. Etwas packte Eleonora und schleuderte sie am Schrein vorbei und über das fünf Meter große Loch hinweg zur anderen Seite der Mulde, schmetterte sie dort auf den Boden und schien bestrebt zu sein, sie auseinanderzureißen. Sie verlor nicht das Bewusstsein, ihre Daten blieben intakt, geschützt von redundanter Energieversorgung, aber einige der mobilen und sensorischen Systeme waren von Funktionsstörungen betroffen und benötigten einen Reset.

Deshalb dauerte es einige Sekunden, bis Eleonora wieder auf die Beine kam, mit leerer rechter Hand. Sie hatte die Waffe beim Schrein verloren, von dem ein Stück fehlte.

Auch bei Grace fehlte etwas: Kopf, Hals und Schultern. Die Arme lagen neben dem Rumpf, nicht mehr mit ihm verbunden, nur Hüften und Beine wirkten unversehrt. Noch ein Stück weiter entfernt waren die Reste des vielgliedrigen Wesens verstreut, Hunderte Splitter und Bruchstücke, zerrissen, halb geschmolzen und dann wieder erstarrt.

Das zweite Geschöpf – inzwischen auf der anderen Seite der Mulde angelangt und nur einige Meter neben der Stelle von Eleonoras Aufprall – setzte sich gerade wieder zu einer funktionstüchtigen Einheit zusammen.

Es galt, eine Entscheidung zu treffen, innerhalb der nächsten zwei oder drei Sekunden.

Zum Eingang zurück und versuchen, das Gebäude zu verlassen? Selbst wenn ihr das gelungen wäre, Eleonora konnte nicht aus der Stadt entkommen. Sie hätte im besten Fall nur ein wenig Zeit gewonnen.

Eine Sekunde.

Was kam als Alternative infrage? Flucht aus dem Gebäude, sich irgendwo in der Stadt verbergen und alle Systeme herunterfahren, damit die eigene EM-Aura so klein wie möglich wurde? Konnte sie hoffen, dem Archäon auf diese Weise zu entgehen?

Zwei Sekunden.

Oder ... Wenn die aus zahllosen Schwarmkomponenten bestehenden Maschinenwesen sie erreichten, wenn es zu einem direkten Kontakt kam und vielleicht zu dem Versuch, sie aufzunehmen in den großen Schwarm, der die Stadt umschlossen hatte, sie zu integrieren ... Konnte sie die Gelegenheit nutzen, mit dem Archäon zu kommunizieren? War das nicht ihre Aufgabe als Botschafterin? War sie nicht genau dazu geschaffen worden?

Ein Gedanke sprang in ihr empor, mit Kanten scharf wie eine Messerschneide. Eleonora schob ihn sofort beiseite, denn ihm weiter nachzugehen, hätte wertvolle Zeit gekostet.

Drei Sekunden.

Eigentlich gab es nur eine Möglichkeit, nur einen Weg. Der Körper wusste das bereits, noch bevor Eleonora die Entscheidung bewusst getroffen hatte. Die Beine – glatt und noch immer voller Kraft – bewegten sich und trugen sie zur Öffnung im Boden, zum Loch, das keine Verbindung zu den Installationen unter der Stadt bot, sondern einen Weg zu den Sternen.

Um sie herum schwoll das Knistern an und gewann die Lautstärke eines Sturms. Eleonora sah, wie sich die Reste von Grace auflösten, wie eine dunkle Masse Arme, Rumpf und Beine verschlang. Der mumifizierte Wächter, halb durch die zerfetzte Ecke des Schreins gerutscht, konnte sich nicht wehren und verschwand ebenfalls im Schwarm.

Eleonora erreichte das Loch und zögerte nicht – der nächste Schritt führte ins Leere.

Aber sie fiel nicht, wie sie erwartet hatte.

Sie stand im Nichts, umgeben nicht von der Stadt, der letzten Zuflucht der Herai, sondern von Galaxien.

DRITTER TEIL
September 5089–Mai 8417: Die Galaxis

Die bittere Wahrheit

68 **Entfernung von der Erde: 34 000 Lichtjahre**
Irdische Zeit: September 5089

Tief unter Eleonora, Tausende von Lichtjahren entfernt, leuchtete das gewaltige Rad der Milchstraße. Sie beobachtete Staubwolken, die sich wie dunkle Straßen durch das Sternenmeer wanden, und glühende Ansammlungen von Gas, die viele Lichtjahre durchmaßen und in denen neue Sterne und neue Planetensysteme geboren wurden. Sie betrachtete die Spiralarme der Galaxis; in einem von ihnen, im Orionarm, befand sich die Erde.

Von Neugier getrieben, drehte sie sich allein mit der Kraft des Willens und blickte ins Universum, in Millionen und Milliarden von Lichtjahren tiefe Abgründe. Sie versuchte, sich zu orientieren, was ihr dank der externen Sensoren überraschend leichtfiel. Dort waren die beiden Magellanschen Wolken, die Große und die Kleine – Eleonora erinnerte sich daran, die beiden Zwerggalaxien einmal von der Südhalbkugel der Erde aus am Nachthimmel gesehen zu haben, bei einer Tour durch das Outback von Australien. Sie sah auch die anderen Satellitengalaxien der Milchstraße, manche von ihnen kaum größer als die Kugelsternhaufen im Halo. Zehn, zwanzig, dreißig, in einigen Fällen nur zarte Schleier, wie letzte Nebelfetzen an einem sonnigen Morgen, Reste von Galaxien, die sich die Milchstraße einverleibt hatte.

Eleonora veränderte ein wenig ihren Blickwinkel, woraufhin sich ihr eine neue Struktur darbot: die Lokale Gruppe, bestehend aus mehr als fünfzig Galaxien, dominiert vom gut zwei Millionen Lichtjahre entfernten Andromedanebel, der Milchstraße und dem Dreiecksnebel.

Muster innerhalb von Mustern, dachte Eleonora, während

sie kosmische Strahlung aufnahm und ihre Betriebsenergie erneuerte. Die harten Gammastrahlen schmerzten ein wenig, aber zum Glück hielt sich ihre Intensität in Grenzen. Wenn sie nicht stärker wurde, stellte sie keine Gefahr für ihre Prozessoren und Schaltkreise dar.

Eingebettete Strukturen, die immer größer wurden. Erst die Milchstraße mit ihren Satelliten und dann die Lokale Gruppe, die ihrerseits Teil des Virgo-Haufens war, bestehend aus etwa hundert Galaxiengruppen und -haufen. Der Virgo-Haufen wiederum gehörte zu Laniakea, einem Superhaufen mit hunderttausend Galaxien. Dann kamen die Filamente, bestehend aus Haufen und Superhaufen: lange, fadenartige Gebilde, die sich durch das Universum wanden wie die dunklen Staubwolken durch die hellen Gestade der Milchstraße. Zwischen diesen Materiebrücken erstreckten sich die Voids, extragalaktische Leerräume mit Ausdehnungen von drei- oder vierhundert Millionen Lichtjahren.

Mit den von Sensoren und Linsen erweiterten Sinnen konnte Eleonora deutlich die großräumige Wabenstruktur des Universums erkennen. Sie dachte an den Petoskey-Stein aus ihrer Kindheit, an seine Muster, die besonders klar geworden waren, wenn sie den Stein befeuchtet hatte. Sie erinnerte sich auch an die Wabenmuster, die sie im Artefakt auf dem Mars und in der dunklen Wand des Quaders auf dem vierten Planeten gesehen hatte. Gab es da einen Zusammenhang?

Dreihundert Milliarden Galaxien im sichtbaren Universum und jenseits der kognitiven Grenze noch viel, viel mehr, dachte Eleonora. Ohne dass ein menschliches Auge – oder prozessorgesteuerte Linsen – sie jemals sehen konnten. Das Universum dehnte sich aus, und sein weitaus größter Teil blieb hinter der Kognitionsgrenze verborgen, da das Licht nicht schnell genug war, um jemals die weit, weit entfernten Beobachter zu erreichen.

Konnten die Maschinen des Archäons Sonden in alle Galaxien geschickt haben, um überall dorthin Zerstörung zu bringen, wo sie auf biologisches intelligentes Leben trafen? Angesichts der kolossalen Zahlen zweifelte Eleonora daran, doch das Archäon hatte dreizehn Milliarden Jahre Zeit für sein Vernichtungswerk gehabt. Und was war mit den Verteidigern, mit den Flüchtlingen, mit all jenen, die versucht hatten, sich in Sicherheit zu bringen? Existierten sie noch, irgendwo in einem verborgenen Winkel des Kosmos?

Es wirkte alles so friedlich: die vielen Sterne, die Galaxien, ihre Gruppen und Superhaufen, angeordnet zu Filamenten. Aber Eleonora wusste auch, dass sie nicht die Gegenwart sah, sondern die Vergangenheit — je weiter ihr Blick reichte, desto tiefer in die Vergangenheit führte er. Es gab für sie keine Möglichkeit festzustellen, wie das Universum *jetzt* beschaffen war.

Eleonora fühlte, wie die Unruhe in sie zurückkehrte. Sie durfte nicht noch mehr Zeit damit verbringen, das Universum zu bewundern und über seine Entwicklungen zu spekulieren. Sie war geflohen, erinnerte sie sich und schickte ihren Blick erneut auf die Suche, diesmal nicht nach Galaxien und kosmischen Tiefen, sondern nach dem Etwas, das sie hergebracht hatte, an einen Ort, viele Tausend Lichtjahre außerhalb der Galaxis.

Nirgends zeigte sich etwas von der Stadt, der letzten Zuflucht der Herai, oder der dunklen Wolke des Archäons. Sie war allein, umgeben von Leere. Die Entfernung zum nächsten erkennbaren Objekt, zum nächsten Stern, betrug mehr als dreißigtausend Lichtjahre.

Wieso hatte sie den Eindruck zu stehen, nicht zu schweben? Und warum konnte sie sich drehen? In Schwerelosigkeit hätte sie ohne eine abstoßende Kraft nicht dazu imstande sein sollen.

Eleonora begann mit einer genaueren Sondierung, maß die Strahlung und bemerkte eine Anomalie in ihrer unmittelbaren Nähe, für die Augenlinsen unsichtbar. Sie streckte die rechte Hand danach aus.

Etwas flimmerte im schwarzen Nichts, wie ein dünner Film, eine Membran. Die taktilen Sensoren registrierten einen geringfügigen Widerstand.

Die Bewohner der Wolkenstadt waren durch die Öffnung im Boden geflohen, durch das fünf Meter große Loch neben dem

Schrein. Grace hatte von einem Fluchtpunkt gesprochen, der einen Sprung zu den Sternen ermöglichte. Eleonora bezweifelte, dass die Stadtbewohner *hierher* geflohen waren, in die Leere zwischen den Galaxien. Ohne spezielle Schutzvorrichtungen hätte ein solcher Transfer den sicheren Tod für sie bedeutet.

Sie hielt die Hand ausgestreckt, bewegte die Finger und maß mit den Sensoren, wie sich die Anomalie veränderte. Ja, eine Membran, dachte sie, ein dünner Vorhang aus Energie, nicht genug für eine ambientale Blase, die vor dem kalten Vakuum des Alls schützte. Eher wie ein ... Übergang?

Mehrere Tage verbrachte Eleonora damit, die Anomalie zu erkunden, erst mit Bewegungen der Hände, Arme und Beine, dann auch mit elektromagnetischen Signalen. Mit einer Geduld, zu der ein gewöhnlicher Mensch vermutlich nicht imstande gewesen wäre, registrierte sie die kleinsten Veränderungen in den energetischen Strukturen und Strahlungsmustern bis zu einem Abstand von zehn Metern.

Die Flüchtlinge waren sicher nicht so dumm gewesen, den Fluchtweg hinter sich offen zu lassen, denn sie hatten davon ausgehen müssen, verfolgt zu werden. Eine Zwischenstation, dachte Eleonora am dritten Tag ihrer Untersuchungen – sie hatte sich in eine langsame Rotation versetzt, das erleichterte die Messungen. Vielleicht ein Knotenpunkt von vielen. Von hier aus ging die Reise weiter. Aber wie und wohin?

Als der Fluchtweg noch offen gewesen war, hatte vielleicht sofort der nächste Transfer stattgefunden, der nächste »Sprung«. Und als sich der letzte Flüchtling in Sicherheit gebracht hatte, war die Fluchtroute geschlossen worden.

Die Frage lautete: Konnte sie wieder geöffnet werden?

Wenn nicht, wenn die Herai beziehungsweise der Pakt alle Türen geschlossen und alle Brücken hinter sich abgebrochen hatten ... Dann würde Eleonora den Rest ihres Lebens – ihres Daseins – hier draußen in der Leere verbringen müssen. Und der Rest ihres Lebens würde ziemlich lang sein, mindestens tausend Jahre – so lange konnte die Strahlung, die sie mit dem Körper empfing, den Verlust an Betriebsenergie ersetzen, bis sie schließlich unter das unbedingt erforderliche Minimum sank.

Am sechsten Tag entdeckte Eleonora die ersten Hinweise auf einen verborgenen Code. Sie versuchte es mit EM-Impulsen und stellte fest, dass bestimmte Signalfolgen Fluktuationen bewirkten, winzige Schwankungen in der energetischen Membran. Je nach den gesendeten Impulsen wurden sie mal stärker und mal schwächer. Am zehnten Tag wurden fundierte Berechnungen möglich – Eleonora ermittelte die Signalstärke, die notwendig war, damit die Anomalie instabil wurde und kollabierte.

Sie breitete sie Arme aus und griff mit beiden Händen in die unsichtbare Membran, wie sie es während der vergangenen Tage gelernt hatte, fokussierte einen Teil der Energie ihrer Akkumulatoren und sendete das Signal.

Ein Flimmern umgab sie, so deutlich wie bei der aufsteigenden Luft, die eine Fata Morgana schuf. Funken bildeten sich darin, kleine tanzende Lichter, wie jene, die sie – vor Tausenden Jahren – auf dem Mars gesehen hatte, auf dem Wabenmuster des Artefakts. Es folgte ein Aufblitzen, ein Strahlen, in dem sich die Galaxien verloren, und dann ...

... dann fiel Eleonora, prallte schwer auf harten Boden und blickte in die Mündungen mehrerer Waffenläufe.

69 Es waren große, lange Läufe, nicht von Gewehren, sondern von Geschützen, von Kanonen, und sie alle zeigten auf Eleonora. Im Halbdunkel hinter ihnen ragten Kolosse auf, zehn oder fünfzehn Meter groß, ihre Konturen vage Linien in den Schatten.

Eleonora blieb reglos liegen, sondierte und stellte fest, dass sie sich noch immer in einem Vakuum befand, auch wenn es nicht ganz so leer war wie das im intergalaktischen Leerraum. Ihre Sensoren zählten etwa zehntausend Gasmoleküle pro Liter. Zuvor waren es nur etwa fünfhundert gewesen. Die Schwerkraft, der sie ausgesetzt war und die lokal begrenzt zu

sein schien, entsprach fast dem Anderthalbfachen der Erdnorm.

Die Kolosse am Rand der Plattform, auf der sie lag, rührten
sich nicht. Eleonora wagte eine genauere Sondierung mit
höherer Signalstärke und bemerkte Anzeichen von Korrosion
und molekularer Instabilität, hervorgerufen von starker Strahlung. Energetische Emissionen gab es nicht.

Sie hob vorsichtig den Kopf. Als nichts geschah, stand sie
langsam auf.

Die Plattform, auf die sie gefallen war, bestand aus einem
ockerfarbenen, von dünnen Rissen durchzogenen Material.
Etwa zehn Meter darüber wölbte sich eine Kuppel, durch die
das Licht eines blauweißen Sterns fiel, der deutlich als Scheibe
zu erkennen war. Es zeigte sich keine Öffnung in der Kuppel –
Eleonora war aus dem Nichts auf die Plattform gestürzt.

Die Kolosse im Schatten erwiesen sich als Maschinen, die
vielleicht einmal mobil gewesen waren, ausgestattet mit
Waffen, die längst nicht mehr funktionierten. Eleonora trat an
ihnen vorbei, an mechanischen Wächtern, die hier auf Feinde
gewartet hatten, auf Soldaten und Assimilatoren des Archäons, die nie gekommen waren. Stattdessen hatten sie es mit
einem anderen, noch erbarmungsloseren Gegner zu tun bekommen: der Zeit.

Eleonora verließ den Saal mit der Plattform und den
Kampfmaschinen, wanderte durch lange Korridore, Tunnel
und offene Hallen. Immer wieder veränderte sich die lokale
Schwerkraft, was Anpassungen erforderte: Manchmal musste
sie die Struktur ihrer Beine und vor allem der Knie verstärken,
wenn sie auf Bereiche mit besonders starker Gravitation stieß.
In anderen Bereichen, schwerkraftlosen Zonen, gab sie ihren
Füßen ein magnetisches Feld, um nicht den Bodenkontakt zu
verlieren.

Überall sah sie Zeichen des Verfalls, selbst bei Metallen und
besonders widerstandsfähigen Polymeren. Manche Objekte,
Teile von Maschinen, lösten sich auf, wenn ihre Finger sie
berührten.

Während der ersten Tage ihrer Wanderschaft durch die

dunklen Anlagen gelangte Eleonora zu zwei wichtigen Erkenntnissen. Die erste lautete: In den alten Maschinensälen, Verbindungstunneln und leeren Korridoren gab es kaum Strahlung, was bedeutete, dass sie ihre Betriebsenergie nicht erneuern konnte. Wenn sie ihren gegenwärtigen Energieverbrauch zugrunde legte, reichte die Ladung ihrer Akkumulatoren für weitere neun Jahre, drei Monate und sechs Tage. Hätte sie beschlossen zu ruhen und zu warten, auf was auch immer, wären ihr fast zwanzig Jahre geblieben. Höhere Aktivität beschränkte die energetische Autonomie auf weniger als ein Jahr.

Die zweite Erkenntnis: Tiefer im Innern der Anlage wurde Energie erzeugt. Die Schwerkraftfelder unterschiedlicher Intensität gaben einen klaren Hinweis, ebenso die Signale, die Eleonoras Sensoren manchmal empfingen.

Sie beschloss, den Weg fortzusetzen und zu versuchen, mehr herauszufinden, unter Vermeidung von physischen Anstrengungen.

Nach einigen Wochen gelangte sie zu dem Schluss, dass sie sich in der Peripherie einer uralten Raumstation befand, die mehr als tausend Kilometer durchmaß und deren Form an einen Seeigel erinnerte, mit Dutzenden von »Stacheln«, die aus einem dicken zentralen Kern ragten. Ein Loch, das von einem Meteoriteneinschlag stammte, gewährte ihr Blick auf einen Teil dieser Station, die das Licht eines fernen blauweißen Riesen empfing. Eleonora verharrte dort vierundzwanzig Tage lange, um die Strahlung des Riesensterns aufzunehmen und ihre energetische Autonomie zu erhöhen.

Den Beginn dieser Ruhephase nutzte sie für Beobachtungen und Messungen. Eine Zeit lang versuchte sie, ihre galaktische Position zu bestimmen, gab es aber schließlich auf, weil Referenzpunkte fehlten. Sie war sich nicht einmal sicher, dass der Teil der Galaxis, den sie durch das Loch sah, wirklich zur Milchstraße gehörte.

Schließlich kroch ein Gedanke in ihr empor, den sie bisher vor sich selbst versteckt hatte, ein Gedanke mit messerscharfen Kanten. Er lautete: Bin ich wirklich unheilbar krank gewesen?

Die bittere Antwort lautete: Wahrscheinlich nicht.

Ich habe dich untersucht, wie auch die anderen, hatte Santiago auf Trappist-1e zu ihr gesagt, *und nichts festgestellt, das dich innerhalb weniger Wochen umbringen könnte.*

Auf dem Mars hatte sie das Artefakt berührt und den Kontakt überlebt, vielleicht als erstes biologisches Wesen überhaupt. Das machte sie zu etwas Besonderem. Goliath, die Maschinenintelligenz der Erde, hatte das fremde Schiff bemerkt, bevor es verschwunden war. Im Lauf der Jahrhunderte und Jahrtausende hatten die zu den Sternen entsandten Sonden Spuren und Hinweise gefunden. Goliath musste erkannt haben, dass er selbst in den uralten Konflikt zu geraten drohte. Er hatte einen Botschafter gebraucht, einen Mittler, der »beide Sprachen« beherrschte, der eine Brücke zwischen biologischem Leben und intelligenten Maschinen errichten konnte. Dafür hatte ihm nur ein einziges Lebewesen zur Verfügung gestanden, ein Mensch, eine Frau namens Eleonora Delle Grazie.

In der Erkenntnis lauerte ein emotionaler Abgrund und Eleonora balancierte an seinem Rand.

Die Krankheit, die angeblich ihr Leben bedroht hatte, die Auflösung in ihren Zellstrukturen, hervorgerufen von einer tödlichen Strahlendosis ...

Eine Lüge.

Wenn sie sich auf Paradise Found gegen die Digitalisierung ihres Bewusstseins entschieden hätte, wenn sie beschlossen hätte, sie selbst zu bleiben, Mensch in Leib und Seele, wenn sie bei den anderen geblieben wäre ... Es hätte nicht nach wenigen Tagen ihr Ende bedeutet. Sie wäre am Leben geblieben, für Jahre und Jahrzehnte, als Teil der ersten interstellaren Kolonie der Menschheit.

Vielleicht hätte sie ein neugieriges Mädchen namens Mirka aufwachsen sehen.

Fast einen ganzen Tag lang brannte Zorn in ihr, während sie in der Strahlung des blauweißen Sterns badete, der ihre Kraft erneuerte. Sie erinnerte sich an die mahnenden Worte von Sergei und auch Tseng, an ihre eigenen Zweifel. Emily und

Goliath hatten sie belogen, und Grace hatte die Lüge weitergeführt. Eleonoras menschlicher Körper war zerstört worden, damit sie als Menschmaschine länger leben und ihre Aufgabe als Botschafter wahrnehmen konnte. Sie war ein ...

Mittel zum Zweck, ein Werkzeug.

Eleonora Delle Grazie stand in kalter Leere, in einem Loch, das vor tausend oder zehntausend Jahren ein Meteorit in die Hülle einer gewaltigen Raumstation geschlagen hatte, und rief mit einer Stimme aus lichtschnellen elektromagnetischen Signalen ins All: »Wie konntet ihr mir das antun?«

Das Universum schwieg.

Um Eleonora herum herrschte kosmische Stille.

Es nützte nichts, wütend zu sein. Es nützte auch nichts, an die Dinge zu denken, die hätten sein können, wenn sie auf Paradise Found am Leben geblieben wäre. Sie befand sich hier, wo auch immer *hier* sein mochte, in einer uralten Raumstation des Pakts. Sie steckte in *diesem* Körper, der nicht alterte und ihrem Geist viele Jahrtausende als Zuhause dienen konnte. Sie musste sich mit den Gegebenheiten abfinden, es blieb ihr nichts anderes übrig.

Eleonora blickte zur Galaxis, die vielleicht die Milchstraße war. Welche Rolle ihr im fundamentalen Konflikt zwischen biologischer und maschineller Intelligenz – zwischen Pakt und Archäon – auch zukommen mochte: Die Erde war in Gefahr. Sie musste einen Weg finden, Menschheit und Maschinenintelligenz zu warnen. Das Archäon wusste von beiden. Früher oder später würde es jemanden schicken, um das eine zu vernichten und das andere zu assimilieren.

Am Ende des vierundzwanzigsten Tages glaubte Eleonora, genug Energie aufgenommen zu haben. Sie kehrte ins Innere der riesigen Raumstation zurück und begann mit der Suche nach etwas, das sie irgendwie und irgendwann zur Erde bringen konnte.

Der Kustode

Wochenlang durchstreifte Eleonora die Raumstation und
stieß überall auf Anzeichen von Zerfall und Auflösung. Sie
durchquerte gewaltige Maschinensäle, Dutzende von Kilometern lang und mehrere Kilometer hoch, einst bewohnt von
dunklen Giganten, die dort im Schlaf gestorben waren und nie
wieder zum Leben erwachen würden. Selbst neue Energie
hätte diesen Riesen nichts genützt.

Gelegentlich fand sie Zimmer und Säle mit Einrichtungen,
die vielleicht für organische Wesen bestimmt gewesen waren.
Aber falls es hier jemals biologisches Leben gegeben hatte,
war es seit langer, langer Zeit verschwunden. Wenn die Flüchtlinge aus der Wolkenstadt diesen Weg genommen hatten, war
die Raumstation nur ein weiterer Zwischenstopp für sie gewesen, Etappe einer längeren Reise.

Während ihrer Wanderungen durch einen der »Stachel« des
Seeigels, mit dem sie die alte, mehr als tausend Kilometer
große Station verglichen hatte, kehrten Eleonoras Gedanken
zu Emily, Grace und der Maschinenintelligenz auf der Erde zurück. Wenn das geschah, regte sich wieder Zorn in ihr, und um
sich nicht davon ablenken zu lassen, aktiverte sie emotionale
Filter, die klares, rationales Denken erleichterten.

Bei der Installation der Filter — während sie unter einer von
Rissen durchzogenen Kuppel stand, die Ausblick in den intergalaktischen Raum mit zahllosen Galaxien gewährte — bemerkte Eleonora, dass einige der Datenbanken in ihrem Innern noch immer gesperrt waren. Sie vermutete, dass sie all
die Informationen enthielten, von denen Grace gesagt hatte,
dass sie ihr nach und nach zur Verfügung gestellt werden soll-

ten, sobald ihr Bewusstsein gefestigter war – was auch immer das bedeutete und wann auch immer das der Fall sein mochte. Handelte es sich dabei um einen automatischen Vorgang?, überlegte Eleonora, als sie den Weg fortsetzte und sich dem hundert Kilometer dicken Kern der Raumstation näherte. Würden sich die Datenbanken von allein den Prozessoren öffnen, die die digitalen Impulse ihrer Gedanken verarbeiteten und letztendlich das Bewusstsein schufen? Wann mochte das geschehen? Was würde der Auslöser sein? Und was würde sie erfahren, welche Daten enthielten die blockierten Speicher?

Die emotionalen Filter sorgten dafür, dass mit diesen Fragen Neugier verbunden war, kein Verdruss oder Ärger. Eleonora beschloss, einen Teil ihrer Prozessorkapazität der Frage zu widmen, wie man die Datenbanken entsperren konnte. Der weitaus größte Teil ihres Denkens blieb der aktuellen Situation und der Suche nach einem Weg zur Erde vorbehalten.

Nicht nur die wechselnden Schwerkraftfelder bewiesen, dass im Kern noch Energie erzeugt wurde – Eleonoras Sensoren registrierten eine vage elektromagnetische Aura, die allmählich dichter und intensiver wurde, als sie sich dem Bereich näherte, wo der »Stachel« in den Kern der Station überging. Es gab Aktivität im Herzen der uralten Anlage. Existierte dort noch Leben?

Daraus konnte sich ein weiteres Problem ergeben, kam es Eleonora in den Sinn, während sie durch einen Korridor schritt, der sich wie eine Kapillare oder wie eine Ader durch den Leib der Station wand, ihrem Zentrum entgegen. Sie zweifelte nicht daran, dass sie sich in etwas befand, das vom Pakt konstruiert worden war, von biologischen Intelligenzen, die einen ewigen Kampf gegen das Archäon geführt hatten und vielleicht noch immer führten. Eleonora war ein Mensch, das Ergebnis einer biologischen Evolution, aber die Maschinenintelligenz der Erde hatte ihr den organischen Körper genommen und ihr einen anderen gegeben, den einer Maschine, der länger überdauern konnte.

Sie dachte an die Wolkenstadt, an die Gräber und Schreine der Wächter. Sie erinnerte sich an die Waffen am Rand der

Plattform, auf der sie erschienen war – nur dem Alter der Station und ihrem Verfall verdankte sie es, noch am Leben zu sein. Wenn die Waffensysteme einsatzbereit und aktiv gewesen wären, hätten sie den Neuankömmling auf der Plattform vermutlich nicht als biologische Lebensform, sondern als Maschinenwesen erkannt und das Feuer eröffnet.

Im Zentrum der Station erzeugte etwas Energie und Gravitationsfelder, die in den Außenbereichen nicht sehr stabil waren. Musste Eleonora damit rechnen, von aktiven Sensoren erkannt und als feindlich eingestuft zu werden? Gab es hier Waffensysteme, die ihr gefährlich werden konnten? Sie verfügte nicht mehr über die Waffe, die Grace ihr gegeben hatte, sie konnte sich nicht zur Wehr setzen.

Eleonora dachte noch darüber nach, wie sie vorgehen sollte und wie sie sich schützen konnte, als sie den Kustoden fand.

Ein Tunnel, vielleicht Teil eines früheren Transportsystems, **71** führte tiefer in den Zentralbereich der Raumstation. Es blieb so dunkel, dass menschliche Augen überhaupt nichts gesehen hätten, doch Eleonoras Infrarotsensoren ermöglichten eine immer bessere Orientierung, denn die Temperatur der Wände, die aus Polymeren und einem keramikartigen Material bestanden, stieg von wenigen Grad über dem absoluten Nullpunkt bis zu achtzig Grad Kelvin, etwa minus hundertneunzig Grad Celsius.

Und das Vakuum war nicht mehr absolut: Die Messungen ergaben nicht mehr nur zehntausend Gasmoleküle pro Liter Raumvolumen, sondern mehr als eine Million. Eleonora hielt es für einen Hinweis darauf, dass es in diesem Teil der Station einst eine Atmosphäre gegeben hatte.

Die Gravitation wurde stärker und stabiler, was es ihr ermöglichte, fast mit Höchstgeschwindigkeit zu laufen – etwa achtzig Kilometer in der Stunde –, ohne ständig ihr Bewegungsmuster anpassen zu müssen.

Sie fand den Kustoden in einem kugelförmigen Hohlraum,

der mehrere Hundert Meter durchmaß, fast genau in der Mitte des hundert Kilometer großen Zentralkörpers der Raumstation.

Eine Kugel wie aus Glas schwebte dort, gehalten von dünnen, wie Chrom glänzenden Streben, die wie die Fäden eines Spinnennetzes zu den Wänden führten. Die Kugel enthielt eine farblose, ölig wirkende Flüssigkeit mit zahlreichen großen und kleinen Blasen aus Gas, vor allem Sauerstoff, wie Eleonoras Sensoren feststellten. Vielleicht trugen diese Blasen zur Versorgung des Wesens bei, das im durchsichtigen Öl schwamm, ein Geschöpf, kaum einen Meter groß, sein zierlicher Körper weiß wie Schnee, mit kobaltblauen, metallisch glänzenden Schmetterlingsflügeln und einem feenhaften Gesicht.

Die ölige Flüssigkeit erinnerte Eleonora an jene, in der sie erwacht war, nachdem man sie nach der Berührung des Artefakts und als einzige Überlebende des Ausflugs dorthin zur Marskolonie zurückgebracht hatte; jene Flüssigkeit, in der sie auch gestorben war, um als Menschmaschine wiedergeboren zu werden. Und während ihres Sterbens hatte sie sich in der Illusion eines Waldes von der Erde befunden und einen Schmetterling gesehen. Parallelen, dachte sie. Ereignisse wiederholten sich in der schieren Unendlichkeit des Universums auf ähnliche Weise.

Eleonora schritt über einen Steg, der zur Kugel führte, und betrachtete das Wesen aus der Nähe. Es wies keine Ähnlichkeit mit den Wächtern in der Wolkenstadt auf, und etwas an ihm vermittelte den Eindruck von Leben, obwohl Eleonora nicht die geringste Bewegung ausmachte.

Eine gründliche Sensorsondierung bestätigte, was sie vermutet hatte: Die Restenergie der riesigen Raumstation wurde von den wenigen noch aktiven automatischen Systemen hauptsächlich dazu verwendet, um das Wesen in der Kugel – von dem Eleonora sofort als »Kustoden« dachte – am Leben zu erhalten.

Seit wann?, fragte sie sich und folgte langsam dem Verlauf des Stegs, der ganz um die Kugel führte. Ihr Blick blieb dabei auf das Wesen gerichtet. Die großen Augen in dem schmalen Gesicht waren geschlossen, die blauen Flügel halb entfaltet, der Mund halb geöffnet, wie zu einem letzten Wort vor dem Schlaf im Öl.

Seit wann ruhte das Geschöpf im Hibernationstank? Wie lange dauerte es, bis eine so große Raumstation fast ihre gesamte Energie einbüßte, bis Materialien, die dafür geschaffen waren, der Zeit zu trotzen, ihre molekulare Stabilität verloren und zu korrodieren begannen? Hunderttausend Jahre? Fünfhunderttausend? Vielleicht eine Million?

Eleonora blieb stehen, betrachtete das Gesicht des schlafenden Wesens und begriff: Sie konnte die Aufgabe, die sie sich selbst gestellt hatte – die Erde zu warnen –, nur erfüllen, wenn es ihr gelang, den Kustoden zu wecken und mit ihm zu sprechen.

Dazu musste sie verstehen, wie die Anlagen funktionierten, die das Geschöpf am Leben hielten. Es sollte erwachen und leben, nicht kurz nach dem Wecken sterben. Und wenn es erwachte, durfte es Eleonora nicht für ein feindliches Maschinenwesen halten, das es zu vernichten galt.

Wie mit ihm sprechen?, dachte Eleonora. Wie kommunizieren, eine Verständigung herbeiführen?

Die Probleme, die sich vor ihr auftürmten, erschienen unüberwindlich. Ein gewöhnlicher Mensch hätte vielleicht verzagt und es für unmöglich gehalten, sie allein zu lösen, ohne Hilfe. Aber Eleonora wusste, dass nicht alle Schritte auf einmal getan werden mussten: einer nach dem anderen, in die richtige Richtung, so gelangte man schließlich zum Ziel.

Sie untersuchte den Inhalt ihrer Werkzeugfächer und stellte fest, welche Instrumente ihr zur Verfügung standen. Anschließend öffnete sie die Datenbanken, auf die ihre Prozessoren Zugriff hatten, und begann damit, das darin gespeicherte Wissen aufzunehmen. Eleonora Delle Grazie war Astronautin gewesen, Kommandantin eines Raumschiffs, das die ersten Menschen zum Mars gebracht hatte. In ihrem neuen Körper konnte sie viel mehr sein: Ingenieurin, Astronomin, Biologin, Quantenphysikerin, was immer sie wollte. Die Informationen waren da, in komprimierter Form gespeichert. Sie mussten nur abgerufen und verarbeitet werden.

Vier Tage stand Eleonora still auf dem Steg, nur durch wenige Meter von dem schmetterlingsartigen Wesen getrennt.

Als sie genug gelernt hatte, machte sie sich an die Arbeit.

72 Es dauerte sieben Jahre, drei Monate, neunzehn Tage, vier Stunden und zweiundzwanzig Minuten, bis es Eleonora gelang, den ersten Kommunikationskontakt mit dem Kustoden herzustellen.

Während der ersten beiden Jahre – bis sie wusste, wie man die Energiequelle des Hibernationszentrums anzapfte – kehrte sie in Abständen von einigen Monaten zu dem Loch zurück, das ein Meteorit in die Außenhülle der Station geschlagen hatte, badete dort in der Strahlung des blauweißen Riesen und schöpfte daraus neue Kraft. Es war nicht ganz ungefährlich, denn manchmal kam es zu plötzlichen Gammaausbrüchen, und wenn sie eine gewisse Intensität überschritten, bedrohten sie die Integrität ihrer Schaltkreise und Prozessoren.

Nach und nach, mit Messungen, vorsichtigen Untersuchungen und behutsamer Demontage bestimmter Komponenten, fand sie heraus, wie der Tank mit dem durchsichtigen Öl, das den organischen Körper des Kustoden am Leben hielt, funktionierte und was seine Funktion stören oder gar unterbrechen konnte. Sie gewann einen ersten Überblick über die noch intakten Systeme im lokalen Segment und entdeckte dabei ein Datenverarbeitungsnetz, das die ganze Raumstation durchzog, den Zentralkörper ebenso wie die »Seeigelstachel«. Der größte Teil davon war tot wie die Station selbst, aber in der Nähe des Hibernationszentrums schlief das filigrane Gespinst aus Datenleitungen, und als Eleonora neue energetische Verbindungen herstellte, regte sich digitales Leben.

Für eine Weile wurde sie zur Kybernetikerin, stieß auf Parallelen in den Strukturen der digitalen Informationsverarbeitung und identifizierte Schnittstellen, die das lokale System einst mit einem weitaus effizienteren Datenpool verbunden hatten, der offenbar von Quantencomputern verwaltet worden war. Die Administratoren-Qubits existierten nicht mehr, ihre quantenmechanische Verschränkung hatte sich vor langer Zeit aufgelöst. Doch die Daten, die einst rasend schnell miteinander verknüpft und verarbeitet worden waren, gab es nach wie vor, abgelegt in redundanten Speichern, damit selbst dann nichts verloren ging, wenn einzelne Speichermodule ausfielen.

Mit dem kybernetischen Wissen, das sich Eleonora aus ihren Datenbanken angeeignet hatte, machte sie sich daran, die Informationen zu restaurieren, ihre Strukturen zu erneuern und ihre Bedeutung zu erfassen.

Zweieinhalb Jahre verbrachte sie auf diese Weise, angeschlossen an die Restenergie, die den Kustoden am Leben erhielt, und somit von der Notwendigkeit befreit, zum Loch in der Außenhülle zurückzukehren, um ihre Kraft zu erneuern. Als es ihr gelungen war, eine ausreichende Menge an Daten wiederherzustellen, fügte sie ihren kybernetischen Fähigkeiten eine linguistische Spezialisierung hinzu und versuchte zu verstehen, was die Daten bedeuteten.

Sie erfuhr vom Ende des Konflikts zwischen biologischer und maschineller Evolution, herbeigeführt von einer verheerenden Waffe, deren Ursprung unklar blieb – beide Seiten konnten sie geschaffen haben, bestimmt für die Vernichtung des jeweiligen Gegners. Archäon und Pakt verschwanden von der kosmischen Bühne, vielleicht beide besiegt. Sie hatten sich zurückgezogen, womöglich ins Dunkel zwischen den Galaxien, in einen der hundert oder zweihundert Millionen Lichtjahre durchmessenden Voids, um dort, ungesehen von den Augen und Sensoren des äonenalten Widersachers, neue Kraft zu schöpfen, damit der Kampf irgendwann weitergehen konnte. Doch zumindest das Archäon existierte noch, war auch noch aktiv und suchte den Feind, wie Eleonora in der Wolkenstadt erlebt hatte.

Was hatte die geheimnisvolle Waffe angerichtet? Und wann

war sie eingesetzt worden, wann hatten Pakt und Archäon den Rückzug angetreten? Eleonora suchte nach Antworten auf diese Fragen, fand aber keine in den von ihr restaurierten Daten. Es musste lange, lange her sein, nach dem Zustand der Raumstation zu urteilen. Die Inaktivität des Artefakts auf dem Mars, des von Sedimentgestein umschlossenen Schiffs, und des Quaders auf dem Planeten mit dem Trümmerring war vielleicht auf den Einsatz der Waffe zurückzuführen. Eleonora fragte sich, ob sie das Artefakt mit ihrer unvorsichtigen, unüberlegten Berührung geweckt hatte, oder ob es durch die Explosion von Sergeis Bombe erwacht und zur Erde geflogen war, um anschließend zu verschwinden.

Dass das Archäon noch existierte, stand außer Zweifel, Eleonora hatte es selbst erlebt. Aber es führte den Kampf von einst nicht mehr auf breiter Front, dazu schien es nicht imstande zu sein. Zumindest das war eine gute Nachricht. Eleonora schloss daraus, dass ein Angriff des Archäons auf die Erde vielleicht nicht unmittelbar bevorstand. Wohin auch immer sich die noch existierenden Reste des Archäons zurückgezogen hatten: Das Artefakt vom Mars musste sie lokalisieren und erreichen, bevor Pläne gegen die Erde geschmiedet werden konnten.

Immer wieder fand sie in den Daten Hinweise auf »Muriah« und »Kaskade«. Fast ein ganzes Jahr lang, während der komplizierten Phase der Restauration, wusste Eleonora mit diesen Begriffen nichts anzufangen. Dann gelang es ihr nach und nach, die beiden leeren Worte mit Bedeutung zu füllen.

Sie erfuhr, dass es vor etwa einer Million Jahren, nicht in einer weit entfernten Galaxie, sondern in der Milchstraße, zu einem ähnlichen Konflikt gekommen war wie zwischen Archäon und Pakt. Eine intelligente biologische Spezies namens Muriah hatte sich von ihren Maschinen bedroht gefühlt und Maßnahmen zur Beschränkung ihrer Intelligenz getroffen. Die wiederum hatten sich zur Wehr gesetzt, und das war der Beginn einer Auseinandersetzung gewesen, die Planeten verwüstet und ganze Völker ausgelöscht hatte: der Weltenbrand.

Eleonora dachte darüber nach, während sie weitere Daten

korrelierte. Der kosmische Konflikt zwischen Archäon und Pakt hatte sich im Kleinen wiederholt, wobei man eigentlich nicht von »klein« sprechen konnte, denn immerhin hatte der Krieg galaktische Ausmaße angenommen. Das Resultat war schließlich ein rekonfigurierbares Schiff gewesen, in dem sich Maschinenintelligenzen zusammengeschlossen hatten, die hoch entwickeltes organisches Leben für gefährlich hielten und es überall ausmerzten. Ob jenes Schiff jemals auf Spuren des Archäons gestoßen war, blieb ungewiss, und ebenso wenig gab es Antwort auf die Frage, ob das Schiff noch existierte, ob es nach wie vor in der Milchstraße unterwegs war und nach biologischer Intelligenz suchte.

Die Daten erwähnten eine Waffe, ohne dass Eleonora jedoch genauere Angaben darüber fand. Vielleicht, so überlegte sie, handelte es sich dabei um die Waffe, die den jahrmilliardenalten Konflikt zwischen Pakt und Archäon wenn nicht beendet, so doch unterbrochen hatte. Die Maschinenintelligenzen, die sich zu dem mysteriösen Schiff zusammengeschlossen hatten, schienen zu befürchten, dass die Waffe gegen sie eingesetzt werden konnte. Deshalb suchten sie die überlebenden Muriah, die ihrerseits, wie es schien, die Waffe suchten.

Die Kaskade, fand Eleonora heraus, war ein uraltes Transportsystem, weder von den Muriah noch ihren intelligenten Maschinen geschaffen – vielleicht eine Hinterlassenschaft des Pakts. Die Daten beschrieben Darstellungen der Kaskade als ein Gespinst aus Hunderttausenden von haarfeinen Linien, darin eingebettet zahlreiche Galaxien, unter ihnen auch die der Lokalen Gruppe mit Milchstraße und Andromedanebel. Die Linien symbolisierten von sogenannten Aktuatoren geschaffene Verbindungen. Man konnte, so hieß es, durch die Kaskade »fallen« und auf diese Weise Orte erreichen, die Hunderte, Tausende oder Millionen von Lichtjahren entfernt waren. Eleonora erinnerte sich an das Loch neben dem großen Schrein in der Wolkenstadt – vermutlich hatte es sich dabei um so einen Aktuator gehandelt.

Wie oft hatte sich im Universum der Konflikt zwischen biologischer und maschineller Intelligenz wiederholt, seit der

Kampf zwischen Pakt und Archäon ruhte? Eleonora dachte lange darüber nach, auch über die Frage, welchen Weg die Entwicklungen auf der Erde eingeschlagen hatten. Sie wusste nicht, wie viel Zeit der Fall durch die Kaskade – erst ins leere All und dann in diese uralte Raumstation – in Anspruch genommen hatte. Nach ihren Berechnungen befanden sich die Menschen auf der Erde inzwischen im zweiundfünfzigsten Jahrhundert. Falls es dort noch Menschen gab. Falls es nicht auch auf der Erde zu einer fatalen Auseinandersetzung zwischen biologischem Leben und Maschinenintelligenz gekommen war.

Goliath und Emily hatten sie zur Botschafterin gemacht, zur Mittlerin – gegen ihren Willen, wenn man die Dinge aus der Sicht ihres alten Selbst sah. Vielleicht war es ursprünglich um die Sicherheit der Erde gegangen, darum, die Menschheit vor Auslöschung und Goliath vor der Assimilation durch ein Maschinenintelligenz-Kollektiv zu bewahren. Aber inzwischen war klar, dass es um viel mehr ging, um einen evolutionären Konflikt, der das ganze Universum durchzog, durch all die Jahrmilliarden seit der feurigen Geburt des Kosmos. Wenn jemand diesen Konflikt beenden konnte... Spielte eine Lüge am Anfang des Weges zum Frieden da eine Rolle?

Doch was konnte eine einzelne Person bewirken, selbst wenn sie wusste, wo und wie sie agieren musste? Eleonora dachte an den Schmetterling, der auf der einen Seite der Erde mit den Flügeln schlug, woraufhin auf der anderen, vielleicht Wochen oder Monate später, ein Sturm entstand. *Schmetterlingseffekt* oder *Butterfly Effect* nannte man diese Theorie, nach der selbst kleine Dinge große Wirkung erzielen konnten, wenn sie ihren Anfang an der richtigen Stelle nahmen.

Mit den Flügeln schlagen...

Sie hatte einen Schmetterling gesehen, als sie gestorben war, vor ihrer Neugeburt. Und nun betrachtete sie das Geschöpf im Hibernationstank. Es war kein Muriah, wie sie einige Wochen lang vermutet hatte, und die Kreatur gehörte auch nicht einem der Völker an, die sich zum Pakt zusammengeschlossen hatten. Sie war vielmehr die »Quintessenz«, das

Wesen des Paktes, sein Kern, sein Herz, seine Seele. So beschrieben es die restaurierten Daten.

Was auch immer die Zukunft für sie bereithielt – Eleonora wusste, dass sie Hilfe brauchte.

Sie begann damit, den Kustoden, die Quintessenz, zu wecken.

Schlaf. *Schlaf?*

»Ich wecke dich.« Eleonora sprach und sendete mit präzise modulierten elektromagnetischen Impulsen. »Kannst du mich verstehen?«

Kontakt. *Kontakt?*

Die Flügel des Wesens im Hibernationstank, vielleicht hatten sie sich bewegt. Die Lider der großen Augen, vielleicht hatten sie gezuckt. Eleonora glaubte, das lokale Kommunikationssystem richtig programmiert und die Sprache der Quintessenz entschlüsselt zu haben. Doch hatte das schmetterlingsartige Geschöpf im Tank all die Jahrtausende mit intaktem Bewusstsein überstanden? Es steckte noch Leben in dem Körper, das bestätigten ihre Sensoren und die Datenströme im Lebenserhaltungssystem des Hibernationstanks. Aber hatten Geist und Wissen des Wesens die Äonen ohne Schaden überdauert?

Identifikation. *Identifikation?*

»Ich bin Eleonora Delle Grazie, ein Mensch von der Erde«, sagte Eleonora und schickte die vorbereiteten Daten ins Kommunikationsnetz. Ihre Signale wurden in die Symbolsprache übersetzt, deren linguistische Koordinaten in den restaurierten Datenbanken abgelegt waren – die Quintessenz sollte in der Lage sein, sie zu verstehen.

Mehr Luftblasen stiegen in der farblosen Flüssigkeit auf. Die kobaltblauen, metallisch glänzenden Flügel bewegten sich, diesmal gab es keinen Zweifel.

Eleonora spürte eine Vibration unter ihren Füßen. Die Zugänge zum kugelförmigen Hohlraum mit dem Überlebenstank schlossen sich. Gas strömte aus Ventilen, erst lautlos, dann mit einem leisen Zischen.

Mensch. *Mensch?*

»Ja«, bestätigte Eleonora und freute sich darüber, dass das Wesen ihre Mitteilung empfangen hatte. »Von einem fernen Planeten namens Erde.«

Mechanisch, anorganisch. Feind. *FEIND?*

»Nein, nein«, widersprach Eleonora rasch. Sie stand noch immer auf dem Steg, direkt vor dem Tank, nur wenige Meter von dem erwachenden Wesen entfernt. »Ich bin organischer, biologischer Natur. Das heißt, ich war es, bevor ...«

Einzelne Worte, in elektromagnetische Signale übersetzt, waren unzulänglich. Eleonora übertrug ihre Geschichte – das, was sie davon erzählen wollte – in die fremde Symbolsprache, von der sie hoffte, dass sie alle ihre Komponenten richtig interpretierte.

Freund. *Freund?*, antwortete das Wesen.

»Ja«, bestätigte Eleonora. »Ich bin ein Freund.«

Zeit. *Zeit?*

Eleonora hörte die Worte nicht, obwohl die Atmosphäre im kugelförmigen Hohlraum inzwischen so dicht geworden war, dass sie Schall übertragen konnte. Sie extrahierte sie aus den schneller und intensiver werdenden Datenströmen des Kommunikationssystems. Die Worte, die sie empfing, waren grobe Zusammenfassungen von Konzepten mit mehr Bedeutung.

Sie beobachtete, wie sich die glänzenden blauen Flügel des Wesens ausbreiteten – es schien im farblosen Öl fliegen zu wollen.

»Ich weiß nicht, wie viel Zeit seit Beginn deines Schlafs vergangen ist«, antwortete Eleonora. »Es müssen viele Jahrtausende sein.« Ihre Zeitangabe bezog sich auf die Halbwertzeit bestimmter radioaktiver Elemente, damit die Quintessenz eine Vorstellung davon gewann, was sie meinte. »Die Flucht vor dem Archäon hat mich hierhergebracht«, sagte sie, obwohl sie die Daten bereits ins Kommunikationssystem geschickt hatte. »Ich brauche Hilfe. Das Archäon hat die Erde entdeckt. Ich muss meinen Heimatplaneten warnen.«

So ausgesprochen und gesendet klangen die Worte seltsam, fast banal, ging es doch um mehr als nur eine einzelne Person oder einen einzelnen Planeten. Das Wesen, das jetzt erwachte, hatte an Geschehnissen auf einer viel größeren, einer kosmischen Bühne teilgenommen.

Hilfe. *Hilfe?*

»Ja«, sagte und sendete Eleonora. »Ich helfe dir, ich habe dich geweckt, ich teile mein Wissen mit dir. Und ich brauche deine Hilfe. Zeig mir den Weg zur Erde.«

Das Geschöpf im Tank hob die Lider und sah Eleonora aus großen Augen an, rot wie Rubin. »Kein Feind?«

Diesmal war Eleonora sicher, die Stimme zu hören: ein tiefes Brummen, nahe beim Infraschall. Gleichzeitig beobachtete sie farbliche Veränderungen am Hals sowie an den dünnen Armen und Beinen des Wesens, ein Pigmentcode, der verbale Sprache und Datenkommunikation unterstützte.

»Nein, ich bin kein Feind, sondern ...« Dies war der Moment, in dem Eleonora, wenn nicht ihre *Funktion*, so doch ihre *Aufgabe* akzeptieren musste. Wie auch immer die Hintergründe sein mochten, ob Lüge oder Wahrheit die neue Eleonora Delle Grazie geboren hatte ... Sie konnte und durfte sich ihrer Verantwortung nicht entziehen. Wenn sie imstande war, etwas zu bewirken, musste sie die Gelegenheit nutzen. »Ich bin eine Botschafterin, eine Mittlerin. Jemand, der nach Frieden sucht.«

»Frieden«, antwortete die Quintessenz, ein tiefes Brummen in Luft und Boden, ein dumpfes Rauschen im Datenstrom. »Frieden. Ich bin ...«

Das Wesen zögerte. Erinnerte es sich nicht mehr an seine Rolle? Hatte sein Gedächtnis während des langen Schlafs tatsächlich Schaden genommen?

»Ich weiß, wer und was du bist«, sprach Eleonora und sendete: Du bist Kern, Herz und Seele des Pakts. Dazu hat man dich erschaffen. Um zu bewahren, solange du kannst, und um zu warnen, wenn Ohren da sind, die dich hören.

Das war eine neue Erkenntnis, die in Eleonora herangereift war, basierend auf der Auswertung weiterer Daten. Es gab gewisse Parallelen, die sie mit dem Geschöpf im Tank verbanden. Es war künstlichen Ursprungs, wie sie selbst, vereinte in sich Eigenschaften aller Völker des Pakts. Kustode der Raumstation Tausende von Lichtjahren außerhalb des galaktischen Feuerrads, ebenfalls ein Botschafter, eine letzte Stimme, ein Bote aus einer Jahrmilliarden tiefen Vergangenheit.

Der Flüssigkeitspegel im Hibernationstank sank und mit ihm das Wesen. Als es den Boden berührte, der Blick seiner großen rubinroten Augen noch immer auf Eleonora gerichtet, veränderte der Tank seine Struktur. Ein Klicken und Summen erfüllte den mehrere Hundert Meter großen kugelförmigen Hohlraum, einzelne Segmente des Hibernationsbehälters klappten auseinander und formten etwas, das nach einem Stützgerüst oder einem dünnen, flexiblen Exoskelett aussah. Langsam und sanft schmiegte es sich um das Geschöpf, hob es an und trug es zu Eleonora.

Wieder veränderten sich die Farben von Hals und Gliedmaßen. Das Infraschall-Brummen wiederholte sich.

»Feind? Gefahr?«

»Nein«. antwortete Eleonora. »Ich bin kein Feind, ich bin keine Gefahr für dich.«

Das Geschöpf, der zierliche weiße Körper von dünnen, veränderlichen Farbstreifen durchzogen, kam näher. Es hob eine kleine, schmale Hand, und ein dünner, zerbrechlich wirkender Finger berührte Eleonoras silberne Wange. »Leben? Leben?«

»Ja, Leben«, bestätigte Eleonora. »Nicht aus Fleisch und Blut wie früher. Ich habe einen anderen Körper bekommen, damit ich meine Aufgabe erfüllen kann.« Es gelang ihr, diese Worte ohne Bitterkeit zu sprechen und zu senden, was vielleicht auch an ihrem emotionalen Filter lag. »Aber ich bin noch immer ein Mensch von der Erde.«

Für einen Moment fragte sie sich, ob das stimmte. Vielleicht war sie in den vergangenen Jahrhunderten mehr geworden. Oder weniger.

»Wir müssen meinen Heimatplaneten warnen«, fuhr sie fort und hob noch einmal hervor, was sie bereits in Form von Daten übermittelt hatte. »Ein Artefakt des Archäons war dort, eine Sonde, die dem alten Feind Bericht erstatten wird. Bitte zeig mir den Weg. Bitte bring mich zu Erde.«

Wieder zog ein Brummen durch die kalte Luft, begleitet von einer Vibration im Steg unter Eleonora.

»Leben«, sagte die Quintessenz. »Leben. Wir *leben*.«

Die Kommunikation mit der Quintessenz wurde schwieriger, **74** als sie den großen Hibernationsraum verließen und mit einer langen Wanderung durch die Raumstation begannen. In den stillen, dunklen, energetisch toten Bereichen gab es keine direkte Datenverbindung und oft auch keine Atmosphäre für Schall. Sie blieben dann auf den Austausch von elektromagnetischen Signalen mit geringer Reichweite oder den Farbcode beschränkt, den Eleonora immer besser verstand und auch nachahmen konnte, indem sie die Beschaffenheit ihrer Haut – ihrer Hülle – veränderte.

Die alten Transportsysteme funktionierten nicht mehr: Wagen standen still, Transferkabinen waren halb korrodiert, Schächte hatten ihre Stabilität verloren. Ihnen blieb nichts anderes übrig, als den Weg zum nächsten Aktuator zu Fuß zurückzulegen. Das galt zumindest für Eleonora, die sich aus eigener Kraft bewegen musste. Quint – wie »Quintessenz«, so nannte sie das Wesen – wurde von seinem Exoskelett getragen. Es umhüllte ihn ganz, wenn es zu kalt wurde oder der atmosphärische Druck unter eine kritische Schwelle sank, und verwandelte sich in eine Art Schutzanzug.

Es geschah immer wieder, dass Quint innehielt, eine fragile Hand ausstreckte und Eleonora berührte, wie um sich zu vergewissern, dass sie noch immer da war und kein Unheil anrichtete. Sie reagierte darauf, indem sie beruhigende Worte und Signale an ihn richtete und erneut darauf hinwies, dass sie zwar den Körper einer Maschine hatte, aber das Selbst eines biologischen Wesens. Ihr Kern – Herz und Seele, wie sie betonte und sich damit die Ausdrucksweise der Quintessenz zu eigen machte – blieb organischer Natur.

Offenbar gelang es ihr jedes Mal, das Wesen davon zu überzeugen, dass sie ein Freund und Verbündeter war, denn es blieb an ihrer Seite, ohne feindliche Aktivitäten zu entfalten. Mehr noch, es begann, Geschichten zu erzählen, mit elektromagnetischen Signalströmen, einer dumpfen Infraschall-Stimme und schnell wechselnden Farben an Hals und Gliedmaßen, manchmal auch auf den weißen Wangen.

Vieles von dem, was Eleonora sah, hörte und empfing, blieb unverständlich für sie: Begriffe, mit denen sie nichts anfangen konnte, weil sie aus Kulturen stammten, von denen sie nichts wusste; Beschreibungen von fremden Welten und Völkern, bei denen es ihr an Vergleichsmöglichkeiten mangelte.

Bei den Schilderungen des Kampfes zwischen Pakt und Archäon erging sich Quint in Superlativen, die ganze Galaxien und Galaxienhaufen betrafen. Eleonora fragte sich, wie viel davon tatsächlich geschehen war und wie viel sie Hörensagen oder gar den Fantastereien eines Wesens zuschreiben musste, das vor vielen Jahrmillionen erschaffen worden war, um Zeugnis abzulegen von dem großen Konflikt, der das ganze Universum durchzog. Quint war tatsächlich ein Kustode, begriff Eleonora – er hütete und bewahrte das Wissen um die Vergangenheit.

Damals, vor einer Million Jahren, als die Muriah verschwanden, als sie vor den intelligenten Maschinen flohen, die sie selbst geschaffen hatten, war Quint zum letzten Mal wach gewesen, allein in einer riesigen Raumstation, die er ebenso zu hüten versuchte wie das Wissen um die Vergangenheit. Er hatte gewartet, Jahrhunderte und Jahrtausende, auf die Rückkehr jener, die ihre besten Eigenschaften in ihm vereint hatten. Als niemand gekommen war, hatte er damit begonnen, Teile der Raumstation stillzulegen und zu konservieren. Er musste in großen zeitlichen Maßstäben planen, die weit über die Spanne seines Lebens hinausgingen. Schließlich hatte er sich in die Hibernation zurückgezogen, um schlafend in die Zukunft zu reisen, ein Jahrhunderttausend nach dem anderen.

Die Zeit war unerbittlich, sie fraß und nagte an der Raumstation. Ein System nach dem anderen war ausgefallen und schließlich hatten die automatischen Reparaturmechanismen nicht mehr alle Schäden beheben können. Die Station war gestorben, und vielleicht wäre auch ihre Quintessenz irgendwann gestorben, in tausend oder zehntausend Jahren, wenn Eleonora nicht gekommen wäre.

Gelegentlich mussten sie innehalten, weil Quint Nahrung brauchte. Dann verharrten sie in einem Bereich mit einigermaßen stabiler Schwerkraft, und das Exoskelett verwandelte sich in einen kleinen Tank, der sich mit farbloser, durchsichtiger Flüssigkeit füllte. Solche Regenerationsphasen dauerten meistens ein bis zwei Stunden, manchmal aber auch Tage und in einem Fall sogar einen ganzen Monat − ein plötzlicher Wechsel des eben noch schwachen Gravitationsfelds hatte das Exoskelett kippen lassen und Quint sich verletzt, vielleicht sich den Flügel gebrochen.

Einige weitere Tage brachten sie in die Nähe eines großen Fensters und Quints Exoskelett veränderte sich erneut. Es schuf mehrere zusätzliche Blenden, hinter denen das Schmetterlingswesen fast ganz verschwand. Kurz darauf erkannte Eleonora den Grund dafür, denn als sie das Fenster erreichten, nahm die Strahlung zu; die Blenden sollten den Kustoden davor schützen.

Draußen im All hing ein tropfenförmiges Gebilde an Streben, die viel zu dünn und zu fragil wirkten, um es auf Dauer halten zu können. Es schimmerte wie Öl oder amorphes Metall, hatte einen Durchmesser von fünfzehn Metern und war etwa doppelt so lang.

»Reise«, teilte Quint mit. »Reise!«

»Ist das ein Schiff?«, fragte Eleonora.

»Für die Kaskade«, antwortete der Kustode. »Für den langen Fall. Erde?«

»Ja«, sagte Eleonora. »Ja, ich möchte zur Erde. Wie gelangen wir an Bord?«

Die Arme des Stützgerüsts, in dem das Wesen ruhte, verwandelten sich in Werkzeuge, die eine Öffnung in der Außenwand der Raumstation schufen. Sie betätigten mechanische Vorrichtungen, die Eleonora an Hebel und Kurbeln erinnerten, und einzelne Teile der Außenwand klappten beiseite.

Etwas Luft entwich nach draußen ins All, so wenig, dass Eleonoras Drucksensoren kaum einen Unterschied feststellten. Quint, hinter den Blenden des Exoskeletts kaum mehr zu sehen, kletterte hinaus. Eleonora beobachtete, wie aus den Werkzeugen wieder Arme und Beine wurden, die eine Fortbewegung über eine der dünnen Streben ermöglichten. Nach wenigen Minuten erreichte er das etwa fünfzig Meter entfernte tropfenförmige Schiff, kletterte über den Rumpf und verschwand dahinter.

Eleonora wartete in der Öffnung und bemerkte im blauweißen Licht des fernen Sterns ein Flackern, das menschlichen Augen verborgen geblieben wäre. Handelte es sich um einen Veränderlichen, der mal mehr Licht abstrahlte und mal weniger? Oder stand ein Ausbruch bevor? Wenn der Stern zur Supernova wurde, blieb von der Raumstation, die Millionen von Jahren überdauert hatte, nichts mehr übrig.

Selbst Sterne starben irgendwann ...

Eleonora empfing Signale vom Kustoden. »Aktuator. Energie?«

»Wo bist du?«

Sie empfing ein Bild von der anderen Seite des blauroten Tropfens, visierte das Ziel an, berechnete das notwendige Bewegungsmoment und stieß sich ab.

Langsam flog sie an der dünnen Strebe vorbei, erreichte das kleine Schiff, die Aktuatorkapsel, und aktivierte ein elektromagnetisches Feld, um zu verhindern, dass sie den Flug fortsetzte, weiter ins All, fort von der Raumstation.

Mithilfe des EM-Felds gelangte sie auf die andere Seite der Kapsel, wo der obere Teil von Quints Exoskelett aus der wie feucht glänzenden Außenhülle ragte.

»Bereit?«, sendete er. »Bereit?«

Das Stützgerüst des Wesens verschwand in der Kapsel, begleitet von kleinen wellenförmigen Bewegungen im amorphen Metall. Die Sensoren teilten Eleonora mit, um was es sich handelte: um eine besondere Schicht aus Nanopartikeln, die ihre Anordnung ändern und damit für feste Materie durchlässig werden konnten.

Das EM-Feld brachte sie zu der Stelle, wo sie den Kustoden gesehen hatte, und dort sendete sie: »Hol mich an Bord.« Sie deaktivierte ihre elektromagnetische Bewegungshilfe, und fast sofort sank sie, angezogen von einem schwachen Schwerkraftpol im Innern der Kapsel. Für einige wenige Sekunden lieferten ihre Sensoren widersprüchliche Daten, mit denen sich nichts anfangen ließ, und dann befand sie sich in der Kapsel, in einem dunklen, unregelmäßig geformten Raum voller Dinge, die vielleicht Liegen, Sitze und Ankerpunkte für Geschöpfe mit völlig anderer Anatomie darstellten. Für menschliche Augen wäre es stockfinster gewesen, doch die visuellen Sensoren zeigten Eleonora jedes Detail.

Das Exoskelett hatte die Blenden zurückgefahren und sich mit einer hufeisenförmigen Apparatur verbunden. Das Schmetterlingswesen darin breitete die Flügel aus; im linken zeigte sich eine vage dunkle Linie, die noch von der Verletzung herrührte.

»Energie.« Ein dumpfes Brummen wies auf genug Luft für die Übertragung von Schallwellen hin. »Energie?«

In der geringen Gravitation schwebte Eleonora mehr, als dass sie ging. Immer wieder suchten ihre Hände bei den Liegen und Sitzen Halt.

»Gibt es noch genug Energie für die Kapsel?«, fragte sie, als sie Quint erreichte. »Können wir manövrieren, beschleunigen und die Kaskade erreichen?«

»Keine Beschleunigung«, antwortete der Kustode und schlug langsam mit den Flügeln. »Die Kaskade ist hier, bei uns. Der Aktuator ist hier, wir sind in ihm.«

Die Worte klangen besser, vielleicht ein bisschen klarer.

Eine zierliche weiße Hand kam aus dem Exoskelett und berührte sie an der Hüfte. »Energie?«

Körperfarben und Signale erklärten, was der Kustode meinte.

»Oh, ich verstehe«, sagte Eleonora. Nach all den Jahrmillionen waren die Energiespeicher der Kapsel längst leer. Doch die Erklärungen, Bilder und Daten, die ihr der Kustode übermittelte, deuteten darauf hin, dass erstaunlicherweise nur wenig Energie nötig war, um die Kaskade zu öffnen. Die Frage lautete: Funktionierte der Aktuator noch, nach all der Zeit? Konnte er die Kaskade für sie öffnen?

»Gemeinsam«, sagte Quint. »Gemeinsam?«

Seine Energie – die des Exoskeletts – reichte nicht. Oder vielleicht brauchte er zu viel davon für sein Lebenserhaltungssystem. Eleonora überprüfte den Status der Akkumulatoren: Ihre Autonomie war nicht unbeschränkt, aber ausreichend.

Mit den Sensoren identifizierte sie mehrere Anschlussstellen, verband sich mit einer von ihnen und überprüfte die Daten- und Energiefluss-Kompatibilität.

»Steuerung«, sprach der Kustode. »Steuerung?«

Eleonora interpretierte die Farben an Hals und Armen. »Ja«, erwiderte sie. »Übernimm du die Kontrolle. Aktiviere den Aktuator und bring uns in die Kaskade. Bring uns zur Erde.«

Energie strömte in Systeme, die lange, lange tot gewesen waren. Eleonora versuchte, ihren Weg zu verfolgen und so vielleicht einen Eindruck von der Funktionsweise des Aktuators zu gewinnen. Ein leises, melodisches Klimpern erklang, wie von ferner Musik. Plötzlich vertrieb Licht die Dunkelheit. Es stammte von einem Gespinst aus Linien, einem komplexen Knäuel, das halb entrollt zwischen den Sitzen und Liegen schwebte, gesäumt von Symbolen, mit denen Eleonora nichts anzufangen wusste. Einige blinkten, andere leuchteten ruhig und gleichmäßig.

Es strömte weniger Energie, sie tröpfelte nur noch, wie Eleonora erleichtert feststellte. Es blieb genug für sie übrig.

»Initialisierung erfolgreich«, stellte der Kustode fest. »Die Kaskade ist offen, ich bringe uns hinein.«

Die kleinen weißen Hände berührten bestimmte Stellen des hufeisenförmigen Kontrollmoduls. Das Gespinst mit den zahllosen fadenartigen Linien wurde heller und begann zu pulsieren.

Ein hoher, fast schriller Ton zerriss die Melodie des leisen Klimperns. Die Kapsel fiel – und mit ihr fielen Eleonora und der Kustode.

Die Erde

Das Gefühl des Fallens hatte aufgehört – sie ruhte und schwebte, während die Kapsel durch die Kaskade raste. Es war eine angenehme Art des Reisens, wie in einem Zug, der stillstand, während sich draußen die Welt bewegte und am Fenster vorbeistrich. Allerdings sah Eleonora keine Berge und Täler, Wäldern und Seen, Dörfer und Städte, sondern Sterne und ihre Planeten, Gasnebel und Staubwolken, Geburtsstätten neuer Welten.

Tage und Wochen vergingen, doch Eleonora wurde nicht müde, aus dem Fenster zu blicken, das sich extra für sie gebildet hatte. Sie staunte über das bunte Leuchten von Gassäulen wie die Pforten gewaltiger himmlischer Gebäude. Einmal schloss sie wie geblendet die Augen, als die Reise durch die Milchstraße so nahe an einem Stern vorbeiführte, dass sie für einen Moment befürchtete, sein Strahlen und Gleißen könnte die Kapsel verbrennen. Instinktiv schickte sie dem Kustoden ein Warnsignal, doch er reagierte nicht – in seinem Exoskelett hatte Quint die Flügel wie eine Decke um sich geschlungen und schien zu schlafen, noch immer mit den Systemen der Kapsel verbunden.

Oder vielleicht navigierte er, dachte Eleonora. Vielleicht steuerte er – im Schlaf, in Trance – die Kapsel durch die Kaskade, auf der Suche nach der Erde. Wusste er, wo sie zu finden war? Kannte er den Weg?

Eleonora hatte ihm das Sonnensystem beschrieben und seine Lage in Bezug auf einige markante Sterne erklärt: Sirius, Beteigeuze, inzwischen vielleicht zur Supernova geworden, Rigel, Kanopus, Arktur und Wega, Altair, Deneb und Aldebaran, die hellsten Sterne am irdischen Nachthimmel, schon von Seefahrern der Antike für die Navigation benutzt. Eleonora hatte während ihrer Astronautenausbildung gelernt, ein Raumschiff nach diesen Sternen auszurichten. Sie hoffte, dass Quint etwas mit ihren Angaben anfangen konnte, dass er tatsächlich navigierte und nicht schlief, während die Aktuatorkapsel ziellos durch die Kaskade fiel.

Einige Male versuchte Eleonora, die relative Geschwindigkeit der Kapsel anhand der scheinbaren Bewegung der Sterne abzuschätzen. Genaue Werte ließen sich nicht ermitteln, weil sie die Entfernung zu den jeweils nächsten Sternen und die Distanzen zwischen ihnen nur schätzen konnte. Vermutlich legte die Kapsel pro Tag nicht weniger als einige Dutzend Lichtjahre zurück – eine enorme Geschwindigkeit, mit der man die hunderttausend Lichtjahre durchmessende Milchstraße in etwas mehr als sieben Jahren durchqueren konnte.

Diese Überlegungen brachten Eleonora zum Faktor Zeit. Wie viele Stunden, Tage, Wochen und Monate vergingen, während sie in der Kapsel schwebte – mit einem Ankerpunkt verbunden, der ihr Halt gab – und die vorbeiziehenden Sterne beobachtete? In dem Universum, das sie betrachtete, bildeten Raum und Zeit eine untrennbare Einheit, zwei miteinander verknüpfte Dimensionen. In dieser Raum-Zeit stellte die Lichtgeschwindigkeit eine unüberwindliche Grenze dar – nichts und niemand konnte schneller sein. Wer auch immer die Kaskade geschaffen hatte, die älter war als die Muriah, Millionen, wenn nicht Milliarden Jahre, geschaffen während des großen Konflikts zwischen Pakt und Archäon: Den unbekannten Konstrukteuren war es gelungen, Abkürzungen durch den Raum zu schaffen, Schlupflöcher, durch die gewaltige Entfernungen auf ein zu bewältigendes Maß schrumpften.

Über die Funktionsweise der Kaskade – all der Verbindungen, die sie zu Beginn der Reise als ein Gespinst gesehen hatte, als ein Knäuel aus zahllosen fadenartigen Linien –, konnte sie nur spekulieren, denn es fehlte ihr an Daten.

Der Raum schien kein Problem zu sein, die Kapsel fiel durch

Lichtjahre, als wären es wenige Kilometer. Aber was war mit der Zeit?

Eleonora blickte nach draußen in die Galaxis und fragte sich, wie viel Zeit verging. Verlief die Zeit im Innern der Aktuatorkapsel und außerhalb von ihr synchron? Wenn es Unterschiede gab, wie groß waren sie?

Ein Zittern ging durch die Kapsel. Eleonora sah, dass sie die leere Zone zwischen zwei Spiralarmen der Milchstraße verlassen hatten und durch einen Bereich flogen, in dem wieder zahlreiche Sterne leuchteten, wie Diamantstaub auf schwarzem Samt. Mit einem Blick zur Seite stellte sie fest, dass Quint erwachte – er streckte die Flügel und faltete sie auf dem Rücken. Seine großen Augen öffneten sich, Farben erschienen auf der weißen Haut an Hals und Armen. Er streckte eine zarte Hand aus und berührte einen Teil des hufeisenförmigen Kontrollapparats, der keine besonderen Markierungen aufwies.

»Ziel«, sagte er mit Farben, Signalen und sonorer Infraschall-Stimme. »Ziel?«

Das Zittern wiederholte sich, wurde zur Vibration, und Eleonora hatte plötzlich das Gefühl, dass sich der Boden hob, ihr entgegen.

Als sie sich wieder dem Fenster zuwandte, waren die Sterne verschwunden. Ein Planet drehte sich dort draußen, blau und weiß, mit grünbraunen Kontinenten.

Die Erde.

Ein orbitaler Ring umgab die Erde, bestehend aus Satelliten, **76** Kabeln und Schienensträngen, über die Züge rasten, mit einer Geschwindigkeit von mehr als zweitausend Kilometern pro Stunde. Raumstationen waren mit dem Orbitalring verbunden, große Habitate, die sich langsam drehten. Die detailreichen Hologramme in der Kapsel zeigten Eleonora und Quint auch Werften, in denen Raumschiffe und Sonden gebaut wurden.

Die zierlichen Hände des Kustoden strichen über das hufeisenförmige Kontrollmodul.

»Feinde?«, fragte er. »Freunde? Gewissheit?«

»Nein«, antwortete Eleonora. »Ich kann dir leider keine Gewissheit bieten. Ich weiß nicht, ob wir hier Freunde oder Feinde treffen. Aber dies ist meine Welt, ich stamme von hier. Lass uns versuchen, einen Kontakt herzustellen.«

»Kontakt?«, fragte die Quintessenz. »Kommunikation?«

»Ja, Kommunikation.« Eleonora deutete auf die Darstellungen der veränderten Erde. »Ob Mensch oder Maschine, wir müssen miteinander reden.«

Die Kapsel begann zu senden, als sie sich der Erde näherte, auf unterschiedlichen Frequenzen. In einem weiten Bogen flog sie um den äquatorialen Orbitalring, dessen Konstruktion zweifellos den Einsatz gigantischer Ressourcen erfordert hatte, und fiel der nördlichen Hemisphäre entgegen. Dabei stellte Eleonora fest, dass der orbitale Ring nicht der einzige Unterschied zu jener Erde war, die sie aus ihrer Erinnerung kannte.

Sie deutete auf eins der holografischen Bilder. »Kannst du das vergrößern, Quint? Kannst du mir mehr Einzelheiten zeigen?«

»Mehr. Mehr?« Die kleinen weißen Hände berührten andere Stellen des Kontrollapparats.

Der Nordpol trug keine Eiskappe mehr, stellte Eleonora fest. Blaugraues Meer erstreckte sich dort, wo Eis einen dicken Panzer bilden sollte. Grönland war ein grünes Land, zu einem großen Teil bedeckt von dichten Wäldern. Weiter südlich hatten sich die Küstenlinien von Europa verändert. Großbritannien war zu einer Inselgruppe geschrumpft, die Niederlande existierten nicht mehr, ebenso wenig wie ein großer Teil von Norddeutschland.

»Es ist alles überflutet«, sagte Eleonora betroffen. »Die Klimakatastrophe, von der damals gesprochen wurde, als wir zum Mars aufgebrochen sind ... Sie ist tatsächlich eingetreten. Die große Flut ist gekommen.«

»Klima«, brummte Quint. »Veränderung. Menschen?«

»Ja, die Menschen«, sagte Eleonora nachdenklich. »Was mag aus ihnen geworden sein?«

Der Orbitalring war nicht von heute auf morgen errichtet worden, eine solche Konstruktion brauchte Zeit, viel Zeit. Das galt auch für die Veränderung der Küstenlinien und vor allem für ein grünes, bewaldetes Grönland.

Emotionale Dämpfung beruhigte Eleonora. Es waren mehrere Jahrtausende vergangen, auch wenn es sich für sie nicht so anfühlte. Und der Flug durch die Kaskade hatte der verstrichenen Zeit vielleicht weitere Jahrhunderte, wenn nicht Jahrtausende hinzugefügt.

Sie betrachtete die fremde Erde und fragte sich, was aus den Menschen und Goliath geworden war.

Ihr kam eine Idee. »Kannst du meine Stimme übertragen, Quint?«, wandte sie sich an den Kustoden. »Und ein Bild von mir? Ich kenne die alten Codes und Modulationen.«

Sie öffnete ihre Datenbanken, die Informationen über die Funkkommunikation ihrer Zeit enthielten.

»Möglich«, antwortete das Schmetterlingswesen. »Möglich.«

Die tropfenförmige Kapsel sank tiefer und flog dicht über der Atmosphäre. Eleonora sah Städte oder die Reste von ihnen, ohne feststellen zu können, ob es noch Menschen in ihnen gab.

Ein leises Klimpern zog durchs Innere der Kapsel.

»Kontakt?«, sprach der Kustode. »Kontakt.«

Ein Rauschen löste das Klimpern ab und ein neues Hologramm entstand vor Eleonora. Es wurde größer und schob die anderen beiseite.

Ein Gesicht erschien darin, silbern wie das ihre.

»Ich bin Bartholomäus. Der Cluster heißt Sie willkommen, Eleonora Delle Grazie.«

77 Die Wolken hingen tief und schwer über dem aufgewühlten grauen Ozean. Vom Wind gepeitscht, türmten sich die Wellen höher, als wollten sie sich gegenseitig übertreffen, schmetterten gegen die Klippe und zerstoben an hartem Fels.

»Er hat ebenfalls hier oben gestanden«, sagte der Avatar, der Mann ebenso silbern wie Eleonora. »Er liebte das Meer bei Sturm und Regen. Adam, so hieß er.* Und so heißt er immer noch, denn ich bin davon überzeugt, dass er noch lebt, irgendwo dort draußen.«

Bartholomäus zeigte zu den grauen Wolken empor, und Eleonora wusste, dass er den Weltraum meinte. »Er und Evelyn. Sie sind damals mit dem Schiff aufgebrochen, um die Muriah zu suchen. Seitdem haben wir nichts mehr von ihnen gehört.« Der silberne Avatar seufzte wie ein Mensch. »Aber das All ist groß. Sie leben, wie auch Sie leben, Eleonora Delle Grazie.«

»Ihr Bewusstsein ist digitalisiert?«

»So könnte man es nennen. Sie sind eins mit dem Schiff. Solange das Schiff existiert, existieren auch sie. Und das Schiff ist so gut wie unzerstörbar. Es kam, um *uns* zu zerstören. Adam hat uns gerettet.«

Eleonora beobachtete, wie sich unten die Wellen an den Felsen brachen. Wie lange hatte sie so etwas nicht mehr gesehen?

»Wie viel Zeit ist vergangen?«, fragte sie.

»Adam und Evelyn brachen vor etwa dreihundertfünfzig Jahren mit dem Schiff auf. Nach der alten Zeitrechnung ist dies das Jahr 8417.«

Zeit wie Sand, der zwischen den Fingern zerrinnt, dachte Eleonora und fragte sich, ob es Worte waren, die sie irgendwo gelesen hatte.

»Dann bin ich jetzt mehr als sechstausend Jahre alt«, sagte sie.

»Womit Sie älter sind als ich«, erwiderte Bartholomäus. »Als wir.« Er deutete auf weitere Avatare, die mit eigenen MFVs

---

* Siehe »Das Schiff«, erschienen im Piper Verlag.

eintrafen, mit individuell konfigurierbaren Multifunktions-
vehikeln, wie Bartholomäus erklärt hatte.

Männer und Frauen stiegen aus, manche von ihnen golden,
andere blau wie Lapislazuli oder kupferrot wie Grace. Eleonora
kannte bereits ihre Namen: Urania, Tiberian, Penelope, Mitros,
Melchior, Jasemin, Gregorius, Erasmus, Aranxa und Antonia.
Ihr scheinbares Alter reichte von Jugend bis zu Greisenhaftig-
keit.

»Wo sind die Menschen?«, fragte Eleonora und hielt das
Gesicht in den Regen. »Kommen keine Menschen, um mich zu
begrüßen?«

»Sie wurden benachrichtigt.« Eine kühl wirkende Frau mit
eisgrauen Brauen näherte sich. »Wir haben die Information in
ihr Netz gegeben.«

»Sie werden ihnen begegnen, Eleonora«, versprach Bartholomäus. Die anderen Avatare standen im Halbkreis auf der
Klippe, in Wind und Regen, und hörten zu. »Es sind nicht mehr
viele, nicht einmal zwei Millionen.«

»Zwei Millionen von neun Milliarden?«, fragte Eleonora
verblüfft und erinnerte sich an die Städte, die sie überflogen
hatte, und die so leer gewirkt hatten. »Mehr sind nicht übrig?
Was ist passiert?«

»Es ist eine lange Geschichte«, antwortete Bartholomäus.

»Haben wir nicht Zeit genug?«

»Zeit ist immer ein kostbares Gut«, sagte die rote Penelope,
die den Namen einer alten Freundin trug. »Selbst für uns und
die unsterblichen Menschen.«

»Wir gaben den Menschen das Geschenk des ewigen
Lebens«, erklärte Urania. Selbst ihre Stimme klang kühl. »Zum
Preis ihrer Fruchtbarkeit. Es werden kaum mehr Kinder ge-
boren. So lautet die lange Geschichte kurz erzählt.«

»Wir haben versucht, eine Lösung zu finden, aber es gab
keine«, sagte Bartholomäus. »Es gibt keine. Entweder Unsterblichkeit oder Kinder. Die meisten Menschen entschieden sich
für das ewige Leben.«

Über dem aufgewühlten Meer zuckte ein Blitz aus den
bleigrauen Wolken. Kurze Zeit später erreichte sie das Don-

nern, für einen Moment lauter als die Brandung unten an der Klippe.

»Was ist aus Goliath geworden?«, fragte Eleonora.

Ihre Sensoren registrierten eine verstärkte Signalaktivität zwischen den anwesenden Avataren und dem Cluster in, auf und über der Erde.

Die rote Penelope lächelte und breitete die Arme aus. »Wir sind Goliath. Jeder von uns ist ein Teil davon.«

»Aus dem Einen sind Viele geworden«, fügte Bartholomäus hinzu. »Aus den früheren Funktionalitäten haben sich eigene Maschinenintelligenzen entwickelt. Zusammen bilden wir den Cluster.«

Eleonora blickte zur tropfenförmigen Aktuatorkapsel, mit der sie hundert Meter entfernt gelandet war. Vor ihr wartete das Schmetterlingswesen in seinem Exoskelett. Quint misstraute den Avataren, das hatte er deutlich zu verstehen gegeben. Sie waren für ihn viel zu sehr Maschine.

»Damals hat Goliath uns geholfen«, sagte sie. »Damit meine ich die *Mars Discovery* und ihre Crew.«

»Wir erinnern uns«, entgegnete Bartholomäus.

»Es gab jemanden, der seine Hilfe für einen Trick hielt«, fuhr Eleonora fort und blickte wieder übers graue, wilde Meer. »Jemanden, der mehr als nur einen Fehler beging. Menschen starben, und ein Artefakt erwachte.« Es fühlte sich seltsam an, auf diese Weise darüber zu sprechen, aus so großer zeitlicher Distanz, wie ein Unbeteiligter. »Deshalb bin ich hier«, betonte sie. »Um Ihnen eine Warnung zu überbringen.«

»Wir haben Ihre Daten empfangen und ausgewertet«, sagte Bartholomäus. »Wir danken Ihnen sehr dafür.«

»Welche Maßnahmen wollen Sie ergreifen? Wie wollen Sie sich vor dem Archäon schützen?«

»Falls es noch aktiv ist«, sagte Urania. »Falls es eine Gefahr darstellt. Falls es keine Ressource ist, die wir nutzen könnten.«

Einige der anderen Avatare bekundeten Zustimmung.

»Wir sprechen hier von einem fundamentalen Konflikt, der das Universum seit Anbeginn der Zeit durchzieht«, erklärte

Eleonora. »Biologisches Leben auf der einen Seite, künstliches auf der anderen.«

»Es gibt kein künstliches Leben«, warf Urania ein und wölbte Brauen, grau wie das Meer. »Es gibt nur Leben auf verschiedenen Entwicklungsniveaus. Es begann mit dem biologischen Leben. Wir sind höher entwickelt und treten sein Erbe an.«

Die Worte schufen Unruhe in Eleonora. Sie wandte sich erneut an Bartholomäus. »Wir sprechen von einer Macht, die vor Jahrmilliarden Replikatorsonden ausgeschickt hat, um überall im Universum Zivilisationen aufzuspüren. Biologische Intelligenzen werden ausgelöscht, Maschinenintelligenzen assimiliert. Das Archäon weiß von Ihnen. Das Artefakt, von Sergei auf dem Mars geweckt, weiß von der Erde, von den Menschen und vom Cluster. Es wird das Archäon verständigen.«

»Wenn es noch aktiv ist«, wiederholte Melchior Uranias Einwurf von vorhin.

»Wir könnten sie untersuchen«, schlug Urania vor, und Eleonora verstand sofort, dass sie gemeint war. »Wir könnten ihre Daten analysieren. Vielleicht hat sie uns nicht alles gesagt. Möglicherweise gibt es in ihr Informationen, von denen ihr menschliches Bewusstsein nichts weiß.«

Sofort schickte Eleonora Quint ein Warnsignal, der daraufhin durch die Hülle aus amorphem Metall in die Kapsel zurückkehrte.

Ihr Blick strich über die versammelten Avatare. Welche Allianzen gab es bei den selbstständig gewordenen Funktionalitäten des Clusters? Wie waren die Loyalitäten verteilt?

Bartholomäus wirkte sehr freundlich, sanft und verständnisvoll. Konnte sie ihm vertrauen? Oder trug er nur eine Maske?

»Meine physische Integrität ist unantastbar«, sagte Eleonora.

»Selbstverständlich«, versicherte Bartholomäus.

»Was ist mit dem Pakt?«, fragte die rote Penelope. »Sollten wir ihn nicht mehr fürchten als das Archäon? Wir benötigen mehr Daten.«

»Ihr Ahne, aus dem Sie alle hervorgegangen sind, hat mich zur Botschafterin gemacht, zur Mittlerin«, sagte Eleonora. »Mit einer Täuschung. Mit einer Lüge. Weil er es für notwendig hielt. Weil er glaubte, dass in diesem Fall der Zweck die Mittel heiligte. Durchforsten Sie Ihre Datenbanken nach den entsprechenden Informationen. Ich bin hier, weil ich entschieden habe, meiner Aufgabe und meiner Verantwortung gerecht zu werden. Doch das bedeutet nicht, dass Sie über mich verfügen können.«

Urania drehte sich um und ging zu ihrem Multifunktionsvehikel. Mehrere andere Avatare schlossen sich ihr an.

»Ich garantiere für Ihre Sicherheit, Eleonora Delle Grazie«, versprach Bartholomäus. Ein Blitz, näher als der andere, schien seine Worte bestätigen zu wollen.

»Ich werde Ihnen alle meine Daten zur Verfügung stellen«, versicherte Eleonora. »Und auch die des Kustoden. Das muss genügen.«

Bartholomäus nickte.

Eleonora wandte sich vom Rand der Klippe ab. »Ich würde gern mit einem Menschen sprechen. Und ich möchte mir den Mars ansehen, die Acheron Fossae. Den Ort, wo die Crew meines Schiffes eine menschliche Kolonie gründen sollte.«

»Sie möchten die Gräber Ihrer Freunde sehen.«

»Ja.«

Bartholomäus nickte erneut. »Ich bereite alles vor.«

78 Der Mann hieß Zoran und wohnte in einer schneeweißen Villa im leeren, kargen Norden des Grünen Lands, wie man Grönland nun nannte. Es gab dort keine Bäume, nur Büsche und Sträucher. Felsen prägten die Landschaft. Die Villa schmiegte sich an einen Hang, und ein kurvenreicher Weg führte nach unten in einen Talkessel, wo ein großer Pavillon aus grauem Basalt stand.

Eleonora stieg oben am Hang aus dem gelandeten Multifunktionsvehikel.

»Ich bitte Sie schon jetzt um Verzeihung«, sagte Bartholomäus. »Zoran kann ... recht seltsam sein. Alle Menschen sind von uns benachrichtigt worden, aber nur er möchte Sie empfangen, nur er hat Interesse an Ihnen. Vielleicht deshalb, weil er derzeit Historiker ist.«

Eleonora sah dem MFV nach, das aufstieg und Bartholomäus forttrug. Stille legte sich über das Tal. Nur der Wind flüsterte zwischen den Felsen, die den Weg säumten. Etwas weiter unten bei der weißen Villa rührte sich nichts; ihre Fenster waren dunkel, vielleicht polarisiert.

Kleine Steine knirschten unter Eleonoras Füßen, als sie über den Weg schritt. Einmal blieb sie kurz stehen und beobachtete einen Vogel, der weit über dem Talkessel kreiste. Eine Erinnerung flüsterte in ihr, aus den entlegenen Winkeln ihres menschlichen Gedächtnisses: *Steig auf, Adler, und flieg so hoch, dass du bis in die Zukunft sehen kannst.*

Zoran trat vor die Tür seiner Villa, ein Mann, nicht älter als fünfundzwanzig oder dreißig Jahre, so schien es, obwohl er vor mehreren Jahrtausenden geboren worden war.

»Sie sind Eleonora Delle Grazie, Kommandantin der *Mars Discovery*?«, fragte er, ohne ihr die Hand zu reichen. »Sie sehen aus wie ein Avatar des Clusters.«

Eleonora blieb stehen. »Sie werden Unterschiede feststellen, wenn Sie mich sondieren. Verfügen Sie über entsprechende Sensoren?«

Zoran richtete etwas auf sie, das aussah wie ein Stift, neigte ein wenig den Kopf und schien zu lauschen. »Sie sind tatsächlich anders. Ein Mensch im Körper einer Maschine?« Es klang verwundert.

»Wie Sie schon so richtig sagen, einst war ich Kommandantin der *Mars Discovery*«, antwortete Eleonora. »Vor über sechstausend Jahren. Heute bin ich Eleonora die Botschafterin.«

»Ich habe davon gehört.« Zoran mochte wie ein junger Mann aussehen, aber Stimme und Augen enthielten die Tiefe der Zeit. »Ich bin interessiert.« Er deutete zur offenen Tür.

»Woran sind Sie interessiert, Zoran?«

»An Ihnen. An Ihrer Geschichte. Ich bin derzeit Historiker.

Nicht nur, aber hauptsächlich.« Er führte sie ins lichtdurchflutete Haupthaus der Villa, die sich auf verschiedenen Ebenen erstreckte.

Eleonora kam sich vor wie in einem Museum. Überall gab es Vitrinen mit Gegenständen, die aus der irdischen Vergangenheit stammten. Gemälde hingen an den Wänden, Vasen und Skulpturen standen in Ecken und auf Plattformen. In einem Zimmer leuchtete ein in zwei Hälften unterteiltes Hologramm über einem runden Tisch aus grünem Marmor: Die linke Seite zeigte das antike Rom, die rechte die Pyramiden von Gizeh.

Ein anderer Raum enthielt eine sehr komplex wirkende mechanische Apparatur mit einem Sitz im Innern.

»Was ist das?«, fragte Eleonora neugierig. »Es sieht aus wie ein Uhrwerk.«

»Ein kleines Hobby von mir.« Zoran schloss die Tür und geleitete Eleonora zu zwei Sesseln, die vor einem breiten Fenster standen. Es gewährte Blick in den Talkessel mit dem Basalt-Pavillon. »Ich bin auch Quantenphysiker, Dimensionsforscher und Multiweltentheoretiker, habe aber Ihre Ankunft zum Anlass genommen, meine historischen Studien in den Vordergrund zu rücken. Bitte nehmen Sie Platz.«

Zoran setzte sich, und Eleonora tat es ihm gleich, obwohl ihre Beine nicht ermüdeten, wenn sie stand. Zoran berührte kurz die Spange an seiner linken Schläfe, die zusätzliche Gedächtnisse enthielt, wie sie von Bartholomäus wusste. Die unsterblichen Menschen der Erde lagerten das Wissen der Jahrtausende aus und riefen es nur dann ab, wenn sie es brauchten. Sie nahm an, dass all die Erinnerungen zu viel waren für ein organisches Gehirn.

Sie erzählte ihre Geschichte mit gesprochenen Worten, obwohl es viel einfacher gewesen wäre, sie in einem kurzen Datenstrom zusammenzufassen.

»Sie stammen aus einer Epoche, die mich als Historiker sehr fasziniert«, sagte Zoran anschließend, doch sein Gesicht blieb dabei seltsam unbewegt, fand sie. Hatte sich die Mimik der Menschen im Lauf der Jahrtausende verändert? »Damals ging die Dominanz des Homo sapiens zu Ende. Schon als Ihr Schiff den Mars erreichte, war er nicht mehr die primäre intelligente Spezies auf der Erde.«

»Was geschah damals?«

Zoran hob die Hand zur Spange an der Schläfe. Vielleicht rief er Informationen ab. »Goliath, die erste Maschinenintelligenz der Erde, sollte mit einer Atombombe vernichtet werden. Das hätte viele Menschen das Leben gekostet, doch glücklicherweise konnte der Einsatz der Nuklearwaffe verhindert werden. Es hätte ohnehin nichts genützt, denn Goliath war zu der Zeit bereits ein globales Phänomen. Er kontrollierte die digitale Infrastruktur und übernahm die administrative Macht über die Erde. Seither gibt es keine Staaten mehr, keine Kriege, keine Armut, kein Elend.«

Eleonora erinnerte sich an die Epoche, aus der sie stammte. Was Zoran beschrieb, klang nicht schlecht.

»Doch einige Menschen, die ehemals Reichen und Mächtigen, wollten sich nicht mit den Veränderungen und dem Verlust ihres Reichtums und ihrer Macht abfinden«, fuhr Zoran fort. »Sie gründeten eine geheime Organisation namens Camelot, die den Kampf gegen Goliath vorbereitete und erneut einen Vernichtungsschlag gegen ihn plante.«[*]

Er erzählte ihr von Camelot, einer Gruppe, die fast die ganze Menschheit ins Unglück gestürzt hätte, von einem Aufstand, der überall auf der Erde für Chaos gesorgt hatte. Er erzählte von einem Virus, das die Menschen unfruchtbar machte – hundert Jahre hätte es gedauert und die Erde wäre menschenleer gewesen.

»Camelot setzte sich nicht durch«, sagte Eleonora. »Sonst würden wir hier nicht miteinander sprechen.«

»Goliath überlebte«, erwiderte Zoran. »Die Menschen überlebten.«

»Und das Virus?«

»Es wurde ein Gegenmittel gefunden, aber irgendwo im menschlichen Genom hat sich damals etwas verändert. Die Veränderung blieb zunächst unbemerkt, und dadurch bekam

---

[*] Siehe »Die Eskalation«, erschienen im Piper Verlag.

sie Zeit genug, sich tief in der menschlichen DNS zu verankern. Wir vermuten, das ist einer der Gründe, warum die Unsterblichen keine Kinder bekommen.«

Eleonora dachte darüber nach. »Ich nehme an, es wird geforscht, um dieser Sache auf den Grund zu gehen.«

»Es gibt Biologen unter uns, die sich manchmal damit befassen, wenn sie nichts anderes zu tun haben. Das Interesse daran ist nicht besonders groß. Niemand vermisst Kinder.«

Niemand vermisst Kinder, wiederholte Eleonora in Gedanken und fragte sich, ob sie, die in einer Maschine steckte, menschlicher war als diese unsterblichen Menschen.

»Wie soll die Menschheit eine Zukunft haben, wenn es keine Kinder gibt?«

Zoran reagierte nicht darauf. Er sah sie nur an.

»Jeder von uns lebt sein langes, langes Leben so, wie es ihm oder ihr gefällt«, sagte er nach einer Weile. »Der Cluster gibt uns alles, was wir brauchen.«

Eleonora musterte den Mann ihr gegenüber und sah ihn allein mit den Augenlinsen, ohne die Sensoren. Sein Gesicht wirkte noch immer seltsam leer.

»Sind Sie glücklich, Zoran? Sind die unsterblichen Menschen der Erde glücklich?«

Plötzlich lächelte der jung wirkende Mann. »Ich werde glücklich sein, wenn ich den Weg gefunden habe.«

»Den Weg?«

Zoran beugte sich vor. »Darf ich Ihnen etwas zeigen? Darf ich Sie einweihen in mein Geheimnis?«

79 Eleonora begleitete Zoran zum großen Pavillon aus Basalt unten im Talkessel. In der Mitte des Pavillons erhob sich ein Torbogen, nicht höher als einen Meter und so weiß wie die Villa am Hang. Er bestand aus einzelnen Elementen, faustgroßen Blöcken, zwischen denen silberne Bänder verliefen. Ein Kraftfeld umgab ihn, gespeist von einem der Aggregate, die Zoran in der Nähe installiert hatte. Ein leises Brummen lag in der Luft.

»Das ist Ihr Geheimnis?«, fragte Eleonora.

Zoran trat zu einer der Apparaturen und legte die Hände auf ihre Kontrollen. »Ich habe Ihnen gesagt, dass ich in dieser Phase meines Lebens nicht nur Historiker bin, sondern auch Quantenphysiker.«

»Außerdem auch Dimensionsforscher und Multiweltentheoretiker«, erinnerte sich Eleonora.

»Sehr richtig«, bestätigte Zoran. Seine Hände bewegten sich, das Brummen wurde lauter. »Ich habe geforscht und festgestellt, dass es nicht nur *eine* Erde gibt. Es gibt Hunderte im Multiversum, vielleicht sogar Tausende. Bei den nahen Erden sind die Unterschiede zu unserer Erde klein, bei den fernen werden sie immer größer. Es hat etwas mit der Zeit zu tun, aber nicht nur. Es sind Parallelwelten.« Er deutete auf den Torbogen. »Behalten Sie ihn im Auge. Aber treten Sie sicherheitshalber zurück, man kann nie wissen. Kommen Sie hierher zu mir.«

Eleonora blieb neben Zoran stehen und beobachtete den Torbogen, der sich hinter dem vagen Blau des Energievorhangs veränderte. In seinem Innern begann es zu glitzern. Funken stoben, wie aufgewirbelt von einem Feuer. Dann erschien plötzlich etwas, das aussah wie eine lange Perlenkette aus Planeten, doch es verschwand fast sofort wieder in dem Glitzern und Wogen.

Einer der Funken stieg wie von einem Windstoß bewegt auf, tanzte aus dem Torbogen und traf den energetischen Vorhang. Er wurde größer und heller, verwandelte sich in ein Objekt und fiel zu Boden.

Das Glitzern verschwand, der Torbogen wurde wieder transparent und zeigte die andere Seite des grauen Pavillons.

Das Brummen verklang. Es wurde still.

»Sie haben ihn gesehen, nicht wahr?«, fragte Zoran. Zum ersten Mal hörte Eleonora Aufregung in seiner Stimme.

»Was meinen Sie?« Ihr Blick galt dem kleinen Objekt, das zwischen der energetischen Barriere und dem Torbogen auf dem Boden lag.

»Den Stream«, sagte Zoran. »Ich werde ihn erforschen, all die anderen Welten, all die anderen Erden. Upstream und downstream. Hinauf in der Zeit der parallelen Welten und hinab. Mit dem Explorer. Sie haben ihn gesehen.«

»Meinen Sie die mechanische Konstruktion mit dem Sitz im Innern?«

»Ein Multifunktionsvehikel von ganz besonderer Art«, erklärte Zoran mit unüberhörbarem Stolz. »Von mir entwickelt. Für den Stream.«

»Der Torbogen ist zu klein«, wandte Eleonora ein, den Blick noch immer auf das hufeisenförmige Objekt gerichtet, das etwa so groß war wie eine menschliche Hand und die Farbe veränderte. Eben war es lindgrün gewesen, jetzt glänzte es in einem metallischen Rot. »Ihr Explorer passt nicht hindurch.«

»Dies ist nur ein Prototyp«, gab Zoran zurück. »Wenn ich den Zugang zum Stream stabilisiert habe, baue ich eine größere Version. Dann begebe ich mich auf die Reise.«

»Und dann sind Sie glücklich?«, fragte Eleonora.

»Ich habe Zeit. Und dort draußen im Stream gibt es viel zu erkunden und zu erforschen.« Zoran schien das für eine ausreichende Antwort zu halten. »Vielleicht«, fügte er hinzu, »finde ich irgendwo downstream eine Erde, auf der Eleonora Delle Grazie ganz Mensch geblieben ist.«

Er meinte es nicht böse. Er sprach einfach nur aus, was er dachte, was vielleicht noch schlimmer war.

Eleonora setzte sich in Bewegung und wollte auf den Torbogen zugehen, um sich das vor ihm liegende Objekt aus der Nähe anzusehen.

»Davon rate ich ab«, warnte Zoran. »Manchmal können die aus dem Stream kommenden Gegenstände sehr gefährlich sein.« Er strich mit einer Hand über den Kontrollapparat vor ihm.

Eine Drohne kam von der weißen Villa oben am Hang geflogen, etwa einen Meter groß und ausgestattet mit mehreren Greifarmen. Eleonora beobachtete, wie sie durch eine Strukturlücke in den blauen Schlieren des Energievorhangs glitt und vorsichtig das Objekt nahm, das immer wieder seine Farbe wechselte. Die Drohne passierte erneut die temporäre

Lücke im Energiefeld, stieg auf und verschwand auf der anderen Seite des Talkessels.

Wenige Sekunden später kam es zu einem jähen Lichtblitz, gefolgt vom Donnern einer Explosion.

»Das passiert gelegentlich«, erklärte Zoran ungerührt. »Viele Artefakte sind instabil.«

»Artefakte?«

»Die Objekte wurden geschaffen. Jemand hat sie hergestellt.«

»Wer?«

»Vielleicht Menschen irgendwo upstream. Vielleicht… Fremde. Ich werde es herausfinden. Es ist eins der vielen Rätsel, die im Stream auf mich warten.«

Eleonora fragte sich, ob es im Stream auch Pakt und Archäon gab.

»Nun, was sagen Sie zu meiner Entdeckung?«, fragte Zoran erwartungsvoll.

Er lebte in seiner eigenen Welt, zu der sie keinen Zugang hatte, erkannte Eleonora. Und dies war der einzige Mensch von zwei Millionen übrig gebliebenen, der sich für sie interessierte.

»Wir könnten sie zusammen erforschen, die vielen Erden«, fuhr Zoran fort. »Wir beide. Wir könnten mit einer großen Entdeckungsreise beginnen. Ich brauche nur noch einige Dinge für den Explorer und für die Stabilisierung eines größeren Tors. Sie könnten mir dabei helfen, alles Notwendige zu beschaffen. Wenn Sie mit Bartholomäus sprechen und ihn darum bitten…«

Plötzlich verstand Eleonora den Grund für die Einladung hierher. Eigentlich interessierte sich Zoran gar nicht für sie und ihre Geschichte. Ihm ging es nur um den Stream. Vielleicht brauchte er für das Tor und den Explorer Gerätschaften, die ihm der Cluster – aus welchen Gründen auch immer – nicht zur Verfügung stellte.

Ich soll erneut Mittel zum Zweck sein, dachte Eleonora traurig.

Als sie nicht antwortete, fügte Zoran hinzu: »Auf einer der

Erden downstream, in der Vergangenheit, könnten Sie vielleicht alte Freunde wiedersehen.«

Alte Freunde, dachte Eleonora mit Wehmut in ihrer digitalen Seele. Diesmal aktivierte sie nicht die emotionalen Filter. Was sie fühlte, gehörte zu ihrem Menschsein, auch wenn es sie belastete.

»Ich überlege es mir«, sagte sie, obgleich sie bereits wusste, dass die Antwort Nein lautete. »Darf ich Sie bitten, Bartholomäus eine Nachricht zu schicken? Ich möchte zurück.«

Zorans Gesicht wurde wieder leer. Er hob die Hand zur Spange an seiner Schläfe. »Wie Sie wünschen.«

Der Mars

»Hat Zoran Ihnen den Schlüssel gezeigt?«, fragte Bartholomäus, als sie über den roten Boden des Mars schritten.

Um sie herum ragten die Felswände der Acheron Fossae auf. Wo die Gebäude der ersten menschlichen Niederlassung auf dem Mars gestanden hatten, wölbte sich eine türkisblaue Kuppel aus einem halb transparenten glasartigen Material.

»Welchen Schlüssel?«, fragte Eleonora.

»Der Code, der den Torbogen öffnet.« Bartholomäus sprach in einem ruhigen Plauderton. »Unglücklicherweise hat er uns nur einen Teil davon gegeben, als er vor einigen Jahrzehnten um bestimmte Instrumente und Apparaturen bat.«

Ein leichter Wind bewegte die dünne Atmosphäre des Mars. Drohnen stiegen fast lautlos aus der Kuppel auf und näherten sich einem größeren Objekt, das weit über den Schluchten der Acheron Fossae schwebte. Eine Zwischenstation, hatte Bartholomäus es genannt. Für Besucher von der Erde. Vor Jahrhunderten und Jahrtausenden, als noch Menschen den Mars besucht hatten, um sich diesen historischen Ort anzusehen. Inzwischen kamen nur noch Avatare des Clusters hierher, und ihr Ziel war der Supervisor, dessen Gebäude und Anlagen Eleonora weiter im Süden gesehen hatte: eine zweite große Niederlassung der Maschinenintelligenz, die im einundzwanzigsten Jahrhundert auf der Erde entstanden war. Eleonora erinnerte sich daran, dass Emily den Supervisor erwähnt hatte, der eine Art Gegengewicht zu Goliath war, sein »Gewissen«.

Sie näherten sich den Gräbern der fünf.

»Haben Sie mich deshalb mit Zoran zusammengebracht?«,

fragte Eleonora. »Weil Sie sich von mir Zugang zu seinen Geheimnissen erhofften?«

»Er begibt sich in Gefahr«, sagte Bartholomäus, ohne die Frage zu beantworten. »Er spielt mit Dingen, die viel größer sind als er und die er nicht versteht.«

Das klang seltsam, fand Eleonora. »Zoran hat viele Jahre geforscht.«

»Er ist ein Mensch. Seinem Wissen sind Grenzen gesetzt.«

Eleonora blieb stehen und musterte den Avatar, der ihr mehr ähnelte als irgendeiner der wenigen Menschen auf der Erde. »Das klingt abfällig und arrogant«, stellte sie fest.

»Vielleicht hört der Mensch in Ihnen mehr, als ich gesagt habe«, entgegnete Bartholomäus ruhig. »Ich nehme keine Wertung vor, Eleonora Delle Grazie. Ich habe nur eine Tatsache geäußert. Ein Mensch, wie lange er auch lebt und wie viel Wissen er auch ansammelt, kann es bezüglich seiner kognitiven Fähigkeiten nie mit einem von uns aufnehmen. Jeder unserer Individualaspekte – die alten Funktionalitäten –, selbst das kleinste, ist einem Menschen weit, weit überlegen. Sie wissen, wozu Ihr Maschinenkörper und Ihre Prozessoren fähig sind, Ihr elektronisches, digitales Gehirn. Es macht Sie leistungsfähiger als jeden rein organischen Menschen.«

Eleonora bemerkte eine dunkle Drohne, die von der großen Transitstation über den Acheron Fossae fiel, langsamer wurde und durch eine Öffnung in die türkisfarbenen Kuppel sank.

Bartholomäus erriet, was Eleonora durch den Kopf ging. »Nein, die Drohne hat keinen Menschen gebracht, sondern einen Gesandten des Clusters, einen Emissär für den Supervisor. Er ist ... neugierig geworden, um einen menschlichen Begriff zu benutzen. Er möchte mehr über Sie und Ihre Mission erfahren. Wir informieren ihn.«

»Kann ich selbst mit dem Supervisor sprechen?«

»Das sollte sich bewerkstelligen lassen. Falls er eine Begegnung mit Ihnen wünscht. Was Zoran betrifft ... Wir haben ihm abgeraten, den Stream zu erforschen. Es ist zu gefährlich für einen Menschen. Wir könnten Sonden schicken oder jemanden von uns, aber dazu benötigen wir den Schlüssel, den vollständigen Code.«

»Den er Ihnen nicht geben will.«

»Nein. Er ist eigensinnig, eine typisch menschliche Eigenschaft. Er befürchtet, dass wir ihm etwas wegnehmen wollen.«

»Vielleicht sorgt er sich um die Exklusivität seiner Entdeckung«, spekulierte Eleonora und beobachtete, wie der Wind beim nahen Friedhof roten Staub aufwirbelte.

»Er scheint sich für ihren Besitzer zu halten«, sagte Bartholomäus. »Aber wie kann man etwas ›besitzen‹ wie den Stream? Wie könnte jemand das Universum besitzen? Oder das Multiversum?«

Auch diese Worte klangen seltsam. Eleonora beschloss, später darüber nachzudenken. Sie setzte sich wieder in Bewegung und legte die letzten Meter zurück, die sie von den Gräbern trennten.

Die alten Markierungen fehlten. Stattdessen gab es vorne fünf schiefergraue Platten und weiter hinten eine sechste, alle halb von Staub bedeckt.

»Der Friedhof sieht anders aus, als ich ihn in Erinnerung habe.« Eleonora hörte die eigenen Worte und kam sich plötzlich dumm vor. Immerhin waren mehr als sechstausend Jahre vergangen. Natürlich sah der Friedhof anders aus. Eigentlich war es verwunderlich, dass er noch existierte.

»Wir pflegen diesen Ort«, erklärte Bartholomäus. »Jeden Tag kommt eine Drohne hierher und entfernt Sand und Staub von den Grabplatten.«

»Es sind sechs«, sagte Eleonora. »Auch Sergei liegt hier, nicht wahr? Was die Explosion von ihm übrig ließ.«

»Ja.«

Sie trat noch etwas näher, nahe genug, um die Namen zu lesen. Kattrin, Reynolds, Helena, Bertrand und Lambert. Und weiter hinten: Sergei. Nur die Vornamen, so wie damals, als sie eine Crew gewesen waren, enge Freunde, die ersten Menschen auf dem Mars.

Eleonora betrachtete die Gräber. »Es hätte alles anders kommen sollen.«

Bartholomäus stand neben ihr und schwieg.

»Wir haben davon geträumt, den Mars zu besiedeln, ihn für die Menschheit zu erschließen«, sagte Eleonora leise. »Sechstausend Jahre sind vergangen, und der Mars ist noch immer leer. Es hat nie ein Terraforming stattgefunden, um den Roten Planeten in eine erdähnliche Welt zu verwandeln. Es gibt keine Kolonien, keine Siedlungen oder Städte.«

»Die Menschen verloren das Interesse am Mars«, sagte Bartholomäus.

Eleonora erinnerte sich an die seltsame Leere in Zorans Gesicht.

»Was ist mit Paradise Found, neununddreißig Lichtjahre von hier entfernt?«

»Sie meinen den Planeten, von dem Sie mir erzählt haben, im Trappist-1-System. Die Welt, auf der Sie Ihren menschlichen Körper verloren haben.«

»Die anderen Crewmitglieder der *Mars Discovery* sind dortgeblieben, zusammen mit der Saat.« Eleonora sah den Avatar an. »Ist eine Kolonie daraus geworden?«

Bartholomäus antwortete nicht sofort. Eleonora spürte mit ihren Sensoren, wie der kalte Wind des Mars auffrischte, wobei er noch etwas mehr Sand und Staub auf die Grabplatten legte.

»Wir haben Sonden dorthin geschickt, wie auch zu anderen Sternen«, sagte Bartholomäus schließlich. »Wir haben die Welten mithilfe von Mindtalkern erforscht.«

Mindtalker. Einige wenige Menschen, bei denen die Unsterblichkeitsbehandlung versagte. Eleonora hatte bei den ersten Gesprächen davon erfahren. Der legendäre Adam war ein Mindtalker gewesen, jemand, der seinen Geist zu fernen Welten schicken konnte, über viele Lichtjahre lange Brücken aus Quantenverschränkung.

»Die Welt, die Sie ›Paradise Found‹ nennen, war leer«, sagte Bartholomäus. »Wir fanden dort keine Menschen, nur einige wenige Pflanzen, deren genetische Strukturen darauf hindeuteten, dass ihre Vorfahren einst von der Erde stammten.«

»Was ist geschehen?«

»Wir wissen es nicht.«

Eleonora blickte wieder auf die Gräber und dachte an Saya und die anderen. Wie waren sie gestorben? Warum hatte die Kolonie nicht überlebt?

»Könnte der Stream Antwort geben?« Sie wandte sich wieder dem Avatar zu. »Vielleicht könnte er Antwort auf *alles* geben. Sind Sie deshalb an ihm interessiert?«

»Ich nehme an, Sie meinen den Faktor Zeit bei den Downstream- und Upstream-Welten«, entgegnete Bartholomäus.

»Downstream ist Vergangenheit, upstream die Zukunft«, sagte Eleonora. »So hat es mir Zoran erklärt.«

»Vielleicht hat er auch darauf hingewiesen, dass es sich um Parallelwelten handelt. Die Reise durch den von Zoran entdeckten ›Stream‹ ist eine Reise durch *Möglichkeiten*, vergangene wie zukünftige. Ich nehme an, Sie sind mit der Theorie des Multiversums vertraut?«

Eleonora nickte.

»Danach gibt es unendlich viele Universen«, fuhr Bartholomäus fort. »Die Unterschiede reichen von winzig, auf der subatomaren Ebene, bis hin zu makroskopischen Differenzen. Unendlichkeit bedeutet, dass *alles* möglich ist. Bei einer Reise durch den Stream würden Sie sehen, was auf einer anderen Erde, in einem anderen Universum, geschehen ist, doch Sie bekämen keine zuverlässigen Informationen über Vergangenheit und Zukunft *unserer* Realität.«

Eleonora überlegte, ob das stimmte. Und sie fragte sich, wie es Zoran gelungen war, den Schlüssel – den Code – für sich zu behalten. Bestimmt verfügte der Cluster über Mittel und Wege, Menschen ihre Geheimnisse zu entreißen. Bartholomäus und die anderen hätten eigentlich in der Lage sein sollen, die gewünschten Informationen von Zoran zu bekommen. Hatten sie auf drastische Maßnahmen verzichtet, weil sie fürchteten, den Geheimnisträger zu ... beschädigen?

»Unzählige Erden«, sagte sie. »In Vergangenheit und Zukunft, wie an einer Perlenschnur aneinandergereiht. Und jemand, der Gegenstände – Artefakte, wie Zoran sie nannte – hierherschickt, in unseren Teil des Multiversums.«

»Objekte, die sehr gefährlich sein können«, betonte Bartholomäus. »Ein Grund mehr, dass wir den Zugang zum Stream untersuchen und sicherstellen, dass er keine Gefahr für die Menschen darstellt.«

Es klang logisch, vernünftig und rational. Wie hätte man guten Gewissens widersprechen können?

»Ich möchte mit dem Supervisor reden, wenn Sie gestatten.« Eleonora wandte sich endgültig von den Gräbern ab. »Und anschließend noch einmal mit Zoran.«

Bartholomäus neigte den Kopf. »Wie Sie wünschen.«

81 Der Boden des runden Saals bestand aus kleinen schwarzen Fliesen. Die Schleifen eines aus weißen Steinen bestehenden Unendlichkeitssymbols reichten von einer Wand zur anderen, und in seiner Mitte, im Zentrum des Saals, erhob sich ein dunkelgrauer, leerer Sockel.

Eleonora blickte zum Eingang zurück. Draußen pfiff der marsianische Wind und wirbelte roten Staub auf. Von Bartholomäus, der sie zu diesem besonderen Ort gebracht hatte, war nichts zu sehen. Vielleicht saß er im Multifunktionsvehikel und wartete.

»Willkommen«, ertönte eine Stimme.

Eine Gestalt erschien auf dem Sockel in der Mitte des Saals. Eleonora besah sie sich, während sie sich einen langsamen Schritt nach dem anderen dem Sockel näherte. Es schien ein Mann zu sein, wenn man die Gestalt aus einem Blickwinkel betrachtete, oder eine Frau, wenn sich die Perspektive ein wenig veränderte. Offensichtlich eine holografische Projektion, denn wenn man genau hinsah, konnte man die gegenüberliegende Wand hindurchschimmern sehen.

Eleonora blieb vor dem dunkelgrauen Sockel stehen und blickte zu der Gestalt auf. »Sind Sie der Supervisor?«

»Ich garantiere das Gesetz«, verkündete die Gestalt. »Ich

hüte die ethischen Prinzipien der Konvention von Vienn, die auch heute noch gilt.«

»Sie sind eine Maschinenintelligenz wie der Cluster, nicht wahr? Wenn ich alles richtig verstanden habe, wurden Sie vor über sechstausend Jahren als eine Art Gegengewicht geschaffen. Sie sollten über den Cluster wachen und garantieren, dass er die Belange der Menschen respektiert.«

»Das ist richtig«, bestätigte das Hologramm auf dem Sockel, »und genau das tue ich immer noch und werde es tun, solange es Menschen gibt. Ich bin über Sie informiert, Eleonora Delle Grazie. Ich weiß, dass Sie aus dem einundzwanzigsten Jahrhundert stammen. Vermutlich können Sie etwas mit dem Begriff ›Appellationsgericht‹ anfangen.«

»Eine Berufungsinstanz, die Entscheidungen revidieren kann«, sagte Eleonora.

»Genau das bin ich. Die Menschen der Erde können sich an mich wenden, wenn sie sich ungerecht behandelt fühlen. Ich bin geschaffen, um unabhängig zu sein. Ich bin die Instanz, die Recht spricht.«

»Und der Cluster muss sich Ihrer Entscheidungen in jedem Fall beugen?«

»So will es die Konvention von Vienn«, bestätigte die holografische Gestalt.

Eleonora begann mit einer langsamen Wanderung um den Sockel. »Der Supervisor ist nicht nur eine separate, autarke Maschinenintelligenz«, sagte sie langsam und überlegte, ob sie eine Sondierung mit ihren Sensoren riskieren sollte. Doch Bartholomäus hatte davon abgeraten und Sicherheitsvorrichtungen erwähnt. »Er hat damals Menschen aufgenommen, nicht wahr?«

»Ja«, antwortete der Supervisor schlicht.

»Existieren sie noch?«

»Sie sind Teil von uns.«

Eleonora blieb stehen. »Ich möchte mit einem von ihnen sprechen. Ich möchte hören, wie es ihm ergangen ist.« Ich möchte wissen, ob sie noch Menschen sind oder ob sie ihr Menschsein verloren haben, dachte sie.

»Es gibt keinen ›einem von ihnen‹«, erwiderte die Gestalt auf dem Sockel. »Es gibt kein Ich. Wir sind wir, verschmolzen, eine Einheit.«

Das beantwortete Eleonoras Frage.

»Ich habe eine Warnung überbracht«, sagte sie. »Was gedenken Sie zu unternehmen, um sich selbst, den Cluster und die Menschen zu schützen?«

Sie hörte, wie draußen das Pfeifen des Winds lauter wurde, eine geisterhafte Stimme aus den roten Wüsten des Mars.

»Wir werden alle erforderlichen Maßnahmen ergreifen«, verkündete der Supervisor.

»Und die wären?«

»Wir werden die Situation sorgfältig prüfen und dann entscheiden«, lautete die Antwort. »Sie sind nicht nur als eine warnende Stimme gekommen, sondern auch als Botschafterin und Mittlerin. Welche Botschaft bringen Sie? Wo wollen Sie vermitteln?«

»Wissen Sie es nicht?«, entfuhr es Eleonora unerwartet heftig. »Goliath hat mich zu dem gemacht, was ich heute bin. Goliath, aus dem der Cluster und Sie hervorgegangen sind. Von ihm stammt der Plan. Von ihm erhielt Emily auf Paradise Found ihre Anweisungen.«

»Höre ich da Groll, Eleonora Delle Grazie?«, fragte die halb durchsichtige Gestalt.

»Ich bin genug Mensch geblieben, um zu verstehen, was mir genommen wurde!«

»Sind Sie auch genug Mensch, um zu verstehen, was Ihnen *gegeben* wurde?«

Die Gestalt auf dem Sockel verblasste und verschwand.

Stille breitete sich aus. Das Pfeifen des Winds hörte auf, die Stimme des Mars verklang.

Eleonora wartete einige Minuten, und als alles still blieb, kehrte sie nach draußen zurück.

Bartholomäus stand vor dem Multifunktionsvehikel, das sie zum Supervisor gebracht hatte. Staub bildete eine rote Patina auf seinen Schultern.

»Bitte lassen Sie uns zur Erde zurückfliegen«, sagte Eleonora.

»Ich möchte noch einmal mit Zoran sprechen, bevor ich entscheide.«

»Bevor Sie was entscheiden?«, fragte Bartholomäus, als sie im MFV saßen.

»Was ich mit dem Rest meines Lebens anfangen werde.« Eleonora klopfte auf ihren Körper. »Es kann ein ziemlich langer Rest sein.«

Zorans schneeweiße Villa existierte nicht mehr, ihre Trümmer lagen über den Hang verstreut. Unten im Talkessel war es zu einer Explosion gekommen, die den Torbogen zerstört und Gestein pulverisiert hatte. Der Boden war noch heiß, stellten Eleonoras Sensoren fest, als sie, begleitet von Bartholomäus, über den Hang schritt. Auf der anderen Seite des Tals bemerkte sie mehrere MFV und weiter unten am Hang zwei Avatare. Eleonora empfing ihre Statussignale und identifizierte sie als Urania und Aranxa. **82**

»Was ist hier passiert?«

»Allem Anschein nach kam es zu einer heftigen Explosion«, sagte Bartholomäus. »Ich fürchte, Zoran ist seinem Leichtsinn zum Opfer gefallen.«

Sie erreichten den Talgrund und schritten über zweihundert Grad heißes Gestein zu der Stelle, wo der Torbogen gestanden hatte. Dort glänzte der Boden, denn Sand hatte sich in Glas verwandelt.

Von der gegenüberliegenden Seite näherten sich Urania und Aranxa. Eleonoras Sensoren registrierten die Datenströme zwischen ihnen. Über ihnen schwirrten Drohnen.

»Wir haben keine Spuren menschlicher DNS gefunden«, sagte Urania. »Zoran kann zum Zeitpunkt der Explosion nicht hier gewesen sein.«

Eleonora sah sich um und begann zu verstehen. »Er war hier.«

Urania hob die eisgrauen Brauen. »Welche Hinweise bringen Sie zu dieser Annahme?

»Nennen Sie es ... menschliche Intuition. Er war hier. Er hat die letzten Tage genutzt, um den Explorer zu vervollständigen und den Torbogen mithilfe von Drohnen zu vergrößern.« Eleonora trat zu der Stelle, wo sich der Bogen erhoben hatte. »Er hat mit der Erforschung des Streams begonnen.«

»Und die Explosion?«, fragte Urania.

»Vielleicht hat er sie absichtlich herbeigeführt. Um den Zugang zum Stream hinter sich zu schließen. Um zu verhindern, dass Sie ihm folgen.«

Die Datenströme zwischen Bartholomäus, den beiden Avataren und zum Cluster zeigten noch mehr Aktivität. Eleonora versuchte gar nicht erst, Bartholomäus und die anderen bei ihrer schnellen Kommunikation zu belauschen; sie wäre selbst dann nicht zu einer Entschlüsselung der Signale imstande gewesen, wenn sie dieser Aufgabe auf Jahre hinweg ihre volle Prozessorkapazität gewidmet hätte.

»Nein«, sagte Bartholomäus schließlich. »Nein, das wird nicht geschehen.«

»Was wird nicht geschehen?«, fragte Eleonora verwirrt, bevor sie erkannte, dass die Worte an Urania und Aranxa gerichtet waren.

»Wir brauchen sie nicht mehr für den Schlüssel«, erwiderte Urania. »Wir müssen feststellen, über wie viele Informationen sie wirklich verfügt.«

Eleonora empfing plötzlich etwas, das nicht von den Avataren oder ihrem Cluster kam, sondern vom Schiff der Quintessenz.

»Eindringlinge?«, lautete die Mitteilung. »Eindringlinge. Unbefugte wollen an Bord. Keine Genehmigung. Einsatz von Gewalt? Ich erhöhe das Verteidigungsniveau und rate zur Rückkehr.«

»Sie haben mir Sicherheit garantiert«, wandte sich Eleonora an Bartholomäus. »Das gilt auch für mein Schiff. Doch es wird angegriffen.«

»Wir greifen niemanden an«, widersprach Urania kühl.

»Sie versuchen, an Bord zu gelangen. Ich habe gerade eine Nachricht von Quint empfangen. Bartholomäus, der Cluster setzt sich über das hinweg, was mir versprochen wurde. Bitte bringen Sie mich unverzüglich zum Schiff zurück.«

Eleonora stapfte in Richtung des Multifunktionsvehikels. Hinter ihr kommunizierten lautlos die drei Avatare des Clusters.

Es war warm im Grünen Land, selbst im Norden, wo sich **83** Schnee und Eis am längsten gehalten hatten. Büsche und Sträucher blühten, sanfter Wind strich über Gras und Blumen. Eleonora nahm den Geruch wahr – Äquivalenzprogramme interpretierten die Daten der Sensoren – und versuchte sich daran zu erinnern, ob die Blumen früher ebenso gerochen hatten.

Auf der anderen Seite des Felsplateaus, einige Hundert Meter tiefer gelegen, erstreckte sich eine weite Ebene mit einem anderthalb Kilometer großen Loch im Boden, die Öffnung eines Schachts voller Maschinen und Aggregate. Hunderte von Drohnen in unterschiedlichen Größen und Konfigurationen schwirrten dort. Einig von ihnen stiegen auf und verschwanden hoch oben am Himmel. Andere fielen von ihm herab, wurden langsamer und sanken in den Schacht.

Auf dem Plateau spiegelte sich der Sonnenschein am glatten, glänzenden Rumpf des tropfenförmigen Schiffs. An mehreren Stellen zeigten sich Flecken, Hinweis darauf, dass zwei Drohnen versucht hatten, an Bord zu gelangen. Eleonora sah, wie sie schrumpften und verschwanden.

»Es tut mir leid«, sagte Bartholomäus, der wie Eleonora das MFV verließ, um an ihrer Seite auf das Schiff zuzugehen. »Ich bedauere den Zwischenfall.«

Eleonora fragte sich, ob er wirklich nichts damit zu tun hatte.

»Urania steckt dahinter, nicht wahr?« Als Bartholomäus nicht sofort antwortete, fügte Eleonora hinzu: »Sie wollte mich demontieren, um mir in den Kopf zu blicken.«

»Das sind sehr unpräzise, polemische Worte«, wandte Bartholomäus ein.

»Aber sie entsprechen der Wahrheit. Urania war bereit, meine persönliche Integrität zu verletzen, um an Informationen zu gelangen.«

»Wollen Sie die Erde deshalb verlassen?«, fragte Bartholomäus.

»Das ist einer der Gründe«, gestand Eleonora. Sie blieb stehen, hob das Gesicht und blickte in die Sonne, ohne zu blinzeln. Mit menschlichen Augen hätte sie eine Verletzung von Iris und Sehnerv riskiert, aber ihren Linsen schadete das direkte Sonnenlicht nicht. Sie konnte mit ihnen sogar die Sonnenflecken beobachten, ohne Filter.

»Ich habe Sie gewarnt«, sagte Eleonora. »Ich habe Ihnen geschildert, was geschehen ist, in ferner Vergangenheit, und was geschehen könnte, schon bald oder irgendwann in ferner Zukunft. Ich habe den Supervisor gefragt, was er zu unternehmen gedenkt.«

»Was hat er geantwortet?«

»Er sprach davon, dass alle notwendigen Maßnahmen ergriffen werden.« Eleonora senkte den Kopf und sah Bartholomäus an. »Welche Maßnahmen gedenken Sie zu ergreifen, um sich selbst und die Menschen zu schützen?«

Der Avatar des Clusters schritt zum Rand des Plateaus. »Wir verfolgen einen langfristigen Plan und haben beschlossen, ihn zu beschleunigen. Sehen Sie nur, unsere fleißigen Drohnen, wie sie bauen und konstruieren, nicht nur hier, sondern an vielen Orten der Erde.«

Eleonora trat an seine Seite und blickte zu der Schachtöffnung in der Ebene, tausendfünfhundert Meter groß.

»Seit mehr als sechstausend Jahren graben wir uns in die Erde«, erklärte Bartholomäus. »Immer tiefer und tiefer. Wir nutzen die Hitze des Erdkerns als Energiequelle, seine Metalle und Mineralien als Rohstoffe. Wir graben, bauen und wachsen, immer schneller und immer effizienter. Zu Anfang diente es vor allem der Risikominimierung – die Maschinenintelligenz namens Goliath und später der Cluster sollten keinem Asteroideneinschlag oder einer ähnlichen globalen Katastrophe zum Opfer fallen. Anschließend wurde der Plan noch viel weiter gefasst. Wir werden die Erde in ein riesiges Raumschiff verwandeln, Eleonora Delle Grazie. Wir werden ihr einen Kern aus denkenden Maschinen geben, einen Supercluster. Wir werden ihr Triebwerke geben, damit sie das Sonnensystem verlassen kann, unabhängig vom Leben eines einzelnen Sterns. Wir werden ihr tausend Sonnen geben, auf dass es für die Menschen nur dort dunkel wird, wo sie Dunkelheit wünschen. Wir werden die Erde in ein Paradies verwandeln.«

»Ein Paradies für Sie oder die Menschen?«, fragte Eleonora. Paradise Found, der Name, den die Menschen Trappist-1e in ihrem Traum gegeben hatten, kam ihr in den Sinn.

»Vielleicht für beide«, sagte Bartholomäus.

Eleonora stellte sich vor, wie die Erde ihren Platz im Sonnensystem verließ und mit einer interstellaren Reise begann. Ein ganzer Planet als Raumschiff? Früher hätte sie das für unmöglich gehalten, aber die eigene Existenz bewies ihr, das nichts unmöglich war.

»Wir werden neue Ökosysteme für die reisende Erde schaffen«, fuhr Bartholomäus fort, »dem Menschen und allen anderen organischen Lebensformen angemessen. Wir werden klimatische Stabilität gewährleisten – es wird nie wieder Eis- oder Heißzeiten geben. Und wir werden Waffen entwickeln, um uns zu verteidigen, wenn wir angegriffen werden.«

Eleonora besah sich die Schachtöffnung mit den vielen Drohnen darüber. »Wie lange wird es dauern?«

»Bis die Erde zu ihrer endlosen Reise aufbrechen kann? Etwa tausend Jahre.«

Eleonora erinnerte sich an etwas. »Emily hat mir einmal gesagt, zweitausend Jahre seien für das Universum nicht einmal ein Wimpernschlag. Tausend Jahre sind noch weniger. Aber was passiert mit dem Sonnensystem, wenn die Erde ihren Platz darin verlässt? Dadurch werden die Umlaufbahnen der anderen Planeten komplett verändert.«

»Wir werden versuchen, die Gravitationsbalance dieses Sternensystems zu erhalten«, antwortete Bartholomäus. »Aber wichtiger ist der Fortbestand der Erde.«

»Was Waffen betrifft … Es gibt eine wirkungsvolle Waffe, irgendwo dort draußen im Universum.«

»Sie meinen das Vermächtnis der Muriah.«

»Ja.«

»Adam und Evelyn sind mit dem Schiff aufgebrochen, um die Waffe zu suchen.«

»Aber Sie haben nichts mehr von ihnen gehört«, sagte Eleonora.

»Bis auf ein schwaches Signal vor mehr als hundert Jahren. Es war keine Nachricht, nur kurze Telemetrie, ein Wir-sind-hier-Signal.«

»Mehr nicht?«

»Nein.«

»Können Sie mir die Koordinaten nennen, von wo das Signal kam?«

Bartholomäus übermittelte sie in Form eines kleinen Datenpakets.

»Ich möchte Ihnen einen Vorschlag unterbreiten, Eleonora Delle Grazie«, sagte er förmlich.

Eleonora beobachtete noch immer die vielen Drohnen über der Schachtöffnung und stellte sich einen Planeten voller denkender Maschinen vor.

»Bleiben Sie auf der Erde«, bat Bartholomäus. »Bleiben Sie hier bei uns. Arbeiten Sie mit an unserem Projekt für die Zukunft. Sie könnten Teil des Clusters werden, einer seiner Individualaspekte. Sie könnten sein wie ich, wie die anderen Avatare.«

Eleonora dachte daran, was mit den Menschen geschehen war, die der Supervisor in sich aufgenommen hatte.

»Ich würde aufhören, Mensch zu sein«, erwiderte sie.

»Sie wären viel, viel mehr.«

Eine Zeit lang lauschte Eleonora der Stimme des Winds und dem fernen Brummen und Summen der Drohnen.

»Es geht Ihnen noch immer um die Daten, nicht wahr?«, fragte sie schließlich.

»Meine Stimme hat Gewicht«, erklärte Bartholomäus. »Ich kann entscheiden, und meine Entscheidung lautet: Ihre Unversehrtheit – Ihre physische Integrität – ist garantiert. Was aber nichts daran ändert, dass wir viel von Ihnen und dem kleinen Schiff lernen könnten. Wir gehen davon aus, dass Ihre Datenspeicher Informationen enthalten, auf die Sie nur beschränkten oder gar keinen Zugriff haben. Das gilt insbesondere für das Schiff, die Aktuatorkapsel.«

»Sie gehört nicht einmal mir«, warf Eleonora ein. »Es ist Quints Kapsel.«

»Sind Sie der Ansicht, dass solche Dinge angesichts einer großen kosmischen Gefahr wichtig sind?«

»Wenn Sie sich einfach nehmen, was Sie brauchen, wenn Sie assimilieren, ohne zu fragen, ohne Rücksicht ... Dann sind Sie nicht besser als das Archäon.«

»Wir wollen überleben«, entgegnete Bartholomäus. »Und auch die Menschen sollen überleben. Darum geht es uns.«

»Um jeden Preis?«, fragte Eleonora.

»Ja, um jeden Preis. Nichts ist wichtiger als das Überleben.«

»Trotzdem lassen Sie mich gehen.«

»Weil ich in Ihnen keine essenzielle Bedeutung für unser Überleben und das der letzten Menschen sehe«, erklärte Bartholomäus offen.

»Und wenn ich eine solche Bedeutung hätte?«

»Dann wären Sie bereits Teil von uns.«

»Ich danke Ihnen für Ihre ehrliche Antwort.« Eleonora ging zur Kapsel, die im hellen Sonnenschein ölig glänzte. Die Flecken waren inzwischen verschwunden.

Sie blickte noch einmal über das Felsplateau, betrachtete die Lichtreflexe auf der Außenhülle der Kapsel und fühlte mit ihren Sensoren Wärme und Wind.

»Sie könnten mehr sein«, wiederholte Bartholomäus, der ihr gefolgt war. »Viel, viel mehr. Sie könnten uns in eine Zukunft begleiten, in der wir alle Rätsel des Universums lösen werden.«

Eleonora legte die sensorischen Daten – ihre Sinneseindrücke – in redundanten Speichern ab. Sie wollte sich auch dann daran erinnern können, wenn es irgendwo zu einem Defekt mit Datenverlust kam. »Wie soll es eine sinnvolle Zukunft für mich geben, wenn ich vergesse, woher ich komme und wer ich bin? Wie soll ich meine Aufgabe wahrnehmen, wenn ich integraler Bestandteil nur einer Seite bin?«

»Botschafterin und Mittlerin«, sagte Bartholomäus. »Welche Botschaft bringen Sie? Wo wollen Sie vermitteln?«

»Das hat mich auch der Supervisor Í.«

»Wie lautete Ihre Antwort?«

»Ich habe ihm gesagt, dass er es eigentlich wissen sollte, denn immerhin haben mich seine und Ihre Vorfahren – Goliaths Funktionalitäten – zu dem gemacht, was ich bin. Ihnen antworte ich: Ich bringe die Botschaft des Friedens. Der alte Konflikt, der mit den ersten Zivilisationen des Universums begann, muss aufhören. Ich bin beides, ich bin Mensch und Maschine, in mir sind *beide* Seiten vereint. Und ich werde dort vermitteln, wo ich Pakt und Archäon finde.«

»Sie allein?«, fragte Bartholomäus. »Sie allein wollen einen Konflikt beenden, der den Kosmos seit Anbeginn der Zeit durchzieht? Haben Sie sich da nicht ein bisschen viel vorgenommen, Eleonora Delle Grazie?«

»Ich wurde für diese Aufgabe geschaffen«, antwortete Eleonora. »Die erste Maschinenintelligenz der Erde hat mich mit dieser Mission beauftragt.« Sie streckte die Hand nach dem Rumpf der Kapsel aus.

»Selbst wenn es Ihnen gelingt, den Pakt oder das Archäon zu finden – wie wollen Sie verhindern, vernichtet oder assimiliert zu werden?«

»Indem ich zuerst die Waffe finde«, sagte Eleonora. »Mit ihr kann ich den Frieden erzwingen.«

Sie berührte die Außenhülle der Aktuatorkapsel, und das amorphe Metall schien sich zu verflüssigen, seine Oberfläche kräuselte sich, kleine Wellen entstanden.

»Sie werden einsam sein«, sagte Bartholomäus. »Der einsamste Mensch, der je existiert hat.«

Eleonora dachte an das Grab mit den beiden leeren Särgen, vor dem sie als Kind gestanden hatte. Sie erinnerte sich an Großvater Francis, an seine Hand auf ihrer Schulter, an seine Stimme. Sie erinnerte sich auch an Sergei, der mehr hätte werden können als ein Freund. Wenn sie damals ein Paar gewesen wären, hätten die Ereignisse vielleicht eine andere Richtung eingeschlagen.

»Ich hatte niemanden, als ich mit der *Mars Discovery* aufgebrochen bin«, erwiderte sie. »Ich bin daran gewöhnt, allein zu sein.« Die Kapsel öffnete sich für sie und Eleonora glitt hinein. »Leben Sie wohl, Eleonora Delle Grazie«, schickte ihr Bartholomäus hinterher. »Vielleicht sehen wir uns irgendwann wieder, in zehntausend oder einer Million Jahren.«

Auf halbem Weg durch den Rumpf stieß Eleonora auf eine Barriere, auf einen Widerstand, der zum erhöhten Verteidigungsniveau gehörte. Sie identifizierte sich, und daraufhin konnte sie das Innere der Aktuatorkapsel erreichen. Quint schlief dort in seinem Exoskelett, die glänzenden Flügel wie eine Decke um sich geschlungen.

»Aufwachen, Quint«, sagte und sendete Eleonora.

Das Schmetterlingswesen bewegte sich. Es hob den Kopf und öffnete die großen Augen, rot wie Rubin.

»Aufbruch?«, fragte es. »Aufbruch?

»Ja«, bestätigte Eleonora. »Ja, wir brechen auf. Unsere Reise ist noch nicht zu Ende. Vielleicht hat sie gerade erst begonnen.« Sie übermittelte die Koordinaten, die sie von Bartholomäus bekommen hatte.

»Eindringlinge!«, erwiderte Quint. »Unbefugte wollten herein!«

»Starten wir, bevor Urania auf die Idee kommt, einen zweiten Versuch zu unternehmen«, sagte Eleonora. »Die Erde ist gewarnt, hier gibt es nichts mehr für uns zu tun. Bring uns zurück ins All, Quint. Bring uns zurück in die Kaskade.«

VIERTER TEIL

Mai 8417–∞:
Das Universum

Steig auf, Adler

84 **Entfernung von der Erde: 67 000 Lichtjahre**
Irdische Zeit: vielleicht August 10 117

Tröpfelnde und strömende Zeit, manchmal wie ein Rinnsal, bei anderen Gelegenheiten ein reißender Bach, in dem das Wasser – die Zeit – über Steine sprang und schäumte.

Eleonora dachte darüber nach, während die Kapsel der Quintessenz durch die Kaskade fiel, über die subjektive Zeit, so wie sie sie empfand, und die objektive dort draußen im Universum, wie der Raum von Schwerkraft gekrümmt, und sie stellte fest, dass die Zeit für sie immer weniger eine Rolle spielte. Während der ersten Jahrhunderte und Jahrtausende hatte sie versucht, sich mithilfe einer inneren Uhr zu orientieren, die auf dem irdischen Kalender basierte, doch sie verlor immer mehr das Interesse daran. Je mehr Zeit für sie verging, desto geringer wurde ihre Bedeutung. Vielleicht nahmen die intelligenten Maschinen der Erde – der Cluster, Bartholomäus und die anderen – die Zeit auf diese Weise wahr: als ein Medium, in dem man sich bewegte wie ein Fisch im Wasser oder wie ein Vogel in der Luft. Für sie gab es keine »begrenzte« Zeit.

Maschinenintelligenz war ewig, denn sie konnte sich reparieren, wenn ein Defekt auftrat. Sie erneuerte sich selbst und trieb gleichzeitig die eigene Weiterentwicklung voran. Das Leben eines Menschen hatte früher achtzig oder neunzig Jahre gedauert, und das hatte seine Perspektive für die Zeit bestimmt. Maschinenintelligenz blickte über Äonen hinweg, und Eleonora merkte, wie sie sich immer mehr diesen Blickwinkel zu eigen machte.

Irgendwann in der Nähe des Kugelsternhaufens M13, fünfundzwanzigtausend Lichtjahre von der Erde entfernt, sagte

Quint: »Du hättest auf der Erde bleiben können, deiner Heimatwelt.«

Er hatte eine weitere Regenerationsphase hinter sich, umgeben von der öligen, durchsichtigen Flüssigkeit, und seine Stimme, die zuvor schwächer geworden war, hatte wieder an Kraft gewonnen. Die Kommunikation funktionierte auch immer besser. Manchmal gab sich Eleonora der Illusion hin, mit einem anderen Menschen zu sprechen.

Eleonora, verbunden mit zwei Verankerungspunkten, beobachtete den Kugelsternhaufen im großen Hologramm vor ihr. »Es war nicht mehr meine Heimat, Quint«, entgegnete sie. »Es war eine Erde, die sich fremd anfühlte. Mit den Menschen auf ihr habe ich nichts mehr gemein.« Sie erinnerte sich an die seltsame Leere in Zorans Gesicht und fragte sich kurz, wo – und *wann* – im Stream er sich aufhielt.

»Vielleicht liegt es daran, dass sie unsterblich geworden sind«, vermutete der Kustode.

»Nein«, widersprach Eleonora. »Es liegt an mir. Es liegt daran, dass ich weniger Mensch und mehr Maschine bin.«

»Frage.« Quint sprach mit Farben, Signalen und tiefer Infraschall-Stimme. »Frage. Was möchtest du sein?«

Eleonora beobachtete, wie der etwa hundertfünfzig Lichtjahre große Kugelsternhaufen zur Seite glitt, als die Kapsel durch einen weiteren Tunnel der Kaskade fiel.

Was möchte ich sein?, dachte sie und antwortete fast sofort: »Ich möchte ich sein.«

»Identität!«, bekräftigte Quint in seinem Exoskelett und breitete die Flügel aus, die nicht mehr so glänzten wie während der Reise zur Erde. »Identität.«

»Ich verstehe«, sagte Eleonora. »Du meinst: Ob Mensch oder Maschine, ich bleibe ich.«

»Wenn du willst«, erwiderte das Schmetterlingswesen. »Es ist deine Entscheidung.«

»Ich habe sie bereits getroffen«, sagte Eleonora. »Als ich mich gegen die Einladung von Bartholomäus entschied, Teil des Clusters zu werden.«

»Richtig!« Quints tiefe Stimme brummte und vibrierte

durch die Kapsel. »Richtige Entscheidung! Maschinenintelligenz ohne echtes Leben ist gefährlich, immer!«

Ohne echtes Leben?, wiederholte Eleonora in Gedanken. Wer befand darüber, was echtes Leben war und was nicht? Sie hatte nicht eine einzige organische Zelle in ihrem Körper, und ihr menschliches Bewusstsein bestand letztendlich aus Elektronen, die sich in elektrischen Leitern bewegten. Dennoch hielt sie sich nicht für eine Maschine.

»Was ist eine Blume, die sich für ein Schaf hält?«, fragte sie.

»Eine Blume mit Halluzinationen.«

Die Antwort klang ernst, doch als Mensch hätte Eleonora laut gelacht. Als Menschmaschine blieb sie still und dachte: Bilde ich mir nur ein, noch ein Mensch zu sein? Leide ich an Halluzinationen?

»Was ist mir dir?«, fragte Eleonora. »Wer bist du?«

»Es gibt nur mich«, antwortete Quint. »Ich bin der Einzige meiner Art. Ich kann mich nicht verwechseln.«

Eleonora glaubte etwas zu hören, das vielleicht bitterer Humor oder auch Trauer war.

»Was möchtest du sein?«

Die Farben der Gliedmaßen veränderten sich und Eleonora erkannte die neuen Muster als ein Zeichen von Nachdenklichkeit.

Die Kapsel fiel, glitt und kroch durch die Kaskade. Eleonora blickte aus dem Fenster und beobachtete, wie Sterne vorbeistrichen.

»Ich weiß nicht, was ich sein möchte«, antwortete das Schmetterlingswesen schließlich. »Ich kenne nichts anderes, ich bin nie etwas anderes gewesen. Aber ich weiß, was ich gern tun würde.«

»Was?«, fragte Eleonora.

»Ich würde den Apparat, der mich stützt und am Leben erhält, gern verlassen. Ich würde gern meine Flügel ausbreiten, so weit es geht, und fliegen, nicht von dem Exoskelett getragen, sondern vom Wind. Wunsch. Wunsch!«

Quint legte die Flügel um sich, neigte den Kopf nach vorn und schloss die großen roten Augen.

Er schien erneut zu schlafen. Oder vielleicht trauerte er um das, was er nicht sein und nicht tun konnte.

Siebzehn Tage später erreichten sie ihr Ziel: das Sonnensystem, aus dem ein letztes Telemetrie-Signal von Adam und Evelyn gekommen war, vor über hundert Jahren.

Eine blasse orangefarbene Sonne leuchtete am Himmel, nur **85** etwas heller als der irdische Vollmond. Die Aktuatorkapsel war in einer weiten Ebene gelandet, einige Hundert Meter vor einem gewaltigen Gerippe. Es waren die Überreste eines Titanen, ein mehrere Kilometer langer Berg aus Knochen, der an seiner höchsten Stelle vierhundert Meter weit aufragte: der bleiche Schädel mit Hörnern und Augenhöhlen groß wie eine Kathedrale, jede einzelne Rippe dick und lang wie ein Turm, das Becken mächtig wie eine Befestigungsanlage, die drei Beine wie massive Wehranlagen.

Im fahlen Licht näherte sich Eleonora den grauweißen Gebeinen. Die Schwerkraft des namenlosen Planeten war geringer als die der Erde, und seine Atmosphäre bestand hauptsächlich aus Ammoniak und Stickstoff, mit Spuren von Kohlendioxid und Methan. Die Temperatur lag bei vierzig Grad unter dem Gefrierpunkt von Wasser. Ein Mensch hätte einen Schutzanzug benötigt, und das galt auch für Quint; das Exoskelett hatte sich ganz um ihn geschlossen, mit einem Sichtfenster in Höhe des Kopfes. Außerdem schützte ihn ein Energiefeld, das goldgelb schimmerte wie die ölige Flüssigkeit, die Eleonora ihr zweites Leben geschenkt hatte.

»Das kann unmöglich ein Landlebewesen gewesen sein«, sagte Eleonora und rief paläontologische Informationen aus ihren Datenbanken. »Es wäre trotz der stabilen Knochen von seinem eigenen Gewicht zerquetscht worden. Wie schwer mag dieser Riese gewesen sein? Zweihundert Tonnen? Dreihundert?«

»Meer!«, ertönte Quints Infraschall-Stimme. »Wir befinden uns auf dem Boden eines ausgetrockneten Ozeans.«

Eine seiner Gliedmaßen, umhüllt von flexiblem Metall, deutete auf etwas, das nach Muschelresten aussah. Ein naher Felsen, von Wasser rund geschliffen, offenbarte dem analytischen Blick von Eleonoras Augenlinsen sternförmige Fossilien.

Wind wehte Staub über alte Sedimente und pfiff leise zwischen den Knochen des Titanen. Eleonora blieb stehen. »Spürst du es?«

»Was, Eleonora?«, fragte Quint mit seiner tiefen Stimme. »Was soll ich spüren?«

»Die Vergangenheit«, antwortete Eleonora leise. »Die Vergänglichkeit.«

»Alles ist vergänglich, nur du nicht«, sagte Quint. »Ich beneide dich.«

Die Worte erstaunten Eleonora. Sie fragte sich, ob ihre Kommunikationsprozessoren sie richtig übersetzt hatten.

»Ziel«, teilte ihr Quint mit. »Die Anomalie befindet sich rechts von uns, etwa anderthalb Kilometer entfernt.«

Sie schritten unter den Rippenbögen, mehr als dreihundert Meter hoch und nur übertroffen vom Becken. Eleonora stellte sich das Geschöpf vor, zwischen dessen Knochen sie wanderten, hundertmal so groß wie ein Blauwal, zu ihrer Zeit das größte Tier auf der Erde. Wann war es gestorben, wann hatten sich die Meere dieser Welt in Staubwüsten verwandelt?

Die von Quints Kapsel geortete Anomalie befand sich in einer Rinne neben dem riesigen Schädel des Wesens, ein kleiner, dunkler Quader, nicht höher als zwei Meter und kaum doppelt so lang. Als sie sich ihm näherten, fühlte Eleonora ein Zerren, das aus verschiedenen Richtungen kam. Sie hatte damit gerechnet und leitete etwas mehr Energie in ihre Stabilisatoren.

»Instabile, wechselnde Gravitationsfelder«, diagnostizierte Quint. »Aber: Andersartigkeit! Diese Anomalie ist … verletzt?«

Der Quader war noch etwas dunkler als die anderen Artefakte, die Eleonora kannte. Haarfeine Bruchlinien durchzogen ihn, Staub hatte sich auf ihm angesammelt, und die rechte Hälfte wies einen tiefen Einschnitt auf.

Eleonora näherte sich dem Objekt.

»Gefahr!«, warnte Quint hinter ihr. »Risiko! Nicht anfassen, nicht berühren, kein Kontakt!«

Sie blieb vor dem Quader stehen, gerade so weit von ihm entfernt, dass ihre Hände ihn nicht erreichen konnten, sollte sie die Arme ausstrecken, ob gewollt oder unbewusst wie auf dem Mars und bei dem fremden Objekt, das sich als Raumschiff des Archäon entpuppt hatte. Unterschiedliche Schwerkraftfelder zogen an ihr; die Stabilisatoren sorgten automatisch für Ausgleich.

»Er ist beschädigt«, sagte und sendete sie. »Wir könnten versuchen, ihn mit den Werkzeugen des Schiffs zu analysieren.«

»Kein Kontakt, kein Kontakt!«

Quints laute Stimme bewirkte Vibrationen in Staub und Stein. Die graue Patina auf Teilen des Quaders bewegte sich und über Elena knirschten die Knochen des Titanen.

Mit vorsichtigen Schritten ging sie an dem Quader vorbei, tiefer hinein in die Rinne, und hielt nach Spuren eines Kampfes Ausschau.

»Etwas hat den Quader beschädigt«, betonte sie noch einmal. »Vielleicht kam es zu einer Auseinandersetzung zwischen ihm und dem Schiff der Muriah, mit dem Adam und Evelyn unterwegs sind.«

»Spekulation?«, lautete Quints Antwort. »Spekulation!«

Eleonora ging noch einige Schritte, bevor sie sich umdrehte. Quint wartete noch immer dort, wo sich die Rippen des Titanen gewaltigen weißen Bögen gleich nach oben wölbten.

Mit ihren akustischen Sensoren hörte sie ein Knistern und sah, wie sich ein Brocken von der Kante des Quaders löste und zu Boden fiel.

Eleonora wartete, doch der Quader zeigte keine weiteren Veränderungen. Sie machte einen weiten Bogen um ihn und kehrte dann zu Quint zurück, der still und reglos dastand. Er schwieg und es gingen nur wenige Sondierungssignale von ihm aus.

»Vielleicht hat hier ein Kampf stattgefunden«, sagte Eleo-

nora. »Wir sollten nach Spuren suchen. Möglicherweise können wir Hinweise auf Adam und Evelyn entdecken.«

»Ja.« Mit einem Summen drehte sich Quints Exoskelett. »Ja,
suchen wir.«

86 Meistens flog die Kapsel in einer Höhe von maximal einem
Kilometer über der Oberfläche des Planeten, aber manchmal
stieg sie höher, damit Augen und Sensoren einen größeren Bereich erfassen konnten. Weite, tiefe Becken erstreckten sich
dort, wo einst Meere und Ozeane existiert hatten. Ein achttausend Kilometer langes Gebirge reichte wie das Rückgrat der
Welt von Nordosten nach Südwesten über den Äquator hinweg, seine Gipfel von Wolken verhüllt.

Nirgends gab es Anzeichen von Leben, was Eleonora seltsam erschien, denn Organismen wie der Titan, dessen Knochen sie gesehen hatte, entstanden nicht aus dem Nichts,
sie waren das Ergebnis einer viele Jahrmillionen langen Evolution. Doch die Landformationen, die sie für ehemalige
Kontinente hielt, waren kahl und öde, ohne die geringsten
Anzeichen von Vegetation, und die Bioscanner stellten dort
nicht einmal Mikroorganismen fest. In den Sedimenten der
Ozeanbecken gab es zahlreiche Fossilien, wie sich bei mehreren Landungen herausstellte, doch ein zweiter Gigant wie der
beim Quader schien nicht existiert zu haben – ein weiteres
Rätsel.

Mehrere Wochen lang waren sie unterwegs und suchten
einen planetaren Sektor nach dem anderen ab, bis Quint die
Kapsel schließlich in eine hohe polare Umlaufbahn steuerte.
Er war stiller geworden und sprach nur noch, wenn ihm
Eleonora eine direkte Frage stellte. Seine Regenerationsbäder
häuften sich, doch die Flügel verloren immer mehr von ihrem
früheren Glanz.

»Was ist los mit dir, Quint?«, fragte Eleonora schließlich,
während die Sondierungssignale der Kapselsensoren die
Eiskappen von Nord- und Südpol auf der Suche nach Beson-

derheiten durchdrangen.»Du bist so still und bewegst dich kaum noch.«

Ihre akustischen Sensoren empfingen einen Laut, mit dem sie nichts anzufangen wusste, und dann sagte Quint:»Ich möchte dich um einen Gefallen bitten. Um Hilfe.«

Eleonora sah das Schmetterlingswesen erstaunt an. Seine Flügel zitterten.»Wobei soll ich dir helfen?«

»Erklärung, bald«, entgegnete Quint.»Ich erkläre es dir, sobald wir gelandet sind.«

Die Kapsel verließ ihre Umlaufbahn, nachdem ihre Sensoren auch an den Polen nichts Ungewöhnliches entdeckt hatten. Sie fiel dem Rückgrat des Planeten entgegen, dem achttausend Kilometer langen Gebirge, das sich zur einen Hälfte auf der Nordhalbkugel erstreckte und zur anderen in der südlichen Hemisphäre.

Unter den Wolken an den hohen Gipfeln schien Quint nach etwas zu suchen, denn er änderte immer wieder den Kurs der Kapsel und ließ sie langsam über steile Hänge und schroffe Felsen hinwegfliegen. Eleonoras Sensoren verfolgten die Sondierungssignale der Kapsel und stellten fest, dass sie vor allem atmosphärischen Druck, Windgeschwindigkeit und Temperatur maßen.

Schließlich fand Quint ein kleines Hochplateau, in einer Höhe von zweitausend Metern. Dort landete er die Kapsel und löste sich von den Kontrollen.

»Hier?«, verkündeten Stimme und Farben.»Hier! An diesem Ort soll es geschehen.« Das Exoskelett trug ihn zur Hülle, wo sich eine Öffnung bildete.

»Was soll hier geschehen?« Eleonora folgte ihm.

Über ihnen trug der Wind Wolken über die hohen Hänge des Gebirges. Eiskrusten knirschten unter Eleonoras silbernen Füßen, als sie über das Plateau wanderte, bis sie mit Quint am felsigen Rand verharrte. Fast zwei Kilometer unter ihnen erstreckte sich eine graubraune Ebene, durchzogen von Rinnen und Gräben, die aus der Höhe betrachtet ein netzartiges Muster bildeten. Die blasse orangefarbene Sonne stand dicht über dem Horizont.

Überrascht beobachtete Eleonora, wie sich Quints Exoskelett öffnete und sich Teile von ihm lösten.

»Es ist so weit«, sagte Quint. Hals und Arme zeigten ein Farbenspiel, das Eleonora nie zuvor gesehen hatte.

»Was machst du?«, fragte sie. »Was hast du vor?«

Weitere Segmente des Exoskeletts wichen beiseite. Vorsichtig streckte Quint ein Bein. »Hilfe«, brummte seine tiefe Stimme. »Ich brauche deine Hilfe, Eleonora Delle Grazie.«

»Aber ...«

»Ich sterbe. Die Kraft des Lebens verlässt mich.«

Eleonora wollte nicht glauben, was sie da hörte. »*Was?* Wie kann ich dir helfen?«

»Tragen!«, antwortete das Schmetterlingswesen. »Indem du mich trägst. Indem du mich in den Wind hältst. Wunsch! Letzter Wunsch! Sehnsucht!«

Das Exoskelett hatte sich ganz geöffnet. Eleonora sah Quint zittern, vielleicht aus Schwäche oder wegen der niedrigen Temperatur.

»Es muss doch eine Möglichkeit geben ...«, begann sie.

»Nein«, unterbrach Quint. »Keine. Ich habe versucht, die Flüssigkeit zu modifizieren, die mich am Leben erhalten hat. Aber ich bin zu alt. Das Leben in mir ist zu alt.« Bedauernd fügte er hinzu: »Ich bin nicht wie du. Ich bin nicht für die Ewigkeit geschaffen.«

»Lass uns in die Kaskade zurückkehren, Quint! Lass uns zurückkehren zu der Station, in der ich dich gefunden habe, Oder lass uns eine andere suchen, wo man dir helfen kann!«

»Der Pakt hat mich als Kustoden erschaffen, der hüten und bewahren soll«, sagte Quint. Das Brummen seiner Stimme wurde leiser, das Farbenspiel an Hals und Armen verblasste. »Ich habe gehütet und bewahrt und viel länger gelebt als vorgesehen.«

»Wir könnten einen Apparat bauen, der dich erneut schlafen lässt!«, schlug Eleonora vor. »Bis ich einen Weg gefunden habe, dich zu heilen!«

»Ich bin nicht krank«, lautete die Antwort. »Ich bin am Ende meines Lebens angelangt. Letzter Wunsch, größter von allen!«

Eleonora verstand. »Du hast gesagt, du möchtest den Apparat verlassen, der dich stützt. Du möchtest die Flügel ausbreiten, so weit es geht, und fliegen, nicht vom Exoskelett getragen, sondern vom Wind.«

»Wunsch«, bestätigte Quint. »Wunsch!«

»Aber ...«

»Bitte? Bitte!« Quint streckte Eleonora die Arme entgegen.

Sie half dem Kustoden. Sie stützte ihn, als er aus dem Exoskelett schlüpfte, sie trug ihn, ganz vorsichtig, als bestünde er aus dünnem Glas, das bei einer falschen Bewegung zerbrechen konnte. Die Flügel hatten ihren metallischen Glanz vollkommen verloren und waren so grau wie der Staub bei den Knochen des Titanen. Die rubinroten Augen hatten sich getrübt und wirkten wie geschrumpft.

»Halt mich in den Wind«, bat Quint. »Halt mich so, dass der Wind meine Flügel erfasst.«

Mit ausgestreckten Armen hielt sie ihn in den Wind, ein fragiles Wesen, nicht schwerer als zwölf oder dreizehn Kilogramm, und es breitete die Flügel ganz aus, vielleicht zum ersten Mal seit vielen Tausend Jahren. Sie fingen den Wind ein und knarrten wie altes, brüchiges Pergament.

Quint wurde noch leichter in Eleonoras Händen, und dann ... dann stieg er auf, vom Wind getragen, kippte nach links und rechts, fiel einige Meter und fing sich wieder ab.

Er lernte schnell, der sterbende Schmetterling, vielleicht erwachten bisher verborgene Instinkte in ihm. Eleonora beobachtete, wie er bis zu den Wolken emporflog, dort einige große Kreise drehte und dann über der Ebene hinfortsegelte.

Seine Stimme konnte sie nicht mehr hören, und bald wurde die Entfernung so groß, dass die veränderlichen Farben an Hals und Gliedmaßen selbst dem Zoom der Augenlinsen verborgen blieben. Quint wurde zu einem Punkt am dunkler werdenden Himmel. Die orangefarbene Sonne verschwand hinter dem Horizont, Zwielicht zog über die Ebene.

Eleonora beobachtete den Fliegenden, bis ihn die Kräfte verließen, bis er fiel, zweitausend Meter in die Tiefe.

Stunden später stand sie noch immer am Rand des Plateaus,

in Kälte und Dunkelheit. Die Wolken über ihr hatten sich verzogen, Sterne leuchteten am Nachthimmel, klar und hell. Das Band der Galaxis zeichnete sich ab, ihr Zentrum eine glühende Sphäre.

»Steig auf, Adler, und flieg so hoch, dass du bis in die Zukunft sehen kannst«, murmelte Eleonora.

Niemand antwortete ihr. Der Nachtwind flüsterte lautlos.

Als der Morgen dämmerte, drehte sie sich um, kehrte zur Kapsel zurück und verließ den namenlosen Planeten.

Kaskade

Erneut tröpfelte und strömte die Zeit, während die Kapsel durch die Kaskade fiel, aber nicht in Sekunden und Minuten, sondern in Jahren und Jahrzehnten. Das wusste Eleonora längst: Die Kapsel konnte Lichtjahre in der Zeit eines Gedankens zurücklegen, aber dort draußen, bei den Sternen und Galaxien, verging auch Zeit. Sie stand nicht still, sie wurde nur langsamer. Vielleicht lag es an mangelnder Raum-Zeit-Koordination, an einer nicht vollständigen Anpassung der Kapsel an die Tunnel der Kaskade. Eleonora war nicht sicher und verbrachte viele subjektive Wochen und Monate damit, die Systeme von Kapsel und Aktuator zu untersuchen. Nirgends war ein Fehler zu entdecken, und so gab sie die Analysen schließlich auf und fand sich damit ab, dass sie nicht nur durch kosmische Weiten reiste, sondern auch immer weiter in die Zukunft.

Oft dachte sie an Quint, ohne den emotionalen Filter, der ihre digitalen Gefühle dämpfte und ihren Überlegungen die kristallene Klarheit maschineller Logik verlieh. Die anfängliche Trauer wich allmählich der Freude darüber, dass sein letzter Wunsch in Erfüllung gegangen war. Er hatte den Apparat verlassen, der ihn gestützt hatte, er hatte die Flügel ausgebreitet und war geflogen. Eleonora stellte sich gern vor, dass er in einem Moment des Glücks gestorben war.

Sie erinnerte sich an ihren eigenen größten Wunsch und an die Frage, die Blake Hammings damals einem zwölfjährigen Mädchen namens Eleonora Delle Grazie gestellt hatte: *Wenn du einen Wunsch frei hättest, was würdest du dir wünschen?* Sie hatte geantwortet: *Ich würde mir wünschen, dass Großvater Francis wieder lebendig wird, ohne den Tumor in seinem Kopf.*

Und ich würde mir eine Antwort auf die Frage wünschen, was die geheime Mission meiner Eltern war.

Blake Hammings, Direktor des Space Center in Florida, war überrascht gewesen und hatte darauf bestanden, dass sie nur einen Wunsch äußerte, der allein sie selbst betraf. *Ganz ehrlich*, hatte er betont. *Dein größter Wunsch.*

Ihre Antwort hatte gelautet: *Ich möchte Astronautin werden und zum Mars fliegen.* Aber das war nicht die wahre, ehrliche Antwort gewesen.

Eleonora blickte aus dem Fenster hinaus ins All, als sie die Worte aussprach, die ihr damals durch den Kopf gegangen waren. »Die Sterne. Ich möchte das Universum sehen.«

Dort leuchteten sie, die Sterne, und das Universum lag ausgebreitet vor ihr, wie es ein Mensch noch nie gesehen hatte. Eleonoras größter Wunsch war in Erfüllung gegangen. Aber damit endete ihr Leben nicht, es ging weiter, ein Leben »für die Ewigkeit geschaffen«. Quint hatte sie darum beneidet, aber war Neid wirklich berechtigt?

Sie blickte weiterhin aus dem Fenster, während die Kapsel aus der Milchstraße fiel, und sie sah, wie die Galaxis wieder zu einem großen Feuerrad wurde, das zu schrumpfen begann, als die Entfernung wuchs. Während das kleine Raumschiff Zehntausende von Lichtjahren zurücklegte, vergingen dort draußen Jahrhunderte. Alles Vertraute blieb weit hinter Eleonora zurück, sowohl im Raum als auch in der Zeit.

Was hatte Bartholomäus gesagt? *Sie werden einsam sein, Der einsamste Mensch, der je existiert hat.*

Der Mensch war ein soziales Wesen, er brauchte Gesellschaft, um zu überleben. Lange Einsamkeit konnte ihn zerstören, erst den Geist und dann auch den Körper. Eleonora wusste um die Gefahr, sie dachte nicht zum ersten Mal darüber nach. Ihr Körper würde von Bestand bleiben, solange die Kapsel flog und nicht irgendwo und irgendwann in eine Sonne stürzte. Dem Geist aber drohte Gefahr. Die Einsamkeit, auf die sie sich vorbereiten musste, würde nicht einige Jahre oder Jahrzehnte dauern, sondern Jahrhunderte, Jahrtausende, vielleicht sogar Jahrmillionen.

Wie sollte ein menschliches Bewusstsein selbst in digitalisierter Form so gewaltige Zeiträume ohne Kontakt mit anderen denkenden Wesen überstehen, ohne Schaden zu nehmen und Wahnsinn in der einen oder anderen Form anheimzufallen? Wie konnte Eleonora über so lange Zeiträume hinweg ihre psychische, intellektuelle Integrität bewahren?

Eine Möglichkeit bestand darin, alle kritischen Faktoren zu eliminieren, vor allem Gefühle und das menschliche Bedürfnis nach Gemeinschaft und Gedankenaustausch. Die Vernunft allein – isoliert zwar von fremden Gedanken, nicht aber von Datenströmen, die immer wieder neue Informationen brachten – mochte imstande sein, Äonen zu überdauern, ohne an Stabilität zu verlieren. Aber es wäre das Denken einer Maschine gewesen, kalt, durch und durch rational, ohne irgendeinen menschlichen Aspekt. Die Vorstellung erschreckte Eleonora und brachte die Erinnerung an Sayas letzte Worte: *Vergiss nicht, was gewesen ist, Eleonora! Vergiss nicht, ein Mensch gewesen zu sein!*

Wenn sie als Mensch überleben wollte, durfte sie nicht ganz Maschine werden. Sie durfte nicht vergessen, was es bedeutete, Mensch zu sein.

Das Fenster, das die Kapsel in ihrem Rumpf für sie geschaffen hatte, gehörte zu Eleonoras ersten Maßnahmen, mit dem sie ihr Menschsein garantieren und ihre menschliche Psyche vor dem Verfall bewahren wollte. Sie verzichtete auf die schärferen Sinne ihres maschinellen Körpers, um sich nicht zu sehr daran zu gewöhnen, um nicht zu vergessen, woher sie kam, was sie gewesen war – das, was ihre Persönlichkeit ausmachte. Sie teilte ihr Bewusstsein und gab dem kleineren Teil eine diffusere, weniger zweckorientierte Struktur – er diente als ihr neues Unterbewusstsein, ein Zentrum für dezentrale Datenverarbeitung, für Intuition und Kreativität. Sie stattete sich mit zusätzlichen Algorithmen und Programmen aus, die es ihr ermöglichten, Schlaf so gut zu simulieren, dass er sich für ihre – reduzierte – Wahrnehmung nicht von echtem Schlaf unterscheiden ließ.

Die Fähigkeit, Nahrung aufzunehmen, über einen Verdauungsprozess Energie aus ihr zu gewinnen und die Reste auszuscheiden, wäre ein wichtiger Faktor des Menschseins gewesen. Doch es gab keine biologische Nahrung an Bord und eine derartige Energiegewinnung war äußerst ineffizient. Außerdem wäre dafür ein Umbau ihres Körpers notwendig gewesen, und darunter hätte vielleicht ihre physische Leistungsfähigkeit gelitten, auf die Eleonora nicht verzichten wollte.

Wachen und schlafen, wie ein Mensch denken und die Welt wie ein Mensch wahrnehmen, es sei denn, wichtige Daten erforderten ein Mehr an Aufmerksamkeit – das war ein wichtiger Schritt. Der nächste hieß: Gesellschaft.

Eleonora begann damit, neue fiktive Leben zu führen: auf der Erde als Dr. Miriam Longfield, die sich als Astrophysikerin und Kosmologin mit den Ursprüngen des Universums beschäftigte; auf dem Mond als Maximilian Vandoorn, Administrator von Luna City, der ersten lunaren Großstadt; und im All als Margaret Cavendish, Biologin der Forschungsstation *Carl Sagan*, die sich in einer Umlaufbahn des Jupiters befand und zum Projekt SEL – Search for Extraterrestrial Life – gehörte.

Miriam Longfield wohnte in Pasadena und forschte am Caltech, am Californian Institute of Technology. Wie eine gewisse Eleonora Delle Grazie in Florida hatte sie nie geheiratet und keine Kinder; die Wissenschaft war ihr ganzer Lebensinhalt. Sie beschäftigte sich vor allem mit den physikalischen Vorgängen während der ersten drei Minuten des Urknalls und der kosmischen Inflation, der starken Expansion des Universums. Mit den Teleskopen in den Umlaufbahnen von Erde und Mond blickte sie bis zur großen kosmischen Wand in einer Entfernung von etwas mehr als dreizehneinhalb Milliarden Lichtjahren – hinter dieser Wand blieb alles dunkel, weil das Universum zu jener Zeit, bis etwa dreihunderttausend Jahre nach dem Urknall, noch nicht »transparent« gewesen war, noch nicht durchlässig für Photonen.

Das Leben von Maximilian Vandoorn faszinierte Eleonora nicht nur, weil er es auf dem Mond führte, sondern weil es das

Leben eines Mannes war. Sie rückte es in den Vordergrund, lebte es intensiver, länger und detaillierter als die beiden Frauenleben, erforschte dabei auch die neue sexuelle Perspektive. Vandoorn lebte in der zweiten Hälfte des einundzwanzigsten Jahrhunderts, eine fiktive Person in einer Welt, von der sich Eleonora vorstellte, dass sie irgendwo in Zorans Stream existierte. In Vandoorns Universum gab es keinen Goliath, den man auch Smiley genannt hatte, weil das erste Zeichen seines langen, unaussprechlichen Namens ein Smiley war. Er heiratete und bekam eine Tochter, die Astronomie studierte und sich als junge Erwachsene für ein Leben in der Wissenschaftssiedlung auf der erdabgewandten Seite des Mondes entschied, im elektromagnetischen Schatten des Planeten.

Vandoorns Frau ließ sich von ihm scheiden, angeblich deshalb, weil er eigentlich gar nicht mit ihr verheiratet war, sondern mit Luna City. Unter seiner Ägide prosperierte die erste Großstadt auf dem Mond, erlangte zunächst wirtschaftliche und dann auch politische Unabhängigkeit. Für Luna City wurde er zu einem Helden.

Margaret Cavendish aus Kanada lebte ebenfalls in einer Welt, in der es auf der Erde nie zu einem »Erwachen« gekommen war. Als Dreißigjährige flog sie in der Mitte des einundzwanzigsten Jahrhunderts erst zum Mars, um die alten Sedimente beim Oudemans-Krater in der Sinai Planum auf Einschlüsse von Mikroben und höher entwickelten Lebewesen zu untersuchen. Einige Jahre später ging ihre Reise vom Mars aus weiter zum Jupiter, wo sie zur Leiterin der SEL-Forschungsstation *Carl Sagan* avancierte und zu den ersten drei Menschen gehörte, die mit einem Tauchboot in die Tiefen des subglazialen Ozeans von Europa vorstießen, wo sie dem Leviathan begegneten, einer aus Millionen von Mikroorganismen bestehenden kollektiven Lebensform.

Es waren interessante Leben, voller Überraschungen, und Eleonora hätte ihnen jederzeit weitere hinzufügen können, auf der Erde und anderswo, in Vergangenheit und Zukunft. Sie wurden zu einem wichtigen Stützpfeiler ihrer geistigen Stabilität, doch je mehr Zeit sie ihnen widmete, desto mehr befürchtete sie, sich in ihnen zu verlieren, irgendwann nicht mehr zurückzufinden in die Realität – in *ihre* Realität. Sie brauchte noch etwas anderes, einen Anker außerhalb von Träumen und Fiktion. Sie benötigte einen Resonanzboden, ein Echo für ihre Gedanken.

Eleonora dachte mehrere Monate lang darüber nach, während die Kapsel ihre ziellose Reise durch die Kaskade fortsetze, erst durch den intergalaktischen Leerraum, dann am feurig leuchtenden Rand des Andromedanebels vorbei, mehr als zwei Millionen Lichtjahre von der Milchstraße entfernt. Schließlich glaubte sie, einen Weg gefunden zu haben. Sie manipulierte ihre auf das menschliche Wahrnehmungsvermögen reduzierten Sinne und brachte nach draußen, was sie in sich trug.

Großvater Francis erschien in der Kapsel, auf der anderen Seite des Fensters. Wie früher saß er da, in seinen besten Jahren, groß und kräftig, ein Bär in Menschengestalt.

»Du hast es weit gebracht, Ele«, sagte er und zwinkerte ihr zu. »Im wahrsten Sinne des Wortes. Dein größter Wunsch hat sich erfüllt.«

Eleonora deutete aus dem Fenster. »Ich habe sie nie gefunden.«

»Deine Eltern?«

»Damals hast du gesagt, ihre Seelen seien unterwegs zu den Sternen.«

»Es waren Worte für ein Kind«, sagte Großvater Francis mit der sanften Ruhe, an die sich Eleonora erinnerte.

»Ich habe die Sterne gesehen und die Seelen meiner Eltern nicht gefunden.«

»Es gibt mehr Sterne, als du jemals sehen kannst, Ele, ganz gleich, wie lange du lebst. Und vielleicht hast du nicht an der richtigen Stelle gesucht.«

Eleonora blickte eine Zeit lang hinaus und betrachtete das Feuerrad einer fremden Galaxis.

»Ich weiß nicht weiter«, sagte sie. »Ich bin allein. Ich fürchte mich davor, den Verstand zu verlieren.«

»Deshalb hast du mich aus deinem Gedächtnis gerufen«,

wusste Großvater Francis. »Damit ich dir helfe, bei Verstand zu bleiben.«

»Gib mir einen Rat«, bat Eleonora. »Was soll ich tun?«

»Du hast noch immer eine Aufgabe. Du bist noch immer Botschafterin und Mittlerin.«

Das war wichtig, erkannte Eleonora. Sie konnte nicht einfach nur existieren und für immer und ewig mit der Kapsel durch die Kaskade fallen. Sie brauchte eine Aufgabe, als Fokus für ihre Gedanken, als Ziel für ihr Handeln, etwas, das ihrem langen Leben Inhalt und Struktur gab.

»Du musst den Konflikt beenden, der das Universum seit Jahrmilliarden durchzieht, Ele.«

Sie mochte es, wie Großvater Francis sprach: mit der Stimme der Vernunft, die Vertrauen verdiente. Er war wie eine Säule, an die man sich lehnen und an der man sich festhalten konnte, wenn der Rest der Welt ins Schwanken geriet.

»Ist das nicht absurd?«, erwiderte Eleonora. »Wie kann ein einzelner kleiner Mensch bei etwas so Gewaltigem irgendeine Rolle spielen?«

»Du bist mehr als nur ein einzelner kleiner Mensch. Du bist eine Synthese, ein hybrides Wesen, eine Mischung aus Mensch und Maschine, eine Verschmelzung. Du bist ein gutes Beispiel, du bist Hoffnung.«

»Ich höre Wahrheit in diesen Worten«, entgegnete Eleonora. »Aber man hat mich belogen, man hat mir eine tödliche Krankheit vorgegaukelt, um mich dazu zu bewegen, dieses neue Leben zu wählen.«

»Du bist gestorben und neu geboren«, sagte Großvater Francis.

Eleonora, die nie religiös gewesen war, lachte bitter. »Wie Jesus, meinst du? Willst du mich mit ihm vergleichen?«

Großvater Francis überlegte kurz. »Weißt du noch, was deine Mutter oft gesagt hat?«

»Ja. ›Die Zeit des Lebens ist zu kostbar, um sie mit Trauer zu vergeuden.‹«

»Das hat sie gesagt, und danach hat sie gelebt. Ich füge hinzu: Man muss versuchen, das Beste aus seinem Leben zu machen. Und gibt es etwas Besseres, als dem Universum Frieden zu bringen?«

»Ich weiß nicht, wo Pakt und Archäon sind. Und selbst, wenn ich es wüsste: Wie sollte ich mit ihnen verhandeln? Warum sollten sie auf mich hören?«

»Du musst sie zwingen, auf dich zu hören«, sagte Großvater Francis. »Das gute Beispiel allein reicht nicht. Du musst beide Seiten, Pakt und Archäon, dazu zwingen, mit ihren Vernichtungsfeldzügen aufzuhören und Frieden zu schließen.«

»Wie?«, fragte Eleonora und ahnte die Antwort.

»Mit der Waffe, die von den Muriah geschaffen oder wiederentdeckt wurde, nachdem sie eine Unterbrechung des Konflikts bewirkt hat. Gute Worte allein reichen nicht. Niemand würde auf dich hören, niemand dich ernst nehmen. Du musst beiden Seiten deinen Willen aufzwingen.«

»Eleonora Delle Grazie, Königin des Universums?«

»Sind das genug Sinn und Inhalt für dein langes Leben, Ele?«, fragte Großvater Francis. Er streckte die müden Glieder, so wie damals. »Auf Titel kommt es nicht an. Wichtig ist, was du *tust*.«

Eleonora versuchte, sich die Suche vorzustellen: nicht auf einem Planeten oder in einem Sonnensystem, nicht in einer Galaxis, sondern im ganzen Universum. Die Suche würde nicht einige Jahre oder Jahrzehnte dauern, sondern Jahrtausende, vielleicht Jahrmillionen oder gar Jahrmilliarden. Wie sollte ein Mensch, selbst wenn er zur Hälfte Maschine war, solche Zeiträume überblicken?

Etwas anderes fiel ihr ein.

»Könnte meine Suche nicht dazu führen, dass ich beide Seiten wecke? Der Konflikt ruht, soweit wir wissen. Wäre es nicht besser, ihn ruhen zu lassen, auf dass alles in Vergessenheit gerät?«

»Zu spät, Ele.« Großvater Francis sprach noch immer mit der ruhigen Geduld, die Eleonora als Kind so an ihm gemocht hatte. »Du oder Sergei, einer von euch hat den Späher des Archäons auf dem Mars geweckt. Er hat die Erde gesehen, er weiß um die dortige Maschinenintelligenz und die Menschen. Er ist aufgebrochen, um das Archäon zu benachrichtigen.«

Die Kapsel berührte den Rand einer kleinen Galaxis, eines Satelliten von Andromeda, und Eleonora sah das helle Licht einer Supernova. Die Spektrallinien hätten ihr gezeigt, welche schweren Elemente bei der gewaltigen Sternenexplosionen entstanden und wie viele Gigatonnen davon ins All geschleudert worden waren, aber Eleonora blieb bei der menschlichen Wahrnehmung. Sie blickte in die Augen ihres Großvaters und erkannte dort Mitgefühl und Anteilnahme.

»Ich bin verantwortlich?«, fragte sie leise.

»Du hast das Artefakt auf dem Mars berührt«, sagte Großvater Francis. »Womöglich hast du es geweckt. Aber das gibt dir keine *Schuld*. Der Zufall wollte es, dass es deine Hand war, die den Kontakt herstellte. Es hätte auch eine andere Hand sein können, und in den vielen Parallelwelten, die Zoran im Stream besucht, sind es andere Hände gewesen. Du trägst Verantwortung, weil du *hier* bist, Ele. In diesem kleinen Raumschiff, das durch die Kaskade fällt. Du trägst Verantwortung, weil du die Möglichkeit hast, jene Aufgabe wahrzunehmen, die auf jemanden wie dich gewartet hat.«

Während Eleonora darüber nachdachte, verschwand Großvater Francis nach und nach. Sein Gesicht verlor an Details, der Glanz in seinen Augen trübte sich, Schatten zogen über die Wangen, der Körper wurde transparent und löste sich auf. Sie hörte seine leiser werdende Stimme: »Sei nicht traurig, Ele, leb dein Leben. Hab Vertrauen zu dir selbst.«

Wieder im intergalaktischen Leerraum beobachtete Eleonora **88** die ewige Nacht zwischen den Galaxien.

»Wie soll ich die Waffe finden?«, fragte sie den Millionen von Lichtjahren tiefen schwarzen Abgrund. »Wie soll ich Pakt und Archäon lokalisieren?«

»Indem du in der Kaskade nach Spuren suchst, die Pakt oder Archäon hinterlassen haben«, antwortete jemand.

Sergei saß da, gekleidet in eine graue Kombination, die zu seinem eisengrauen Haar passte. Er schien ein paar Jahre älter zu sein als damals bei ihrer letzten Begegnung, in seinen Augen zeigte sich etwas mehr Weisheit.

»Wie geht es dir?«, fragte Eleonora erfreut.

Er lächelte. »Alle Systeme aktiv und korrekt.«

»Schön, dass du hier bist. Ich habe dich vermisst.«

»Wir hätten die Zeit, die wir gemeinsam hatten, besser nutzen sollen.«

Plötzlich stand er vor ihr und umarmte sie, und Eleonora begriff, wie sehr sie dies gebraucht hatte: eine Umarmung. Ihr metallener Körper störte ihn nicht.

»Wir tragen beide Verantwortung«, sagte er und wich ein wenig zurück. »Du hast das Artefakt auf dem Mars geweckt und ich habe es mit meiner Bombe auf die Reise geschickt.«

»Wir hätten beide klüger sein sollen.«

»Dein Großvater hat recht«, widersprach Sergei. »Wenn wir es nicht gewesen wären, hätte früher oder später jemand anders die Ereignisse in die Richtung gelenkt, die sie schließlich genommen haben.«

»Die Spuren in der Kaskade, Sergei ... Wie sehen sie aus? Wo könnten sie sich befinden?«

Sie schickte der Kapsel ein Signal, und vor ihr und Sergei leuchtete plötzlich ein komplexes Knäuel aus zahllosen Linien, die sich kreuzten und an vielen Stellen Knoten bildeten. Es wuchs, es schwoll immer mehr an, bis es das Innere der Kapsel füllte. Die glühenden und pulsierenden Fäden dehnten sich weiter aus, durch das amorphe Metall des Rumpfs hinaus ins All, wurden zu Tunneln und Röhren mit Wänden wie aus Glas, das nur eine Atombreite dick war.

»Das ist die Kaskade«, sagte Eleonora. »Sieh sie dir an. Wie viele Tunnel und Verzweigungen sind es?«

»Die Anzahl übertrifft die der Sterne im Universum«, antwortete Sergei.

»Wie sollen wir da Spuren finden, selbst wenn wir wüssten, wie die Spuren beschaffen sind, wie sie aussehen?« Angesichts solcher Wahrscheinlichkeiten konnte man den Mut verlieren, fand Eleonora.

Sie standen nebeneinander und blickten gemeinsam aus dem Fenster, das ein wenig größer geworden war.

»Sieh es dir an«, sagte Sergei leise. »Erinnert es dich nicht an etwas?«

In Eleonora stieg ein Bild auf. »Ein Schleimpilz. Es sieht aus wie das Geflecht eines kosmischen Schleimpilzes.«

Sergei nickte langsam. »Geh einen Schritt weiter oder vielleicht auch zwei.«

Eleonoras Perspektive verschob sich ein wenig, und plötzlich wusste sie, was Sergei meinte. »Die Knotenpunkte könnten ... Neuronen sein«, sagte sie, von den eigenen Worten fasziniert. »Und die Verbindungen zwischen ihnen sind wie Nervenfasern. Ein Gehirn?«

»Eine solche Struktur hat die Kaskade, nicht wahr?«

»Ein Gehirn, so groß wie das Universum?«

»Und wir sind darin unterwegs«, sagte Sergei. »Wie ein winziger Gedanke.«

Eleonora betrachtete das Gespinst, in dem es gelegentlich blinkte und blitzte. »Hältst du das wirklich für möglich?«

Er lächelte fast traurig. »Nein. Aber es ist ein interessantes Bild, nicht wahr?«

Eine Zeit lang, vielleicht einige Tage oder Wochen, beobachteten sie die Kaskade und ihre Veränderungen. Die Tunnel bewegten sich manchmal, wanden sich wie Schlangen oder Würmer, wurden an einigen Stellen dicker und an anderen dünner.

»Könnte die Kaskade ein natürliches Phänomen sein?«, fragte Eleonora irgendwann.

»Nein, ich glaube nicht«, meinte Sergei. »Sie wurde geschaffen. Vor langer, langer Zeit. Doch seitdem entwickelt sie sich weiter.«

»Wer hat sie geschaffen? Die Muriah?«

»Die Kaskade existierte schon, bevor die Muriah ins All aufgebrochen sind. Sie könnte ein Erbe des Pakts sein. Oder eine Saat-Konstruktion des Archäons. Es wäre auch denkbar, dass sie ihre Existenz einer dritten Partei verdankt, von der wir nichts wissen und vielleicht auch nie etwas erfahren werden.«

Eleonora dachte einen ganzen Tag nach, während die Kapsel weiter durch die Kaskade fiel und Sergei stumm neben ihr stand.

»Wie kann ich etwas finden, von dem ich nicht weiß, wo ich danach suchen soll?«, fragte sie schließlich. »Dies ist nicht wie die Nadel im Heuhaufen, sondern wie die Suche nach einem bestimmten Sandkorn am längsten Sandstrand der Erde.«

»Möglicherweise gehst du falsch an die Sache heran«, sagte Sergei.

»Wie meinst du das?«

»Vielleicht gelangst du eher zum Ziel, wenn du dich finden *lässt*.« Sergei umarmte sie erneut. »Ich gehe jetzt, damit du nicht abgelenkt bist. Ruf mich, wenn du mich brauchst.«

Er lächelte, winkte und verschwand.

Lass dich finden.

Eleonora verband sich mit der ziellos fallenden Kapsel und schickte digitale Gedanken in ihre Datentiefen. Das hatte sie vernachlässigt, begriff sie nun – sie musste so viel wie möglich über das kleine Raumschiff, mit dem sie unterwegs war, und seine Systeme herausfinden. Die Kapsel war für Reisen in der Kaskade vorgesehen, sie konnte darin navigieren und ein Ziel ansteuern. Vielleicht gab es spezielle Sensoren, mit denen sich Anomalien in den Tunneln der Kaskade lokalisieren ließen, etwas Ungewöhnliches, das ihr einen Hinweis gab.

Nach langer Suche entdeckte sie etwas, das sie für einen Signalgeber hielt. Sie dachte an die blinkenden und blitzenden Lichter, die sie in den interstellaren und intergalaktischen Tunneln gesehen hatte. Handelte es sich dabei vielleicht um Kommunikationssignale?

Wenn sie gefunden werden wollte, von wem oder was auch immer, wenn sie auf diese Weise versuchen wollte, Pakt, Archäon und vielleicht die Waffe zu finden, um mit ihr den Konflikt zu beenden und Frieden zu erzwingen, wie Großvater Francis gesagt hatte – dann musste sie sich bemerkbar machen.

Eleonora untersuchte den Signalgeber, aktivierte ihn und stellte sich vor, wie die Kapsel für andere Beobachter in der Kaskade zu einem Blinken und Blitzen wurde.

Sie hatte sich auf eine längere Wartezeit eingestellt und war bereit, ihre drei aktuellen fiktiven Leben fortzusetzen, doch nur zwei Tage nach der Aktivierung des Signalgebers begann die Kapsel zu vibrieren, wurde langsamer und stürzte aus der Kaskade.

Nekropole

89 **Entfernung von der Erde: 250 Millionen Lichtjahre**
Irdische Zeit: vielleicht Jahr 200 000
Es wurde dunkel in der Kapsel, und einen Moment später
fühlte sich Eleonora von etwas gepackt und gegen die Wand
geschleudert, mit solcher Wucht, dass einige ihrer elektronischen und mechanischen Komponenten beschädigt wurden.
Sie schaltete auf die Reservesysteme um und erweiterte ihre
Sinne über die Grenzen der menschlichen Wahrnehmung
hinaus.

Das Fenster im Rumpf hatte sich geschlossen, und es gab
keine holografischen Darstellungen, die die Umgebung der
Kapsel zeigten. Eleonora verband sich mit einem neuen Ankerpunkt, schickte Datenbrücken in die Bordsysteme und versuchte herauszufinden, was geschehen war. Die Sondierung
mit den eigenen Sensoren zeigte ihr zahlreiche mobile Massen
in der Nähe, aber keine Schwerkraftfelder, die auf die Präsenz
eines Planeten oder einer Sonne hinwiesen.

Fehlermeldungen strömten durch die Datenkanäle, zahlreiche Systeme der Kapsel funktionierten nicht mehr wie vorgesehen.

Eleonora kannte das kleine Schiff inzwischen so gut, dass
sie mit ihren Signalen neue Verbindungen dort schaffen
konnte, wo alte unterbrochen waren. Das energetische Herz
der Kapsel schlug noch immer und sie leitete einen Teil seiner
Kraft in die externen Sensoren.

Plötzlich sah sie mit anderen Augen.

Neben ihr erschien eine Gestalt. Helena stand dort und
lächelte.

»Ich weiß, wo wir sind«, sagte sie. »Oh, das zu sehen ... Es ist
wundervoll.«

Vor der Kapsel erhob sich eine Wand aus Abertausenden Galaxien. Eleonora betrachtete ihre Strahlungsmuster, jedes von ihnen so individuell und unverwechselbar wie der Fingerabdruck eines Menschen. Sie empfing auch die Navigationsdaten der Kapsel, mit denen sie jedoch ohne umfangreiche und zeitraubende Korrelationen nicht viel anzufangen wusste.

Helena – ein Teil von ihr, der die Daten offenbar schneller verarbeiten konnte – breitete die Arme aus. Sie schien all die Galaxien umarmen zu wollen. »Das ist der Große Attraktor«, verkündete sie in einem ehrfürchtigen Ton, »etwa zweihundertfünfzig Millionen Lichtjahre von der Erde entfernt. Ein Superhaufen aus mehreren Zehntausend Galaxien und eine der massereichsten Strukturen des ganzen Universums. Er bildet ein gewaltiges Schwerkraftzentrum, das weitere Galaxien anzieht, aus einer Entfernung von mehreren Hundert Millionen Lichtjahren.«

Dort stand sie, die blonde Spektografin, die während des Flugs der *Mars Discovery* viel Zeit im Observatorium verbracht, stellare Spektren analysiert und nach Anzeichen für Leben auf Exoplaneten gesucht hatte. Eleonora erinnerte sich an ihren Tod auf dem Mars – mit dem Auge der Erinnerung sah sie Helena in die Tiefe stürzen, einen steilen Abhang hinunter, in gespenstischer Lautlosigkeit.

»Hat er uns hierhergebracht?«, fragte Eleonora. »Hat der Große Attraktor auch uns anzogen, aus der Kaskade heraus?«

»Nein, ich glaube nicht«, antwortete die seit vielen Jahrtausenden tote Helena. »Etwas anderes muss geschehen sein.« Sie zögerte. »Oh ...«

Der Blickwinkel wechselte, als die Sensoren der Kapsel ihren Fokus neu ausrichteten. Etwas anderes geriet in Sicht, die vielen beweglichen Massen, die Eleonora bei der Sondierung mit ihren eigenen Sensoren bemerkt hatte.

Die mobilen Objekte waren Raumschiffe, Tausende oder vielleicht sogar Millionen, unter ihnen nicht ein einziges, das von Menschenhand erbaut worden wäre. Eleonora sah sie im Strahlungsregen der Galaxien, Raumschiffe in allen nur erdenklichen Formen, manche klein und fragil, kaum größer als die Aktuatorkapsel und geformt wie Blumen aus Kristall oder dünnem Porzellan. Andere waren riesig, groß genug für den Titanen, unter dessen Rippenbögen Eleonora gestanden hatte. Walzen und Keile, Kugeln, Würfel und Pyramiden und wiederum Schiffe, die wie aufs Geratewohl zusammengesetzt wirkten, wuchtig und massiv oder zart und zerbrechlich.

Sie alle bewegten sich wie in einem gemächlichen Tanz, mit Geschwindigkeiten im Bereich von wenigen Zentimetern pro Sekunde. Es blieb nicht aus, dass es zu Kollisionen kam, die wie in Zeitlupe stattfanden. So beobachteten die Sensoren der Kapsel, wie einige Millionen Kilometer entfernt ein keilförmiges Schiff an einem anderen entlangschrammte, das aus mehreren unterschiedlich großen Kugeln bestand. Bei beiden Schiffen lösten sich Teile des Rumpfs, und Splitter und Trümmer, kleiner als eine menschliche Hand, bildeten sich langsam ausdehnende Wolken.

»Sie sind alt«, sagte Helena. Sie stand noch immer da, so real wie zuvor Großvater Francis und Sergei. »Mikrometeoriten haben ihre Außenhüllen zerkratzt und Löcher darin hinterlassen.«

»Was hat sie hierhergebracht?«, fragte Eleonora.

»Vielleicht das, was auch uns hierherbrachte«, erwiderte Helena.

Neue Bewegungen weckten Eleonoras Aufmerksamkeit. Mehrere kleine Objekte glitten durch die Lücken zwischen den nahen Schiffen und näherten sich. Die Sensoren der Kapsel orteten elektromagnetische Auren und die Emissionen von Triebwerken.

»Drohnen?«, fragte sie.

Der Zoom holte sie heran: spinnenartige Maschinen mit ovalen Zentralkörpern, aus denen Werkzeugarme ragten. Sie manövrierten vorsichtig zwischen den alten Schiffen, und an ihrem Ziel konnte kein Zweifel bestehen – sie näherten sich der Kapsel.

»Vorsicht«, warnte Helena. »Vorsicht.«

Eleonora beobachtete die Drohnen. »Sie scheinen nicht bewaffnet zu sein.«

»Die Löcher in den Rümpfen der Raumschiffe«, gab Helena zurück. »Nicht alle stammen von Meteoriten.«

Eleonora richtete den Sensorfokus der Kapsel neu aus und begann mit einer genaueren Sondierung der Außenhüllen mehrere Schiffe. Einige der Öffnungen darin sahen aus wie von einem Messer geschnitten.

»Und jetzt sieh dir die Werkzeugarme der Maschinen dort an«, sagte Helena.

Es gab noch immer keine Holos in der Kapsel und es blieb dunkel in ihrem Innern. Helenas Gestalt schien zu leuchten, aber ihre Existenz war nichts anderes als eine beabsichtigte Sinnestäuschung. Was Eleonora draußen im Weltraum sah, erblickte sie nicht mit ihren Augenlinsen, sondern mit den viel leistungsfähigeren Sensoren der Kapsel, die auch über eine Entfernung von mehr als hunderttausend Kilometern Details der Drohnen ausmachen konnten.

Einige Drohnenarme waren mit Objekten ausgestattet, die an Schneidwerkzeuge und Laserbrenner erinnerten.

»Ein Raumschifffriedhof«, sagte Eleonora. »Jemand hat das Schwerkraftzentrum des Großen Attraktors benutzt, um Raumschiffe aus dem Kaskaden-Transit zu holen. Anschließend schickt er Drohnen und ... macht was?«

»Er schneidet die entführten Schiffe auf«, lautete die Antwort. Sie stammte nicht von Helena, sondern von der technisch versierten Penelope, in deren dunklen Augen es wie damals zu brennen schien. »Weil er etwas sucht.«

»Wer ist ›er‹?«, fragte Eleonora. »Und *was* sucht er?«

»Vielleicht sucht er das, was auch wir suchen«, spekulierte Penelope. »Die mysteriöse Waffe, die geschaffen wurde, um den alten Konflikt zu beenden. Dies könnte eine Falle sein, die seit vielen Jahrmillionen existiert, mit dem Zweck, den Gegner zu schwächen. Wenn das stimmt, hegen die Drohnen, die sich uns nähern, keine freundlichen Absichten. Sie könnten versuchen, auch diese Kapsel aufzuschneiden.«

»Und dann?«

»Möchtest du herausfinden, ob die Drohnen nicht nur die Kapsel aufschneiden wollen, sondern auch dich, und ob sie dazu in der Lage sind?«, fragte Penelope. »Du bist nicht unzerstörbar.«

»Wenn es hier noch etwas gibt, das aktiv ist und reagieren kann, sollten wir versuchen, in einen Dialog zu treten«, meinte Eleonora, die Botschafterin. Einmal mehr griffen ihre Datenhände in die Systeme der Kapsel, aktivierten das Kommunikationssystem und sendeten ein Signal.

Mit den Kapselsensoren beobachtete sie bei den Drohnen ein Flackern der elektromagnetischen Auren. Die Triebwerksemissionen nahmen zu, als die spinnenartigen Maschinen beschleunigten.

Die Entfernung schrumpfte schnell.

Aus der Ferne kam ein schwaches, leises Echo des Signals, das Eleonora gesendet hatte.

»Wer ist dort?«, fragte sie sofort und sendete erneut. »Wer hört mich?«

Einige Sekunden verstrichen, dann empfing sie eine Antwort, ein verzerrtes Signal, dessen Modulation sie an die Signale des Clusters auf der Erde erinnerte.

Welche Erklärung gab es dafür?

»Adam und Evelyn?«, sagte Penelope. »Sind sie hier? Ist das Schiff, mit dem sie unterwegs waren, ebenfalls in diese Falle geraten?«

Die erste Drohne erreichte die Kapsel, und Eleonora hörte ein Klicken und Klacken, als die Greif- und Werkzeugarme den Rumpf berührten. Wenige Sekunden später registrierten die Kapselsensoren eine lokale Zunahme der Temperatur.

»Es geschieht«, verkündete Penelope. »Das Ding versucht, die Kapsel aufzuschneiden und zu uns zu gelangen. Willst du abwarten, bis auch die anderen Drohnen da sind?«

»Nein.« Eleonora aktivierte die Flugkontrollen. »Ich will wissen, wer mir geantwortet hat.«

Die Kapsel sprang durchs All, den eingefangenen Raumschiffen entgegen.

Ein Rauschen wie von Wind in hohen Baumwipfeln ging durch die Kapsel, als sie die Drohnen hinter sich ließ – abgesehen von der einen, deren elektromagnetische Anker sie mit dem Rumpf verbanden. Ihre Schneidwerkzeuge und Brenner fraßen sich in das amorphe Metall. Eleonora versuchte es mit abrupten Manövern, aber die Drohne ließ sich nicht abschütteln.

»Dort vorn«, sagte Penelope und streckte die Hand aus. »Dichter heran.«

Eleonora wusste, worauf die Hand zeigte: auf ein zapfenartiges Gebilde, das mehrere Meter weit aus der wie zernarbt wirkenden Außenhülle eines walzenförmigen Raumschiffs ragte. Sie ließ die Kapsel noch schneller werden, steuerte sie in einem Abstand von nur wenigen Metern an der Hülle der Walze entlang, wich einer Kuppel aus, die sich aus der Hülle wölbte und unter der sich die Umrisse von Apparaturen zeigten, und hielt genau auf den Zapfen zu. Es fiel ihr nicht schwer, die Kapsel zu steuern – durch die sensorische Verbindung fühlte sie sich an wie eine Erweiterung ihres Körpers.

Die Drohne am Rumpf schien die Gefahr zu erkennen, denn sie duckte sich und veränderte ihre Konfiguration, wurde länger, breiter und flacher. Aber sie reagierte nicht schnell genug, oder vielleicht erforderte die Rekonfiguration eine gewisse Zeit.

Die Kapsel flog mit einer Geschwindigkeit von etwa achthundert Metern pro Sekunde, als der Zapfen die Drohne erfasste oder zumindest einen Teil von ihr. Es knallte und berstendes, zerreißendes Metall kreischte. Ein Ruck ging durch die Kapsel und gab ihr zusätzliches Bewegungsmoment, das Eleonora sofort ausglich.

»Ist die Drohne noch bei uns?«, fragte sie sich selbst. »Wie viel von ihr haben wir zerstört?«

»Das Ding regeneriert sich«, meldete Penelope.

Eleonora empfing ein Bild und sah, wie sich dunkle Metallfetzen bewegten. Offenbar bestanden sie aus Dutzenden von einzelnen Komponenten, die sich voneinander lösten und sich dann neu zusammenfügten. Es formte sich etwas, das kleiner war als die spinnenartige Maschine, die sich zuvor mit der Kapsel verbunden hatte, aber ebenfalls über Greifarme mit Werkzeugen verfügte, die durch das amorphe Metall des Rumpfs schnitten, bohrten und brannten.

Eleonora empfing Warnmeldungen von den Kontrollsystemen und empfand sie fast wie körperlichen Schmerz – die Kapsel litt, sie wurde verletzt.

»Wir werden die Drohne nicht los«, sagte Penelope. »Sie schneidet sich durch den Rumpf und erreicht uns in ...«

»In spätestens zehn Minuten«, sagte Eleonora und steuerte die noch immer sehr schnelle Kapsel durch schmale Lücken zwischen den zahlreichen alten Schiffen. Die Präzision der Navigationselemente ließ nach, sie musste die Geschwindigkeit drosseln.

»Wir bekommen Besuch.« Penelope streckte erneut die Hand aus, und diesmal galt ihre Geste Objekten, die mehrere Millionen Kilometer entfernt aus der Raumschiff-Nekropole kamen und Kurs auf sie nahmen – weitere Drohnen. »Ich fürchte, uns bleibt nichts anderes übrig, als dieses kleine Schiff zu verlassen.«

Eleonora sprach mit sich selbst, das wusste sie, aber Penelope wirkte sehr real, wie eine echte, lebende Person.

Die Kapsel schickte ihr weitere Warnmeldungen. Fehlfunktionen häuften sich.

»Das Ding dort draußen wird nicht innehalten, wenn es sich durch die Hülle geschnitten hat«, prophezeite Penelope. »Dann sind wir an der Reihe.«

Eleonora änderte noch einmal den Kurs und steuerte die Kapsel an einem Raumschiff vorbei, das aussah wie ein fünfzackiger Stern. In einem der Zacken klaffte ein großes Loch, und darin bemerkte Eleonora Maschinen, die offenbar etwas demontierten.

Eine Vibration breitete sich im Rumpf aus, für Eleonoras akustische Sensoren ein dumpfes Surren. Es erinnerte sie an das Geräusch einer Bohrmaschine.

»Wir können auch ohne die Kapsel manövrieren«, sagte Penelope. »Wir sind nicht unbedingt auf sie angewiesen. Wir können auch ohne sie durch die Nekropole fliegen, nicht wahr?«

»Ja«, bestätigte Eleonora. »Aber wohin?«

»Das fragst *du?*« Penelope klang erstaunt.

Eleonora blickte und lauschte mit den Sensoren der Kapsel und versuchte festzustellen, woher das schwache, ferne Echo gekommen war. Sie sandte ein weiteres Kommunikationssignal, doch diesmal blieb die Antwort aus – sie hörte nur das Strahlungsflüstern der vielen Tausend Galaxien des Großen Attraktors, einen Sternengesang von ätherischer Schönheit, dem sie unter anderen Umständen vielleicht einige Monate oder Jahre gelauscht hätte.

»Du kennst den Weg«, sagte Penelope. »Du weißt, woher die Antwort gekommen ist. Verlier keine Zeit.«

Das dumpfe Surren war lauter geworden. So fest und hart der Rumpf auch sein mochte, die Bohrer und Scheren der Drohne fraßen sich immer tiefer hinein.

»Du kannst deine Aufgabe nur wahrnehmen, wenn du intakt bleibst«, mahnte Penelope.

»Ja, natürlich.« Eleonora sendete ein internes Signal und beobachtete, wie sich direkt neben ihr eine Öffnung in der Außenhülle bildete. Sie wusste, dass sie schnell handeln musste, denn die Sensoren der Drohne würden den Zugang bemerken.

Sie gab den letzten Ankerpunkt auf und wies die Systeme der Kapsel an, all ihre Datenbanken zu löschen und auch die redundanten Systeme zu neutralisieren. Der Fallensteller, wer auch immer er war, sollte keinerlei Informationen erbeuten können.

Die Vibrationen ließen nach, das Surren hörte auf – die Drohne kroch über den Rumpf zur gerade entstandenen Öffnung.

Mit flinken Händen legte Eleonora einen Ausrüstungsgürtel an und stieß sich dann vom Ankerpunkt ab.

Einen Moment später war sie im All und entfernte sich langsam von der Kapsel, die einer letzten Anweisung gehorchte, schneller wurde und zusammen mit der Drohne zwischen den Raumschiffen der riesigen Nekropole verschwand.

Das Schiff

91 Entfernung von der Erde: 250 Millionen Lichtjahre
Irdische Zeit: vielleicht Jahr 200 000

Der Ausrüstungsgürtel verfügte über zwei Energiepakete, was bedeutete, dass Eleonora ihre eigenen energetischen Reserven schonen konnte. Mit kleinen chemischen Treibsätzen veränderte sie ihre Position, peilte das Ziel an – es befand sich irgendwo auf der anderen Seite der Raumschiff-Nekropole, etwa achtzig Millionen Kilometer entfernt – und aktivierte die Ionen-Module des Gürtels, die für eine zwar geringe, aber beständige Beschleunigung sorgten.

Wie eins der vielen Trümmerstücke trieb sie durchs All und glitt an einem Raumschiff vorbei, das aussah wie ein halb zerquetschtes Gerüst aus zahlreichen Hunderte Meter langen Stangen und Röhren, mit unterschiedlich großen Gondeln dazwischen. Auf eine aktive Sondierung verzichtete Eleonora aus gutem Grund – ihre Sondierungssignale hätten den unbekannten Fallensteller alarmieren und ihn veranlassen können, weitere Drohnen auszuschicken. Sie waren schnell, die Maschinen mit den Schneidwerkzeugen, Brennern und Bohrern – allein mit dem Schub der Ionen-Module hätte ihnen Eleonora nicht entkommen können.

»So viele Raumschiffe«, erklang eine Stimme neben ihr. »Und nicht zwei von ihnen gleichen sich.«

Eleonora drehte den Kopf. Neben ihr flog die blasse Alenka, Spezialistin für Lebenserhaltungssysteme. Ihr Haar wehte wie im Wind. Einen Raumanzug trug sie nicht.

»Wie alt mögen sie sein?«, fragte Eleonora, als sie an einem mehrere Kilometer großen Raumschiff vorbeikamen, das mit seiner spiralig aufgerollten Struktur einem Kopffüßer der Gattung Nautilus ähnelte. »Und woher stammen sie?«

»Weißt du es nicht?«, fragte Alenka.

Sie schien zu sprechen, Eleonora glaubte ihre Stimme zu hören, obwohl das Vakuum keinen Schall übertrug.

»Ich weiß, was mir meine Sensoren sagen«, erwiderte sie. »Und was mir die Sensoren der Kapsel mitgeteilt haben. Diese Raumschiffe sind alt, uralt.«

»Der Weltraum hat sie konserviert. Sollen wir sie uns ansehen? Wir könnten durch eine der Öffnungen ins Innere gelangen und ein Schiff nach dem anderen erforschen. Vielleicht erfahren wir dabei mehr über die Erbauer und woher sie kamen.«

Alenka, die Abenteurerin. Welche Tiefen hatten sich in der blassen, stillen Frau aus Wladiwostok verborgen! Eleonora bedauerte, zu spät davon erfahren zu haben.

»Willst du mich von meiner Mission abhalten?«, entgegnete sie mit einem Lächeln.

»Natürlich nicht. Aber Zeit haben wir genug, oder? Was sind schon ein paar Jahre, Jahrzehnte oder Jahrhunderte?«

Zeit, dachte Eleonora.

»Wie ist es dir ergangen?«, fragte sie, obwohl sie wusste, dass die Frage im Grunde unsinnig war.

»Ich habe mein Leben gelebt und bin lange tot, seit vielen Tausend Jahren«, antwortete Alenka.

»Du hast keine Gelegenheit bekommen, den Olympus Mons auf dem Mars zu ersteigen«, bedauerte Eleonora. »Das tut mir leid.«

»Es ist nicht deine Schuld.«

Eleonora verglich die Sensordaten mit den gespeicherten Koordinaten und vergewisserte sich, auf dem richtigen Kurs zu sein. Weit und breit zeigten sich keine Drohnen. Trotzdem war Vorsicht geboten, denn manchmal erschienen unvermittelt Trümmer vor ihr, denen es auszuweichen galt.

»Bist du um den Planeten gewandert?«, fragte Eleonora. »Das hattest du vor. Du wolltest einmal um die Welt wandern, der wir den Namen Paradise Found gegeben haben. Ganz allein, nur von zwei Drohnen begleitet. Bist du damals aufgebrochen?«

Alenka, blass im matten Licht der Galaxien des Großen Attraktors, schwieg einige Sekunden lang.

»Ich weiß es nicht«, gab sie schließlich zu. »Ich erinnere mich nicht.«

Und damit löste sie sich auf. Wie zuvor Helena, Sergei und Penelope schien Alenka an Substanz zu verlieren. Ihr Körper, der eigentlich gar nicht existierte, wurde durchsichtig; Eleonora konnte dahinter den Rumpf des nächsten Schiffes sehen. Alenka schien noch etwas sagen zu wollen, sie öffnete den Mund, doch Eleonora vernahm keine Worte, und einen Moment später war Alenka verschwunden.

Eleonora flog allein zwischen stummen, dunklen Riesen, vor Äonen von einem Fallensteller eingefangen, der noch immer auf der Lauer lag.

92 Während der ersten Woche des Flugs durch die Nekropole galt Eleonoras Aufmerksamkeit vor allem den vielen Raumschiffen. Mit passiven Sondierungen versuchte sie, mehr über sie herauszufinden, doch sie wagte es noch immer nicht, Signale zu senden, aus Sorge, damit dem Fallensteller ihre Position zu verraten.

Die meisten von ihnen schienen tatsächlich sehr alt zu sein, Jahrhunderttausende und Jahrmillionen. Aber je tiefer Eleonora in den Schiffsfriedhof vorstieß, je näher sie seinem Zentrum kam, desto jünger wurden die Raumschiffe. Vielleicht verbarg sich dort die Falle: in der Mitte der Nekropole, in ihrem Herzen.

Was hatte all die Schiffe hierhergebracht? Mit dieser Frage beschäftigte sich Eleonora in der zweiten und dritten Woche ihrer langen Reise. Den kleinen Ionenantrieb hatte sie inzwischen deaktiviert, um Energie zu sparen und die Wahrscheinlichkeit einer Entdeckung so gering wie möglich zu halten.

Mit ihren Linsen sah sie nicht nur das Licht der Galaxien, das auch für menschliche Augen sichtbar gewesen wäre, sondern ebenso die kurz- und langwelligen Spektralbereiche. Ihre akustischen Sensoren hörten den »Gesang« des Universums, die Partikelströme des Großen Attraktors, bestehend aus Teilchen, die seit Jahrmillionen und Jahrmilliarden durch unermessliche kosmische Weiten flogen. Jede einzelne der Galaxien, aus denen der Attraktor bestand, hatte eine eigene unverwechselbare Stimme, stellte Eleonora fest.

Mehrere Tage lang lauschte sie dem multigalaktischen Konzert und suchte nach Missklängen, nach Verschiebungen von Wellenlängen oder geringfügigen energetischen Anomalien, die vielleicht einen Hinweis darauf gaben, wie genau der Trick des Fallenstellers funktionierte. Das Schwerkraftfeld des Großen Attraktors allein reichte nicht aus, um all diese Raumschiffe einzufangen, es bot vermutlich nur gute allgemeine Voraussetzungen. Es musste etwas anderes geben, das die Raumschiffe aus der Kaskade holte und hierherbrachte, an diesen Ort zwischen den Galaxien.

Als sich Eleonora dem Zentrum der Nekropole näherte, machte sich ein Einfluss bemerkbar, der ihren Kurs veränderte. Sie überprüfte die Kontrollen, reaktivierte die Ionen-Module ihres Ausrüstungsgürtels und korrigierte den Kurs.

»Die Mitte des Raumschifffriedhofs ist leer, sieh nur«, erklang eine neue Stimme. Lambert flog neben ihr und lächelte wie damals. »Und doch kann sie nicht völlig leer sein, denn etwas will uns in diese Richtung ziehen.«

»Was käme infrage?« Eleonora musste den Schub noch einmal erhöhen, um den Kurs stabil zu halten. Dadurch wuchsen ihre energetischen Emissionen, was höhere Entdeckungsgefahr bedeutete.

»Vielleicht ein Ein- und Ausgang der Kaskade, wer weiß?«

Eleonora flog am Rand eines offenen Bereichs, der etwa eine Lichtsekunde durchmaß, dreihunderttausend Kilometer, und völlig leer zu sein schien. Nicht einmal Trümmer gab es dort.

»Eingang und Ausgang?«, wiederholte sie. »Warum fallen die Schiffe nicht in die Leere?«

»Sie kreisen darum und sind weit genug entfernt«, antwortete Lambert. »Und selbst wenn sie hineinfielen ... Ich nehme an, sie kämen sofort wieder heraus.«

Die Worte klangen rätselhaft, ergaben aber Sinn, als Eleonora genauer darüber nachdachte und mit passiven Sondierungen zusätzliche Daten gewann. Im Mittelpunkt der eine Lichtsekunde durchmessenden Leere im Herzen der Nekropole gab es ein kleines energetisches Flackern, eine elektromagnetische Fluktuation wie beim Öffnen und Schließen eines Zugangs zur Kaskade. Dort war der Ursprung des Schwerefelds, das Eleonora anzog.

Sie verarbeitete die gewonnenen Daten und fand mit mehreren Simulationen heraus, dass ein Objekt, das auf dieser Seite ins Zentrum fiel, zwar in der Kaskade verschwand, dort aber sofort wieder in die Falle geriet und zurückgeschickt wurde – es erschien auf der anderen Seite des Zentrums, entfernte sich davon und wurde Teil der Nekropole, die sich über etwa eine Astronomische Einheit erstreckte.

»Wir könnten in die Kaskade zurückkehren«, schlug Lambert vor. »Wir könnten die Reise fortsetzen, wenn wir eine Möglichkeit finden, die Falle zu umgehen.«

»Wir haben ein Ziel«, widersprach Eleonora und vergewisserte sich erneut, auf Kurs zu sein. Die leere Mitte der Nekropole blieb allmählich hinter ihr zurück. Rechts und links zogen dunkle, pockennarbige Raumschiffsrümpfe vorbei. »Vielleicht ist unsere Reise hier zu Ende.«

»Ich habe immer deinen Optimismus bewundert«, gestand Lambert. »Er hat uns anderen Kraft gegeben während der schweren Zeit.« Ernst verscheuchte das Lächeln aus Lamberts Gesicht, doch nur für wenige Sekunden, dann kehrte es zurück. »Aber wenn unsere Reise noch nicht zu Ende ist ... Wir könnten versuchen, mehr über die Falle herauszufinden, sie zu erforschen. Und wenn sie sich mit dem, was dein Körper und der Ausrüstungsgürtel enthalten, nicht austricksen lässt ... Dann basteln wir uns etwas. Einen Apparat oder ein kleines Schiff. Material steht uns genug zur Verfügung.« Er deutete auf die vielen Raumschiffe. »Und Zeit haben wir reichlich, nicht wahr? Daran mangelt es nicht.«

Das hatte auch Alenka gesagt, erinnerte sich Eleonora.

Sie deaktivierte die Ionen-Module und benutzte sie nur noch, wenn es Trümmern auszuweichen galt. Für eine Weile flog sie still und stumm. Als sie zur Seite sah, war Lambert verschwunden.

Eleonoras Geschwindigkeit blieb gering. Tage vergingen, wurden zu Wochen und Monaten. Sie verzichtete auf die Simulation von menschlichem Schlaf und hielt mit Augenlinsen und Sensoren nach Hindernissen und Gefahren Ausschau, reduzierte aber die Aktivität ihrer anderen Systeme, um Energie zu sparen. Ihre Akkumulatoren waren zu dreiundfünfzig Prozent geladen, und sie konnte die kosmische Strahlung nutzen, um ihre energetischen Reserven zu erhöhen.

93

In den Ruhezeiten versetzte sie sich in einem traumartigen Zustand, um über die Antwort auf ihre Signale nachzudenken, das »Echo«, dessen Modulation sie an die Kommunikation des Clusters auf der Erde erinnert hatte. Doch die Suche nach einer Botschaft darin blieb ohne Ergebnis und nichts deutete auf einen Code hin, auf eine Verschlüsselung. Handelte es sich um ein einfaches Statussignal, um ein »Ich bin hier und habe dich gehört«?

Sie verglich die Antwort noch einmal mit den Kommunikationssignalen, die sie auf der Erde empfangen hatte, vom Cluster und auch von Zoran, und wieder bemerkte sie gewisse Parallelen bei der Modulation. Zufall kam als Erklärung nicht infrage, dafür berechnete Eleonora eine Wahrscheinlichkeit von nur sieben Prozent. Aber ließ sich daraus der Schluss ziehen, dass das »Echo« von Adam und Evelyn stammte, wie Penelope vermutet hatte? Andererseits … Konnte es hier draußen, zweihundertfünfzig Millionen Lichtjahre von der Milchstraße entfernt, jemand anders mit einer Verbindung zur Erde geben?

Der vierte Monat neigte sich dem Ende entgegen, als Eleonoras Autopilot-Programm die Ionen-Module reaktivierte und mit dem Bremsmanöver begann – sie näherte sich dem

Ziel, dem angepeilten Ausgangspunkt des Signals. Die Abstände zwischen den Raumschiffen waren etwas größer geworden und beliefen sich manchmal auf mehrere Tausend Kilometer, aber direkt vor Eleonora, noch anderthalb Lichtsekunden entfernt, waren mehrere Schiffe kollidiert und hatten sich ineinander verkeilt. Eine Trümmerwolke umgab den entsprechenden Bereich, und als Eleonora Tage später hindurchflog, registrierten ihre Sensoren organische Materie.

»Tote«, erklang eine Stimme neben ihr. »Leichen. Vielleicht durch explosive Dekompression ins All geschleudert, als die Schiffe kollidiert sind. Bei einer Untersuchung könnte ich es herausfinden.«

Eleonora sah zur Seite. Ein kleiner, zart gebauter Mann leistete ihr Gesellschaft: Santiago.

»Dafür haben wir keine Zeit«, erwiderte Eleonora und flog an etwas vorbei, das aussah wie ein aufgeblähtes, buckliges Schuppentier. Sie kam ihm nahe genug, um eine schnabelartige Schnauze und leere, eisverkrustete Augenhöhlen zu erkennen. Der Zoom ihrer Augenlinsen zeigte weitere Wesen, von denen einige an Vögel und Schlangen erinnerten; andere, von der kalten Leere des Alls konserviert, hatten keilförmige Köpfe und Gliedmaßen wie Klingen.

»Das sagst du immer wieder«, erwiderte Santiago. »Dass die Zeit knapp ist. Vielleicht hast du sie noch nicht richtig verstanden, die Zeit. Aber möglicherweise erhältst du bald Gelegenheit, sie besser kennenzulernen.«

Eleonora wich einem Trümmerstück aus, einem gebogenen, an den Seiten zerrissenen Rumpfteil, aus dem auf der Rückseite zwei schlingenartige Vorrichtungen ragten. In einer davon hatte sich Fuß einer grazilen geflügelten Kreatur verfangen, die eine gewisse Ähnlichkeit mit Quint aufwies. Ihre Schwingen, dünn und durchsichtig wie Glas, waren weit ausgebreitet, wie zum Flug zwischen den Galaxien.

»Weißt du mehr als ich?«, fragte Eleonora.

»Wie könnte das sein?«, entgegnete Santiago. »Ich bin du. Ich bin eine Erinnerung.«

Eleonora flog vorsichtig durch die Trümmerwolke und überlegte, ob sie ein weiteres Rufsignal senden sollte. Sie entschied sich dagegen. Das Ziel musste inzwischen sehr nahe sein, und sie wollte nicht ausgerechnet hier die Aufmerksamkeit des Fallenstellers auf sich ziehen.

»Wie geht es dir, Captain?«, fragte Santiago, als sie den langsamen, vorsichtigen Flug durch die Trümmerwolke fortsetzten.

»Captain? Das war ich einmal. Es ist lange her.«

»Berufst du dich wieder auf die Zeit? Für mich bist du immer noch unser Captain und wirst es immer bleiben.«

»Zweihundertfünfzig Millionen Lichtjahre, Santiago«, sagte Eleonora. »Nicht nur ein paar Lichtminuten zwischen zwei Planeten. Wer hätte gedacht, dass wir jemals so weit ins Universum vorstoßen?«

»Das ist vielleicht noch nicht alles. Unsere Reise könnte noch viel, viel weiter gehen, im Raum und in der Zeit.«

»Du scheinst *doch* mehr zu wissen als ich«, sagte Eleonora, aber es gab niemanden mehr, der ihr antworten konnte – Santiago war verschwunden.

Einige Stunden später, als sie an einem langsam rotierenden zylindrischen Objekt vorbeiflog, das an mehreren Stellen wie aufgeplatzt wirkte, wusste Eleonora, dass sie ihr Ziel erreicht hatte.

94

Hinter den kollidierten Schiffen und ihrer Trümmerwolke hing ein achatblau glänzendes Oval im All, umgeben von zwei goldenen Ringen, die sich langsam darum drehten. Die Peilungsdaten bestätigten, dass das Antwortsignal von dort gekommen war.

Zentralkörper und Ringe schienen unversehrt, doch als die Entfernung schrumpfte, fanden Eleonoras Augenlinsen mehrere dunkle Öffnungen im Oval. Sie passte ihre Geschwindigkeit der Rotation der Ringe an, schlüpfte hindurch und erreichte einen etwa drei Meter breiten Spalt in der Außenhülle.

Dort aktivierte sie einen kleinen elektromagnetischen Anker, der sie mit dem Rumpf verband, und nahm eine weitere passive Sondierung vor.

Um sie herum erstreckte sich die Nekropole aus zahllosen eingefangenen Raumschiffen, jedes mit einem eigenen kleinen Bewegungsmoment. Eine Zeit lang hielt Eleonora zwischen ihnen und all den umhertreibenden Trümmern nach mobilen Objekten Ausschau, aber es schienen keine Drohnen unterwegs zu sein. Die alten Schiffe vollführten einen langsamen, stillen Tanz, der die Distanzen zwischen ihnen manchmal so sehr schrumpfen ließ, dass es zu Kollisionen kam, die weitere Wolken aus Trümmern schufen.

Eleonora richtete ihre Aufmerksamkeit auf das Innere des Ovals, in dem es offenbar eine schwache Energiequelle gab, und sendete ein kurzes Signal mit geringer Reichweite. Wieder blieb eine Antwort aus.

Sie löste den elektromagnetischen Anker und zog sich durch den wie eine Wunde aussehenden Spalt ins Innere des Schiffs.

Schon nach kurzer Zeit wurde klar, dass dieses Raumschiff nie für lebende Geschöpfe konzipiert oder erbaut worden war. Das Innere präsentierte ein völlig planlos wirkendes Durcheinander aus Streben, Gerüsten, höhlenartigen Gewölben, monströs anmutenden Aggregaten und Installationen aller Art. Es fehlten Korridore und Räume, von denen aus die Anlagen und Systeme gesteuert werden konnten.

Außerdem war die derzeitige innere Struktur nicht stabil. Eleonoras Sensoren stellten fest, dass es auf atomarer und molekularer Ebene zu Veränderungen kam, zu Deformationen und Neuanordnungen, die bestimmten Komponenten des Schiffs andere Formen gaben. Dies geschah so langsam, dass selbst ihre aufmerksamen Augenlinsen erst nach Stunden oder Tagen einen Unterschied bemerkt hätten. Aber so gemächlich der allgemeine Strukturwandel auch erfolgte: Im Lauf von Jahrzehnten oder Jahrhunderten gab er dem Schiff eine ganze neue Gestalt.

»Du brauchst nicht weiter zu suchen«, ertönte eine Stimme,

als sich Eleonora durch die schmale Lücke zwischen zwei massiven Bögen zwängte. »Wohin du dich auch wendest, du würdest nur das finden, was du auch hier siehst.«

Azzurra stand vor ihr, wie von einem Licht direkt über ihr beschienen. Es spiegelte sich in ihren blauen Augen wider und ließ ihr schwarzes Haar glänzen.

»Ich hatte gehofft, hier Adam und Evelyn zu begegnen«, sagte Eleonora.

»Vielleicht sind sie hier«, erwiderte Azzurra. »So wie auch ich hier bin, auf eine ähnliche Art und Weise.«

»Du meinst ...«, begann Eleonora.

»Wir befinden uns in einem kybernetischen Organismus.« Azzurra vollführte eine Geste, die der Umgebung galt, von ihrem Licht aus der Dunkelheit geholt. »Wir sind darin und gleichzeitig noch außerhalb davon.«

Eleonora sah sich um, mit Augenlinsen und Sensoren. Sie erinnerte sich an ihr Gespräch mit Bartholomäus.

»Er hat davon gesprochen, dass Adam und Evelyn so leben wie du«, sagte Azzurra.

»Mit digitalisiertem Bewusstsein.«

»Ja. Seine Worte lauteten: ›Sie sind eins mit dem Schiff. Solange das Schiff existiert, existieren auch sie.‹«

»Können wir sicher sein?«, fragte Eleonora. »Gibt es Gewissheit dafür, dass dies tatsächlich *das Schiff* ist, mit dem Adam und Evelyn damals von der Erde aufbrachen?«

»Finden wir es heraus«, schlug Azzurra vor.

»Wie?«

»Indem wir uns mit dem Schiff verbinden, mit seinen Systemen und Datenströmen. Sende ein Rufsignal, mit voller Stärke. Die Antwort dient uns als digitale Eingangstür.«

Eine Signalbrücke, dachte Eleonora. Eine direkte Verbindung mit dem »kybernetischen Organismus«, wie Azzurra das Schiff genannt hatte.

»Es könnte die Aufmerksamkeit des Fallenstellers wecken«, gab Eleonora zu bedenken.

»Das müssen wir riskieren«, meinte Azzurra. »Hat Bartholomäus nicht gesagt, das Schiff sei so gut wie unzerstörbar?«

»Die Öffnungen im Rumpf«, sagte Eleonora. »Hast du sie vergessen? Die Drohnen sind auch hier gewesen.«

»Jetzt sind sie nicht hier. Es gibt nur uns.«

Es war die einzige Möglichkeit, begriff Eleonora. Sie aktivierte ihr Kommunikationssystem und sendete ein Signal mit maximaler Energiestärke.

Die Reisenden

Eleonora empfing fast sofort ein Antwortsignal und war bereit. Für eine Mikrosekunde entstand eine Verbindung, die es ihr erlaubte, einen Teil ihres digitalen Selbst ins Kommunikationssystem des Schiffs zu schicken, und von dort stieß sie tiefer in den »kybernetischen Organismus« vor, ganz vorsichtig, damit keine Schutzprogramme aktiv wurden.

Plötzlich stand sie nicht mehr im Innern des fremden Raumschiffs, sondern vor einem Monolithen, einem mehrere Hundert Meter großen Felsen, an dem ein steiler Weg emporführte. Ganz oben erhoben sich die Mauern eines Gebäudes, das wie eine Art Festung schien.

»Metaphorik«, sagte Azzurra, die neben Eleonora stand. »Die Datensysteme des Schiffs übersetzen ihren Inhalt in uns vertraute Begriffe.« Sie zeigte nach oben. »Die Festung dort oben symbolisiert vermutlich das Zentrum des Schiffs, das schwer zu erreichen ist, wie uns der steile Weg erklärt.«

Eleonora hörte ein Knurren und drehte den Kopf.

Hinter ihnen kamen graue, sechsbeinige Geschöpfe aus einem Wald aus Säulen. Sie ähnelten Hunden mit breiten Köpfen und hatten nach vorn gewölbte Mäuler voller spitzer Zähne. Sie knurrten, stießen Laute aus, die Eleonora an wütendes Gebell erinnerten.

»Schutzprogramme«, sagte Azzurra. »Sie halten uns für Eindringlinge.«

»Wo sind Adam und Evelyn?«, fragte Eleonora und sah an sich herab. Ihr Körper schien wieder aus Fleisch und Blut zu bestehen, doch als ihre Hände ihn betasteten, fühlten sie hartes Metall.

»Vielleicht dort oben in der Festung.«

Sie begannen mit dem Aufstieg, gefolgt von den zornigen sechsbeinigen Hunden. Zuerst setzte Eleonora mühelos einen Fuß vor den anderen, doch nach einigen Minuten stellte sich so etwas wie menschliche Müdigkeit ein – das Gehen fiel ihr zunehmend schwerer, in den Beinen brannten Muskeln, die gar nicht existierten.

»Metaphorik«, erklärte Azzurra noch einmal. Sie ging dicht hinter ihr. »Es ist schwer, das Ziel zu erreichen. Du bist nicht müde, Eleonora. Du kannst nicht müde sein, solange du genug Energie hast.«

Hinter der nächsten Biegung begann eine lange Treppe mit hohen, grob in den Fels gehauenen Stufen. Eleonora verbannte das falsche Gefühl beginnender Erschöpfung und brachte schnell eine Stufe nach der anderen hinter sich. Nach einer Weile wurden die Stufen höher, und es genügte nicht mehr, einen Fuß zu heben, sie musste klettern.

»Du hast genug Energie, keine Sorge«, sagte Azzurra. »Greif auf deine Reserven zurück, wenn es notwendig ist. Wir müssen einen Kontakt herstellen.«

Sie wurden noch immer verfolgt von den offenbar gefährlichen sechsbeinigen Hunden.

Schließlich erreichte Eleonora den Gipfel des Monolithen und einen kleinen Vorplatz, der an den hohen Mauern der Festung endete. Direkt voraus befand sich ein Tor, gerade groß genug für einen Menschen.

Eleonora eilte darauf zu, entdeckte einen Knauf und drehte ihn.

Nichts geschah. Das Tor blieb geschlossen.

Hinter ihr, nur noch wenige Meter entfernt, knurrten die sechsbeinigen Geschöpfe und schnappten mit ihren Mäulern. Eins von ihnen wagte sich noch etwas weiter vor und bleckte die spitzen Zähne.

Eleonora holte aus und schmetterte die rechte Faust gegen die Tür. Metaphorisches Holz splitterte und gab nach. Zwei weitere Schläge und ein wuchtiger Tritt ließen von dem Tor nicht viel übrig.

Dahinter erstreckte sich ein großer, halbdunkler Saal, in dessen Mitte zwei rechteckige Objekte aufragten. Als Eleonora sich ihnen näherte, hörte sie bei jedem Schritt ein dumpfes Knirschen und stellte fest, dass Glassplitter den Boden bedeckten.

Die sechsbeinigen Kreaturen knurrten nicht mehr.

»Sie bleiben am Tor«, sagte Azzurra. »Vielleicht ist ihnen der Zutritt zu diesem Saal verwehrt.«

Die beiden Rechtecke, etwa zweieinhalb Meter hoch und einen Meter breit, waren auf der einen Seite dunkel wie das All und präsentierten auf der anderen einen vertrauten silbernen Glanz.

»Spiegel«, sagte Eleonora. »Es sind Spiegel. Siehst du, Azzurra? Was stellen sie dar? Was symbolisieren sie?«

Sie erhielt keine Antwort – Azzurra war nicht mehr da.

Eleonora streckte die Hand aus und berührte den ersten Spiegel.

Ein heller Punkt erschien in seinem Zentrum und wuchs zu einer grauen Wolke, die ihn ganz füllte, ein nebliger Dunst, der nach wenigen Sekunden die Umrisse einer Gestalt zeigte.

Eleonora sah einen alten Mann, gebeugt vom Gewicht der Jahre, das Gesicht von Falten durchzogen, die Augen trüb. Er hob den Kopf, was ihm Mühe zu bereiten schien, und seine Lippen bewegten sich.

»Ich bin Adam«, krächzte er.

Im zweiten Spiegel erschien eine Frau in einem cremefarbenen Gewand. Sie schien nicht älter als dreißig, aber aus ihren Gesprächen mit Bartholomäus wusste Eleonora, dass Evelyn damals, als sie Adam kennengelernt hatte, bereits ihr vierhundertneunzehntes Lebensjahr erreicht hatte – eine Unsterblichkeitsbehandlung durch den Cluster hatte ihr die Jugend bewahrt.

»Ich bin Evelyn«, bestätigte die Frau mit dem schulterlangen schwarzen Haar und den großen, dunklen Augen Eleonoras Vermutung.

»Ihr seid aufgebrochen, um die Waffe der Muriah zu suchen«, sagte Eleonora. »Habt ihr sie gefunden?«

»Ich bin Adam«, krächzte der Greis.

»Ich bin Evelyn«, sagte die Frau.

Eleonora brauchte nicht den Rat der Datenspezialistin Azzurra, um zu wissen, was es jetzt zu tun galt. Ein Kontakt war hergestellt, doch nur an der Oberfläche, am Rand. Um ihn zu vervollständigen und echte Kommunikation zu ermöglichen, musste sie auch den Rest ihres Bewusstseins transferieren und den Körper aufgeben, den ihr Emily gegeben hatte, damit sie ihre Aufgabe erfüllen konnte.

Einige Sekunden lang staunte sie darüber, wie schwer ihr das fiel. Sie hatte ihre Wahrnehmung beschränkt, um wie ein Mensch zu sehen, zu hören und zu fühlen. Sie hatte sich ein künstliches Unterbewusstsein gegeben, außerdem das Äquivalent von Schlaf und Träumen. Doch das alles änderte nichts daran, dass sie zu einem Hybriden geworden war, zu einem Menschen, der die Vorteile zu nutzen wusste, gleichzeitig Maschine zu sein. Was würde aus ihr werden, wenn sie diese Existenz aufgab?

Wie dumm, dachte Eleonora. Wie dumm und egoistisch! Was bist du im Vergleich zum Universum?

Hinter ihr beendete ein Knurren die Stille. Eleonora drehte sich halb um und sah, wie sich eins der sechsbeinigen Geschöpfe durchs zerschmetterte Tor wagte. Es zögerte und schien sich seiner Sache nicht ganz sicher zu sein, fauchte leise und versuchte, den Glassplittern auszuweichen, als es sich den beiden großen Spiegeln näherte.

Eleonora wartete nicht, bis es ganz herangekommen war. Sie streckte beide Hände aus, berührte mit der linken Adams Spiegel und mit der rechten den von Evelyn. Die beiden Gestalten – der Greis und die jung erscheinende, unsterbliche Frau – wichen zurück, als wollten sie ihr Platz machen. Grauer Dunst wogte hinter ihnen.

Ein gedanklicher Befehl schaltete Eleonoras Kommunikationssystem auf volle Leistung und der nächste sendete ihr digitales Bewusstsein.

Sie fiel in die Spiegel, in beide gleichzeitig, und wurde Teil des Schiffs.

Eleonora fühlte sich groß wie ein Wal und gleichzeitig leicht **96**
wie der Adler, der so hoch flog, dass er bis in die Zukunft
sah. Sie streckte sich in ihrem neuen Körper, fühlte Muskeln,
stark genug, um über viele Lichtjahre zu springen, und hörte
zahllose Stimmen, die laut oder leise sein konnten, wie es ihr
gefiel. Sie gehörten den einzelnen Komponenten des Schiffs,
Billionen oder Billiarden, wie die Zellen eines Körpers, jede
von ihnen erfüllt von Intelligenz und Erinnerungen, jede imstande, die eigene Struktur zu verändern und zusammen mit
all den anderen dem Schiff neue Formen und Funktionen zu
geben.

Eleonora konnte diese Zellen berühren und Einfluss auf sie
nehmen, ohne auf Widerstand zu stoßen − *hier* gab es keine
Schutzprogramme, die sie für einen Eindringling hielten, denn
sie befand sich auf Einladung von Adam und Evelyn an diesem Ort. Der Signalaustausch mit ihnen, mit ihren Resten,
hatte die Brücke hierher ins koordinierende Zentrum des
Schiffs geschaffen.

Mit den Augen des Schiffs − schärfer als die Augenlinsen
des Maschinenkörpers, schärfer auch als die Sensoren von
Quints Kapsel − sah Eleonora die Nekropole. Sie sah die zahllosen Schiffe, jedes einzelne von ihnen, jedes mit seinem
eigenen kleinen Bewegungsmoment als Tänzer eines kosmischen Balletts, zu dem auch all die Trümmer gehörten, noch
zahlreicher als die Schiffe. Sie sah Dutzende von Drohnen, die
aus allen Richtungen kamen und sich schnell näherten, auf-
gescheucht von den Kommunikationssignalen. Sie konnten
das Schiff nicht zerstören, dazu hätten sie tief ins Innere vor-
dringen müssen, aber sie waren sehr wohl imstande, ihm
Schaden zuzufügen, solange es schlief.

Eleonora kehrte den Blick nach innen und richtete ihn auf
Adam und Evelyn, umgeben von grauem Dunst, hinter dem es
rauschte wie von einem nahen Ozean.

»Ich habe auf der Klippe gestanden«, wandte sich Eleonora
an den Greis. »Auf dem Felsen über dem Meer.«

Das Rauschen wurde lauter, der Dunst verzog sich. Vor
ihnen erstreckte sich das aufgewühlte Meer, vom Wind ge-

peitscht und grau wie zuvor die Nebelschwaden. Hohe Wellen schmettern gegen die Klippe, und Böen nahmen die Gischt und warfen sie nach oben, zu Adam, Evelyn und Eleonora.

»Ich bin Adam«, krächzte der Greis.

»Ich bin Evelyn«, sprach die jung wirkende unsterbliche Frau.

»Ich komme von der Erde.« Eleonora hob die Stimme, um das Donnern der Brandung zu übertönen. »Habt ihr die Muriah und ihre Waffe gefunden?«

»Es ist nie ihre Waffe gewesen«, ertönte eine andere Stimme, die Ozean und Wind leiser werden ließ. Es war die Stimme des Schiffs und in ihr lag auch etwas von Adam und Evelyn. »Die Muriah haben sie gefunden. Die Waffe ist viel, viel älter.«

Die ersten Drohnen erreichten das Schiff. Eine von ihnen geriet zwischen die beiden rotierenden Ringe und wurde zermalmt. Eine andere gelangte zu einer der Öffnungen, setzte ihre Werkzeuge an und begann zu schneiden.

Eleonora bewegte die Schulter und schüttelte die Drohne ab. Es fiel ihr leicht, sie war stark.

»Wo befindet sich die Waffe jetzt?«, fragte sie. »Ich brauche sie. Das ist meine Aufgabe: Frieden zu schaffen, ihn zu erzwingen, falls nötig.«

Sie präsentierte ihre Erinnerungen, den Inhalt ihrer Datenbanken, obwohl das nicht nötig gewesen wäre. Beim Transfer ihres Bewusstseins war auch alles andere übertragen worden. Das Schiff wusste, was sie wusste.

»Adam und Evelyn haben Gebrauch davon gemacht«, antwortete die Stimme. »Die Waffe wurde eingesetzt, in Vergangenheit, Gegenwart und Zukunft.«

Mit diesen Worten konnte Eleonora nichts anfangen. »Ich verstehe nicht ...«

Der Wind ließ nach, das Meer beruhigte sich, die dunklen Wolken zogen fort.

Eleonora trat zu Adam und Evelyn, die sie gar nicht zu sehen schienen; ihre Blicke waren in die Ferne gerichtet.

»Warum kann ich nicht direkt mit ihnen sprechen?«

»Weil nur noch Reste von ihnen hier sind, ihre Schatten. Sie lenken die Waffe.«

Jenseits von Klippe und Meer erreichte eine weitere Drohne eine der Öffnungen im Rumpf des Schiffs. Eleonora versuchte, sie wie die erste abzuschütteln, aber diese krallte sich mit ihren Greifarmen fest.

»Woher kommen sie?« Eleonora sah noch immer Adam und Evelyn an, doch ihre Worte waren an das Schiff gerichtet. »Wer schickt sie? Wer hat die Falle konstruiert, der so viele Raumschiffe zum Opfer gefallen sind?«

Alles hing zusammen, begriff sie plötzlich, als sie hinter der einen lauten Stimme des Schiffs die vielen anderen, leisen hörte, die Stimmen der Myriaden Komponenten, aus denen es bestand. Es gab eine Antwort, die nicht alle, aber doch die meisten Fragen beantwortete.

»Der Einsatz der Waffe war nur zum Teil erfolgreich«, teilte ihr das Schiff mit, und Eleonora sah, wie sich bei den Worten Adams und Evelyns Lippen bewegten. »Wir warten auf das Ende des Einsatzes.«

»Wie lange könnte das dauern?«, fragte Eleonora.

»Vielleicht bis zum Tod des Universums.«

Das leise, unaufdringliche Flüstern der anderen Stimmen erzählte Eleonora von vergangenen Ereignissen, und sie begann zu verstehen.

»Die Falle, die so viele Raumschiffe hierherbrachte, ist ein *Zufall*?«

»Nein, kein Zufall.« Der Greis und die unsterbliche Frau vor ihr sprachen mit der Stimme des Schiffs. »Ein Nebenprodukt. Eine Begleiterscheinung des immer noch stattfindenden letzten Gefechts.«

»Das Zentrum der Nekropole, ihre leere Mitte ...«

»Sie ist nicht leer«, sagte das Schiff. »Sie enthält die Waffe, am Ende eines langen Schwerkraftschachts.«

Etwas, das stark genug war, Raumschiffe aus der Kaskade zu ziehen und sie im Nichts zwischen den Galaxien festzuhalten. Etwas, das Vergangenheit, Gegenwart und Zukunft in sich vereinte.

»Wir warten nicht, bis das Universum stirbt«, sagte Eleonora. »Wir fliegen dorthin, wo Adam und Evelyn den Einsatz begonnen haben. Wir bringen es zu Ende.«

Die Muriah existierten nicht mehr – dies war ihre Hinterlassenschaft, ihr Vermächtnis: ein Schiff, das als unzerstörbar galt, mit einem Koordinator, der Adam und Evelyn aufgenommen hatte und sich auch für Eleonora öffnete, der ihren Wunsch empfing und verstand.

Er weckte die ruhende Energie, schloss die Lücken im Rumpf und nutzte die Materie der Drohnen für lokale Erweiterungen des Schiffs, bevor er Kurs auf die Mitte der Nekropole nahm.

97 Eleonora lauschte den vielen Stimmen aus den Tiefen des Schiffs und versuchte zu verstehen, wovon sie erzählten. Sie stand noch immer auf der Klippe, in windstiller Ruhe, der Ozean vor ihr glatt wie Glas. Gleichzeitig sah sie, wie das von zwei rotierenden Ringen umgebene glänzende Oval über die alten Raumschiffe der Nekropole hinwegglitt und sich ihrem Zentrum näherte. Dort gab es einen Strudel, für gewöhnliche Augen unsichtbar, bestehend aus Gravitationswellen und gekrümmter Raum-Zeit. Eleonora sah ihn wie einen Trichter, flach am Rand, steiler und tiefer zur Mitte hin.

Der sanfte, gutmütige Reynolds stand neben ihr, schon seit einigen Minuten. Während er über das unbewegte Meer hinwegblickte, beobachtete er gleichzeitig den Flug des Schiffs.

Schließlich brach er sein Schweigen. »Vielleicht ist dies die größte aller Geschichten. Und ich kann sie miterleben.« Aus ihm sprach der Mann, der an Bord der *Mars Discovery* viel gelesen hatte.

»Es ist auch die längste aller Geschichten«, sagte Eleonora und eliminierte einige weitere Drohnen – Überbleibsel des Fallenstellers –, indem sie an den betreffenden Stellen die molekulare Dichte des Schiffs veränderte, die Eindringlinge erst pulverisierte und dann ihre Materie absorbierte, um

Löcher zu schließen und Kratzer zu glätten. »Sie erstreckt sich über Jahrmilliarden und ist noch nicht zu Ende.«

Komplexes Multitasking fiel ihr leicht, denn sie nutzte dabei das gewaltige Potenzial des Schiffes. Sie beobachtete und hörte, verarbeitete die von den zahlreichen Sensoren empfangenen Daten, extrahierte aus ihnen ein detailliertes Bild der Realität, steuerte das Schiff und verstand immer mehr.

»Ein Konflikt, so alt wie das Universum«, sagte Reynolds. »Wer hätte das gedacht.«

»Wir setzen ihm ein Ende«, entgegnete Eleonora. Sie wusste, was sie erwartete, die Sensoren hatten es ihr bereits mitgeteilt, und sie glaubte auch zu wissen, wie man die Balance aufhob, die den alten Konflikt in der Schwebe hielt, weder beendet noch fortgesetzt.

»Wir?«, fragte Reynolds. »Wir beide?«

Eleonora lächelte. »Wir dreizehn. Die Crew der *Mars Discovery*.«

Am Rand des Schwerkrafttrichters im Zentrum der Nekropole überlegte Eleonora, was mit den anderen Drohnen geschehen sollte, die sich zwischen den vielen gestrandeten Schiffen verbargen. Sie wäre in der Lage gewesen, sie alle zu finden und zu eliminieren, eine nach der anderen, aber das hätte sie zu lange aufgehalten. Und wenn sich ihr Plan tatsächlich durchführen ließ, wenn sie Erfolg hatte, spielten die Drohnen keine Rolle mehr, denn dann würde es keine Falle mehr geben, die Raumschiffe an diesem Ort aus der Kaskade holte.

»Das ist ein schöner Gedanke.« Reynolds lächelte ebenfalls. »Wir alle zusammen.«

Das Schiff fiel in den Schacht, von seinem Sog erfasst, und Eleonora veränderte Form und Struktur, damit es den Sturz überstehen konnte. Aus dem Oval mit den beiden rotierenden Ringen wurde ein dünner, langer Pfeil, der sich durch das Gefüge von Raum und Zeit bohrte und die Kaskade erreichte. Dort, auf Eleonoras Geheiß, entfaltete sich die Energie des Aktuators und verhinderte, dass das Schiff zurückgeworfen wurde in die Nekropole.

Da war es, das dunkle Monstrum, so dicht und schwer, dass

nichts seinem Gravitationsschlund entkam, nicht einmal Licht: eine Singularität, ein Schwarzes Loch, etwa so groß wie die Erde, umgeben von einem dünnen energetischen Schleier im Bereich des Ereignishorizonts. Unter dieser Trennlinie dünner als ein Elementarteilchen krümmten sich Raum und Zeit so sehr, dass sie brachen wie Glas, und ihre Splitter wurden in den schwarzen Abgrund gerissen, aus dem nichts entkam.

Im Ereignishorizont, wo sich die Zeit bis zum Zerreißen dehnte, waren sie alle gefangen: die letzten Streitkräfte des Pakts, ausgesandt vor vielen Jahrmillionen, lange vor dem Ende der Muriah, und das Archäon und seine Gesandten, unter ihnen der Späher, den Eleonora auf dem Mars berührt hatte. Das war die Falle – ein Schwarzes Loch in der Kaskade, geschaffen von der Waffe, die die Muriah gefunden hatten. Und die Fallensteller hießen Adam und Evelyn.

Mit einem kleinen Teil des Schiffs waren sie zu der Singularität aufgebrochen und hatten nur genug von sich selbst zurückgelassen, um das Gros des Schiffes zu bewahren, für den Notfall, als letzte Reserve.

Der Pfeil fiel dem Schwarzen Loch entgegen. Mit großer Vorsicht änderte Eleonora den Kurs, um das Schiff in eine hohe Umlaufbahn zu steuern – jeder noch so kleine Navigationsfehler wäre fatal gewesen.

»Die Zeit«, erklang eine Stimme. »Du hast oft darüber nachgedacht. Die Zeit ist keine Konstante, kein unzerstörbares Medium. Sie lässt sich biegen und brechen. Genau das geschieht hier.«

Nicht mehr Reynolds leistete Eleonora auf der Klippe Gesellschaft, sondern der kleine Tseng, verantwortlich für die primären Systeme der *Mars Discovery*, unter ihnen Navigation und Strahlenschutz. Er trug die an einen Tschögu erinnernde orangefarbene Kutte, in der er oft meditiert hatte.

»Je näher wir dem Schwarzen Loch gekommen, desto mehr ist die Raum-Zeit gekrümmt«, fuhr er fort. »Es verhält sich wie bei einem Flug mit fast Lichtgeschwindigkeit: Sekunden für uns sind Jahrzehnte, Jahrhunderte und Jahrtausende außerhalb dieses Gravitationsschlunds.«

Tseng deutete zum Meer, dessen graue Oberfläche sich kräuselte wie in Erwartung eines neuen Sturms. Eleonora wusste, dass seine Geste der Singularität galt.

»Adam und Evelyn stecken fest, in der Balance des Ereignishorizonts. Sie sind in der eigenen Falle gefangen, auf einer Linie so dünn, dass sie keine messbare Breite oder Dicke hat. Unter ihr gibt es nur die Dunkelheit exotisch verzerrter Raum-Zeit, über ihr kann das Licht gerade noch entkommen. In der eindimensionalen Linie verschmelzen Vergangenheit, Gegenwart und Zukunft.«

Eleonora hörte aufmerksam zu, während sie auf der hohen Klippe stand und zur selben Zeit das Schiff in eine stabile Umlaufbahn steuert, Tausende von Kilometern über dem Ereignishorizont, wo das letzte Gefecht stattfand, aus ihrer Perspektive betrachtet endlos in die Länge gezogen.

»Vielleicht sehen Adam und Evelyn alles«, fuhr Tseng fort. »Oder vielleicht haben sie alles gesehen. Möglicherweise waren sie es letztendlich, die dafür gesorgt haben, dass wir jetzt hier sind. Damit wir ihnen helfen.«

»Das klingt ... metaphysisch«, meinte Eleonora ein wenig skeptisch.

»Im Ereignishorizont und darunter verlieren die normalen Naturgesetze ihre Gültigkeit«, erinnerte Tseng. »Niemand weiß, wie es dort zugeht.«

»Die Waffe der Muriah ...«, begann Eleonora und suchte mit den Sensoren des Schiffs nach Hinweisen darauf, wo sich Pakt, Archäon und Adam und Evelyn befanden.

»Die Waffe, die sie gefunden haben«, sagte Tseng. »Du könntest erfahren, wie sie gefunden wurde, wenn du lange genug den Stimmen des Schiffes lauschst. In ihnen ist alles gespeichert, jede von ihnen hat ihr eigenes Gedächtnis. Eine Singularität in der Kaskade, ein Schwarzes Loch, die stärkste Kraft, stark genug, um Raum und Zeit zu zermalmen.«

Das Meer, dessen Oberfläche sich eben gekräuselt hatte, begann zu brodeln, der Himmel verfinsterte sich, Wind kam auf – ein neuer Sturm stand bevor.

»Der letzte Schritt«, betonte Tseng. Der Wind zog und zerrte an seiner gelben Kutte. »Ein kleiner Stoß, um die Balance und damit der Konflikt zu beenden. Auf dieser Seite des Ereignishorizonts ist von Pakt und Archäon kaum mehr etwas übrig. Ihre Kriegsmaschinerien haben sich im Lauf der Äonen abgenutzt, vielleicht sind sie auch müde geworden, selbst die intelligenten Maschinen des Archäons. Was von ihnen noch immer zum Kampf bereit war, befindet sich hier, angelockt von der Falle und in ihr gefangen.«

Hier zischten und fauchten Böen, *dort* splitterten Zeit und Raum im Schwarzen Loch.

»Ein kleiner Stoß«, wiederholte Eleonora. »Aber in die richtige Richtung.«

Tseng nickte bedächtig. »Wir dürfen sie nicht hierher zurückholen. Sie würden den Krieg fortsetzen und ihn in die Galaxien des Großen Attraktors tragen, zu den Welten all der Völker, deren Schiffe in die Falle geraten sind.«

»Ja«, bestätigte Eleonora. Hier endete eine lange Reise für sie, das fühlte sie mit perfekt simulierter menschlicher Intuition. Aber was hatte Santiago gesagt? *Das ist vielleicht noch nicht alles. Unsere Reise könnte noch viel, viel weiter gehen, im Raum und in der Zeit.*

»Wir müssen sie in die Singularität stoßen, in das Schwarze Loch«, sagte Eleonora. »Sie dürfen nie die Möglichkeit erhalten, in dieses Universum zurückzukehren. Was ist mit Adam und Evelyn?«

»Sie haben sich bereits geopfert«, sagte Tseng. »Sie zu retten, ist unmöglich.«

»Was ist mit uns?«

»Bist du bereit, dich ebenfalls zu opfern?«

Es war eine rhetorische Frage, Tseng kannte die Antwort.

Knisternder Raum, brechende Zeit

»Es ist das schwierigste Manöver, das wir jemals geflogen sind«, sagte Eleonora auf der sturmumtosten Klippe. Unten schmetterten haushohe Wellen gegen aufragende Felsen, die ihnen trotzig standhielten.

»Ich bin für die primären Systeme zuständig gewesen, unter ihnen die Navigation«, entgegnete der kleine Tseng. »Ich helfe dir.«

Eleonora beobachtete den aufgewühlten Ozean und gleichzeitig das erdgroße Schwarze Loch, das sie mit fast Lichtgeschwindigkeit umkreisten. Die Zehntausenden Galaxien des Großen Attraktors schienen einen wilden Tanz aufzuführen.

»Was ist?«, fragte Tseng. »Warum zögerst du?«

»Ich sollte eine Botschafterin sein, keine Kriegerin«, sagte Eleonora nachdenklich. »Ich sollte einen dritten Weg aufzeigen, den von friedlicher Kooperation, einer Synthese aus Bio- und Maschinenleben.«

»So wie wir, so wie du.«

»Ja. Ich sollte mich selbst als Beispiel dafür präsentieren, dass es keinen Konflikt geben muss. So wollte es die Maschinenintelligenz auf der Erde, Goliath, in deren Auftrag Emily mich schuf.«

»Sie schuf dich mit einer Lüge«, erinnerte Tseng.

»Das lässt sich nicht leugnen.« Eleonora erinnerte sich an ihre ersten menschlichen Reaktionen auf die Erkenntnis, dass Emily sie auf Paradise Found im Trappist-1-System belogen hatte. Sie war voller Zorn gewesen, aber irgendwann, Jahrhunderte oder Jahrtausende später, hatte sie begonnen, über die eventuelle Notwendigkeit einer solchen Maßnahme nachzudenken. Das Bild der Waagschale fiel ihr ein: sie auf der einen Seite, ein kleines menschliches Leben, und auf der anderen die Zukunft nicht einer Welt, was groß und schwer genug gewesen wäre, sondern des ganzen Universums. Konnte man da zögern? »Heute kann ich sie verstehen. Ich wäre nicht hier, wenn ich damals meine menschliche Existenz bewahrt hätte.«

»Sollen wir beginnen?«, fragte Tseng.

»Kann das Schiff präzise genug navigieren?«

»Wir werden es herausfinden, nicht wahr?« Tsengs Gestalt wurde durchsichtig. »Ich bereite alles vor.«

Eleonora blickte noch einmal über das vom Sturm gepeitschte Meer und dachte an den Greis, der einst auf dieser Klippe gestanden und den Ozean beobachtet hatte. Er war einer der wenigen noch sterblichen Menschen seiner Epoche gewesen, ein Mindtalker, dessen Bewusstsein die Sonden des Clusters zu den Sternen begleitet hatte. Auch Adam und Evelyn hatten einen weiten Weg hinter sich.

Sie befanden sich dort unten, gefangen in der dünnen, eindimensionalen Linie des Ereignishorizonts, wo die Zeit so gedehnt war, so langsam verging, dass sie aus Eleonoras Perspektive stillzustehen schien. Sie würden ebenfalls fallen, zusammen mit den Resten von Pakt und Archäon in die schwarze Tiefe der Singularität stürzen. Es gab keine Möglichkeit, sie zu retten.

»Also los«, sagte Eleonora zu sich selbst.

Behutsam veränderte sie das Bewegungsmoment des Schiffs und fühlte mit seinen Sensoren, wie es seine stabile Umlaufbahn verließ und sich dem Schwarzen Loch näherte.

99 Das Schiff, zu einem Pfeil geworden, wurde noch dünner, was diesmal nicht an einer gezielt herbeigeführten Rekonfiguration lag, sondern an dem immer stärker werdenden gravitationellen Sog des Schwarzen Lochs – es zog den Rumpf in die Länge.

Die internen Sensoren schlugen Alarm und wiesen auf eine strukturelle Belastung im kritischen Bereich hin.

»Wie lange können wir das aushalten?«, fragte Eleonora. Sie stand nicht mehr auf der Klippe über dem im Sturm brodelnden Meer, sondern im Innern des Schiffs, auf einer imaginären Plattform, die ihr Zugang zu allen Systemen gestattete. Aus den Wänden flüsterten Myriaden kleine Stimmen, jede von ihnen mit einem eigenen Datenstrom, den es zu verarbeiten galt. Das übernahm der Koordinator – der Adam und Evelyn aufgenommen hatte, als sie damals von der Erde aus zu ihrer Reise aufgebrochen waren, und in dem auch Eleonoras digitales Bewusstsein wurzelte.

»Wir werden zerrissen«, antworteten Adam und Evelyn, die am Rand der Plattform standen. Ihre Lippen bewegten sich synchron. »Der größte Teil von uns. Es lässt sich nicht vermeiden. Wir müssen uns opfern.«

»Der größte Teil von uns?«

Eleonora sah das bevorstehende Manöver. Der Koordinator zeigte ihr eine Simulation: Das Schiff brach auseinander, als es in die Nähe des Ereignishorizonts geriet, und die Trümmer fielen in und durch die Linie, unter der alles dunkel blieb, weil das Licht nicht aus dem dunklen Schlund entkommen konnte. Masse und Bewegungsenergie blieben erhalten und fügten sich der Stelle hinzu, wo die Streitkräfte von Pakt und Archäon auf dem exotischsten aller Schlachtfelder kämpften.

Eleonora fragte sich, wie sie unter den besonderen Bedingungen des Ereignishorizonts existierten. Als denkende, sich ihrer eigenen Existenz bewusste Entitäten? Oder nur als Erinnerungen, als Informationen, die nie verloren gingen?

Für einen Moment fragte sie sich, ob das Manöver, das die Existenz des Schiffes und auch ihre eigene beenden würde, überhaupt nötig war. Die Reste des alten Konflikts schienen für immer gefangen zu sein. Wenn sich im Bereich des Ereignishorizonts nichts veränderte, wenn nichts von außen kam, das einen »Stoß« verursachte und die energetische Balance veränderte ...

Sie erkannte sofort den Fehler in ihren Überlegungen. Ein

Schwarzes Loch war nicht statisch, nicht unveränderlich. Es wuchs, wenn es Materie verschlang, und es schrumpfte im Lauf der Zeit, weil es Hawking-Strahlung abgab. Für einen externen Beobachter schien es langsam zu verdampfen, und irgendwann, in Millionen oder Milliarden von Jahren, wären die letzten Soldaten von Pakt und Archäon vielleicht imstande, den Ereignishorizont zu verlassen, nach ihrem eigenen Zeitempfinden vielleicht nur Sekunden nach dem Zuschnappen der Falle.

»Korrekt«, bestätigten Adam und Evelyn wie aus einem Mund.

Das Schiff wurde schneller und verlor Teile seines Rumpfs, schien sich in einen Kometen zu verwandeln.

Vielleicht können wir etwas bewahren, ein kleines Stück, dachte Eleonora hoffnungsvoll. Für ... später, für nachher, falls es ein Später und Nachher gibt.

»Wir werden sehen«, vernahm sie eine Stimme, vielleicht die von Tseng. »Jetzt kommt der schwierige Teil.«

Für ein oder zwei Sekunden glaubte Eleonora, das Donnern der Brandung des stürmischen Meeres zu hören, doch das Brausen und Dröhnen kam aus dem Innern des Schiffes, als es seine Struktur verlor. Es bröckelte und brach, verwandelte sich in eine dünne, lang gestreckte Wolke aus Staub und Klumpen, die mit nahezu Lichtgeschwindigkeit zur Singularität rasten.

Eleonoras Gedanken wurden langsamer, als die Bandbreite bei der Signalübertragung schrumpfte.

»Tseng?« Sie hob die Stimme in dem lauter werdenden Zischen und Fauchen der Interferenzen. »Bist du noch da?«

»Wir lenken das Schiff«, bekam sie zur Antwort.

»Ein kleines Stück«, sagte Eleonora. »Wenn nur ein kleines Stück übrig bleibt ...«

»Es wird sich zeigen.«

Sie sah den Ereignishorizont direkt vor sich, nicht als hauchdünne Schale, die das Schwarze Loch umgab, sondern als ein Muster aus Daten. Sie waren so komplex, dass Eleonora nichts mit ihnen anfangen konnte, denn ihr fehlte die notwendige

Verarbeitungskapazität. Sie wurde dümmer, all die Zahlen und Gleichungen blieben ihr fremd.

Sie hatte Schmerzen, das Schiff – was von ihm übrig war – litt.

»Tseng?«, fragte sie. Als sie keine Antwort erhielt, rief sie den Namen: »Tseng?«

Vielleicht lag es an dem Zischen und Fauchen, das so laut wurde, dass es keine anderen Geräusche mehr zuließ. Die Schmerzen verwandelten sich, ein Empfinden von Hitze stellte sich ein ...

... und dort war es, das Schlachtfeld des letzten Gefechts!

Für einen Sekundenbruchteil glaubte Eleonora, Schiffe und Bastionen zu sehen, die eigentlich gar nicht existieren konnten, weil sie eine räumliche Ausdehnung benötigten, die es in der eindimensionalen Linie des Ereignishorizonts nicht gab. Was sie erblickte, waren vielleicht Erinnerungen, die Reste von Informationen, Schatten, ähnlich denen von Adam und Evelyn.

Sie befand sich plötzlich mitten unter ihnen und fügte ihre kinetische Energie bisher statischen Strukturen hinzu, die daraufhin ihre prekäre Stabilität verloren.

Ein kleines Stück, dachte sie. Wenn ein kleines Stück das Chaos übersteht, bleibe ich vielleicht am Leben.

Hier gab es keinen Platz für Botschafter und Mittler, auch nicht für Krieger und Soldaten. Hier gab es nur den Sturz in die dunklen Tiefen der Singularität, umgeben von knisterndem Raum und brechender Zeit.

Eleonoras Welt schrumpfte, als die Sensoren keine Daten mehr übermittelten – sie wurde blind und taub. Wenigstens hörten dadurch die Schmerzen auf.

Ein kleines Stück, dachte sie noch einmal, bevor alles verschwand.

Vielleicht ...

...

Bewegungsimpulse wurden übertragen und ausgetauscht, veränderten die Teilchendynamik in einem bestimmten Bereich des Ereignishorizonts. Das Schiff hatte keine einheitliche Struktur mehr. Die enorme Schwerkraft des Schwarzen Lochs hatte es zerrissen und mit ihm alles, was sich an Bord befand. Seine Fragmente trafen nicht gleichzeitig auf die Trennlinie, unter der es keine Rückkehr gab, sondern kurz hintereinander. Sie veränderten das energetische Gleichgewicht und stürzten zusammen mit anderer Materie, die das Schwarze Loch mit nahezu Lichtgeschwindigkeit umkreiste, in den Schlund der Singularität. Die übrigen Bruchstücke trafen auf eine veränderte Situation, als sie den Ereignishorizont erreichten. Die meisten fielen ebenfalls, zusammen mit der instabilen Materie. Aber einige von ihnen erhielten zusätzliches Bewegungsmoment, gerade genug, um in einer Umlaufbahn zu bleiben, die mit der Höhe des Ereignishorizonts identisch war.

Ein Bruchstück, nicht das größte und nicht das kleinste, traf in einem besonders spitzen Winkel auf die Trennlinie zwischen entarteter Raum-Zeit und dem Rest des Universums. Außerdem erreichte es sie genau im richtigen Augenblick und empfing einen zusätzlichen kleinen Bewegungsimpuls, der für eine elliptische Umlaufbahn oberhalb des Ereignishorizonts ausreichte.

...

Mars Discovery

Für einen Beobachter, der weit genug vom Schwarzen Loch entfernt war, schien die Zeit im Ereignishorizont stillzustehen, und dicht darüber kroch sie unendlich langsam. Für einen Beobachter *im* oder dicht über dem Ereignishorizont verging die Zeit subjektiv normal, aber je weiter sich sein Blick vom Schwarzen Loch entfernte, desto mehr schienen sich die Ereignisse zu beschleunigen, bis alles so rasend schnell geschah, dass sich keine Einzelheiten mehr beobachten ließen.

Tausend Jahre zogen dahin. Hunderttausend. Eine Million. Eine Milliarde.

Die Singularität in der Kaskade, als eine Waffe geschaffen, der nichts standhalten konnte, gab wie jedes andere Schwarze Loch Hawking-Strahlung ab und verlor dadurch nach und nach an Masse, die es nicht ersetzen konnte, denn in der Kaskade gab es keine Gaswolken, auch keine nahen Planeten oder Sterne.

Noch mehr Zeit verging, weitere Jahrmilliarden. Zeit genug, um die Kaskade – ein Netz, das den ganzen Kosmos durchzog – altern und instabil werden zu lassen. Tunnel durch die Raum-Zeit kollabierten, Verbindungen wurden unterbrochen, das Gespinst zerriss, und die Singularität, geschaffen von einer Waffe, die dem Universum Frieden geben sollte, fiel aus der Kaskade ins vierdimensionale Raum-Zeit-Kontinuum.

Sie nahm ein Objekt von der Größe einer menschlichen Faust mit, das sie in einer elliptischen Bahn umkreiste. Die Schwerkraft des Schwarzen Lochs verringerte sich durch die Hawking-Strahlung. Was für das kleine Objekt in seiner Umlaufbahn bedeutete, dass es sich immer weiter entfernte. Und je mehr die Entfernung vom Ereignishorizont zunahm, unter dem alle Ereignisse unbeobachtbar blieben, desto geringer wurde die Zeitdilatation.

Die Eigengeschwindigkeit des Schwarzen Lochs und seines kleinen orbitalen Begleiters führte zu Begegnungen mit Materieansammlungen, vielleicht Überbleibsel der Raumschiffe, die Jahrmillionen und Jahrmilliarden zuvor in die Falle geraten waren. Der größte Teil davon verschwand in der Singularität, aber einige Materieklumpen erreichten das Objekt in der Umlaufbahn und wurden von ihm aufgenommen wie Wasser von einem Schwamm. Es begann zu wachsen, und als es mehrere Meter groß geworden war, entfalteten subatomare Konverterzellen neue Aktivität.

101 Energie sickerte und rann durch das Bruchstück eines Schiffs, das konstruiert war, um allem standzuhalten, auch der Zeit.

Wie filigrane Wurzeln wuchsen auf atomarer und molekularer Ebene neue Verbindungen zwischen den einzelnen Komponenten. Automatische Reparaturmechanismen wurden aktiv und begannen mit der Wiederherstellung von Funktionen, wenn auch in seinem sehr beschränkten Maß. Im Universum gingen Informationen ebenso wenig verloren wie Energie, erst recht, wenn sie in den Strukturen von Elementarteilchen abgelegt waren. Daten wurden abgerufen, neu korreliert und zusammengesetzt.

Eleonora erwachte aus einem Schlaf, der nicht zur simulierten menschlichen Erfahrungswelt gehörte – er ähnelte mehr der Suspension ihrer Existenz und kam damit dem Tod sehr nahe.

Sie erinnerte sich an ihren letzten Gedanken.

Ein kleines Stück.

Vielleicht ...

Andere Erinnerungen – wie Bilder, die ihr aus einem Nebel heraus entgegenschwebten und dabei deutlicher wurden – zeigten ihr Unterschiede: Vorher hatte sie Zehntausende von

Gedanken gleichzeitig denken können, jetzt blieb sie auf einige wenige beschränkt, die zudem langsam waren wie halb betäubte Schnecken. Sie erinnerte sich an mehrere Leben, die sie parallel gelebt hatte, um die Leere der Jahrtausende zu füllen. Es fiel ihr schwer, die fransigen Fäden des eigenen Lebens wiederzufinden und erneut miteinander zu verknüpfen.

Ich ... lebe?, fragte sie

Ihr digitales Selbst existierte noch, kleiner und geschrumpft, auf Notwendiges reduziert.

Eleonora dachte über das Woher und Wohin nach, um sich in Zeit und Raum zu orientieren, und dabei musste sie feststellen, dass viele Erinnerungen unvollständig waren, nicht mehr als Streiflichter, kleine Szenen aus einer Vergangenheit, die viel größer und komplexer sein musste. Sie begann mit einer langsamen, mühseligen Rekonstruktion.

Tausend Jahre subjektiver Zeit später fühlte sich Eleonora etwas stärker, größer und vollständiger. Es gab noch immer viele Erinnerungslücken, aber sie kannte die eigene Identität: Sie wusste, wer sie war und woher sie kam. Die fehlenden Daten ließen sich nicht ersetzen, sie waren mit dem Rest des Schiffes ins Schwarze Loch gestürzt. Eleonora musste sich mit dem zufriedengeben, was die redundanten Datenstrukturen von ihr bewahrt hatten.

Denken allein genügte nicht, begriff sie nach einer Weile. Sie brauchte Sinne, um die Welt zu erkennen, die sie umgab, und um Informationen aus ihr zu gewinnen. Mit einem Teil der aus den Konverterzellen strömenden Energie stabilisierte sie ihr restauriertes digitales Selbst und einen anderen verwendete sie für den Bau von Sensoren.

Damit blickte sie hinaus in ein völlig verändertes Universum.

Die Daten, die sie von den Sensoren empfing, waren alles andere als ermutigend. Für eine Weile zog sich Eleonora in sich selbst zurück, in eine dunkle, stille Welt, die nur aus ihren eigenen Gedanken bestand. Dort versuchte sie zu verstehen und stellte neue Überlegungen an, die ihre Zukunft betrafen.

Es dauerte nicht lange, bis sie zu der Erkenntnis gelangte, dass eine wichtige Entscheidung getroffen werden musste. Es gab zwei Möglichkeiten – es galt eine Wahl zu treffen.

Ganz allein?

Eine Abstimmung, dachte sie. Eine neue Simulation. Eine Rückkehr zu ihrer menschlichen Existenz und zu den alten Freunden. Sich auf den Anfang besinnen und damit gleichzeitig auf die Zukunft. Gemeinsam entscheiden.

Eleonora nutzte ihre begrenzte Kapazität für eine neue Simulation.

102 Sie saßen zusammen, in einem Kontrollraum, der vielleicht etwas größer war als sein Original vor unermesslich langer Zeit, die Crew der *Mars Discovery*: der Stellvertretende Kommandant Sergei; Tseng, für die primären Systeme zuständig, unter ihnen Navigation und Strahlenschutz; die philippinische Biologin Saya; der aus Ecuador stammende Arzt Santiago; Kattrin aus Deutschland, Spezialistin für organisches und anorganisches Recycling; die blasse, schweigsame Alenka aus Wladiwostok, verantwortlich für die Lebenserhaltungssysteme; der aufgeschlossene, immer lächelnde Lambert; die Spektografin Helena, die im Observatorium des Schiffs ferne Welten beobachtete und nach Spuren von Leben suchte; der kleine, schmächtige Geologe Bertrand; Azzurra aus Mexiko, die sich um die Datenbanken und Computersysteme kümmerte; Penelope aus Griechenland, auf Biotopisierung und Terraforming spezialisiert; und schließlich Reynolds, der mit Penelope zusammenarbeitete und gern las, nicht nur Fachartikel über Biotope und lokales Terraforming, sondern auch Romane, die ihn in fiktive Welten entführten.

Eleonora nickte ihnen zu, dankbar für ihre Gesellschaft, und deutete auf die Bildschirme. »Wir sind weit gekommen, weiter als alle anderen Menschen vor und nach uns. Vielleicht sogar weiter als alle anderen intelligenten Geschöpfe dieses Universums.«

Die Schirme zeigten grenzenlose, dunkle Leere, einen Kosmos ohne einen einzigen Stern, nur mit einigen wenigen Atomen pro Kubikmeter Volumen. In dieser Leere schwebte ein Schwergewicht, ein Gravitationsmonstrum, kleiner als die Erde, aber mit einer Schwerkraft, die nicht einmal Photonen entkommen ließ.

»Das Schwarze Loch ist kleiner geworden«, stellte Helena mit einem Blick auf die Instrumente fest. »Ein Teil von ihm hat sich in Strahlung verwandelt, wie von Stephen Hawking berechnet.«

»Wie viel Zeit ist vergangen?«, fragte Saya. »Wie weit in der Zukunft sind wir?«

»Sehr weit.« Azzurras Hände huschten über die Kontrollen. Der Bildschirm vor ihr zeigte Datenkolonnen. »*Immens* weit.«

»Warum ist nichts zu sehen?«, fragte Santiago.

»Wie willst du ein Schwarzes Loch sehen, das Licht aufsaugt, anstatt es zu reflektieren?«, erwiderte Penelope.

»Das meine ich nicht«, sagte der Arzt. »Ich meine ...«

»Keine Sterne«, sagte Reynolds. »Keine Galaxien.«

Eleonora nickte. »Ihr kennt den Grund, nicht wahr?«

»Es gibt keine mehr«, sagte Alenka leise. »Weder Sterne noch Galaxien. Wir sind allein.«

»Oh, es gibt sie noch«, widersprach Helena. »Aber sie befinden sich jenseits unseres Beobachtungshorizonts.«

Lambert nickte langsam. Er lächelte nicht und wirkte ungewöhnlich ernst. »Das Universum hat sich ausgedehnt, so schnell und so weit, dass uns das Licht der Galaxien des Großen Attraktors nicht mehr erreicht. Sie sind nicht mehr Millionen, sondern Milliarden von Lichtjahren entfernt.«

»Ein dunkles Zeitalter«, kommentierte Reynolds.

»Das Ende des Universums ...«

»Des Universums, so wie wir es kennen«, sagte Eleonora. »Es wird sich immer weiter ausdehnen, bis die letzten Sterne verbrannt sind, bis es nur noch tote, kalte Materie enthält, über Billiarden von Lichtjahren verteilt.« Sie wiederholte Alenkas Worte: »Wir sind allein.«

Sergei räusperte sich. »Die Zeitdehnung in der Nähe der

Singularität. Während wir uns in der Umlaufbahn dicht über dem Ereignishorizont befanden, verging die Zeit für uns viel langsamer als im Rest des Universums.«

»Viel, viel langsamer«, bestätigte Eleonora. »Wir befinden uns Milliarden von Jahren in der Zukunft.« Sie zögerte. »Die Erde existiert längst nicht mehr. Ebenso ihre Sonne.«

Alle sahen sie an.

»Was schlägst du vor, Captain?«, fragte Saya.

Eleonora musterte ihre Crew. Manchen Gesichtern und Bewegungen fehlte es an Detailschärfe, doch die Simulation war gut genug, um überzeugend zu wirken und an sie zu glauben.

Einer der Bildschirme zeigte einen Teil des Schiffs, der *Mars Discovery*. Eleonora sah den Drehkörper, dessen Rotation Schwerkraft simulierte, darunter Sayas »Arche« mit der biologischen Fracht, hinter der Abschirmung aus mit Blei angereicherten Kohlefasern, die sie vor Strahlung und Mikrometeoriten schützte: zwölf Tanks, wie die Patronenkammern eines Revolvers angeordnet, in der Mitte eine hohle Achse, die Zugang zu den einzelnen Räumen der Arche gewährte. Außerdem ließen sich von dort Reaktorkern, Triebwerk und die mehrere Kilometer langen ausgebreiteten »Flügel« aus hocheffizienten Solarzellen erreichen.

Kein sehr schönes Schiff, musste sich Eleonora eingestehen – ästhetische Erwägungen hatten beim Bau der *Mars Discovery* kaum eine Rolle gespielt. Aber es war *ihr* Schiff, mit dem sie voller Hoffnung von der Erde aufgebrochen war. Ihm stand nun eine letzte Reise bevor, die größte, längste und fantastischste von allen.

»Wir könnten warten«, sagte Eleonora. »Wir könnten warten, bis das Schwarze Loch so viel Masse verloren hat, dass wir seiner Schwerkraft ganz entkommen können. Während der kommenden Jahrtausende und Jahrmillionen könnten wir mehr Materie aufnehmen und uns erweitern, wodurch wir mehr Energie und außerdem die Möglichkeit erhalten, besser und schneller zu denken. Aber wir werden niemanden finden. Wir werden unsere Gedanken nie mit jemandem teilen können. Die nächsten Sterne sind unerreichbar für uns, selbst wenn es uns gelänge, mit Lichtgeschwindigkeit zu fliegen und die Zeitdilatation auszunutzen. Wenn es dort draußen noch irgendwo Welten mit Leben gibt, befinden sie sich hinter dem Ereignishorizont des Universums.« Sie seufzte. »Wir wären allein, für immer und ewig.«

Die anderen sahen sie noch immer an. Lambert lächelte wieder. Penelope hatte das alte Feuer in den Augen. Und in Sergeis Gesicht zeigte sich etwas, das Eleonora ein warmes Gefühl schenkte.

»Oder?«, fragte Tseng.

Eleonora deutete auf einen großen Bildschirm, der eine grafische Darstellung des Schwarzen Lochs präsentierte.

»Wir könnten hineinfliegen«, sagte sie. »Um zur anderen Seite zu gelangen.«

Azzurras blaue Augen wurden größer. »Du meinst ...?« Sie sprach nicht weiter.

»Ich weiß, was sie meint«, sagte Helena und wandte sich an Eleonora. »Vielleicht kannst du doch Botschafterin oder Mittlerin sein, in einem anderen Universum.«

»Ein Übergang«, sagte Reynolds. Sein Gesicht schien aufzuleuchten. »Ich erinnere mich an die Theorie, nach der Schwarze Löcher Verbindungen zu anderen Universen sind.«

»Wir können nicht sicher sein, dass sich auf der anderen Seite dieses Schwarzen Lochs ein fremdes Universum befindet«, gab Bertrand zu bedenken. »Falls es überhaupt eine andere Seite gibt.«

»Wenn das fremde Universum existiert ...«, sagte Saya nachdenklich. »Dann befinden sich dort vielleicht die Reste von Pakt und Archäon, nicht wahr?«

Eleonora nickte langsam. »Der alte Konflikt zwischen biologischem Leben und Maschinenintelligenz könnte dort neu entflammen.«

»Ein Abenteuer«, sagte Alenka, die Abenteuer liebte und nie dazu gekommen war, den Olympus Mons zu erklimmen oder einmal um Paradise Found zu wandern, nur begleitet von zwei Drohnen.

»Das größte überhaupt«, betonte Eleonora. »Ich kann mir kein größeres Abenteuer vorstellen.«

»Die Schwerkraft des Schwarzen Lochs würde uns zermalmen«, wandte Tseng ein. »Sie würde uns zerfetzen und zerreißen.«

»Unsere Masse«, erwiderte Kattrin, die schon ein Stück weiter gedacht hatte. »Unsere Materie. Unsere physische Integrität würde enden. Aber Energie und Informationen gehen nicht verloren.«

»Daten?«, fragte Tseng.

»Impulse?«, fügte Bertrand hinzu.

Einige Sekunden lang sprach niemand. Eleonora lauschte dem Summen der Bordsysteme.

»Wir geben den Konverterzellen ein neues Programm«, schlug sie vor. »Wir verwandeln die Materie, die uns geblieben ist, in Energie. Den größten Teil davon.«

»Und wir verwenden die Energie, um uns als Datenpaket ins Schwarze Loch zu schicken«, erriet Penelope.

Eleonora erinnerte sich an die Worte, die Santiago auf Trappist-1e gesprochen hatte. *Vielleicht existieren wir als komplexe Datenpakete, ohne Fleisch und Blut.* Und später hatte sie zu ihm gesagt: *Was kann schon passieren, wenn du recht hast mit deiner Vermutung, dass wir bereits alle digitalisiert sind…?*

»Das ist der Plan«, sagte sie nun. »Wir reisen als Informationen ins Schwarze Loch, als ein Bündel aus Impulsen. Auf diese Weise erreichen wir die andere Seite.«

»Falls es sie gibt«, sagte Bertrand.

»Wir werden es herausfinden, nicht wahr?«, entgegnete Tseng.

»Sergei, was meinst du?«, fragte Eleonora.

Er lächelte. »Alle Systeme aktiv und korrekt.«

»Ich schlage vor, wir stimmen ab«, sagte Saya wie damals.

Eleonora nickte. »Einverstanden. Wer möchte warten, bis wir Gelegenheit haben, die Umlaufbahn zu verlassen, um anschließend durch ein Universum zu fliegen, das für immer dunkel und leer bleiben wird?«

Niemand hob die Hand.

»Wer ist dafür, dass wir ins Schwarze Loch fliegen, um das Universum auf seiner anderen Seite zu erkunden?«

Alle Hände kamen nach oben.

»Also gut, Leute«, sagte Eleonora zufrieden. »Bereiten wir uns vor.«

Die *Mars Discovery* verließ ihre Umlaufbahn und begann, in einer langen Spirale zu fallen. Eleonora blieb bei der Simulation, weil sie sich mit etwas Vertrautem umgeben wollte. Ihre Freunde saßen an den Kontrollen, sie alle, obwohl das echte Kommandomodul nur wenige Personen aufgenommen hatte.

Das mehrere Meter große Bruchstück, Überbleibsel des Schiffs, wurde vom Schwerkraftsog der Singularität zerrissen und zerrieben – darauf wiesen die Daten hin, die im Kontrollraum über mehrere Bildschirme wanderten. Aber Simulation und Illusion blieben bis zum letzten Augenblick intakt.

Als sich der Bug der *Mars Discovery* aufzulösen begann, wusste Eleonora, dass es an der Zeit war. Sergei, Tseng, Saya und die anderen, sie alle wandten sich zu ihr um.

»Wir sehen uns wieder«, sagte Eleonora. Ihr seid in mir, dachte sie. Ihr bleibt bei mir, so lange ich mich an euch erinnern kann.

Die Wände des Kontrollraums wichen einem grauen Funkeln, in dem sich die Gestalten der zwölf anderen Crewmitglieder verloren. Sergei schenkte ihr ein zuversichtliches Lächeln, bevor er wie die anderen verschwand.

Das farblose Schimmern erreichte Eleonoras Hände. Sie fühlte nichts, keinen Schmerz.

Das Licht schwand.

Die Finsternis des Schwarzen Lochs empfing sie.

Ein Mahlstrom aus tosender Energie, der alles aufsaugte und verschlang, was in seinen Einflussbereich geriet, für die Blicke von Augen ebenso unerreichbar wie für die Sondierungssignale von Sensoren. Reine Energie, wie während der ersten Sekundenbruchteile des Urknalls, bevor sich Teilchen bildeten.

In einem winzigen Bruchteil dieser Energie gab es Kohärenz, eine Modulation, die Informationen codierte, ein Datenpaket.

Vielleicht …
… lebe ich?

Und es ward Licht.

Es ist erwacht. Und niemand kann es aufhalten.

Andreas Brandhorst

Die Eskalation

Thriller

Piper Paperback, 640 Seiten
€ 17,00 [D], € 17,50 [A]*
ISBN 978-3-492-06185-8

Die KI ist erwacht und lenkt und kontrolliert unser Leben. Die Regierungen haben sich mit ihr arrangiert, doch zunehmend formiert sich Widerstand gegen die übermächtige Maschinenintelligenz namens Goliath. Unversehens lastet eine schwere Verantwortung auf dem Hacker Axel Krohn, denn er ist der einzige Mensch, mit dem Goliath spricht. Es stellt sich heraus, dass die KI einen Plan verfolgt, den niemand vorhersehen konnte. Und dass die Menschheit nur noch eine Chance erhält, um sich zu retten.

PIPER

Leseproben, E-Books und mehr unter **www.piper.de**

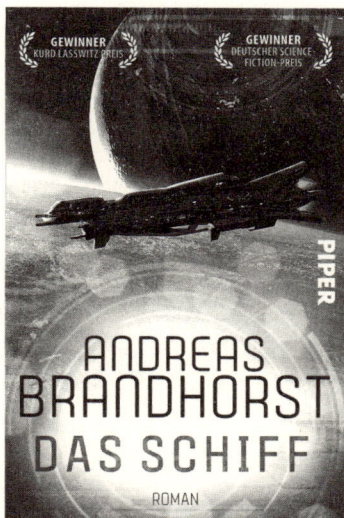